21世纪高等院校经济管理类规划教材

人力资源管理

□ 乔瑞　樊智勇　主　编
□ 赵航　李付彩　副主编

人 民 邮 电 出 版 社
北　京

图书在版编目（C I P）数据

人力资源管理 / 乔瑞，樊智勇主编. -- 北京 : 人民邮电出版社，2010.11（2021.12 重印）
21世纪高等院校经济管理类规划教材
ISBN 978-7-115-23955-6

Ⅰ. ①人… Ⅱ. ①乔… ②樊… Ⅲ. ①劳动力资源－资源管理－高等学校－教材 Ⅳ. ①F241

中国版本图书馆CIP数据核字(2010)第204764号

内 容 提 要

本书在借鉴最新人力资源管理研究成果的基础上，结合我国企业实际以及编写者的教学与实践经验，对人力资源管理的基本原理、方法及应用进行了比较详细的阐述。主要内容包括人力资源管理的基本问题概述、人力资源战略与规划、工作分析、员工招聘与甄选、员工培训与开发、绩效管理、薪酬管理、职业生涯管理、劳动关系管理、人力资源外包、跨国公司人力资源管理及人力资源风险管理等。

本书注重采纳和汲取本领域的最新知识，重视知识的理解与运用，案例、实例丰富；同时提供配套的多媒体课件、电子教案、实训资料、习题库及答案、案例集及案例分析等，以方便教师教学和学生学习。

本书既可作为高等院校相关专业的教材或参考用书，也可作为企事业单位从事人力资源管理工作人员的工作参考用书或培训用书。

21 世纪高等院校经济管理类规划教材

人力资源管理

◆ 主　　编　乔　瑞　樊智勇
副 主 编　赵　航　李付彩
责任编辑　李育民
执行编辑　万国清

◆ 人民邮电出版社出版发行　北京市丰台区成寿寺路 11 号
邮编　100164　电子函件　315@ptpress.com.cn
网址　http://www.ptpress.com.cn
北京七彩京通数码快印有限公司印刷

◆ 开本：787×1092　1/16
印张：20.25　　2010 年 11 月第 1 版
字数：488 千字　　2021 年 12 月北京第 17 次印刷

ISBN 978-7-115-23955-6

定价：36.00 元

读者服务热线：(010) 81055256　印装质量热线：(010) 81055316
反盗版热线：(010) 81055315
广告经营许可证：京东市监广登字20170147号

前　言

当今的时代，是一个以知识为主宰的时代，是一个经济、技术快速发展的时代，是一个竞争日趋激烈和复杂的时代，也是一个充满机遇和挑战的时代。在这样一个时代，企业靠什么去赢得竞争优势并实现自己的发展目标呢？实践与理论已经给出了回答：人力资源。

人力资源已成为企业赢得竞争优势的第一资源，人力资源的价值已成为衡量企业整体竞争力的重要标志，能否拥有一支高素质的人才队伍，对一个企业实现其发展战略和提高竞争力是至关重要的因素。因此，如何利用和管理好这种资源，已经成为管理者最关心的问题。基于此，人力资源管理课程也逐渐得到了企业界和学界的普遍重视，大学的经济管理相关学科也纷纷将其作为一门重要课程，广为讲授。

随着企业人力资源管理实践的深入和理论界研究水平的提高，现代人力资源管理的理论框架和概念体系也在不断地丰富和完善。为更好地反映这种变化，及时把人力资源管理最新的理念和研究成果介绍给读者，我们编写了本书。

人力资源管理是一门涉及学科领域广泛、实践性强、发展快的学科。本书在借鉴和引用国内外众多学者大量人力资源管理研究成果的基础上，结合我国企业实际以及编写者的教学与实践经验，对人力资源管理的基本原理、方法及应用进行了比较详细的阐述。全书共分十二章，涉及人力资源管理的基本问题概述、人力资源战略与规划、工作分析、员工招聘与甄选、员工培训与开发、绩效管理、薪酬管理、职业生涯管理、劳动关系管理、人力资源外包、跨国公司人力资源管理及人力资源风险管理等内容。

本书在策划和编写过程中，力图实现以下编写思路。

（1）既重视传统、经典内容的论述，又与时俱进地关注本领域的新发展、新知识，如对人力资源外包的关注、对人力资源风险管理的关注、对劳动关系管理领域新的法律法规的关注等。

（2）不仅重视基本概念与理论知识的讲述，更突出知识的运用，每章开始都有开篇案例作为引导，每章结束都有案例分析作为应用练习，在相关章节中也插入案例以加深对知识的理解，同时，每章还安排实训项目，以加强实际训练及动手能力。

（3）为方便教师授课和学生学习，提供与本书配套的多媒体课件、电子教案、实训资料、习题库及答案、案例集及案例分析等配套资料，读者可参照图书末页“配套资料索取示意图”索取。

本书由乔瑞教授、樊智勇副教授担任主编，赵航、李付彩担任副主编，另外，吕晓军也参与了本书的编写。具体编写分工如下：第一章由乔瑞编写；第三、第四、第十一章由樊智勇编写；第二、第五、第九章由赵航编写；第六、第七、第十二章由李付彩编写；第八、第十章由吕晓军编写。全书由乔瑞统稿。

在本书的编写过程中，我们参阅、借鉴和引用了国内外众多学者的大量研究成果，在此向他们表示衷心的感谢和敬意。尽管编者在编写过程中尽力做到认真努力，但由于编者水平、经验有限，成书时间较紧，书中难免出现错误和疏漏之处，恳请读者予以批评指正。

编　者

2010年6月

目　录

第九章　劳动关系管理……213

第十章　人力资源外包……242

第一章 人力资源管理概论

学习目标：通过本章的学习，掌握人力资源的概念和特征；掌握人力资源与相关概念的比较；掌握人力资源管理的概念；了解人力资源管理的发展历程；了解美国、日本、德国人力资源管理的特点；了解我国人力资源管理的发展阶段。

关键概念：人力资源（Human Resource） 人力资源管理（Human Resource Management） 人力资本（Human Capital）

开篇案例

另类用人——善用人的短处

有位专门从事人力资源研究的学者说过这样的话："发现并运用一个人的优点，你只能得60分；如果你想得80分的话，就必须容忍一个人的缺点，发现并合理利用这个人的缺点和不足。"这话既有新意，又富哲理。扬长避短是用人的基本方略。然而，在现实生活中，人的长处和短处并不是绝对的，没有静止不变的长，也没有一成不变的短。用人的关键并不在于用这个人而不用那个人，而在于怎样使自己的每个下属都能在最适当的位置上发挥最大的潜能。

现实中善用人短的企业家也大有人在。松下电器公司副总经理中尾哲二郎就是松下先生善用人短的例证。中尾原来是由松下公司下属的一个承包厂的员工。一次，承包厂的老板对前去视察的松下幸之助说："这个家伙没用，经常发牢骚，我们这儿的工作，他一样也看不上眼，而且经常讲些怪话。"而松下觉得像中尾这样的人，只要给他换个合适的环境，采取适当的使用方式，爱发牢骚爱挑剔的毛病有可能变成敢于坚持原则、勇于创新的优点，于是他当场就向这位老板表示，愿让中尾进松下公司。中尾进入松下公司后，在松下幸之助的任用下，果然弱点变成了优点，短处转化为长处，表现出旺盛的创造力，成为松下公司中出类拔萃的人才。

我国南方有这样一位厂长，他让爱吹毛求疵的人去当产品质量管理员；让谨小慎微的人去当安全生产监督员；让一些斤斤计较的人去参加财务管理；让爱道听途说传播小道消息的人去当信息员；让性情急躁争强好胜的人去当青年突击队长……结果，这个工厂变消极因素为积极因素，大家各司其职，各尽其力，工厂效益成倍增长。

金无足赤，人无完人。任何人有其长处，就必有其短处。人的长处固然值得发扬，而从人的短处中挖掘出长处，由善用人长发展到善用人短，这是用人的最高境界。

（陈静，2009）

请思考：如何理解“由善用人长发展到善用人短是用人的最高境界？”

第一节 人力资源概述

一、人力资源的含义

人力资源是资源的一种形式。资源的种类一般可分为人力资源、物力资源、财力资源、信息资源和时间资源。人力资源是生产活动中最活跃、最具有能动性的因素，是一切资源中最重要的资源。

关于人力资源的定义，国内外学者有很多不同的认识和表述。

核心概念

一般认为，人力资源是指包含在人体内的一种生产能力，它是表现在劳动者的身上、以劳动者的数量和质量表示的资源，对经济起着生产性的作用，并且是企业经营中最活跃、最积极的生产要素。

我们认为，从本质上说，人力资源所指的应该是人所具有的知识、技能及能力。但是，问题的关键还不单单在于我们能够给人力资源下一个定义，给出一个所谓本质的认识，更重要的是在研究及实践中我们怎么用一定的指标测量人力资源的多少、强弱。这里就涉及人所具有的能力的测量。能力的载体是人，所以人口数量当然就是一个重要的方面；另外一个重要方面就是能力本身的测量，这也就是体现在能力的载体——人身上的体质水平、文化水平、劳动态度等方面的测量。

二、人力资源的构成

人力资源具有质的规定性和量的规定性，它由数量和质量两个方面的内容构成。

（一）人力资源的数量构成

人力资源数量反映着人力资源的量的特性，指一个国家或地区具有劳动能力、从事社会劳动的人口的总和。人力资源的数量构成包括以下几个方面。

（1）处于劳动年龄之内，正在从事社会劳动的人口，它占据人力资源的大部分，可称为“适龄就业人口”。

（2）尚未达到劳动年龄，已经从事社会劳动的人口，即“未成年劳动者”或“未成年就业人口”。

（3）已经超过劳动年龄，继续从事社会劳动的人口，即“老年劳动者”或“老年就业人口”。

（4）处于劳动年龄之内，具有劳动能力并要求参加社会劳动的人口，这部分可以称为“求业人口”或“待业人口”。

（5）处于劳动年龄之内，正在从事学习的人口，即“求学人口”。

（6）处于劳动年龄之内，正在从事家务劳动的人口。

（7）处于劳动年龄之内，正在军队服役的人口。

（8）处于劳动年龄之内的其他人口。

其中，前四项是直接的、已开发的、现实的劳动力供给，后四项是间接的、尚未开发好的、潜在形态的社会劳动力供给。

人力资源的数量构成如图 1.1 所示。

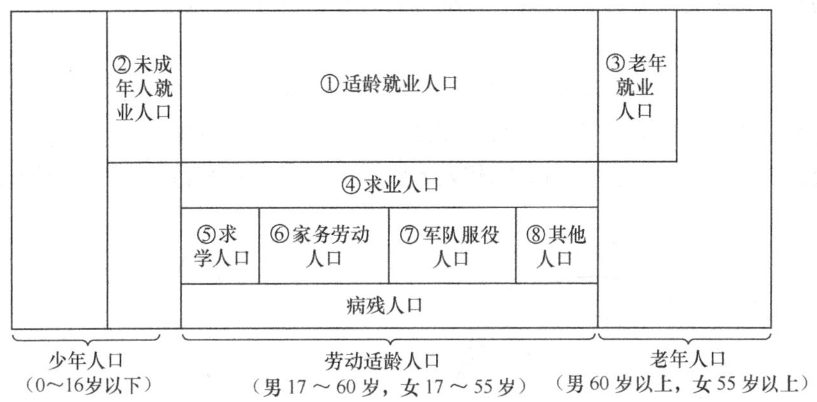

图 1.1　人力资源的数量构成

人力资源的数量受到很多因素的影响，概括起来主要有以下两个方面。

（1）人口的总量。人力资源属于人口的一部分，因此人口的总量会影响到人力资源的数量。人口的总量由人口基数和自然增长率两个因素决定，自然增长率又取决于出生率和死亡率，用公式可以表示为

$$人口总量 = 人口基数 \times [1 + （出生率 - 死亡率）]$$

（2）人口的年龄结构。人口的年龄结构也会对人力资源的数量产生影响，相同的人口总量下，不同的年龄结构会使人力资源的数量有所不同。劳动适龄人口在人口总量中所占的比重较大时，人力资源的数量相对会较多，相反人力资源的数量相对会比较少。

（二）人力资源的质量构成

人力资源的质量是指人力资源所具有的体质、智力、知识和技能水平以及劳动者的劳动态度。它一般用劳动者的体质水平、文化水平、专业技术水平、劳动者的积极性来衡量。人力资源的质量主要受到以下几个方面的影响。

（1）遗传和其他先天因素。人类的体质和智能具有一定的继承性，这种继承性来源于人口代系间遗传基因的保持，并通过遗传与变异，使人类不断地进化、发展。但是，不同的人在体质水平与智力水平的先天上的差异是比较小的，主要还是在后天因素的影响下产生的不同。

（2）营养因素。营养因素是人体发育的重要因素，一个人的营养状况，特别是青少年时期的营养状况，必然影响其体质和智力水平。营养也是人体正常活动的重要条件，充足而均衡地吸收营养才能保持人力资源的质量水平。

（3）教育因素。教育是人为地传授知识、经验的一种社会活动，是一部分人对另一部分人进行多方面影响的过程。教育是提高人力资源质量的一种最重要、最直接的手段，它能使人力资源的智力水平和专业技能水平都得到提高。

三、人力资源与相关概念的比较

（一）人力资源与人口资源、劳动力资源、人才资源

人口资源是指一个国家或地区所拥有的人口的总量，它是一个最基本的底数，主要表现为人口的数量。人力资源、劳动力资源、人才资源皆产生于这个最基本的资源中。

劳动力资源指的是一定范围内具有劳动能力并在劳动年龄范围内的人口总和，即处在劳动适龄范围内的人力资源。

人才资源指一个国家或地区具有较强的管理能力、研究能力、创造能力和专门技术能力的人们的总和。人才资源是人力资源的一部分，即优质的人力资源。

人口资源、人力资源、劳动力资源和人才资源的包含关系和数量关系如图 1.2 所示。

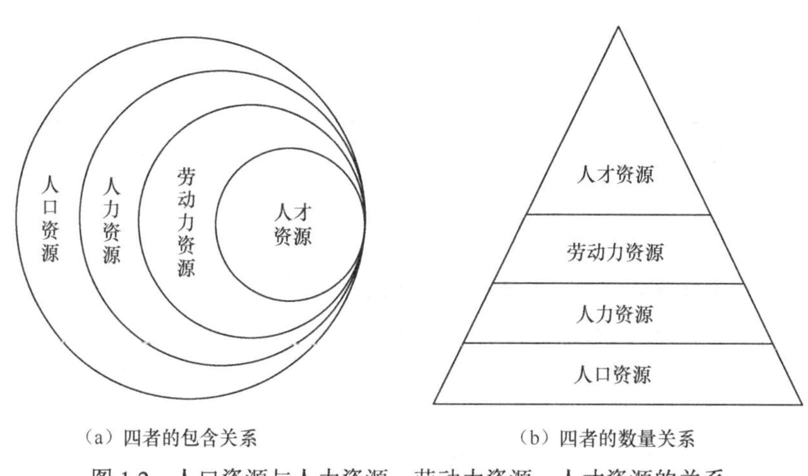

（a）四者的包含关系　（b）四者的数量关系

图 1.2　人口资源与人力资源、劳动力资源、人才资源的关系

（二）人力资源与人力资本的比较

人力资本与人力资源是两个密切相关而内涵不同的概念，各自有着不同的理论体系。但是，在许多理论和实践场合中，不少人把它们相提并论，引起了很多混乱。因此，我们有必要认识和理清人力资本与人力资源的关系。

> 小知识
>
> - 人力资本是指存在于人体之中、后天获得的具有经济价值的知识、技术、能力和健康等质量因素之和。人力资本包括用以形成和完善劳动力的各种投资。
> - 美国经济学家、1979 年度诺贝尔经济学奖得主西奥多·舒尔茨被公认为“人力资本之父”。

1. 理论视角不同

人力资本主要研究存在于人体中的能力和知识的资本形式。它强调以某种代价所获得的能力或技能的价值，付出的代价会在人力资本的使用中以更大的价值（劳动量）得到回报，也即投资的代价可在提高生产力过程中以更大的收益收回。

人力资源将人力作为财富（包括物质的和精神的）的源泉来看待。它从人的潜能（包括体力的和智力的）与财富之间的关系角度来研究问题，是更广泛意义上的人力问题研究。人

力资源强调人力作为生产要素在生产过程中的生产创造能力，它在生产过程中可以创造产品、财富，促进经济的发展。

2. 内容侧重不同

人力资本强调投资付出的代价及其收回，研究人力的价值和增值的速度和幅度。人力资本强调劳动的非同质性即劳动力素质，所关注的焦点是收益问题（即投资是否划算，以及收益率的高低）。人力资本存量的提高可以在不增加劳动力数量的前提下，提供超额的劳动量。

人力资源除人力资本涉及内容外，还要分析人力资源的形成、开发、使用、配置、管理等多种规律和形式，揭示人力资源在社会经济生活中的基本作用。

3. 量的规定性不同

与一般资本和资源相似，人力资本兼有流量和存量概念特点，人力资源则是一个存量概念。从投资活动结果角度来看，人力资本与存量核算相关联，表现为投资活动的沉积或积累，亦即人的知识的增多、技能的增强以及健康状况的改善等。从生产活动的角度看，人力资本又往往是与流量核算相联系的，表现为产出量的变化和劳动者体能的损耗、经验的不断积累及技能的不断增进等。

人力资源则主要是指存量含义，人们平常所讲的劳动力资源（狭义人力资源）往往指一定时间、一定空间内劳动力人口所具有的现实和潜在的体力、智力和技能的总和，是劳动力人口质和量的统一，其存量表现为质和量二者之乘积。

4. 内容广泛性和外延不同

人力资本与人力资源在经济学内容的广泛性、丰富性上有所不同。人力资本揭示了对人力投资所形成的资本的再生、增值能力，进行人力开发的经济分析和人力投入产出研究，它的经济核算意义十分明确。人力资源作为对“一定范围人口劳动能力或具有创造财富能力的人们”的生产要素资源的研究，它的经济学内容更为广泛而丰富多彩。

一般来看，人力资源的外延要大于人力资本。广义的人力资源既包括自然形态的人的劳动能力或资源状况（如未进行教育、培训、健康和迁移等投资而自然形成的体力、智力和技能等），又包括经过人力资本投资，经过开发、培育所形成的人力资源，它是一个比较广泛的范畴。人力资本只是一个反映价值量的概念，是指能够投入到经济活动中并带来新价值的资本。人力资源问题可以从开发、配置、利用、管理和收益等角度来研究；人力资本则限于投资和收益的角度去分析。

四、人力资源的特征

小提示

人力资源的特征也就是人力资源与其他类型资源相比的不同之处。因此，可以结合其他类型资源的特点来学习和理解下面的内容。

（一）能动性

能动性是人力资源最根本的特性，是人力资源区别于其他资源的最根本特征。人总是有目的、有计划地在使用自己的脑力和体力，这也是人和其他动物的本质区别。人力资源的能动性具体体现在以下几个方面：第一，人具有意识，知道活动的目的，因此人可以有效地对自身活动作出选择，调整自身与外部环境的关系。第二，人在生产活动中处于主动地位，是支配其他资源的主导因素。第三，人力资源可以自我开发。在生产过程中，人一方面是对自身的损耗，而另一个更重要的方面是通过合理的行为得到补偿、更新和发展。第四，人力资源在活动过程中是可以被激励的，即通过提高人的工作能力和工作动机，从而提高工作效率。

（二）两重性

人力资源的两重性指的是人力资源兼具生产性和消费性。人力资源是生产者，能够创造物质财富，因此具有生产性。同时，人力资源也是消费者，人力资源的保持和发展需要消耗一定的物质财富。只有生产大于消费，社会才可以取得进步。人力资源的生产性大于消费性，不仅如此，人力资源还具有高增值性。据挪威 1900 年到 1995 年统计测算，对固定资产、普通劳动者和智力投资的额度分别增加 1%，则与其相对应的社会生产量分别增加 0.2%、0.76% 和 1.8%。

（三）时效性

人力资源是具有生命的资源，它与人的生命周期是紧密相连的。人的生命周期一般可以分为发育成长期、成年期、老年期三个大的阶段。在人的发育成长期，体力和脑力还处在一个不断增强和积累的过程中，这时人的脑力和体力还不足以用来进行价值创造，因此还不能称为人力资源。人进入成年期后，体力和脑力的发展都达到了可以从事劳动的程度，可以对财富的创造作出贡献，因此也就形成了现实的人力资源。人进入老年期后，其体力和脑力都不断衰退，越来越不适合进行劳动，那些丧失劳动能力的老人，也就不能再称为人力资源了。人力资源的形成、开发和使用都要受到时间的限制。这就要求对人力资源的培养要遵循人的成长规律，在不同阶段提供不同的学习与培训项目，对人力资源适时开发、及时利用、讲究实效。

（四）连续性

物质资源一般经过一次加工、二次加工乃至某些深加工之后，就形成了最终产品，不存在继续开发的问题；而人力资源则不同，开发使用之后可以继续开发。这就要求人力资源的开发与管理要注重终身教育，加强后期的培训和开发，不断提高其知识、技能水平。

（五）再生性

资源可分为再生资源和不可再生资源两大类。人力资源是一种可再生资源，它通过人口的再生产和劳动力的再生产得以再生。这种再生不同于一般生物资源的再生产，除了受生物规律支配外，还受到人的意识支配，受人类活动的影响和新技术革命的制约。

（六）社会性

人力资源受到时代和社会因素的影响，从而具有社会属性。社会政治、经济和文化的不同，必将导致人力资源质量的不同。另外，人力资源存在于社会群体之中，必将受到民族文化和社会环境的影响。这就要求人力资源管理要注重团队建设，注重人与人、人与群体、人与社会的关系及利益的协调与整合。

第二节　人力资源管理的基本问题

一、人力资源管理的含义

人力资源管理可以分为宏观和微观两个层次。人力资源宏观管理是指一个国家或地区通过制定一系列政策、法律制度和行政法规，采取一系列必要措施促使人力资源的形成，为人力资源的形成与开发利用提供条件，对人力资源的利用加以协调，使人力资源的形成和开发利用与社会协调发展。人力资源的微观管理是指一个组织对其所拥有的人力资源进行开发和利用的管理。本书主要介绍人力资源的微观管理。对于人力资源管理的定义，国内外学者有不同的认识和表述。

核心概念

人力资源管理是依据组织和个人发展的需要，对组织中的人力这一特殊资源进行开发、合理利用与科学管理的机制、制度、流程、技术和方法的总和。（彭剑锋，2007）

正确地理解人力资源管理的含义，必须破除两种错误的看法：一种是将人力资源管理等同于传统的人事管理，认为两者是完全一样的，只不过换了一个名称而已；另一种是将人力资源管理与人事管理彻底割裂开来，认为两者是毫无关系的。其实，人力资源管理和人事管理之间是一种继承和发展的关系。人力资源管理依然要履行人事管理的很多职能，但是它的立场和角度又与人事管理明显不同，可以说是一种全新视角下的人事管理。现代人力资源管理与传统人事管理的区别见表 1.1。

表 1.1　现代人力资源管理与传统人事管理的区别

比较角度	现代人力资源管理	传统人事管理
观　念	视员工为有价值的重要资源	视员工为成本负担
目　的	满足员工自我发展的需要，保障企业长远利益的实现	保障企业短期目标的实现
模　式	以人为中心	以事为中心
性　质	战略性	战术、业务性
深　度	主动、注重开发	被动、注重管好
地　位	决策层	执行层
工作方式	参与、透明	控制
与其他部门的关系	和谐、合作	对立、抵触
对待员工的态度	尊重、民主	命令、独裁
角　色	挑战、变化	例行、记载
部门属性	生产、效益部门	非生产、非效益部门

二、人力资源管理的目标和内容

（一）人力资源管理的目标

企业要在市场上获得竞争优势，在很大程度上取决于其充分利用人力资源的能力。人力资源管理的目标有以下几方面。

1. 充分发挥员工的主观能动性

全面充分、有效地开发人力资源，充分发挥员工的主观能动性，是企业实现组织目标，获取竞争优势的有效手段。而员工的积极性常常受到员工在组织中的发展空间、自我实现机会、福利状况和人际关系等因素的影响，组织应尽力对这些因素进行调整，使之有利于充分调动员工的积极性，发挥其主观能动性，从而实现组织目标。

2. 增加人力资本投入

在组织所有的各种资源中，人力资源是起决定性作用的。因此，扩展组织人力资本，增大人力资本的存量，成为人力资源管理的一大目标。比如，美国通用电气公司内有一套专门负责培训，增加企业人力资本，形成初级人才开发、高级人才开发等一系列完善地扩展人力资本的体系，为通用电气公司的技术开发、营销管理奠定了坚实的人才基础。

3. 实现人的价值最大化

根据价值工程理论可以得知：价值与功能成正比，与成本成反比。因此，要实现价值最大就要尽可能提高功能，降低成本。人的最大使用价值等于最大限度地发挥人的有效技能，而人的有效技能等于人的劳动技能、适用率、发挥率及有效率的乘积。由此可见，人力资源管理就是通过提高适用率、发挥率和有效率，达到人尽其才，才尽其能，最终实现组织价值最大化的目标，从而增强组织的竞争力，获取竞争优势。

（二）人力资源管理的主要内容

1. 人力资源规划

人力资源规划职能包括对组织在一定时期内的人力资源供给和需求作出预测，根据预测的结果制订出平衡供需计划等活动。

2. 工作分析

工作分析职能包括两部分的活动：一是对组织内各职位所要从事的工作内容和承担的工作职责进行清晰的界定；二是确定各职位所要求的任职资格，如学历、专业、年龄、技能、工作经验、工作能力以及工作态度等。工作分析的结果一般体现为工作说明和工作规范。

3. 员工招聘、甄选与录用

员工招聘、甄选与录用职能包括招聘、甄选和录用三个部分。招聘是指通过各种途径发布招聘信息，将应聘者吸引过来；甄选是指综合利用管理学、心理学、人才学的理论和方法对应聘者的知识、能力、心理素质等方面进行测评；录用是指职位候选人在通过筛选后，接受背景调查及办理正式进入单位前的入职程序等过程。

4. 培训与开发

培训与开发职能包括建立培训体系、确定培训需求和计划、组织实施培训过程、对培训效果进行反馈总结等活动。

5. 绩效管理

绩效管理职能是根据既定的目标对员工的工作结果作出评价，发现其工作中存在的问题并加以改进，包括制订绩效计划、进行绩效评价以及实施绩效沟通等活动。

6. 薪酬管理

薪酬管理职能所要进行的活动主要是：确定薪酬结构和水平、实施工作评价、制订福利和其他待遇标准以及进行薪酬的测算和发放等。

7. 员工关系管理

员工关系管理职能除了要协调劳动关系，进行企业文化建设以创造融洽的人际关系和良好的工作氛围之外，还要对员工的职业生涯进行设计与管理。

小提示

上述提到的人力资源管理的主要内容会在本书后面的相关章节一一讲述。

三、人力资源管理与开发的关系

人力资源开发主要包括国家和企业（组织）对所涉及范围内所有人员进行的正规的智力开发、职业培训和全社会的启智任务；而人力资源管理则主要反映为对全社会或一个企业的各阶层、各类型的从业人员进行招工、录取、培训、使用、升迁、调动的全过程的管理。因此，两者既有联系又有区别。

从区别的角度讲，人力资源开发属于综合性的边缘学科，而人力资源管理则属于管理学科的一个分支；人力资源开发面对的是广义的人力资源范畴，即面对所有的人，涉及人的整个生命周期，而人力资源管理面对的是狭义的人力资源范畴，即面对工作中的人；人力资源开发虽然也涉及微观问题，然而更多的则属于宏观的政策和目标管理，而人力资源管理更多的属于微观的操作性问题。

从联系的角度讲，人力资源开发要求不断改善人力资源管理工作，合理安排和使用人力资源，充分发挥劳动者的工作积极性；与此同时，人力资源管理是实现人力资源开发战略的一个重要环节，人力资源开发的许多子目标都要通过人力资源管理来实现。

四、人力资源管理活动的主体

人力资源管理不仅是人力资源职能部门的责任，而且是组织全体员工及全体管理者的共同责任。随着组织的变革和发展，直线经理已经成为人力资源管理的主要责任者。人力资源管理的职能部门由行政权力型转向服务支持型，主要任务就是推动和帮助直线经理做好人力资源管理工作。

在企业管理中，职权分为直线职权和职能职权。拥有直线职权的经理人是直线经理，拥有职能职权的经理人是职能经理。直线经理拥有完成生产和销售等实际业务的下属，有权直接指挥其下属的工作。因此，直线经理需要负责完成组织的基本目标。职能经理不拥有完成生产和销售等实际业务的下属，他们只是负责协助直线经理完成组织的基本目标。人力资源经理就属于职能经理，他们负责协助生产经理和销售经理等部门经理处理事务。直线经理，诸如生产、销售等职能部门的经理，每个人都是一个管理者，肩负着完成部门目标和对部门进行管理的职责。与人力资源经理不同的是，直线经理是在本部门范围内，围绕部门任务，对员工进行包括激励、沟通、授权、培训等方面的人力资源管理。

自我思考

当前，人力资源经理在企业中的角色及职能面临着怎样的转变与挑战？

第三节 人力资源管理的发展历程

作为一门新兴的学科，人力资源管理出现于 20 世纪 70 年代，历史还不太长，但人力资源管理实践及其思想却源远流长。目前，国内学者一般将人力资源管理的发展划分为人事管理阶段和人力资源管理阶段两个方面来进行分析。从时间上看，从 18 世纪末开始的工业革命，一直到 20 世纪 70 年代，这一时期被称为传统的人事管理阶段；从 70 年代末以来，人事管理让位于人力资源管理。

一、人事管理阶段

人事管理阶段一般又可具体分为以下几个阶段。

（一）科学管理阶段

科学管理是在 19 世纪出现的一种管理方法。科学管理尝试通过工作方法、时间和动作研究以及专业化来解决劳动和管理的无效率。著名的科学管理之父弗雷德里克·温斯洛·泰勒（Frederick Winslow Taylor）把科学管理概括为：①科学，而不是单凭经验的方法；②和谐，而不是无秩序；③合作，而不是个人主义；④使产出最大化，而不是限制产出。泰勒的思想和理论引起人们对人事管理职能的关注，推动了人事职能的发展。另外，他主张管理分工，强调计划和执行职能分开，为人事管理职能的独立提供了依据和范例。1910 年，实行泰勒制的典范——普利茅斯出版社成立了人事部，任命简·威廉斯为首任人事部经理。其职责就是通过工作分析确定适当的人选，训练和引导工人，保存工作记录，每月接见每个工人一次，每六个月为增加工资评定效率等级、听取意见等。从此，人事管理作为一个独立的管理职能正式进入了企业管理的活动范畴。

（二）工业福利运动阶段

工业福利运动几乎与科学管理运动同时展开。美国全国现金公司在 1897 年首次设立了一个叫做“福利工作”的部门，此后，一些“福利部”、“福利秘书”、“社会秘书”的名称相继出现。设立这些部门或职位的主要目的是改善工人的境遇，听取并处理工人的不满意见，提供娱乐和教育活动，安排工人的工作调动，管理膳食，指导未婚女工的道德品行等。这种福利主义的人事管理观点也成为现代企业人力资源管理的来源之一。

（三）工业心理学阶段

以德国心理学家雨果·芒斯特伯格（Hugo Munsterberg）等为代表的心理学家的研究结果，推动了人事管理工作的科学化进程。雨果·芒斯特伯格于 1913 年出版的《心理学与工业效率》标志着工业心理学的诞生。该书主要研究人体疲劳、劳动合理化等问题，这些研究已经开始涉及人事管理问题。美国心理学家马斯洛的五个需要层次理论就源于这一时期。

（四）人际关系管理阶段

20 世纪 30 年代，著名的霍桑实验的研究结果使管理从科学管理时代步入人际关系时代。1924～1932 年之间，梅奥等人在芝加哥的西屋电器公司的霍桑工厂进行了著名的霍桑实验。该实验证明，员工的生产率不仅受到工作设计和报酬的影响，而且更多地受到社会和心理因素的影响，即员工的情绪和态度强烈地受到工作环境的影响，而这种情绪和态度又会对生产率产生强烈的影响。因此，采用行为科学理论，改变员工的情绪和态度将对生产率产生巨大的影响。这就在管理实践领域中导入了人际关系运动，推动了整个管理学界的革命。

在人际关系运动阶段，人事管理发生了很多方面的变革，在企业中设置培训主管、强调对员工的关心和支持、增强管理者和员工之间的沟通等。至此，人事管理开始从以工作为中心转变到以人为中心，把人和组织看作相互和谐统一的社会系统。

小建议

关于上述人事管理阶段的内容，可以查看《管理学》等书中古典管理理论的有关内容。

二、人力资源管理阶段

人力资源管理是作为替代传统的人事管理的概念提出来的，它重在将人看作组织中的一种重要资源来探讨如何对人力资源进行管理和控制，以提高人力资源的生产效率，帮助组织实现其目标。人力资源管理阶段又可分为以下两个阶段。

（一）人力资源管理的提出阶段

“人力资源”一词是由当代著名的管理学家彼得·德鲁克于 1954 年在其著名的《管理实践》一书中提出来的。在这部著作中，德鲁克引入了“人力资源”的概念，并且指出，和其他所有资源相比较而言，唯一的区别就是它是人，并且是经理们必须考虑的具有“特殊资产”的资源。因此，德鲁克要求管理人员在设计工作时要充分考虑到人的精神和社会需求，要采取积极的行动来激励员工，为员工创造具有挑战性的工作以及对员工进行开发。之后，工业关系和社会学家怀特·巴克（E. Wight Bakke）于 1958 年发表了《人力资源功能》一书。该书首次将人力资源作为管理的普通职能来加以讨论，并提出了一系列的普遍原则。巴克主要从七个方面说明为什么人力资源管理职能超出了传统的人事或工业关系经理的工作范围，这成为对人力资源管理最早的界定。1965 年，雷蒙德·迈勒斯在《哈佛商业评论》上发表了一篇论文，使得“人力资源”的概念引起了资深学者和管理人员的注意。

（二）人力资源管理的发展阶段

到了 20 世纪 70 年代中期，人力资源管理的定义发生了变化，“人力资源管理”一词已为企业所熟知。但在最初，人力资源管理的概念和传统的人事管理非常接近，两者基本上没有本质的区别。但随着理论的不断成熟和实践的不断发展，人力资源管理逐步与人事管理区分开来。比如，斯托瑞在 1992 年提出了人力资源管理和人事管理之间的 27 个不同点，并把这

27 个不同点分为三大类：信念和假设、战略领域以及重要程度。并且，根据斯托瑞的理论，人力资源管理的活动已经从国内转向国外甚至全球。

现在人们越来越重视包括生态环境在内的人力资源管理的环境，以及人力资源的健康保护和受教育程度。

从组织的角度来看，人事管理是管理人的活动，而人力资源管理的活动则更多的是参与组织的战略发展规划的制订和实施活动。

从管理实践来看，人力资源管理人员与业务人员之间的工作关系将更为密切。人事管理的目标是吸引、保留和激励员工，而人力资源管理的目标则更关注组织在竞争力、利润、生存能力、竞争优势和劳动力的灵活性等方面的提高。人事管理注重的是开发人力资源的产品和服务；而人力资源管理则更为关注人力资源对企业的影响。人事管理的实践是以个体为中心；人力资源管理则是以团队为中心，对人力资源的开发也由个体转向团队。

三、我国企业人力资源管理的发展简况

（一）发展概述

我国企业人力资源管理和开发工作，很大程度上是由国家经济管理体制所决定的。长期以来，我国实行高度集中的计划经济体制，与此相适应的人事管理也一直沿用计划经济管理的模式，即人事行政管理的方式。1978 年我国实行改革开放政策，通过总结经验教训和理论探讨，企业的人事管理发生了重大转变。领导制度的改革、竞争机制的引入、新工资制度的建立、用工制度的革新以及社会保险体系的完善使我国企业人事管理走向一个新的发展阶段——人力资源管理与开发阶段。表 1.2 表明了新中国成立至今我国企业人事管理制度的沿革。

表 1.2　我国企业人事管理制度的沿革

年　　代	人事管理阶段	特　　征
1949～1952	萌芽期	统包统配；固定工制度
1952～1957	起步期	“一长制”的苏联管理模式；按劳分配、计件工资、奖励制度
1957～1966	发展期	厂长负责制，职工代表大会制；职工参与的民主管理（两参一改三结合）
1966～1976	停滞期	强化三铁（铁饭碗、铁交椅、铁工资）
1978 年至今	改革创新期	逐步改革计划经济体制下的人事管理制度，实行全方位的人力资源管理理论与实践创新

（赵曙明，1998）

（二）改革阶段的划分

1. 探索和试点阶段

探索和试点阶段的时间跨度在 20 世纪 70 年代末期到 80 年代中期。1978 年以来，通过不断地探索和总结经验，人们开始认识到必须打破铁饭碗。我国于 1980 年提出了三结合的就业政策，即在国家统筹规划和指导下，实行劳动部门介绍就业、自愿组织起来就业和自谋职业相结合的政策。这是中国人事制度改革迈出的第一步。这一改革突破了统包统配的旧格局，就业渠道多元化的新格局开始形成。为适应就业制度改革的需要，国家在所有制结构方面有所调整，主要是大力发展集体所有制的合作经济，除恢复和发展个体工商户和私营企业外，

还采取了其他一些政策措施。如：改革招工方法，实行向社会公开招聘、择优录用；创办劳动服务公司；加强就业培训等。

2. 突破与扩展阶段

突破与扩展阶段的时间跨度在20世纪80年代中期到80年代末期。在这一时期，企业经营承包制的推行，激发了企业自主用工的动力，劳动力市场机制的建立和发展也为此提供了相应的环境和条件。在国务院颁布劳动制度改革的四项暂行规定后，全国立即推行了以实行劳动合同制为主要内容的改革。与此同时，国家在工资、保险、福利、劳动争议仲裁和劳动就业等相关方面进行了改革；还选择了一些重点地区有计划地推行优化劳动组织的工作，进行区域性、综合性、深层次的改革试点，这标志着中国人事制度改革实现了全方位的突破。建立以企业为用工主体，以劳动合同确立劳动关系，以双向选择、合理流动为机制的新体系作为目标，有组织、有计划地推行改革是这一阶段的特点。

3. 深化与提高阶段

深化与提高阶段的时间是20世纪90年代初以来。在这一时期，为让企业市场化、成为真正意义上的企业，政府首先提出企业必须“破三铁”，打破干部能上不能下、职工能进不能出、工资能高不能低的制度，并提出中国应建立与社会主义市场经济相适应的现代企业制度，让企业成为自主经营、自负盈亏的独立经济实体，企业应该有用人的自主权。经过各方面的努力，目前，中国已基本形成与市场经济体制相适应的新型劳动制度框架，主要的劳动制度已初步形成并开始运转。中国劳动法于1995年1月1日起开始实施，这标志着中国劳动法制建设进入了一个新阶段。对于保护劳动者合法权益、稳定劳动关系、推动劳动制度改革以及建立适应社会主义市场经济要求的劳动制度，都具有非常重要的意义。

我国加入世界贸易组织后，所处的商业环境发生了根本的变化，国内企业不仅面临更大的3C（Customer、Competition、Change）挑战，同时也将更真切地感受到环境的瞬息万变。在这种激烈变化的环境中，如何获得、保持竞争优势，成为一个企业求得生存与发展的要害问题。由最新的企业研究资料表明，越来越多的西方企业将组织与治理，尤其是人力资源管理，作为获得竞争优势的来源。企业人力资源管理是和一个企业的经营战略、组织结构与文化价值紧密联系的，具有独特的个性。卓越的人力资源管理往往是其他企业最难以复制、模拟的能力，因此，通过人力资源管理来创造竞争优势就成为企业竞争战略的一个重要部分。如何吸引、开发、激励、留住人才成为企业最重要的任务。

总之，我国企业的人力资源管理尚处在由传统的人事管理向现代人力资源管理过渡的阶段，基础工作仍然比较薄弱，许多企业还有待建立起科学完善的人力资源管理体系。

第四节　人力资源管理国际比较

一、美国企业的人力资源管理特点

（一）人员雇佣制度

在人员雇佣上，美国企业多采用自由雇佣制。当企业出现岗位空缺、产生人员需求时，美国企业就会通过广告等各种途径，从人力资源市场招募或从其他企业中挖人；而当企业出现人员过剩时，美国企业又会毫不留情地将过剩人员解雇，让其重新回到人力资源市场。同样，美国企业的员工也密切关注人力资源市场的动向，一旦发现新的更理想的工作岗位，也会毫不犹豫地另谋高就。自由雇佣制体现了美国人的实用主义精神，其保证了美国企业在任何时候都会有一个最佳的人力资源组合。由此可见，美国企业的雇佣关系实质上是一个以短期买卖为特征的契约关系，企业与员工都不断地在人力资源市场上进行着双向选择。

（二）培训制度

无论是美国政府还是企业，都非常重视对员工的培训与教育，在每年的政府财政报告中，教育经费所占的比重甚至超过了美国的军备开支。其培训具有如下两个特点：一是培训的计划、内容、形式等完全由员工的需求而定，重视培训与生产、经营直接挂钩；二是培训的方式、周期等呈现多样化的特点。根据企业的规模、员工的特点等，企业会实施差异化的培训。

（三）薪酬制度

美国企业的工资标准一般由企业的劳资双方代表进行谈判，签订集体合同加以确定，工资等级和工资标准极度不一致。合同的有限期一般为两年，详细规定两年期间工资分阶段的增长数额，以及有关的福利待遇的标准，联邦政府除通过法律规定最低工资和加班工资标准外，对企业的具体工资事务一般不加干预。职工的工资一般由基本工资和浮动工资组成，但后者所占的比例较大，以吸引和激励员工。

20 世纪 80 年代以来，由于经济衰退，美国许多企业为了降低人力成本费用和增加企业的利润，采取了一些较为灵活的工资形式，如按知识付酬计划、职工持股计划、利润分享计划、生产率利益分享制等。

（四）绩效考核制度

美国企业十分重视对职工的考评，依靠科学测评方法对管理人员和职工的工作行为作严格的分析与评价。这不仅是强化积极工作行为，纠正消极工作行为的手段，而且是决定对职工奖惩、去留和晋升的主要依据。它充分体现了美国企业所奉行的能力主义，以能力取人，把能力高低作为职工是否晋升的依据。拒绝以身世、资历、年龄和工龄等作为晋升的依据，从而能较好地保持晋升依据的客观性、公正性，并可促使人们提高和发挥自己的能力。

二、日本企业的人力资源管理特点

（一）人员雇佣制度

在日本，终身雇佣制是企业雇佣制度的核心。一个人一旦进了公司，只要不违法或严重违反公司规定，只要公司不破产，他基本能在公司或关联公司一直干到退休。终身雇佣制使特定企业成为职工的终身劳动场所，从而使职工一方面有了“安全感”，另一方面也产生了“归属意识”，它使职工自己的命运同企业的命运联系起来。

（二）培训制度

重视教育是日本企业人力资源管理的一个传统，“经营即教育”成了日本经营者的信条。日本企业内教育内容非常广泛，从新职工到企业第一天起，就处于企业教育系统内，其范围包括经营理念、价值观念、行为规范以及业务技术等。另外，日本企业热心于教育并不完全仅仅从企业利益出发，同时还兼顾职工自我实现的需要，从而能够使职工在接受教育中增长才干，实现成就感，把企业作为实现自己理想的场所，树立高度献身精神的劳动道德。因此，重视教育使日本企业人力资源得到更为充分的开发，企业更具竞争力。

（三）工资分配制度

日本工资分配主要采用年功序列制。职工年龄愈大，工龄愈长，熟练程度愈高，工资也愈高。这种资历工资制是与终身雇佣制相适应的。它对于稳定基本职工队伍、缓和劳资矛盾，增强职工对企业的向心力起到了十分重要的作用。年功序列制的工资体系有两个特点：一是体现了一种企业与职工的借贷关系；二是工资比重不大，各种补助名目繁多。据统计，日本企业的各类补贴有：职务补贴、地区补贴、住房补贴、家庭补贴等二十几种。其中，岗位工资平均仅占工资总额的25%。

（四）劳资关系

日本的劳资关系主要体现在企业工会。所谓企业工会，就是以企业为单位组织的工会，它使企业和职工结成紧密的共同体。企业工会缓和了企业和职工的矛盾，有利于企业实行家族式的经营管理。它同时又是一个矛盾的复合体：一方面，企业工会在某种程度上代表职工同资方交涉，争取自己的利益；另一方面，它又与资方合作，从而共同保证企业的生产。总之，日本的企业内工会对建立和谐的劳资关系、促进公司兴旺发达起了积极作用。

三、德国企业的人力资源管理特点

（一）人员雇佣制度

在德国，“所有德国人都有自由选择职业、工作岗位和培训场所的权利”。根据这一基本原则，企业主或经理有权根据企业实际需要，自行招聘或解雇员工，员工本人也有选择工作的自由，公司与员工的“双向选择”是德国企业自由雇佣制度的核心内容。在企业与员工“双向选择”过程中，德国各级劳动局专门为申请工作者提供就业指导服务，起着中介服务机构的作用。企业在招聘过程中，多采用公开考试的方式，在外部劳动力市场公开招聘。此外，德国法律禁止突然解雇工人，法律规定，厂方应在每季度结束前六周公布解雇名单，让工人有足够的思想准备和充裕的找寻工作的时间。

（二）培训制度

在德国，企业已经把职业培训放在战略高度来认识，认为“职业培训是企业发展的柱石”，“是一个民族能否存在的基础”。在这种观念的指导下，德国的职业培训开展得相当普及，投入的财力物力很大。经过多年的发展，德国的职业培训已形成了一个多阶段、多层次、多功能、形式多样、涉及面广、结构复杂的体系。就职业培训的内容而言，一般包括职业初始培训、职业进修和转业培训三个方面。就职业培训的形式而言，主要有以下四种形式：一是企业与学校相结合的“双轨制”培训；二是企业办大学；三是跨企业的再培训中心；四是市场模拟训练公司。

（三）工资分配制度

长期以来，德国一直以全国和行业范围的谈判为其制订工资方案的依据，在此基础上还制订了顾问和联合决策协议制度，通过局部的谈判来解决工资制订的问题。1991年6月，欧共体发布了一条建议，认为各国应采取法律和税收方法鼓励设置工资制度，即采用利润分享制。这种制度一方面使得雇员积极参与企业决策，另一方面将雇员的工资和企业的业绩联在一起。德国广泛采用了利润分享制。在个人奖金和集体奖金的选择上，德国以个人奖金为主。在可变工资的实践中德国企业不大接受绩效工资。

（四）劳资关系

德国企业的劳资协调体制是以劳资协议为核心的。劳资双方的代表，即工会和雇主协会有权在不受国家干预的情况下就各行业雇员的劳动工资、福利待遇、劳动条件、解约条件等自主协商，缔结劳资协议。劳资协议具有法律约束力，是劳资双方维护和发展各自利益的保障。劳资协议一旦签订生效，在有效期间劳资双方都负有维护合约的义务。如果劳资协议的有效期届满，双方又未能达成新的一致意见，则由劳资双方信赖的中立人出面协调，通过谈判求得双方可以接受的条件，以签订新一轮劳资协议。国家不得以任何形式强迫劳资双方接受政府意见。当有重大事件导致劳资双方发生重大矛盾或冲突，甚至雇员要求罢工时，工会与雇主协会之间往往运用以双方妥协为主要特征的一套协调机制，促使劳资双方形成“社会伙伴关系”。

职工参与决定制是德国劳资关系中的又一大特色。早在1850年，德国爱伦堡就有4家印刷厂成立了工厂委员会，由雇主以及工人选举的1名职员和1名工人组成，其职能包括交流信息、咨询、共同管理福利计划、制订厂规、决定利润分享计划、解决监工与工人之间以及工人内部的纠纷等。1950年以后，有关法律又几经修改，将工人参与的权利加大。这样除非是利害关系特别重大的事宜，在一般经营决策与管理中，工人的参与程度得到了实质性的提高。

开篇案例简析

人力资源管理的核心问题就是如何用人。案例中有一句话是：用人的关键并不在于用这个人而不用那个人，而在于怎样使自己的每个下属都能在最适当的位置上发挥最大的潜能。如何才能做到把合适的人安排到合适的位置上，并使其发挥最大的潜能呢？扬长避短当然是我们首先考虑到的用人的基本方略，这种方略也是管理者经常采用的。但是，什么是“长”？什么是“短”？二者关系又是如何呢？应用辩证法来理解，“长”和“短”是可以互换的，在不同的情景和条件下，“长”和“短”都会向自己的对立面转化，长的可以变短，短的可以变长。管理者的高明之处，就在于短中见长，善用其短。案例中提到的中尾的例子以及那位厂长的例子就很好地说明了善用人的短处是多么重要。关于更多有关松下幸之助与那位厂长用人之道的内容，可以阅读本书配套资料案例集中的有关内容。另外，通过本课程的学习，我们可以学习到更多有关用人方面的方法与知识。

本章小结

人力资源是指能够推动国民经济和社会发展的、具有智力劳动和体力劳动能力的人们的总和，包括数量和质量两个方面。影响人力资源数量的因素有人口的总量、年龄结构；影响人力资源质量的因素有遗传和其他先天因素、营养因素及教育因素。人力资源是一种特殊资源，同其他资源相比具有能动性、两重性、时效性、连续性、再生性和社会性的特征。

现代人力资源管理是超越传统人事管理的全新的管理模式。现代人力资源管理是指在人本思想指导下，通过招聘、选择、培训、考评和薪酬等管理形式对组织内外相关人力资源进行有效运用，满足组织当前及未来发展的需要，保证组织目标的实现与组织成员发展的最大化。现代人力资源管理与传统人事管理存在根本不同，体现在观念、目的、模式、性质、地位、工作方式等多个方面。

人力资源管理的目标主要是充分发挥员工的主观能动性，增加人力资本投入，实现人的价值最大化。基本功能是对人力资源的获取、整合、保持、调控和开发；主要职能包括人力资源规划、工作分析、招聘录用、培训与开发、绩效管理、薪酬管理、员工关系管理等几个方面。人力资源管理不仅是人力资源职能部门的责任，而且是组织全体员工及全体管理者的共同责任。随着组织的变革和发展，直线经理已成为人力资源管理的主要责任者。

人力资源管理的发展历程包括人事管理阶段与人力资源管理阶段。我国在计划经济体制下，实际上实行的是一种国家包揽、行政隶属、身份差别、终身固定的人事行政管理体制。1978 年中国实行改革开放后，随着经济体制改革的不断深化，人事制度改革也向纵深发展，企业人力资源管理经历了探索和试点、突破与扩展、深化与提高三个阶段。

美国、日本、德国的人力资源管理各有特色，对促进我国人力资源管理水平的提高有很多可以借鉴的地方。

复习思考题

1. 什么是人力资源？它与人口资源、劳动力资源、人才资源之间的关系是什么？
2. 什么是人力资本？它与人力资源有何区别？
3. 什么是人力资源管理？人力资源管理的主要内容有哪些？
4. 现代人力资源管理和传统人事管理有什么联系和区别？
5. 简要阐述人力资源管理的发展历程。
6. 美国、日本及德国的人力资源管理模式各有什么特点？对我们有什么启示？

案例分析

海尔的人力资源管理解析

作为中国的优秀企业，青岛海尔集团用优质的产品、优质的服务赢得了消费者赞誉和业界尊重，其背后是优秀的企业文化和规范化管理。尤其是在人力资源方面的管理，为企业技术创新、服务创新提供了宽厚的基础。可以说，人的管理是企业管理的核心。海尔首席执行官张瑞敏认为：人才，是企业竞争的根本优势。人可以认识物，创造物，只要为他创造了条件，他就能适应变化，保持进步，成为取之不尽、用之不竭的资源。有了人才，资本才得以向企业集中，企业在竞争中才能取得优胜。

1. 海尔的人力资源管理理念

海尔在人力资源开发过程中始终坚持观念创新、制度创新；坚持创造一种公平、公正、公开的氛围，建立一套充分发挥个人潜能的机制，在实现企业大目标的同时，给每个人提供充分实现自我价值的发展空间——“你能翻多大的跟头，就给你搭多大的舞台”。按照“斜坡球体人才发展论”，海尔认为，每一个人恰似在斜坡上上行的球体，市场竞争越激烈，企业规模越大，这个斜坡的角度越大。员工的惰性是人才发展的阻力，只有提高自己的素质，克服惰性，不断向目标前进，才能发展自己，否则只能滑落和被淘汰。止住人才在斜坡上下滑的动力是人的素质。在海尔谈到素质，人们都认同这样一种理念：在一点一滴中养成，从严格的管理中逼出。为此，海尔实施了全方位的对每天、每人、每件事进行清理、控制，“日事日毕，日清日高”，以求把问题控制在最小的范围、解决在最短的时间，把损失降低到最小的程度。斜坡球体人才发展理论在海尔集团深入人心，为每个员工提高自身素质提供了动力。从管理人员到普通员工，都十分珍惜每一次学习机会，自觉地为自己“上坡”加“油”。海尔人力资源管理的核心理念是：人人是人才，赛马不相马。“变相马为赛马”，实际上是斜坡球体人才发展理论的一种体现和保证，二者是相辅相成的。在海尔领导集团看来，企业不缺人才，人人都是人才，关键是不是将每一个人所具备的最优秀的品质和潜能充分发挥出来了。为了把每个人的最为优秀的品质和潜能充分开发出来，海尔人“变相马为赛马”。海尔的人力资源开发自一开始就是“人人是人才”，“先造人才，再造品牌”，率先转变大多数企业部处的职能，人力资源开发中心不是去研究培养谁、提拔谁，而是去研究如何发挥员工潜能的政策。海尔给员工搞了三种职业生涯设计：一种是专门对着管理人员的，一种是对专业人员的，一种是对工人的。每一种都有一个升迁的方向。“赛马”遵循着“优胜劣汰”的铁的规律。任何人不能满足于已有的成绩，只有创业，没有守业；谁守业不进取，谁就要被严酷的竞争所淘汰。另外，海尔的“赛马”是全方位开放式的，所有的岗位都可参赛，岗位是擂台，人人可升迁，而且向社会开放。在这里，没有身份的贵贱、年龄的大小、资历的长短，只有技能、活力、创造精神和奉献精神。“相马”将命运交给了别人，而“赛马”则是将命运掌握在每个人自己的手中。是人才，赛中看，实际上是每个人为自己铺就了一条成功之路。

2. 海尔的“赛马”机制

海尔集团总裁张瑞敏认为，企业领导者的主要任务不是去发现人才，而是去建立一个可以出人才的机制，并维持这个机制健康持久地运行。这种人才机制应该给每个人相同的竞争机会，把静态变为动态，把相马变为赛马，充分挖掘每个人的潜质，并且每个层次的人才都应接受监督，压力与动力并存，方能适应市场的需要。海尔的赛马是全方位的，具体而言包含三条原则：一是公平竞争，任人唯贤；二是职适其能，人尽其才；三是合理流动，动态管理。对人才的考核任免讲求公平、公正、公开，简称“三公”。

在以上人力资源管理思路的指导下，海尔建立了系列的赛马规则。其具体内容如下。

（1）在位监控。对于在位监控，海尔集团提出两个内容：一是干部主观上要能够自我控制，自我约束，有自律意识。二是作为集团要建立控制体系，控制工作方向、工作目标，避免犯方向性错误；控制财务，避免违法违纪。海尔集团建立了较为严格的监督控制机制，任何在职人员都要接受三种监督，即自检（自我约束和监督）、互检（所在团队或班组内互相约束和监督）、专检（业绩考核部门的监督）。干部的考核指标分为五项：一是自清管理，二是创新意识及发现、解决问题的能力，三是市场的美誉度，四是个人的财务控制能力，五是所负责企业的经营状况。对这五项指标赋予不同的权数，最后得出评价分数，分为三个等级。每月考评，工作没有失误但也没有起色的干部也被归入批评之列，这使在职的干部随时都有压力。《海尔报》上引用过一句名言："没有危机感，其实就有了危机；有了危机感，才能没有危机；在危机感中，反而避免了危机。"在这种严格的监控机制下，海尔的员工无时不感受到一种巨大的压力，许多刚踏入社会的大学生可能一下子还受不了这种约束。

（2）届满轮换。海尔集团的另一特色性的人力开发思路就是届满轮换。集团的经营在逐步跨领域发展，从白色家电涉足黑色家电，产品系列越来越大。但是海尔集团内部的发展并不平衡，企业与企业之间不仅有差距，有的差距还很大；而且，集团整体高速的发展也并不等于每个局部都是健康的发展。那些不发展的企业的干部没有目标，看不到自己的现状与竞争对手之间的差距，头脑跟不上市场的变化，于是就原地踏步。市场规则是不进则退。随着集团的逐步壮大，越来越需要一批具有长远眼光、能把握全局、对多个领域了如指掌的优秀人才。针对这种情况，海尔集团提出"届满要轮流"的人员管理思路，即在一定岗位上任期满后，由集团根据总体目标并结合个人发展需要，调到其他岗位上任职。届满轮流培养了一批多面手，但同时也让许多年轻人认为是"青云直上"的一种客观障碍。

（3）三工转换。海尔集团实行"三工并存、动态转换"制度。三工，即在全员合同制基础上把员工的身份分为优秀员工、合格员工、试用员工（临时工）三种，根据工作态度和效果，三种身份之间可以进行动态转化。"今天工作不努力，明天努力找工作"。三工转换与物质待遇挂钩，在这种用工制度下，工作努力的员工可及时地被转换为合格员工或优秀员工，同时也意味着有的员工只要一天工作不努力，就可能得用十天、百天甚至更长的时间来弥补过失，就会由优秀员工被转换为合格员工或试用员工，甚至丢掉岗位。另外，在海尔的生产车间里通常都有一个S形的大脚印，每天下班时，班组长工作总结，当天表现不好的职工都要当着大家的面站在S形的大脚印上，直到下班。另外，海尔内部采用竞争上岗制度，空缺的职务都在公告栏统一贴出来，任何员工都可以参加应聘。海尔建立了一套较为完善的激励机制，包括责任激励、目标激励、荣誉激励、物质激励等。这对于处处感到压力的海尔员工来说，无疑是一种心理调节器。在位监控解决的是企业制度即赛马规则的执行问题，着力点在于员工尤其是重要岗位员工的行为，是否与企业需要的规则和轨道一致；届满轮换制度解决的是管理人员评价与升迁问题；三工转换解决的是一般员工的评价及在人力资源上的奖励与处罚。此外，海尔的"农民合同工升迁之路"、以市场为中心的业绩衡量标准也都坚持"三公"原则，有效地避免了任人唯亲等不良现象的发生，确保优秀人才能够及时被选拔到重要岗位上来。在这种情况下，人的竞争上升到了企业的战略层面和市场接轨的水平，每个员工的心中都装着企业的目标，每个人都与市场相联系，只有不断进取，不断创业，才能始终立于不败之地。

3. 海尔的"驯马"机制

在现代人力资源管理中，培训是全部管理工作的一项重要工作，海尔在人力资源管理中，赛马又驯马，建立了一个能够充分激发员工活力的人才培训机制，最大限度地激发每个人的活力，充分开发利用人力资源，从而使企业保持了高速稳定发展。"下级素质低不是你的责任，但不能提高下级的素质就是你的责任！"对于集团内各级管理人员，培训下级是其职责范围内必需的项目，这就要求每位领导，上到集团总裁、下到班组长，都必须为提高部下素质而搭建培训平台、提供培训资源，并按期对部下进行培训。特别是集团中高层人员，必须定期到海尔大学授课或接受海尔大学培训部的安排，不授课则要被索赔，同样也不能参与职务升迁。每月进行的各级人员的动态考核、升迁轮岗，就是很好地体现：部下的升迁，反映出部门经理的工作效果，部门经理也可据此续任或升迁、轮岗；反之，部门经理就是不称职。为了与市场需要接轨，海尔培训工作的原则是“干什么学什么，缺什么补什么，急用先学，立竿见影”。为调动各级人员参与培训的积极性，海尔集团将培训工作与激励紧密结合。海尔大学每月对各单位培训效果进行动态考核，划分等级，等级升迁与单位负责人的个人月度考核结合在一起，促使单位负责人关心培训，重视培训。企业文化培训是基础，实战技能培训是重点。海尔在进行技能培训时重点是通过案例、到现场进行的“即时培训”模式来进行。具体来说，是抓住实际工作中随时出现的案例，当日利用班后的时间在现场进行案例剖析，针对案例中反映出的问题或模式，来统一人员的动作、观念、技能，然后利用现场看板的形式在区域内进行培训学习，并通过提炼在集团内部的报纸《海尔人》上进行公开发表、讨论，以期在员工中形成共识。员工能从案例中学到分析问题、解决问题的思路及观念，提高员工的技能，这种培训方式已在集团内全面实施。海尔集团除重视“即时”培训外，更重视对员工的“脱产”培训。在海尔的每个单位，几乎都有一个小型的培训实践中心，员工可以在此完成诸多在生产线上的动作，从而为合格上岗进行充分的锻炼。

（王国光，2008）

分析讨论

1. 海尔的人力资源管理理念有什么特点？并作简要评价。
2. 如何理解“人人都是人才”这句话的含义？
3. “变相马为赛马”有什么好处？
4. 海尔的“赛马”机制与“驯马”机制有什么特点和可以借鉴的地方？

实训

人力资源管理认识实训

（一）实训目的

通过实训，使学生对人力资源管理活动具有初步的感性认识，了解人力资源管理的主要内容及其在企业管理中的重要性。

（二）实训条件

1. 实训时间

实训周期为1～2周，课堂用时为2～4个学时，其余时间供调查访问、收集资料之用。

2. 实训地点

具有一定规模，人力资源管理活动开展的比较好的企业。

3. 实训所需材料

教师提前给出目标企业的背景材料。

（三）实训内容与要求

1. 实训内容

深入选定的企业，了解该企业人力资源管理活动的开展情况。

2. 实训要求

（1）要求教师选择一家合适的企业作为实训地点，与企业进行良好沟通，为学生进入企业调查与收集资料创造条件。

（2）要求学生做好实训前的知识准备，熟悉人力资源管理在企业管理中的重要性，熟悉人力资源管理的目标及主要内容。

（3）要求学生深入企业了解实际情况，通过查找资料、观察、与相关人员访谈等形式了解企业人力资源管理的实际运行过程。

（4）要求教师在实训过程中做好组织工作，给予必要的、合理的指导，使学生加深对理论知识的理解，提高实际分析、操作的能力。

（四）实训组织方法与步骤

第一步，教师联系一家（或几家）合适的企业，获得企业的支持，为学生深入企业创造条件。

第二步，教师向学生明确实训要求，规范学生行为，实训时不得干扰或影响企业的正常工作，必须在教师和企业人员指导下开展实训活动。

第三步，学生分组进入企业进行实训活动，小组成员可分工协作，每个人负责一部分工作。

第四步，根据所获得的资料，在教师和企业专门人员的指导下，结合所学知识分析该企业人力资源管理活动的主要过程、特点及可以改进的地方。

第五步，调动学生积极思考和发言，让每组学生进行充分的分析和讨论，并在小组内部形成统一的结论，由小组的代表在全班发表看法。

第六步，教师与企业相关人员对各种观点进行分析、归纳和总结，提出指导意见，帮助学生完善自己的结论。

第七步，每个小组根据讨论的结果编写实训报告。

（五）实训考核方法

1. 成绩划分

实训成绩按优秀、良好、中等、及格和不及格五个等级评定。

2. 评定标准

（1）能否理解人力资源及人力资源管理的基本含义。

（2）能否理解人力资源管理的重要意义。

（3）能够明白人力资源管理的主要内容。

（4）能否结合企业的实际情况，提出自己的观点。

（5）是否记录了完整的实训内容，做到文字简练、准确，叙述通畅、清晰。

第二章 人力资源战略与规划

学习目标：通过本章的学习，理解并掌握人力资源战略、人力资源规划的含义；了解人力资源战略的作用；了解人力资源规划的作用；掌握人力资源战略与企业战略的整合；掌握人力资源需求预测及人力资源供给预测的相关方法；掌握人力资源供给与需求的不平衡的调整方法。

关键概念：人力资源战略（Human Resource Strategy） 人力资源规划（Human Resource Planning） 企业战略（Corporate Strategy） 人力资源需求预测（Human Resource Demand Forecasting） 人力资源供给预测（Human Resource Supply Forecasting）

开篇案例

手忙脚乱的人力资源经理

D集团在短短5年之内由一家手工作坊发展成为国内著名的食品制造商，企业最初从来不定什么计划，缺人了就去人才市场招聘。企业日益正规后，开始每年年初定计划，如收入、利润、产量、员工定编人数等，人数少的可以新招聘，人数超编的就要求减人，一般在年初招聘新员工。可是，因为一年中不时地有人升职、有人平调、有人降职、有人辞职，年初又有编制限制不能多招，而且人力资源部也不知道应当多招多少人或者招什么样的人，结果人力资源经理一年到头地往人才市场跑。

近来，由于3名高级技术工人退休，2名跳槽，生产线立即瘫痪，集团总经理召开紧急会议，命令人力资源经理3天之内招到合适的人员顶替空缺，恢复生产。人力资源经理两个晚上没睡觉，频繁奔走于全国各地人才市场和面试现场之间，最后勉强招到2名已经退休的高级技术工人，使生产线重新开始了运转。人力资源经理刚刚喘口气，地区经理又打电话给他说自己公司已经超编了，不能接收前几天分过去的5名大学生，人力资源经理不由怒气冲冲地说："是你自己说缺人，我才招来的，现在你又不要了！"地区经理说："是啊，我两个月前缺人，你现在才给我，现在早就不缺了。"人力资源经理分辩道："招人也是需要时间的，我又不是孙悟空，你说缺人，我就变出一个给你？"……

（彭剑锋，2007）

请思考：该企业在人力资源管理方面出现了什么问题？为什么会出现这些问题？

第一节　人力资源战略概述

一、人力资源战略的概念与作用

核心概念

人力资源战略是企业为适应内外部环境的变化和人力资源管理与开发自身发展的需要，而制订的人力资源管理与开发的纲领性长远规划。

人力资源战略对人力资源开发与管理活动具有重要的指导作用，是企业战略的重要组成部分，也是实现企业战略的有效保障。具体而言，人力资源战略主要有以下作用。

（1）界定实现企业目标的机遇与障碍。

（2）促使对问题产生新思路，引导和教育参与者并提供比较广阔的视野。

（3）检测管理过程投入程度，开创一种将资源分配给具体计划和活动的过程。

（4）培育一种紧迫感和积极行动精神。

（5）建立一种针对今后两三年重点问题的长期行动方针。

（6）提出企业管理与管理人员开发的战略要点。

小提示

人力资源战略属于职能战略，用以支持企业总体战略和事业战略，所以必须与企业经营战略配合，才能发挥最大效用。

二、人力资源战略的影响因素

（一）内部环境因素

企业的内部环境因素是指企业内部与人力资源战略有重要关联的因素，是企业人力资源管理的基础，是制订人力资源战略的出发点、依据和条件。企业的内部环境因素包括：企业文化、资源条件、价值链、核心能力分析、财务状况、行业竞争地位、组织结构、人员的数量及质量、企业过去确定的目标和曾经采用过的战略等。一般来说，内部管理分析、资源分析、自我评价、竞争地位分析、利益相关者分析、生命周期矩阵分析等方法是企业常用的工具。

（二）外部环境因素

企业的外部环境是指企业外部与人力资源战略有关系的因素，对任何一个企业都会产生影响，而且这种影响通常不会因企业不同而有多大差异。企业的外部环境因素主要包括政治法律、社会文化、经济、技术、自然等因素。不同国家和地区有不同的社会政治经济制度、社会文化和经济状况等。

（三）特殊环境因素

特殊环境也被称为企业的任务环境，通常由供应商、顾客、竞争对手、政府机构及特殊利益团体等构成。供应商泛指企业经营活动所需各类资源和服务的供应者；顾客是指企业产品或服务的购买者；竞争对手是指与本企业存在资源和市场争夺关系的其他同类企业；政府机构作为社会经济管理者，对企业的经营行为从全社会利益角度进行必要的调节和控制；特殊利益团体也会对企业经营行为产生某种影响和制约。

三、人力资源战略的分类

经过多年来的理论研究与实践探索，人力资源战略表现出多种不同的类型，不同的人力资源战略会影响人力资源管理的具体工作。下面主要介绍康奈尔大学对人力资源战略的分类与史戴斯和顿菲对人力资源战略的分类。

（一）康奈尔大学对人力资源战略的分类

根据美国康奈尔大学的研究，人力资源战略可分为三种：诱引战略、投资战略和参与战略。

1. 诱引战略

诱引战略主要是通过丰厚的薪酬去诱引和培养人才，从而形成一支稳定的高素质的员工队伍。常用的薪酬制度包括利润分享计划、奖励政策、绩效奖酬、附加福利等。由于薪酬较高，人工成本势必增加。为了控制人工成本，企业在实行高薪酬的诱引战略时，往往严格控制员工数量，所吸引的也通常是技能高度专业化的员工，招聘和培训的费用相对较低，管理上则采取以单纯利益交换为基础的严密的科学管理模式。

2. 投资战略

投资战略主要是通过聘用数量较多的员工，形成一个备用人才库，以提高企业的灵活性，并储备多种专业技能人才。这种战略注重员工的开发和培训，注意培育良好的劳动关系。在这方面，管理人员担负了较重的责任，确保员工得到所需的资源、培训和支持。采取投资战略的企业目的是要与员工建立长期的工作关系，故企业十分重视员工，视员工为投资对象，使员工感到有较高的工作保障。

3. 参与战略

参与战略谋求员工有较大的决策参与机会和权力，使员工在工作中有自主权，管理人员更像教练一样为员工提供必要的咨询和帮助。采取这种战略的企业很注重团队建设、自我管理和授权管理。企业在对员工的培训上也较重视员工的沟通技巧、解决问题的方法、团队工作等，日本企业开创的 QC 小组就是这种人力资源战略的典型。

（二）史戴斯和顿菲对人力资源战略的分类

根据史戴斯和顿菲的研究（Stace & Dunphy，1994），人力资源战略可能因企业变革的程度不同而采取以下四种战略：家长式战略、发展式战略、任务式战略和转型式战略（如表 2.1 所示）。

表 2.1 史戴斯和顿菲对人力资源战略的分类

变革程度	管理方式	人力资源战略
基本稳定，微小调整	指令式管理为主	家长式战略
循序渐进，不断变革	咨询式管理为主，指令式管理为辅	发展式战略
局部变革	指令式管理为主，咨询式管理为主	任务式战略
整体变革	指令式管理与高压式管理并重	转型式战略

1. 家长式人力资源战略

家长式人力资源战略主要应用于避免变革，寻求稳定的企业。其主要特点是：集中控制人事的管理；强调秩序和一致性；具有硬性的内部任免制度；重视操作与监督；人力资源管理的基础是奖惩与协议；注重规范的组织结构与方法。

2. 发展式人力资源战略

当企业处于一个不断变化和发展的经营环境时，为适应环境的变化和发展，企业采用渐进式变革和发展式人力资源战略。其主要特点是：注重发展个人和团队；尽量从内部进行招募；大规模的发展和培训计划；运用“内在激励”多于“外在激励”；优先考虑企业的总体发展；强调企业的整体文化；重视企业绩效管理。

3. 任务式人力资源战略

任务式人力资源战略是企业面对局部变革，采取自上而下的指令方式。这种单位在战略推行上有较大的自主权，但要对本单位的效益负责。采取这种战略的企业依赖于有效的管理制度。其主要特点是：非常注重业绩和绩效管理；强调人力资源规划，工作再设计和工作常规检查；注重物质奖励；进行企业内部和外部的招聘；开展正规的技能培训；有正规程序处理劳动关系和问题；重视战略事业单位的组织文化。

4. 转型式人力资源战略

当企业已完全不能再适应经营环境而陷入危机时，就必须进行全面变革，企业在这种紧急情况下没有时间让员工较大范围地参与决策，彻底的变革有可能触及相当部分员工的利益而不可能得到员工的普遍支持，企业只能采取强制高压式和指令式的管理方法，包括企业战略、组织结构和人事的重大变动，创立新的结构、领导和文化。与这种彻底变革相配合的是转型式人力资源战略，其主要特点是：企业组织结构进行重大变革，进行全面职务调整；进行裁员，调整员工队伍结构，缩减开支；从外部招聘骨干人员；对管理人员进行团队训练，建立新的“理念”和“文化”；打破传统习惯，摒弃旧的组织文化；建立适应经营环境的新的人力资源系统和机制。

第二节　人力资源战略与企业战略的整合

人力资源战略是职能战略中的一种，企业的任何战略目标的完成，都离不开人力资源战略的配合。人力资源战略只有与企业的基本竞争战略、发展战略和文化战略等相互配合、相互支持，才可能发挥最大效用。

一、企业战略及其类型

小知识

1938 年，巴纳德（Bamard）首次将战略的概念引入管理理论，使企业战略思想得到理论界和企业界的重视。至 20 世纪 60 年代，企业战略逐步形成了相对完整的理论体系。

关于什么是企业战略，至今尚没有一个公认的权威的定义。总的来说，企业战略应包含目标和方法两个主要内容，即企业在追求长远目标时，对环境的变化和挑战所采取的反应方法。

重要概念

企业战略是指企业为了求得长远的发展，在对企业内部条件和外部环境进行有效分析的基础上，根据企业的总体目标所确定的企业在一定时间发展的总体设想和谋划。

企业战略多种多样，千差万别，这里主要分析与人力资源战略有密切关系的企业基本竞争战略、企业发展战略和企业文化战略。

（一）企业基本竞争战略

在众多的企业竞争战略研究中，影响最大的莫过于哈佛大学的迈克尔·波特（Michael E. Porter）。他在《竞争战略》（1980）一书中提出，一个企业在严酷的市场竞争中能否生存和发展的关键在于其产品的“独特性”和“顾客价值”，若二者缺一，企业就很难在竞争中取得优势。为获得竞争优势，企业可以根据自己的情况采取以下三大基本竞争战略中的一种。

小知识

迈克尔·波特（Michael E. Porter）是当今世界上竞争战略和竞争力研究方面公认的权威，被誉为“竞争战略之父”，他的三部经典著作《竞争战略》、《竞争优势》、《国家竞争优势》被称为竞争三部曲。

一是成本领先战略。这种战略的指导思想是以低成本取得行业中的领先地位。企业通过在内部加强成本控制，在研究开发、生产、销售、服务和广告等领域里把成本降到最低限度，成为行业中的成本领先者。

二是差别化战略。这种战略就是企业提供与众不同的产品和服务，满足顾客特殊的需求，使企业依靠产品和服务的特色，具有独特性，从而形成自身竞争优势的战略。

三是专一化战略。这类战略是主攻某个特殊的细分市场或某一种特殊的产品，为特定的地区或特定的购买者集团提供特殊的产品和服务。这一战略主要是通过巧妙地避开直接竞争而求得生存和发展。

（二）企业发展战略

企业的发展战略主要分为以下四种。

一是成长战略。企业在市场不断扩大、业务不断增长时通常采取成长战略，以抓住发展机会。企业在采取成长战略时，可以根据其具体情况而选择三种不同的成长战略，即集中式成长战略、纵向整合式成长战略及多元化成长战略。

二是维持战略。当市场相对稳定，且被几家竞争企业分割经营时，处于其间的企业常常采取维持性战略，即坚守自己的市场份额、客户和经营区域，防止企业利益被竞争对手蚕食，同时保持警惕，防止新的对手进入市场。

三是收缩战略。当企业的产品进入衰退期或因经营环境变化而陷入危机时，企业可以采取收缩战略以扭转颓势，克服危机，争取柳暗花明，走出困境。

四是重组战略。重组战略是指企业通过资产重组的方式寻求发展的战略。常见的资产重组方式有兼并、联合、收购等。

（三）企业文化战略

企业文化主要指一个企业长期形成的并为全体员工认同的价值信念和行为规范。每一个企业都会有意或无意地形成自己特有的文化，它来源于企业经营管理者的思想观念，以及企业的历史传统、工作习惯、社会环境和组织结构等。密执安大学的奎因认为，企业文化可以根据两个轴向而分成四大类（如图 2.1 所示）。

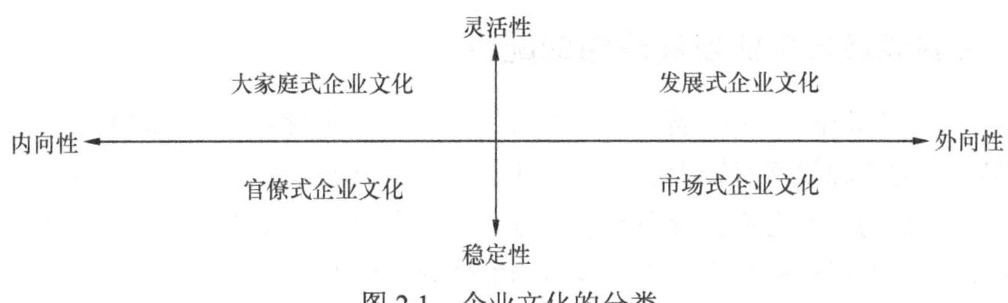

图 2.1　企业文化的分类

一是发展式企业文化。其特点是强调创新和成长，组织结构较松散，运作上非条规化。

二是市场式企业文化。其特点是强调工作导向和目标的实现，重视按时完成各项生产经营目标。

三是大家庭式企业文化。其特点是强调企业内部的人际关系，企业像一个大家庭，员工像一个大家庭里的成员，彼此间相互帮助和相互关照，最受重视的价值是忠诚和传统。

四是官僚式企业文化。其特点是强调企业内部的规章制度，凡事皆有章可循，重视企业的结构、层次和职权，注重企业的稳定性和持久性。

> 小提示
>
> 每个企业的战略实际上都是基本竞争战略、发展战略和文化战略的综合运用，这三个方面的战略都将影响到企业人力资源战略的选择和制订。

二、人力资源战略与企业基本竞争战略和文化战略的配合

根据奎因的研究，企业的基本竞争战略与企业文化战略和人力资源战略可以有下述配合方式（如表 2.2 所示）。

表 2.2 企业基本竞争战略与企业文化战略和人力资源战略的配合

基本竞争战略	文 化 战 略	人力资源战略
成本领先战略	官僚式企业文化	诱引式人力资源战略
产品差别化战略	发展式企业文化	投资式人力资源战略
高品质产品战略	大家庭式企业文化	参与式人力资源战略

采用成本领先战略的企业多为集权式管理，生产技术较稳定，市场也较成熟，因此企业主要考虑的是员工的可靠性和稳定性，工作通常是高度分工和严格控制。企业追求的是员工在指定的工作范围内有稳定一致的表现，如果员工经常缺勤或表现参差不齐，必将对生产过程和成本构成严重影响。

采用产品差别化战略的企业主要以创新性产品和独特性产品去战胜竞争对手，其生产技术一般较复杂，企业处在不断成长和创新的过程中。这种企业的成败取决于员工的创造性，注重培养员工的独立思考和创新工作的能力。员工的工作内容较模糊，无常规做法，非重复性并具有一定的风险。企业的任务就是为员工创造一个有利的环境，鼓励员工发挥其独创性。

采取高品质产品战略的企业依赖于广大员工的主动参与，才能保证其产品的优秀品质。这种企业重视培养员工的归属感和合作参与精神，通过授权，鼓励员工参与决策或通过团队建设让员工自主决策。如日本企业就广泛采取了这种战略配合。

三、人力资源战略与企业发展战略的配合

根据冯布龙（Fobrun C. J）、蒂契（Tichy N. M.）和迪维纳（Devanna M. A.）的研究，企业发展战略对人力资源战略有较大影响，尤其是在人员招聘、绩效考评、薪酬政策和员工发展等方面。他们认为，人力资源管理的这些方面应与企业的发展战略相配合，才能实现企业的发展目标。企业发展战略和人力资源战略的配合分析如下。

（一）集中式单一产品发展战略与家长式人力资源战略的配合

企业采取这种发展战略时，往往具有规范的职能型组织结构和运作机制，高度集权的控制和严密的层级指挥系统，各部门和人员都有严格的分工。这种企业常采用家长式人力资源战略，在员工选择招聘和绩效考评上，较多地从职能作用上评判，且较多依靠各级主管的主观判断。在薪酬上，这种企业采用自上而下的家长式分配方式，即上司说了算。在员工的培训和发展方面，以单一的职业技能为主，较少考虑整个系统。

（二）纵向整合式发展战略与任务式人力资源战略的配合

采取这种发展战略的企业在组织结构上仍较多实行规范性职能型结构的运作机制，控制和指挥同样较集中，但这种企业更注重各部门实际效率和效益。其人力资源战略多为任务式，即人员的挑选、招聘和绩效考评较多依靠客观标准，立足于事实和具体数据，奖酬的依据主要是工作业绩和效率，员工的发展仍以专业化人才培养为主，少数通才主要通过工作轮换来培养和发展。

（三）多元化发展战略与发展式人力资源战略的配合

采取这种发展战略的企业因为经营不同产业的产品系列，其组织结构较多用战略事业单位（SBU）或事业部制。这些事业单位都保持着相对独立的经营权。这类企业的发展变化较

为频繁，其人力资源管理多为发展式战略。在人员招聘和选择上，较多运用系统化标准；对员工的考核主要是看员工对企业的贡献，主客观评价标准并用；奖酬的基础主要是对企业的贡献和企业的投资效益；员工的培训和发展往往是跨职能、跨部门，甚至跨事业单位的系统化开发。

第三节　人力资源规划概述

一、人力资源规划的含义

核心概念

人力资源规划，又称人力资源计划，是企业根据自身的人力资源现状，科学地预测、分析企业在未来变化环境中的人力资源供给和需求状况，制定必要的政策和措施，以确保企业在需要的时间和需要的岗位上获得各种所需要的人才（包括数量和质量两个方面），从而使企业人力资源供给和需求达到平衡，并使企业和个人都获得长期的利益。

人力资源规划是人力资源管理的一项基础性工作。不断变化的内部和外部环境必然会使企业出现员工的流入、流出。为保证企业在需要的时候及时得到各种需要的人才，企业在发展过程中要有与其战略目标相适应的人力资源配置。人力资源规划是实现这一目的的重要手段。

深入理解人力资源规划的含义需要注意以下几个方面的内容。

一是人力资源规划的制定必须依据组织的发展战略、目标。组织的发展战略、目标是人力资源规划的基础。

二是人力资源规划要适应组织内外部环境的变化。组织的内外部环境总是在不断变化，这种变化必然会对人力资源的需求和供给产生影响。

三是制定必要的人力资源政策和措施是人力资源规划的主要工作。人力资源规划的制定实质就是在人力资源供求预测的基础上制定相应的政策和措施。

四是人力资源规划的目的是使组织人力资源供需平衡，保证组织长期持续发展和员工个人利益的实现。

二、人力资源规划的作用

人力资源规划是组织计划的重要组成部分，在整个人力资源管理活动中占有重要地位，是各项具体人力资源活动的起点和依据，在人力资源管理活动中起着重要作用，具体体现在以下几个方面。

（一）有助于确保企业对人力资源的需求

不同的企业，不同的生产技术条件，对人力资源的数量、质量等要求是不一样的。特别是当今企业所处的环境经常发生变化，企业要想在激烈的环境中立于不败之地，就必须对其所拥有的人力资源进行必要的调整，以便适应内外部环境的变化。企业如果不对其各个发展阶段的人力资源需求进行预测并提前做好准备，就会出现人力短缺的现象，影响企业正常的生产进行。企业通过人力资源规划，可以减少企业在发展中出现的人力供求不平衡的现象，保证企业对人力的需求。

（二）有利于人力资源管理活动的有序化

人力资源规划是企业人力资源管理的基础，它由总体规划和各种业务计划构成，为管理活动（如确定人员的需求量、供给量、调整职务和任务、培训等）提供可靠的信息和依据，进而保证管理活动的有序化。如果没有人力资源规划，那么，组织什么时候需要补充人员，补充哪个层次的人员，如何避免各部门人员提升的机会不均等以及如何组织培训等，都会出现很大的随意性，引起管理局面的混乱。

（三）有助于实现企业内部人力资源的合理配置

人力资源规划着眼于发掘人力资源的潜力，谋求改进人员结构、人员素质，从而改变人力资源配置上的浪费和低效现象。好的人力资源规划，能使企业保持合理的人员结构、年龄结构及工资结构，不会有断层的压力和冗员的负担，从而提高人力资源管理的效益。

（四）有利于满足企业员工的需求及调动成员的积极性与创造性

人力资源管理要求在实现组织目标的同时，也要满足员工的个人需要（包括物质需要和精神需要），这样才能激发员工持久的积极性，只有在人力资源规划的条件下，员工对自己可满足的东西和满足的水平才是可知的。当组织所提供的与员工自身所需求的大致相符时，员工就会努力追求，在工作中表现出主动性、积极性和创造性；否则，在前途未卜和利益未知的情况下，员工的积极性就会下降，甚至离开组织另谋高就。而人员流失特别是有才能的人员流失多，必然削弱组织的力量，使组织效率下降，士气低落，从而进一步加速人员的流失，形成恶性循环。

（五）有利于控制人力资源成本

人力资源成本是一个组织的总成本中的重要构成部分。人力资源规划有助于检查和测算出人力资源规划方案的实施成本及其带来的效益。人才的浪费是最大的浪费，如果组织没有人力资源规划，不对组织的人员结构、职务布局等进行合理的调整，就会出现用人不合理或人浮于事等不良现象，造成组织的人工成本上升，效益下降，影响组织经营战略目标的实现。所以，要通过人力资源规划预测组织人员的变化，调整组织的人员结构，把人工成本控制在合理的水平上，这是组织持续发展不可缺少的环节。

三、人力资源规划的内容

企业的人力资源规划一般包括两个层次，即人力资源的总体规划和人力资源的专项业务计划。

人力资源总体规划是对有关计划期内人力资源开发利用的总目标、总政策、实施步骤及总体预算的安排。总体规划与企业的战略直接相关，是实现企业战略目标的人力资源保证，同时又是制订各专项人力资源业务计划的依据。

人力资源规划的专项业务计划主要包括人员补充计划、人员使用计划、人才接替及提升计划、教育培训计划、评价及激励计划、劳动关系计划、退休解聘计划等。专项业务计划是总体规划的展开和具体化，以保证企业人力资源总体规划目标的实现。人力资源规划所涉及的内容如表 2.3 所示。

表 2.3 人力资源规划的主要内容

计划类别	目 标	政 策	预 算
总体规划	总目标（绩效、人力资源总量、素质、职工满意度等）	基本政策（如扩大、收缩、改革、保持稳定等）	总预算
人员补充计划	类型、数量，对人力资源结构及绩效的改善等	人员标准；人员来源；起点待遇	招聘、挑选费用
人员使用计划	部门编制、人力资源结构优化及绩效改善，职务轮换幅度	任职条件，职务轮换范围及时间	按使用规模、类别及人员状况决定的工资、福利预算
人才接替及提升计划	保持后备人才数量，提高人才结构及绩效目标	选拔标准、资格，试用期，提升比例，未提升资深人员安置	职务变动引起的工资变化
教育培训计划	素质及绩效改善；培训类型、数量，提供新人力资源，转变态度及作风	培训时间的保证，培训效果的保证（如待遇、测试、使用）	教育培训总投入、脱产损失
评价及激励计划	人才流失率降低；士气水平提高；绩效改进	激励重点；工资政策；奖励政策；反馈	增加工资、奖金额
劳动关系计划	减少非期望离职率，改进干群关系，减少投诉及不满	参与管理；加强沟通	法律诉讼费
退休解聘计划	编制、劳务成本降低，生产率提高	退休政策、解聘程序等	空置费、人员重置费

四、人力资源规划的程序

企业人力资源规划工作的一般步骤如图 2.2 所示。

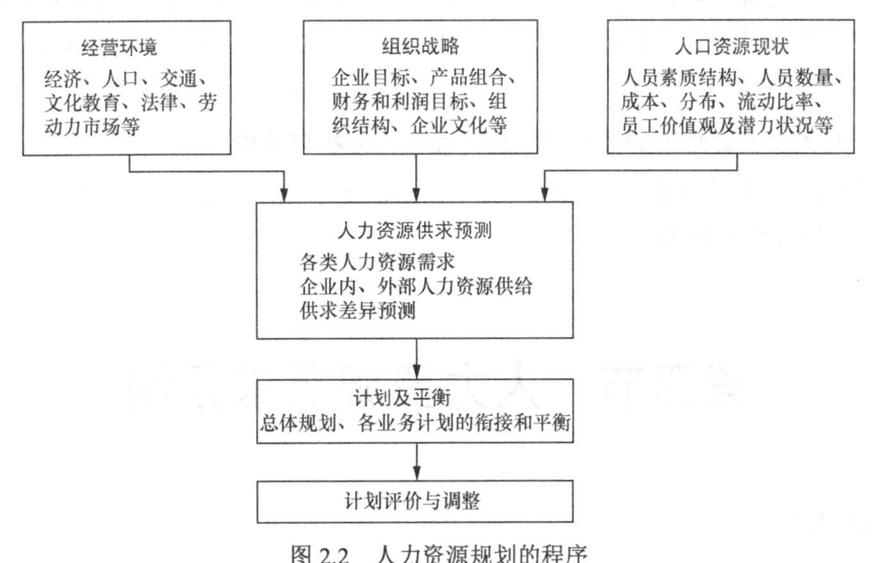

图 2.2 人力资源规划的程序

（一）分析与研究企业的经营战略

分析与研究企业的经营战略，确定企业经营战略对人力资源的要求及对其变化趋势的影响，这是人力资源规划的依据所在。不同的产品组合、不同的生产技术、不同的生产规模以及不同的市场等，对所需的人员必然会有不同的要求，既有数量方面的要求，也有结构方面和质量方面的要求。

（二）研究企业经营环境及其变化

企业的经营战略是在一定的经营环境中实施的，因而经营环境对企业经营战略的实施有着重大影响。人力资源规划就是要根据经营环境的变化，对企业的人力资源进行预先的统筹安排，以确保企业经营战略的有效实施。经营环境的变化不但影响企业对人力资源的需求，而且诸如人口、交通、文化教育、法律、人才竞争、择业期望等还成为外部人力资源供给的众多制约因素。

（三）摸清企业现有的人力资源状况

企业现有的人力资源是人力资源规划的基础，企业战略目标的实现首先要立足于开发现有的人力资源。因此，必须对企业现有的人力资源状况有一个全面和充分的认识。利用一定的方法，对企业的人力资源的数量、人力资源的质量、人力资源的分布、人力资源的利用状况等进行认真的统计分析是企业人力资源规划的一项基础性工作。

（四）对企业的人力资源需求与供给进行预测

这是企业人力资源规划的关键性工作，科学合理的预测是人力资源规划有效性的必要保证。规划就是对未来的人力资源工作进行预先的统筹安排，因而有必要对计划期内人力资源的余缺状况有充分的了解。

（五）制订人力资源管理与开发的总体规划和各专项业务计划

这是人力资源规划中比较具体细致的工作，也是整个人力资源规划工作成果的表现阶段。它要求在对企业战略、经营环境和企业人力资源现状分析研究的基础上，根据对企业计划期内人力资源的供需预测，提出企业人力资源管理方面的各项具体要求、目标、措施及步骤等，以便有关部门能照此执行。

（六）对人力资源规划的执行过程进行监督、分析与评价

一方面要采取各种措施保证计划实现，另一方面还要找出计划的不足，进行适当的调整，以保证企业总体目标的实现。

第四节　人力资源需求预测

重要概念

人力资源需求预测是指以企业的战略目标、发展规划和工作任务为出发点，综合考虑各种因素的影响，对企业未来某一时期所需人力资源的数量、质量等进行预测的活动。

人力资源需求预测包括短期预测、中期预测和长期预测，以及总量预测和各个岗位需求预测。

一、人力资源需求预测的一般程序

人力资源需求预测是人力资源规划中的一个重要环节，也是一项操作性、技术性较强的工作，在实际开展这项工作时应遵循以下的程序。

（1）根据职务分析的结果来确定职务编制和人员配置。

（2）进行人力资源盘点，统计人员缺编、超编及是否符合职务资格的要求。

（3）将上述统计结论与部门管理者进行讨论，修正统计结论。

（4）该统计结论即为现实人力资源需求。

（5）根据企业发展规划，确定各部门的工作量。

（6）根据工作量增长情况，确定各部门需要增加的职务及人数，并汇总统计。

（7）该统计结论即为未来人力资源需求。

（8）对预测期内退休的人员进行统计。

（9）根据历史数据，对未来可能发生的离职情况进行预测。

（10）将（8）、（9）两项的统计和预测结果进行汇总，得出未来流出的人力资源。

（11）将现实人力资源需求、未来人力资源需求和未来流出人力资源汇总，即得到企业整体的人力资源需求。

二、影响人力资源需求的因素

影响组织人力资源需求的因素主要来自组织内部，但外部因素对组织的人力资源需求也会产生影响。归纳起来，影响人力资源需求的因素主要有以下几个。

（一）技术、设备条件的变化

企业生产技术水平的提高、设备的更新，一方面，会使企业所需要的人员数量减少；另一方面，对人员的知识、技术与技能的要求则随之提高。

（二）企业规模的变化

企业规模的变化主要来自两个方面：一是在原有的业务范围内扩大或压缩规模；二是增加新的业务或放弃旧的业务。这两个方面的变化都会对人力资源需求的数量和结构产生影响。企业规模扩大，则需要的人力就会增加，新的业务更需要掌握新的技能的人员；企业规模缩小，则需要的人力也将减少，于是就会发生裁员、失业。

（三）企业经营方向的变化

企业经营方向的调整，有时并不一定导致企业规模的变化，但对人力资源的需求却会发生改变。比如，军工企业转产民品，就必须增加市场分析人员和销售人员，否则将无法适应多变的民品市场。

（四）外部因素

外部因素对企业人力资源需求的影响，多是通过影响内部供给或内部因素而起作用的。影响人力资源需求的外部因素主要包括经济环境、技术环境、竞争对手等。经济环境的变化会影响到企业的规模和经营方向，技术环境的变化会影响到企业的技术和设备，这就间接地影响了企业的人力资源需求。竞争对手之间的人才竞争，则会造成企业间的人才流动，流出人才的企业就会产生新的需求。

三、人力资源需求的预测方法

人力资源需求的预测方法有很多，一般可分为两大类：定性预测法和定量预测法。

（一）定性预测法

1. 德尔菲法

小知识

德尔菲法（Delphi Method）是在20世纪40年代由O.赫尔姆和N.达尔克首创，经过T.J.戈尔登和兰德公司进一步发展而成的一种用于预测的方法。德尔菲是古希腊传说中的神谕之地，城中有座阿波罗神殿可以预卜未来，因而借用其名，作为这种方法的名字。

德尔菲法也称专家集体判断法，是指专家们对影响企业某一领域发展的看法达成一致的一种结构性方法。德尔菲法依据系统的程序，采用匿名发表意见的方式，即专家之间不得互相讨论，不发生横向联系，只能与调查人员发生关系，通过多轮次调查专家对所提问题的看法，经过反复征询、归纳、修改，最后汇总成专家基本一致的看法，作为预测的结果。

重要提示

德尔菲法实质上也是一种专家调查法，但它与一般专家调查方法的区别在于：它是用背对背的判断来代替面对面的会议，因此，这种方法在一定程度上克服了畏惧权威及不愿听到不同意见等弊病，使专家能够充分地发表意见，最后取得较为客观实际的预测结果。

德尔菲法主要用于人力资源的中长期预测，要想有效使用该方法，应该遵循以下原则。

（1）要为专家们提供充足的信息，使他们能做出准确的预测。

（2）所提的问题要尽量简单，以保证所有专家对问题有相同的理解。

（3）所提的问题应该是专家能够回答的问题。

（4）对专家的预测结果不要求精确，但要求他们说明对预测结果的肯定程度。

（5）要向高层领导和专家们说明预测对组织的重要性，以取得他们的支持。

德尔菲法的优点是：能充分发挥各位专家的作用，集思广益，准确性高；能把各位专家意见的分歧点表达出来，取各家之长，避各家之短；避免权威人士的意见影响他人的意见；避免有些专家碍于情面，不愿意发表与其他人不同的意见；避免有些专家出于自尊心而不愿意修改自己原来不全面的意见。

德尔菲法的缺点是：过程比较复杂，花费时间较长。

2. 管理人员判断法

管理人员判断法是指企业内的管理人员凭借个人的经验和直觉，对企业未来的人力资源需求进行预测。其具体做法是：先由企业各职能部门的基层领导根据自己部门在未来各时期的业务增减情况，提出本部门各类人员的需求量，再由上一层领导估算平衡，最后在最高领导层进行决策。这是一种比较粗、比较简单的方法，主要用于短期预测。管理人员判断法既可以单独使用，也可以与其他方法结合使用。当单独使用时，在环境变动不大和组织规模较小或缺少足够信息的情况下，能取得良好的效果。当与其他方法结合使用时，常常是利用管理人员的判断对定量分析方法的预测结果进行必要的修正。这是因为在某些情况下，定量方法的预测结果会与实际不符。主要有以下三种情况。

（1）企业关于提高产品或人力资源质量或进入新市场的决策，会对企业新进人员和现有人员的能力等提出新的要求，这时，只有数量分析往往是不够的。

（2）企业生产技术水平的提高和管理方式的改进会减少对人力资源的需求，这在数量分析中难以反映。

（3）企业未来能够支配的财务资源，制约着员工的薪酬水平，这不仅会制约新进员工的数量，同时也会制约新进员工的质量。

（二）定量预测法

1．比率分析法

比率分析法是通过以往的经验，把企业未来的业务活动水平转化为人员需求预测的方法。具体做法是：人力资源部门根据过去的业务水平，计算出每一业务活动增量所需的人员相应增量，再把对实现未来目标的业务活动增量按计算出的比例关系，折算成总的人员需求量，然后把总的人员需求量按比例折算成各类人员的需求量。如化肥厂根据过去的经验，每增加 1 000 吨化肥量，需增加 10 人，预计一年后化肥厂将增加产量 10 000 吨，那么折算成人员需求量为 100 人，如果管理人员、生产人员、服务人员的比例是 1:3:1，那么新增管理人员为 20 人，新增生产人员为 60 人，新增服务人员为 20 人。但是，这种方法使用的前提条件是劳动生产率不变。如果劳动生产率发生了变化，那么这种预测就达不到实际效果。所以，这种方法主要适用于短期和中期的预测。

2．劳动定额法

劳动定额是对劳动者在单位时间内完成的工作量的规定。在已知企业计划任务总量及制订了科学合理的劳动定额的基础上，运用劳动定额法能较准确地预测企业人力资源需求量。其公式为

$$N = W/Q(1 + R)$$

其中：N 为人力资源需求量；

W 为企业计划期任务总量；

Q 为企业定额标准；

R 为计划期劳动生产率变动系数，$R = R_1 + R_2 - R_3$，其中 R_1 表示企业技术进步引起的劳动生产率提高系数，R_2 表示经验积累导致的生产率提高系数，R_3 表示由于劳动者及某些因素引起的生产率降低系数。

3．回归分析法

回归分析法是一种应用比较广泛的统计预测分析方法，应用这种方法可以对人力资源需求进行预测。该方法的基本思路是：首先是确定企业人力资源需求与哪些影响因素（一种或多种）相关；然后根据采集的历史数据，采用一定的方法建立回归方程（人力资源需求量与其影响因素之间的函数关系）；最后就可以根据回归方程，从影响因素的变化推测人力资源需求量的变化。在此方法中，通常将人力资源需求量称为因变量（用 y 表示），将影响因素称为自变量（用 x_1，x_2，…，x_n 表示）。

根据影响因素（自变量）个数的多少以及自变量和因变量之间的关系性质（是线性关系，还是非线性关系），回归分析法可以分为一元线性回归法、一元非线性回归法、多元线性回归分析法以及多元非线性回归分析法。其中，一元线性回归法是最基本、最简单的一种，可运用公式手工计算求解。其他几种，特别是多元回归分析，相对比较复杂，一般使用相关的计算机软件进行处理。

另外，还有一种比较特殊的回归分析方法，即以时间为自变量来建立回归方程以预测人力资源需求量的变化，这种方法也称为趋势外推法，是属于时间序列预测分析法的范畴。但它的处理方法与一般的回归分析法并没有什么区别。

下面是两个一元线性回归分析法的例子。

【例 2.1】 已知某医院病床数和所需护士数的历史记录，如表 2.4 所示，根据医院的发展计划，要将床位数增至 700 个，预测到那时将需要多少名护士。

表 2.4 某医院病床数和所需护士数的历史记录

床位数	200	300	400	500	600	650
护士人数	250	270	450	490	640	670

根据表 2.4，将护士数作为纵坐标，以床位数作为横坐标，可绘制出散点图，如图 2.3 所示。

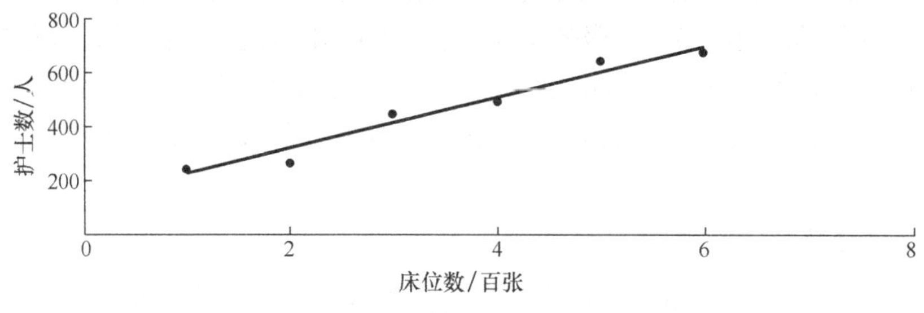

图 2.3 散点图（一）

由图 2.3 可知，应建立直线趋势方程：$Y=a+bX$。式中：Y 为护士数；X 为床位数。利用最小二乘法，可以得出 a 与 b 的计算公式：

$$a=\overline{Y}-b\overline{X}$$

$$b=\frac{\sum_{i=1}^{n}\left(X_i-\overline{X}\right)\left(Y_i-\overline{Y}\right)}{\sum_{i=1}^{n}\left(X_i-\overline{X}\right)^2}$$

代入数据计算可得：$a=20$，$b=1$。因此，回归方程为：$Y=20+X$。

由上面的回归方程可以预测，当床位增加到 700 张时，需要的护士数为：$Y=20+700=720$（人）。

【例 2.2】 已知某公司过去 12 年的人力资源数量，如表 2.5 所示，预测未来第 15 年的人力资源需求量为多少。

表 2.5 某企业过去 12 年的人力资源数量

年度	1	2	3	4	5	6	7	8	9	10	11	12
人数	510	480	490	540	570	600	640	720	770	820	840	930

根据表 2.5，将年度作为横坐标，人数作为纵坐标，绘制出散点图，如图 2.4 所示。

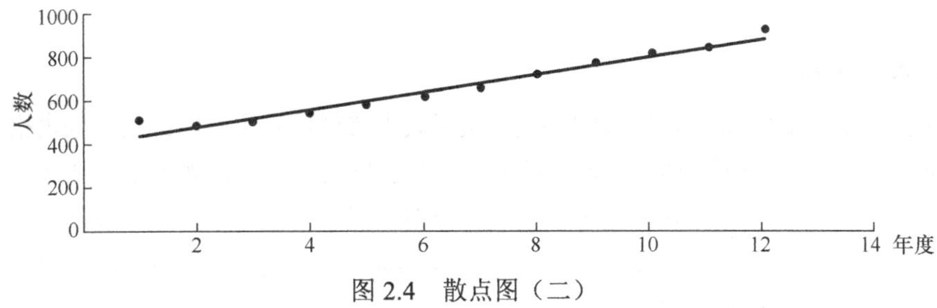

图 2.4　散点图（二）

由图 2.4 可知，应建立直线趋势方程：$Y = a + bX$。式中：Y 为人数；X 为年度。利用最小二乘法，可以得出 a 与 b 的计算公式：

$$a = \overline{Y} - b\overline{X}$$

$$b = \frac{\sum_{i=1}^{n}\left(X_i - \overline{X}\right)\left(Y_i - \overline{Y}\right)}{\sum_{i=1}^{n}\left(X_i - \overline{X}\right)^2}$$

代入数据计算可得：$a = 390.7$，$b = 41.3$。因此，回归方程为：$Y = 390.7 + 41.3X$。

由上面的回归方程可以预测第 15 年的人力资源需求量为：$Y = 390.3 + 41.3 \times 15 = 1\,010$（人）。

第五节　人力资源供给预测

当企业预测了人力资源需求后，就要决定这些需求有无供给，以及在何时、何地可以获得供给。

重要概念

人力资源供给预测是指为了满足企业在未来一段时间内的人力资源需求，而对将来某个时期内，企业从其内部和外部可以获得的人力资源的数量和质量进行预测。

人力资源供给预测同人力资源需求预测一样，都是人力资源规划的重要环节。不过，人力资源需求预测只研究企业内部需求，而人力资源供给预测则包括两个方面，即企业内部人力资源供给预测和企业外部人力资源供给预测。

一、企业内部人力资源供给预测

企业内部人力资源供给预测主要是对企业内部员工的情况进行分析，包括员工的人数、年龄、技术水平、发展潜能、流动趋势等，从而预测未来一段时间内企业内部可以有多少员工稳定地保留在企业之中，有多少员工具有发展和晋升的可能性。由于从企业内部选拔合适的人员来满足企业的人力资源需求具有很多优势（可以从内部招聘的优点去理解），因此，尽管企业人力资源供给既可来自企业内部，也可来自企业外部，但是，通常首先考虑的是企业内部人力资源供给。可以用于企业内部人力资源供给预测的方法有很多种，包括前面已经讲到的德尔菲法都可以采用，下面主要介绍人员核查法、人员替代法和马尔可夫分析法等几种常用的方法。

（一）人员核查法

人员核查法是借助企业日常管理中形成的员工人事资料信息（一般都用一张表格来显示相关信息，如员工的工作经历、教育情况、技能、绩效、发展潜力等，如表 2.6 所示）对企业现有的人力资源质量、数量、结构和在各职位上的分布状况进行检查，掌握企业拥有的人力资源状况。通过核查，可以了解员工在工作经验、技能、绩效、发展潜力等方面的情况，从而帮助人力资源规划人员估计现有员工调换工作岗位的可能性大小，决定哪些人可以补充组织当前的职位空缺。为此，在日常的人力资源管理中，要做好员工的相关资料记录。

表 2.6　人事资料登记表

<table>
<tr><td colspan="3">姓名：</td><td>部门：</td><td colspan="2">科室：</td></tr>
<tr><td colspan="4">工作地点：</td><td colspan="2">填表日期：　年　月　日</td></tr>
<tr><td colspan="4">出生年月：　年　月　日</td><td>婚姻状况：</td><td>职称：</td></tr>
<tr><td colspan="6">到职日期：　年　月　日</td></tr>
<tr><td rowspan="5">教育背景</td><td>类别</td><td>学位种类</td><td>毕业日期</td><td>学校</td><td>主修科目</td></tr>
<tr><td>高中</td><td></td><td></td><td></td><td></td></tr>
<tr><td>大学</td><td></td><td></td><td></td><td></td></tr>
<tr><td>硕士</td><td></td><td></td><td></td><td></td></tr>
<tr><td>博士</td><td></td><td></td><td></td><td></td></tr>
<tr><td rowspan="4">训练背景</td><td colspan="2">训练主题</td><td>训练机构</td><td colspan="2">训练时间</td></tr>
<tr><td colspan="2"></td><td></td><td colspan="2"></td></tr>
<tr><td colspan="2"></td><td></td><td colspan="2"></td></tr>
<tr><td colspan="2"></td><td></td><td colspan="2"></td></tr>
<tr><td rowspan="2">技能</td><td colspan="2">技能种类</td><td colspan="3">证书</td></tr>
<tr><td colspan="2"></td><td colspan="3"></td></tr>
<tr><td rowspan="4">志向</td><td colspan="4">你是否愿意担任其他类型的工作？</td><td>☐是　☐否</td></tr>
<tr><td colspan="4">你是否愿意调到其他部门去工作？</td><td>☐是　☐否</td></tr>
<tr><td colspan="4">你是否愿意接受工作轮调以丰富工作经验？</td><td>☐是　☐否</td></tr>
<tr><td colspan="5">如果可能，你愿意担任哪种工作？</td></tr>
<tr><td colspan="3" rowspan="2">你认为自己需要接受何种培训？</td><td colspan="2">改善目前的技能和绩效</td><td>☐是　☐否</td></tr>
<tr><td colspan="2">提高晋升所需要的经验和能力</td><td>☐是　☐否</td></tr>
<tr><td colspan="6">你认为自己现在就可以接受哪种工作指派？</td></tr>
</table>

（葛正鹏，2006）

（二）人员替代法

人员替代法是通过一张人员替代图来预测组织内的人力资源供给（如图 2.5 所示）。

如图 2.5 所示，人员替代法将每个工作职位均视为潜在的工作空缺，而该职位下的每个员工均是潜在的供给者。人员替代法以员工的绩效作为预测的依据，当某位员工的绩效过低时，组织将采取辞退或调离的方法；而当员工的绩效很高时，他将被提升替代他上级的工作。这两种情况均会产生职位空缺，其工作则由其下属替代。通过人员替代图我们可以清楚地看到组织内人力资源的供给与需求情况，这为人力资源规划提供了依据。

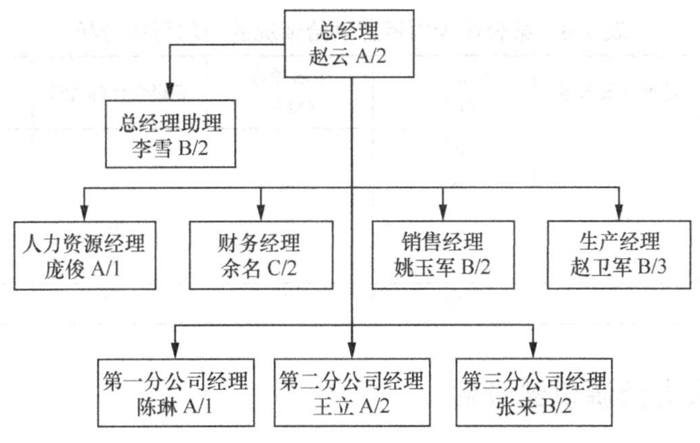

图 2.5　人员替代图

（三）马尔可夫分析法

马尔可夫分析法，又称为马尔可夫转移矩阵法。该方法在理论上很复杂，但在应用上却比较简单。它的基本思路是：找出过去人事变动的规律，以此来推测未来的人事变动趋势。

下面以一个美国会计公司的人事变动为例来说明这种方法的应用。

分析的第一步是做一个人员变动矩阵表（见表 2.7），表中的每一个元素表示一个时期到另一个时期（如从某一年到下一年）在两个工作之间调动的雇员数量的历年平均百分比（以小数表示）。一般以 5～10 年为周期来估计年平均百分比。周期越长，根据过去人员变动所推测的未来人员变动就越准确。

例如，表 2.7 表明，在任何一年里，平均 80%的高层领导人仍留在公司内，而有 20%退出。在任何一年里，大约 65%的会计员仍留在原工作岗位，15%被提升为高级会计师，另有 20%离职。用这些历年数据来代表每一种工作中人员变动的概率，就可以推测出未来的人员变动（供给量）情况。将计划初期每一种工作的人员数量与每一种工作的人员变动概率相乘，然后纵向相加，即得到组织内部未来劳动力的净供给量（见表 2.8）。

我们再看表 2.8，如果下一年与上一年相同，可以预计下一年将有同样数量的高层领导人（40 人），以及同样数目的高级会计师（120 人），但中层领导人将减少 18 人，会计员将减少 50 人。这些人员变动的数据，与正常的人员扩大、缩减或维持不变的计划相结合，就可以用来决策怎样使预计的劳动力供给与需求相匹配。

表 2.7　某公司人力资源供给情况的马尔可夫分析

	人员调动概率				
	高层领导（E）	中层领导（M）	高级会计师（S）	会计员（Y）	离　职
高层领导（E）	0.80				0.20
中层领导（M）	0.10	0.70			0.20
高级会计师（S）		0.05	0.80	0.05	0.10
会计员（Y）			0.15	0.65	0.20

表 2.8　某公司人力资源供给情况的马尔可夫分析

	初期人员数量	高层领导（E）	中层领导（M）	高级会计师（S）	会计员（Y）	离职
高层领导（E）	40	32				8
中层领导（M）	80	8	56			16
高级会计师（S）	120		6	96	6	12
会计员（Y）	160			24	104	32
预计的人员供给量		40	62	120	110	68

二、企业外部人力资源供给预测

从组织外部招聘和录用新员工对组织是必不可少的，并且从企业外部选拔合适的人员来满足企业的人力资源需求也具有一定的好处（可以从外部招聘的优点去理解）。因而组织必须进行外部人力资源的供给预测分析。企业外部人力资源供给预测的主要目的是对劳动力市场的供求情况、可能为企业提供各种人力资源的渠道以及与企业竞争相同人力资源的竞争对手进行分析，从而得出企业可能从外部获得的各种人力资源的情况，并对获得这些人力资源所需的代价，以及对可能出现的困难和危机作出预测。

（一）影响企业外部人力资源供给的因素

影响企业外部人力资源供给的因素是多种多样的，在进行人力资源外部供给预测时主要应考虑以下四个因素。

1. 宏观经济形势

宏观经济形势越好，失业率越低，劳动力供给越紧张，企业招聘越困难；宏观经济形势越差，失业率越高，劳动力供给越充足，企业招聘越容易。

2. 人口状况

人口状况是影响企业外部人力资源供给的重要因素。主要包括两个方面：一是人口总量和人力资源率。人口总量和人力资源率决定了人力资源供给总量。人口总量越大、人力资源率越高，人力资源供给越充足。二是人力资源的总体构成。主要包括人力资源的年龄、性别、教育、技能、经验等，该因素决定了在不同的层次与类别上可以提供的人力资源的数量与质量。

3. 劳动力市场的状况

劳动力市场是劳动力供给者寻找工作和劳动力需求者寻找雇员的场所。它主要从以下六个方面来影响人力资源的供给：①劳动力供应的数量；②劳动力供应的质量；③劳动力职业选择中的价值取向；④当地经济发展的现状与前景；⑤雇主提供的工作岗位数量与层次；⑥雇主提供的工作地点、工资和福利等。

4. 政府的政策法规

政府的政策法规是影响企业外部人力资源供给不可忽视的一个因素。各地政府为了各自经济的发展，为了保护本地劳动力的就业机会，都会颁布一些相关的政策法规。例如：不准歧视妇女就业；保护残疾人就业；严禁雇佣童工；员工安全保护法规；从事危险工种保护条例等。

小思考

目前，我国在“宏观经济形势”、“人口状况”、“劳动力市场的状况”及“政府的政策法规”等几方面的情况如何？

（二）企业外部人力资源供给预测的方法

1. 查阅现有的资料

国家和地区的统计部门、人事和劳动部门都会定期发布一些统计数据，另外也应该及时关注国家和地区的政策法律变化。互联网的普遍应用使得查阅相关的信息资料更加便捷。

2. 直接调查有关信息

企业自己可以就所关注的人力资源状况进行调查，对高校提供的毕业生源的调查就是一种比较有效的方法。有的企业与几个提供生源的关键院校保持长期的合作关系，他们会密切跟踪目标生源的情况，及时了解可能为企业所用的目标人才的状况。

3. 对雇佣人员和应聘人员的分析

对企业已经雇佣的人员和应聘的人员进行分析，也会得出未来的人力资源供给状况的估计。这里所要分析的内容包括：企业近期雇佣的人员来自哪些行业和企业、他们为什么要到我们这里来、各个空缺职位的应聘者数量和质量如何。

第六节 人力资源供给与需求的平衡分析

人力资源需求与供给的平衡分析就是把企业未来某个时期的人力资源需求量与人力资源供给量加以比较，具体了解人力资源的余缺情况，确定在未来某个时期企业的人力资源招聘、配置和调整方案。

重要提示

企业人力资源需求与供给预测的结果，一般会出现三种情况：一是人力资源供大于求；二是人力资源供不应求；三是人力资源供求总量平衡，但内部结构不平衡。针对三种不同情况，企业应采取不同的调整措施。

一、人力资源供大于求的调整措施

人力资源供大于求，会出现员工过剩，一般应采取如下措施来解决。

（1）通过企业自身的发展，即开拓新的企业发展增长点来调整人力资源供给配置。例如，企业可通过扩大经营规模、开发新产品、实行多种经营等增加人力资源需求的方式来吸收过剩的人力资源供给。

（2）裁员。裁员是组织解决人力资源过剩的最直接的方法。但是，要注意的是，即使在西方市场经济国家，采取这种方法也是十分谨慎的，因为它不仅涉及员工本人及其家庭的利益，而且也会对整个社会产生影响。只有在企业经营出现严重亏损，生产难以为继，或生产不可能恢复的情况下，才采取这种办法。在裁员之前，企业会告知员工目前企业的经营状况、困难所在，并尽力为剩余人员寻找新的工作职位。在企业内部确实无法安置的情况下，方可进行裁员。

（3）对过剩员工进行技能培训。将暂时富余的员工组织进来，对他们进行技能培训，一方面能为企业做好人力资源的储备工作，在企业经营规模扩大时，能使他们很快适应新岗位的需要；另一方面，也有利于被裁员的员工自谋职业。

（4）鼓励提前退休。通过制订提前退休激励计划促使老员工自愿提前退休，一方面可以减少老年员工较高的人工成本；另一方面，可以为年轻员工的成长提供更多的发展机会。但是，由于老年员工大多经验丰富，因此，企业也不应该忽视实施该项计划时可能带来的损失。

（5）合并或关闭一些臃肿的机构，减少人力资源供给，并提高人力资源的使用效率。

（6）降低人工成本。降低人工成本是解决人员过剩的办法之一，包括暂时解雇、减少工作时间、工作分担和降低工资等。以上这些措施是西方市场经济国家企业通常采用的办法。这些办法的优势在于，当预测到企业出现过剩人员时，不是简单地将其裁掉，而是留有缓冲余地，让企业和员工共同分担困难。如果员工个人不愿维持工作不充分、低工资的现状，而自愿另谋高就，这就避免了将其立即推向社会所引起的振荡。

二、人力资源供不应求的调整措施

人力资源供不应求，会出现员工短缺，一般应采取如下措施来解决。

（1）通过企业内部员工流动的办法解决。企业内部的员工流动，是指将企业内部符合条件的人员调往空缺的职位，以增加劳动力的供给。

（2）对组织的现有员工进行技能培训，提高劳动效率，使其不仅能适应当前的工作，还能适应更高层次的工作，并为职务的升迁做好准备。

（3）在符合《劳动法》等有关法律、法规、政策的前提下，增加员工的工作时间和工作量，并给予相应的报酬，以应付员工的短期不足。

（4）雇佣临时工。对于一些临时性工作，企业可以采用雇佣临时工的办法应对。这种办法不仅有利于保持企业生产规模的弹性，而且可以减少人员福利成本和培训费用方面的支出。但是，企业必须注意调节临时工与全职员工间的关系，以防负面影响的发生。

（5）租赁或借用员工。这是在西方国家小型企业中越来越流行的一种人力资源管理办法。采用租赁员工方法的公司会正式解雇部分员工，租赁公司以同样的薪水雇用他们，并将他们租给前任雇主，租赁公司作为员工的新雇主承担所有相关责任。对企业来说，租赁员工的好处是不必承担很多人力资源的管理职能。

（6）工作重新设计和改进技术。对工作重新进行设计，简化工作程序，或者采用自动化程度更高的先进技术，减少用人，提高效率，也可以解决人手短缺的问题。

（7）外包。组织根据自身情况，将较大范围的工作整个承包给外部的组织去完成。通过外包，组织可以将任务交给那些更有比较优势的外部代理人去做，从而提高效率，减少成本，减少组织内部人力资源的需求。

（8）如果以上办法都不能很好地解决人力资源供不应求这个问题的话，就需要考虑从外部招聘新的正式员工。从外部招聘新员工要受到劳动力市场状况的影响，如果所需劳动力种类在劳动力市场上处于过剩状态，招聘就很容易；相反，如果同类人员在劳动力市场上处于紧缺状态，招聘难度就大得多。

三、人力资源结构不平衡的调整方法

人力资源结构不平衡是指企业内某些职位的人员过剩，而另一些职位的人员短缺。对人力资源结构不平衡的调整，除了综合利用上述方法之外，还可以采取以下措施。

（1）通过企业内部人员的晋升和调任，以满足空缺职位对人力资源的需求。

（2）对于供过于求的普通人力资源，可以有针对性地对其进行培训，在提高他们的知识和技能的基础上，将其补充到空缺的岗位上。

（3）招聘与裁员并举。即一方面要从外部招聘企业亟需的人员；另一方面，对企业内的冗员进行必要的裁减。

总之，组织人力资源的供需平衡，不仅仅是保持员工需求和供给的总量上平衡，更重要的是实现员工在质量、层次、类别等供需结构上的平衡。

开篇案例简析

案例中描述的D集团的情况应该在很多企业都出现过，并且一看基本上可以确定就是人力资源规划方面出问题了。该企业的发展十分迅速，在人力资源方面开始从来不做什么计划，到后来正规以后开始每年年初定计划，但计划赶不上变化，年初的计划并不能把一年中将要发生的变化都预测准确，因此造成人力资源经理手忙脚乱。从大方面看，造成这种现象的原因有可能是在中国比较特殊的历史发展时期，企业的在超常规发展中对自身的发展战略比较模糊或者根本就没有，因此根本就不重视人力资源规划，不重视人力资源的战略性储备或人员培养，认为中国人多的是，不可能缺人。从另一方面看，这种现象也反映了企业人力资源管理方面的工作安排还有很大的不足，只知道缺人，不知道为什么缺人，也不清楚缺人了该怎么办才好。

通过本章的学习，针对该案例的实际情况，我们应该可以很好地找到解决的办法。首先，企业要弄清楚自身发展战略，只有企业发展战略清晰明确了，才能制定比较准确的人力资源战略，只有确定了人力资源发展战略，才能做好人力资源的需求、供给与平衡。其次，对具体的人力资源规划工作，本章中讲述到的各种方法都可以很好地利用。

本章小结

人力资源战略是企业为适应内外部环境的变化和人力资源管理与开发自身发展的需要，而制定的人力资源管理与开发的纲领性长远规划。人力资源战略对人力资源开发与管理活动具有重要的指导作用，是企业战略的重要组成部分，也是实现企业战略的有效保障。

人力资源战略是职能战略中的一种，企业的任何战略目标的完成，都离不开其人力资源战略的配合。人力资源战略也必须与企业的基本竞争战略、发展战略和文化战略等相互配合、相互支持，才可能发挥最大效用。

人力资源规划是企业根据自身的人力资源现状，科学地预测、分析企业在未来变化环境中的人力资源供给和需求状况，制定必要的政策和措施，以确保企业在需要的时间和需要的岗位上获得各种所需要的人才（包括数量和质量两个方面），从而使企业人力资源供给和需求达到平衡，并使企业和个人都获得长期的利益。企业的人力资源规划一般包括两个层次，即人力资源的总体规划和人力资源的专项业务规划。

人力资源需求预测是指以企业的战略目标、发展规划和工作任务为出发点，综合考虑各种因素的影响，对企业未来某一时期所需人力资源的数量、质量等进行预测的活动。人力资源需求的预测方法有很多，一般可分为两大类：定性预测法和定量预测法。定性预测法主要有德尔菲法、管理人员判断法；定量预测法主要有比率分析法、劳动定额法、回归分析法等。

人力资源供给预测是指为了满足企业在未来一段时间内的人力资源需求，而对将来某个时期内，企业从其内部和外部可以获得的人力资源的数量和质量进行预测。人力资源供给预测则包括两个方面，即企业内部人力资源供给预测和企业外部人力资源供给预测。企业内部人力资源供给预测的方法主要有人员核查法、人员替代法、马尔可夫分析法。企业外部人力资源供给预测的方法主要有查阅现有的资料、直接调查有关信息、对雇佣人员和应聘人员的分析等。

人力资源需求与供给的平衡分析就是把企业未来某个时期的人力资源需求量与人力资源供给量加以比较，具体了解人力资源的余缺情况，确定在未来某个时期企业的人力资源招聘、配置和调整方案。企业人力资源需求与供给预测的结果，一般会出现三种情况：一是人力资源供大于求；二是人力资源供不应求；三是人力资源供求总量平衡，但内部结构不平衡。针对三种不同情况，企业应采取不同的调整措施。

复习思考题

1. 什么是人力资源战略？人力资源战略的作用是什么？
2. 人力资源战略与企业战略如何整合？
3. 什么是人力资源规划？简述人力资源规划的程序与内容。
4. 人力资源需求预测的方法有哪些？
5. 人力资源供给预测的方法有哪些？
6. 人力资源供给与需求不平衡的情况有哪几种？不平衡时的调整措施有哪些？

案例分析

新联公司的人力资源计划的编制

蒋伟三天前才调到人力资源管理部当助理，虽然他进入这家专门从事垃圾再生的企业已经有三年了，但是，面对桌上那一大堆文件、报表，他还是有点晕头转向：我哪知道我干的是这种事。原来副总经理李勤直接委派他在10天内拟出一份本公司5年的人力资源计划。

其实蒋伟已经把这项任务仔细看过好几遍了。他觉得要编制好这份计划，必须考虑下列各项关键因素。

首先是公司状况。公司共有生产与维修工人 825 人，行政和文秘性白领职员 143 人，基层与中层管理干部 79 人，工程技术人员 38 人，销售人员 23 人。

其次，据统计，近 5 年来员工的平均离职率为 4%，没理由会有什么改变。不过，不同类的员工的离职率并不一样，生产工人离职率高达 8%，而技术和管理干部则只有 3%。

再则，按照既定的扩产计划，白领职员和销售员要新增 10%～15%，工程技术人员要增加 5%～6%，中、基层干部不增也不减，而生产与维修的蓝领工人要增加 5%。

有一点特殊情况要考虑：最近本地政府颁发一项政策，要求当地企业招收新员工时，要优先照顾妇女和下岗职工。公司一直未曾有意地排斥妇女或下岗职工，只要他们来申请，就会按照同一种标准进行选拔，并无歧视，但也未特殊照顾。如今的事实却是，只有一位女销售员，中、基层管理干部除两人是妇女外，其余也都是男性，工程师里只有三个是妇女，蓝领工人中约有 11%是妇女或下岗职工，而且都集中在最低层的劳动岗位上。

蒋伟还有 7 天就得交出计划，其中得包括各类干部和员工的人数、要从外界招收的各类人员的人数以及如何贯彻政府关于照顾妇女与下岗人员政策的计划。

此外，新联公司刚开发出几种有吸引力的新产品，所以预计公司销售额 5 年内会翻一番，他还得提出一项应变计划以备应付这种快速增长。

（陈维政，2002）

分析讨论：

1. 蒋伟在编制这项计划时要考虑哪些情况和因素？
2. 蒋伟该制定一项什么样的用工方案？
3. 在预测公司人力资源需求时，可以采用的预测方法有哪些？

实训

人力资源供求平衡决策实训

（一）实训目的

通过实训，使学生进一步理解人力资源供给与需求平衡的重要性，掌握企业人力资源供求平衡的基本对策以及实现人力资源供求平衡的手段措施。

（二）实训条件

1. 实训时间

实训用时为 2～4 学时。

2. 实训地点

多媒体教室。

3. 实训材料

利得玻璃公司的人力资源规划

近年来，利得玻璃公司常为人员空缺所困扰，特别是经理层次人员的空缺常使得公司陷入被动的局面。利得公司最近进行了公司人力资源规划。首先由 4 名人力资源部的管理人员负责收集和分析目前公司对生产部、市场与销售部、财务部、人力资源部4个职能部门的管理人员和专业人员的需求情况以及劳动力市场的供给情况，并估计在预测年度，各职能部门内部可能出现的关键职位空缺数量。

上述结果用来作为公司人力资源规划的基础，同时也作为直线管理人员制订行动方案的基础。但是在这4个职能部门中，制订和实施行动方案的过程（如决定技术培训方案、实行工作轮换等）是比较复杂的，因为这一过程会涉及不同的部门，需要各部门的通力合作。例如，生产部经理为制订将本部门A员工的工作轮换到市场与销售部的方案，则需要市场与销售部提供合适的职位，人力资源部做好相应的人事服务（如财务结算、资金调拨等）。职能部门制订和实施行动方案过程的复杂性给人力资源部门进行人力资源规划增添了难度，这是因为，有些因素（如职能部门间的合作的可能性与程度）是不可预测的，它们将直接影响预测结果的准确性。

利得公司的4名人力资源管理人员克服种种困难，对经理层的管理人员的职位空缺作出了较准确的预测，制订了详细的人力资源规划，使得该层次上人员空缺减少了50%，跨地区的人员调动也大大减少。另外，从内部选拔工作任职者人选的时间也减少了50%，并且保证了人选的质量，合格人员的漏选率大大降低，使人员配备过程得到了改进。人力资源规划还使得公司的招聘、培训、员工职业生涯规划与发展等各项业务得到改进，节约了人力成本。

利得公司取得上述进步，不仅仅是得益于人力资源规划的制订，还得益于公司对人力资源规划的实施与评价。在每个季度，高层管理人员会同人力资源专家共同对上述4名人力资源管理人员的工作进行检查评价。这一过程按照标准方式进行，即这4名人力源管理人员均要在以下14个方面作出书面报告：各职能部门现有人员；人员状况；主要职位空缺及候选人；其他职位空缺及候选人；多余人员的数量；自然减员；人员调入；人员调出；内部变动率；招聘人数；劳动力其他来源；工作中的问题与难点；组织问题及其他方面（如预算情况、职业生涯考察、方针政策的贯彻执行等）。同时，他们必须指出上述14个方面与预测（规划）的差距，并讨论可能的纠正措施。通过检查，一般能够对下季度在各职能部门应采取的措施达成一致意见。

研讨在检查结束后进行，这4名人力资源管理人员则对他们分管的职能部门进行检查。在此过程中，直线经理重新检查重点工作，并根据需要与人力资源管理人员共同制订行动方案。当直线经理与人力资源管理人员发生分歧时，往往可通过协商解决。行动方案上报上级主管审批。

（三）实训内容与要求

1. 实训内容

通过背景资料，掌握企业人力资源供求平衡的一般方法。

2. 实训要求

（1）要求学生掌握人力供给与需求平衡、人力资源规划平衡、组织需要与个人需要平衡的内涵，以及使人力资源供给和需求达到平衡的一般方法，做好实训前的知识准备，如搜集理论依据、相关的书籍、真实案例等。

（2）要求学生运用所学知识分析利得玻璃公司是如何解决人力资源供求失衡的，并总结出该公司采用的对策。

（3）要求教师在实训过程中做好组织工作，给予必要的、合理的指导，使学生加深对理论知识的理解，提高实际分析、操作的能力。

（四）实训组织方法与步骤

第一步，每组学生根据课前准备的背景资料和相关的理论书籍，从理论上了解人力资源供大于求、供不应求和结构性失衡这三种情况的解决方法。结合该公司的人力资源管理现状，列出该公司人力资源工作的具体做法及特点。有可能的话，可深入到相关企业人力资源部门进行访问调查。

第二步，每组学生根据分析的结果，确定该公司是如何对人力资源进行平衡的。

第三步，调动学生积极思考和发言，让每组学生进行充分的分析和讨论，并在小组内部形成统一的结论，由小组的代表在全班发表看法。

第四步，教师对各种观点进行分析、归纳和总结，提出指导意见，帮助学生完善自己的结论。

第五步，每个小组根据讨论的结果编写实训报告。

（五）实训考核方法

1. 成绩划分

实训成绩按优秀、良好、中等、及格和不及格五个等级评定。

2. 评定标准

（1）是否了解人力资源综合平衡的含义。

（2）是否掌握人力资源综合平衡的办法和对策。

（3）能否结合企业的实际情况，提出自己观点，找出解决该企业人力资源供求失衡问题的措施和办法。

（4）是否记录了完整的实训内容，做到文字简练、准确，叙述通畅、清晰。

第三章　工 作 分 析

学习目的：通过本章的学习，理解工作分析含义及作用；熟悉工作分析的程序；掌握工作分析的基本方法；能够熟练编写工作说明书。

关键概念：工作分析（Job Analysis）　工作说明书（Job Description）

开篇案例

工作说明书的功用

“玛丽，我真不知道你到底需要怎样的机械操作工？”高尔夫机械制造有限公司人力资源部经理约翰·安德森说道，“我已经为你送去了四个人给你面试，并且这四个人看上去都大致符合所需工作说明书的要求，可是，你却将他们全部拒之于门外。”

“符合工作说明书的要求？”玛丽颇为惊讶地回答道，“可我所要找的却是那种一经录用就能够直接上手做事的人；而你送给我的人，都不能胜任实际操作工作，并不是我所要找的人。再者，我根本就没瞧见你所说的什么工作说明书。”

闻听此言，约翰二话没说就为玛丽拿来工作说明书的复印件。当他们将工作说明书与现实所需岗位逐条加以对照时，才发现问题之所在：原来这些工作说明书已经严重地脱离实际，也就是说，工作说明书没有将实际工作中的变动写进去。例如，工作说明书要求从业人员具备旧式钻探机的工作经验，而实际工作却已经采用了数控机床的最新技术。因此，工人们为了更有效率地使用新机器，必须具备更多的数学知识。

在听完玛丽描述机械操作工所需的技能以及从业人员需要履行的职责后，约翰喜形于色地说道：“我想我们现在能够写出一份准确描述该项工作的说明书，并且以这份说明书作为指导，一定能够找到你所需要的合适人选。我坚信，只要我们的工作更加紧密地配合，上述那种不愉快的事情就不会再发生了。”

（卢福财，2006）

请思考：约翰和玛丽产生争执的根本原因是什么？

第一节　工作分析概述

一、基本概念和相关术语

工作分析涉及一些术语，而这些术语的含义经常引起混淆。因此，理解并掌握它们的含义对科学、有效地进行工作分析十分必要。

（一）工作要素

工作要素是指工作中不能继续再分解的最小工作单位。例如，从工具箱中取出夹具、将夹具与加工件安装在机床上、开启机器、加工工件等都属于工作要素。

（二）任务

任务是指工作中为了达到某种目的而进行的一系列活动。任务可以有一个或多个工作要素组成。例如打印一份英文信函。要最后达到打印英文信的目的，打字员必须能够系统地做到：熟悉每个英文单词，在电脑中拼出相应的单词，辨认与修改语法错误，把电脑中打好的英文信打印在纸上等。换句话说，打印一封英文信这一任务，是上述四个工作要素的组合。

（三）职责

职责是指任职者为实现一定的组织职能或完成工作使命而承担的一个或一系列任务。例如薪酬专员的职责之一是进行薪酬调查。该职责由下列任务所组成：设计调查问卷，把问卷发给调查对象，收回调查表，分析调查结果，将结果表格化并加以解释，把调查结果反馈给调查对象等。

（四）职位与工作

工作的含义因其使用的时间、场合或由谁来使用而有不同的含义，它常常与职位互换使用。工作的最简单单位是工作要素，一组工作要素组成一项工作任务。相关联的任务（Task）构成一项工作的职责，当把职责结合到一起时就界定了一个职位（Position）。主要任务和责任相同的一组职位形成一种工作（Job）。职位和工作的区别是工作可以容纳一个以上的人，而职位不能。例如，一个组织可以有两个接待员来完成同一种工作，然而，他们占据两个不同的职位。

（五）职业

一组相似的工作形成一种职业。如会计、工程师，虽然每个单位的会计与工程师的具体工作的内容与数量不尽相同，但他们彼此所担负的职责及其对他们的任职要求却是相似的。

二、工作分析的定义

核心概念

工作分析，也称职务分析或岗位分析，是对组织中各岗位的设置目的、职责与权限、工作关系、工作条件等特征以及对完成此工作所需的知识和技能要求进行调查研究后，进行客观描述的过程。

工作分析涉及两个方面的工作：一是工作本身，即工作岗位的研究，研究岗位所承担的工作职责与工作任务，以及它与其他岗位之间的关系。二是人员特征，即任职资格的研究，研究能胜任该项工作并能够完成工作目标的任职者必须具备的条件与资格，如工作经验、学历、所学专业、培训情况、个性特征等。

重要提示

工作分析明确了各种工作所需承担的责任，以及技术的资历要求，还有工作环境条件的考量。工作分析的要义可从以下几个方面理解。

（1）工作分析是分析，而不是列清单（Analysis，not Lists）。

（2）工作分析是分析工作，而不是在于人（Jobs，not People）。

（3）工作分析是分析实际工作，而不是做主观臆断（Facts，not Judgement）。

工作分析的目的是收集人力资源管理人员所需要的一切有关员工及工作状况的详细资料，从而为人力资源管理决策提供依据。具体来说，工作分析的对象是工作，工作分析主要在于了解工作的五大特征。

（一）输出特征

工作的输出特征是指一项工作的最终结果表现形式，如产品、劳务等。这是界定工作任务和工作责任的基础，也是确定工作绩效标准的必要前提。

（二）输入特征

工作的输入特征是指为了获得上述结果，应当输入什么内容，包括物质、信息、工具、条件等。这是界定工作来源和工作条件的基础。

（三）转换特征

工作的转换特征是指一项工作是如何从输入转换为输出，工作转化的程序、技术、方法是什么，在转换过程中人的行为、活动有哪些。这是界定工作方式的基础。

（四）关联特征

工作的关联特征是指每个职务在组织中的位置、职责职权，工作对人的体力、智力有什么要求。这是界定工作关系和任职资格的基础。

（五）动态特征

每个职务在一定条件下总是重复的。但实际上，每一种工作的内容都是不断变化的，在工作分析中，要考虑三个方面的可变因素：时间因素、人员因素和情境因素。如果不考虑使工作动态变化的潜在因素的作用，不仅会对人员配备过程的各个阶段产生不利影响，而且也对任职者的工作效率有不利影响。

三、工作分析的作用

案例思考

谁来清扫洒在地上的机油？

一个机床操作工把大量的机油洒在了他机床周围的地面上。车间主任让操作工把洒在地上的机油清扫干净，操作工却拒绝执行，理由是工作说明书中并没有包括清扫的条文。车间主任顾不上去查工作说明书的原文，就找一名服务工来做清扫。但服务工同样拒绝，他的理由是其工作说明书里也没有包括这一类工作。车间主任威胁说要把他解雇，因为这种服务工是分配到车间来做杂务的临时工。服务工勉强同意了，但是干完之后立即向公司投诉。有关人员看了投诉后，审阅了三类人员的工作说明书：机床操作工、服务工和勤杂工。机床操作工的工作说明书规定：操作工有责任保持机床的清洁，使之处于可操作状态，但并未提及清扫地面。服务工的工作说明书规定：服务工有责任以各种方式协助操作工，如领取原材料和工具，随叫随到，即时服务，但也没有明确写明包括清扫工作。勤杂工的工作说明书中确实包含了各种形式的清扫，但是他的工作时间是从正常工人下班后开始。

工作分析在人力资源管理中的重要作用如图 3.1 所示。

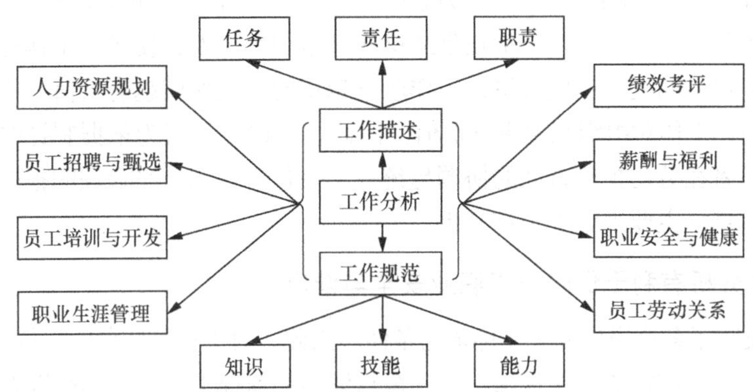

图 3.1　工作分析在人力资源管理中的重要作用

（一）工作分析是人力资源规划的基础

在制订人力资源规划的过程中需要获得关于工作量、工作性质、各种工作对于技能水平要求的信息，这样才能保证在组织内有足够的人力资源来满足需要。工作分析就是根据组织的需要，分析影响工作的各种要素，合理地划分部门职责，将相近的工作归类，设置各项工作，从而为人力资源规划提供信息支持。

（二）工作分析对人员招聘与甄选具有指导作用

通过开展工作分析，可明确组织中各项工作的目标与任务，规定各项工作的要求、责任等，同时提出各个职位对任职者的心理、生理、技能、知识和品格等方面的要求。在此基础上，组织可以确定人员的任用标准，通过人员测评和招聘、选拔任用符合工作需要与要求的合格人员。

（三）工作分析有助于员工培训与开发工作

工作分析明确规定了完成各项工作所应具备的知识、技术、能力及其他方面的素质与条件要求。这些素质与条件并非所有人员都能达到工作的要求，这就需要对员工进行培训与开发。对员工进行培训时主要依据工作分析所提供的信息，针对不同的工作要求、任职人员的具体情况，设计不同的培训方案，采取不同的培训方法进行培训。

（四）工作分析有利于职业生涯规划与管理

通过工作分析，对组织中的工作要求和各项工作之间联系的研究，组织可制订出行之有效的员工职业生涯规划，同时，工作分析也使员工有机会、有能力了解工作性质与任职资格，制订出符合自身情况的职业发展道路。

（五）工作分析为绩效考评提供了客观标准与依据

工作分析以工作为中心，分析和评定了各个工作的功能和要求，明确了每个工作的职责、权限，以及任职者的资格和条件；而绩效考评工作是以员工为中心，对员工的德、能、勤、绩等方面的综合评价，以帮助员工改善绩效。从人力资源管理程序上看，工作分析是绩效考核的前提，它为员工绩效评价的内容、标准的确定提供了客观依据。

（六）工作分析有助于薪酬管理方案的设计

任何任职者所获得的薪酬高低主要取决于其从事工作的性质、技术难易程度、工作负荷、责任大小和劳动条件等，而工作评价正是从这些基本因素出发，使各项工作在组织中的重要程度和相对价值得以明确。一般来讲，工作职责越重要，工作就越有价值，需要有更多的知识、技能和能力，工作对组织来说更具价值。因此，以岗位价值为依据制订的薪酬方案，能保证各岗位任职者在劳动报酬方面的协调与统一，使员工得到公平合理的报酬。而确定岗位价值所依据的信息，主要来源于工作分析。

（七）工作分析有利于保障员工职业安全与健康

工作分析反映了各个岗位的工作环境与条件。因此，对于在某些危险岗位工作的任职者，组织可以提供安全预防措施，在保障员工安全与健康的前提下，使工作得以顺利完成。

（八）工作分析有利于改善企业劳动关系

工作分析为每个任职者提供了工作客观标准，成为组织对员工进行提升、调动或降职的决策依据；工作分析保障了同工同酬，并为员工明确了工作职责及以后的努力方向，必然使员工积极工作，不断进取。同时，工作分析获得的其他有关信息也使人力资源管理决策更为客观和合理，这都有助于改善企业劳动关系。

第二节　工作分析的实施

一、工作分析的流程

工作分析的基本流程一般包括四个阶段，即准备阶段、实施阶段、结果形成阶段及应用反馈阶段，在每一个阶段里又包括若干步骤。

（一）工作分析的准备阶段

在工作分析的准备阶段，主要解决以下几个方面的问题。

1. 确定工作分析目标和侧重点

首先要明确工作分析所获得信息将用于何种目的。因为工作分析所获得的信息用途直接决定了需要收集何种类型的信息，以及使用何种技术来收集这些信息。

2. 制订总体实施方案

一次完整的工作分析往往需要调动大量的资源，需要很多人员的配合，因此需要在实施前制订一个详细的方案。

3. 收集现有的文件与资料

收集组织结构图、工作流程图、岗位责任书、工作日记等资料，对工作的主要任务、主要职责、工作流程进行分析总结。利用现成的工作说明书，将成为审查并重新编写工作说明书的一个很好的起点。

4. 确定所欲收集的信息

确定要收集哪些信息，主要考虑工作分析的目标和侧重点，并根据对现有资料的研究，找出一些需要重点调研的信息或需要进一步澄清的信息。

5. 选择收集信息的方法

收集信息的方法主要取决于两个方面的因素：工作分析的目的和要求；工作分析的对象、岗位特征以及实际条件的限制。

（二）工作分析的实施阶段

在经过充分的准备之后，就可以进入工作分析的具体实施阶段了。在实施阶段，主要的几项工作如下。

1. 与参与工作分析的有关人员进行沟通

为了赢得调查对象的理解与支持，在工作分析实施前一般应采用会议的方式与有关人员进行沟通。在沟通时，主要让有关人员了解工作分析的目的和意义，消除内心的顾虑和压力，明确配合的方式和方法，争取他们的支持和理解。

2. 制订具体的实施操作计划

在具体的操作计划中，应列出具体精确的时间表，以及每一个时间段中每个人的具体职责和任务。

3. 实际收集与分析工作信息

在这一阶段，主要是按照事先选定的方法，根据既定的操作程序或计划收集与工作有关的信息。为了保证得到的信息的正确性、完整性，我们要仔细审核、整理获得的各种信息，创造性地分析、发现有关工作和员工的关键因素，归纳、总结工作分析的必需材料和要素，使之成为书面文字。

（三）工作分析结果的形成阶段

工作分析结果通常是每个职位的工作说明书。在结果形成阶段，需要对收集来的信息进一步审查和确认，进而形成职务说明书。这一阶段主要应完成如下工作。

1. 与有关人员共同审查和确认工作信息

通过各种方法收集上来的关于工作的信息，必须由任职者及其上级主管进行审查、核对和确认。这样做一方面是为了保证信息的准确和完整；另一方面它也是一个沟通过程，可增进他们对工作分析的理解和认可。

2. 编制工作说明书

在编制工作说明书时，可以根据所得信息草拟工作描述与工作规范，将草拟的工作描述、工作规范与实际工作相对比，根据对比结果决定是否需要再次调查研究。如果有必要，特别是比较重要的职位，要再次调查与修订工作描述和工作规范，使工作说明书符合实际情况。

（四）工作分析结果的应用与反馈阶段

编写出工作说明书之后，工作分析就基本结束了。但是工作分析结果的应用也非常重要，通过工作分析结果的应用，才能体现工作分析的价值。同时在应用的过程中，也可能会发现一些重要问题，可以为后续的工作分析提出要求。具体来说，在工作分析结果应用反馈阶段包括两个方面的工作：一是职务说明书的使用培训。培训主要是让使用者了解职务说明书的意义和内容，了解各部分的含义以及在工作中如何使用工作说明书。二是对职务说明书进行反馈与调整。由于组织和环境的发展变化，组织职位的性质、内涵和外延都会发生变化，因此需要对职务说明书的内容进行调整和修订，使之符合实际情况。

二、工作说明书的编写

工作分析的直接结果，就是产生工作描述和工作规范，最后形成工作说明书。工作描述主要是涉及工作执行者实际在做什么、如何做以及在什么条件下做的书面文件。而工作规范则说明工作执行者为了圆满完成工作所必须具备的知识、技能及能力。

（一）工作描述

1. 工作描述的含义

重要概念

工作描述又称职务描述或工作说明，指用书面形式对组织中各类岗位的工作性质、工作任务、工作职责与工作环境等所作的统一格式的描述。

一个典型的工作说明书必须提供有关工作是什么，为什么做、怎样做以及在哪儿做的清晰描述。它的主要功能是让员工了解工作概要，建立工作程序与工作标准，阐明工作任务、职责和职权，从而有助于员工的聘用、考核和培训等。

2. 工作描述的基本内容

工作描述的基本内容包括工作识别、工作概要、工作关系、工作职责、工作权限、工作绩效标准、工作条件和工作环境等。

（1）工作识别。工作识别又称工作标识，主要包括以下几方面：①工作名称。工作名称指一组在重要职责上相同的职位名称。好的工作名称应能够界定工作内容，并能把一项工作与其他工作区别开来。在确定职位的工作名称时，要讲究艺术，发挥其心理作用，暗示岗位具有一定的社会地位。另外，工作名称还应该准确地反映其主要工作职责，指明其任职者在组织等级制度下的相关等级。在美国，工作名称要符合劳工部出版的《职位名称词典》制定的规范。②工作身份，又称工作地位。工作身份一般在工作名称之后。它包括所属工作部门、直接上级职位、工作等级、工资水平、所辖人数、定员人数、工作地点、工作时间等项目。③工作编号，又称岗位编号或工作代码。其目的在于快速查找所有的工作，组织中每一种工作都应该有一个代码，并且这些代码代表了工作的一些重要特征。

（2）工作概要。工作概要又称职务摘要，指用简练的语言文字阐述工作的总体性质、中心任务以及要达到的工作目标。如人力资源部经理的工作概要为“制定、执行与人事活动相关的各方面的政策与措施”。

（3）工作关系。工作关系又称工作联系，指任职者与组织内外其他人之间的关系，包括该项工作受谁监督，此工作监督谁，此工作可晋升的职位、可转换的职位以及可迁移至此的职位及与哪些部门的职位发生联系等。

（4）工作职责。工作职责又称工作任务，是工作描述的主体。主要指明工作的主要职责、工作任务、工作权限等。工作职责应该在时间和重要性方面实行优化，评出每项职责的分量和价值。具体来讲，工作职责主要内容包括工作活动内容、工作权限、工作绩效标准等。工作活动内容要按重要性大小的顺序逐项列出，并说明各活动内容的执行依据。工作权限包括决策的权限，对他人实施监督的权限以及经费预算的权限等。工作绩效标准说明工作人员的工作结果，最好能够定量化。

（5）工作权限。为了确保工作的正常开展，必须赋予每个岗位不同的权限，但权限必须与工作责任相协调，相一致。包括工作人员决策的权限和行政人事权限、对其他人员实施监督权以及审批财务经费和预算的权限等。

（6）工作绩效标准。工作绩效标准，即完成某些任务或工作量所要达到的标准。这部分内容说明企业期望员工在执行工作说明书中的每一项任务时所达到的标准或要求。从品质、行为和结果等多个方面对员工进行全面的考核和评价。

（7）工作条件与工作环境。工作条件主要包括两个方面的内容：一是任职者主要使用的设备名称；二是指任职者运用信息资料的形式。工作环境主要指工作所处的自然环境和社会环境。具体来说，包括工作场所、工作环境的危险性、职业病、工作时间、工作时间的均衡性、工作环境的舒适程度、工作环境的心理压力等。

（二）工作规范

1. 工作规范的含义

重要概念

工作规范又称岗位规范或任职资格，是指任职者要胜任该项工作必须具备的资格与条件。

工作规范主要说明一项工作对任职者在教育程度、工作经验、知识、技能、体能及个性特征方面的最低要求，而不是最理想的任职要求。一般情况下，工作规范是依据管理人员的经验判断而编写的，当然也可以使用比较精确的统计分析法来做。当前，工作规范往往是作为工作说明书的重要组成部分而存在。

2. 工作规范的内容

工作规范的本质是分析任职者应具备的个体条件，这些条件主要包括身体素质、心理素质、知识经验及职业道德等方面的条件。身体素质包括身高、体形、力量、耐力以及身体健康状况等；心理素质包括视觉、听觉等各种感、直觉能力，例如辨别颜色、明暗、距离、大小细节等能力，辨别音调、音色及分辨语音的能力，辨别气味的能力，记忆、思维、语言、操作活动能力、应变能力，兴趣、爱好、性格类型等个性特点等；知识经验包括文化修养、学历水平、专业知识水平、实际工作技能和经验等；从业人员除了必须遵纪守法和遵守一般公德外，还要对职业所需要的职业道德（或职业伦理）有所要求，例如，销售人员要童叟无欺、财物保管人员要公私分明等。

（三）工作说明书的编写要求

工作说明书在企业管理中的地位极为重要，不仅可以帮助任职人员了解其工作，明确其职责范围，而且还可以为管理者的某些决策提供参考。因此，编写工作说明书时，必须注意以下几点要求。

（1）工作说明书的详略与格式不尽相同，每个企业都可能有不同的写法，有些较详细，有些较简单。对于一些技术水平低或简单的工作，工作说明书可以简短而清楚地描述。而对于一些高技术、性质与内容复杂的工作，工作内涵却不易详细而具体列明，只能用若干含义极广的词句来概括。

（2）工作说明书的叙述要清晰、完整，文字力求简单、精确，形式必须统一。

（3）各项工作活动，以技术或逻辑顺序排列，或依重要性、所耗费时间多少顺序排列。

（4）必须列明工作或职务最起码要做到的范围。

所有工作说明书的一个潜在问题都是它们可能会过时。工作说明书通常不能定期更新以反映工作中发生的变化。通常的实践是让工作承担者及其主管人员每年查看最近期的工作说明书，并确定这个说明书是否需要更新。示例 3.1 是一份工作说明书范例。

示例 3.1

采购部经理职位说明书

一、岗位标识信息	
岗位名称：采购部经理	隶属部门：　采购部
岗位编码：	直接上级：　生产副总经理
工资等级：	直接下级：　备件开发工程师、采购工程师、采购计划专管
可轮换岗位：无	分析日期：
二、岗位工作概述	
全面负责公司生产所需原材料、设备以及消耗品的采购，从而保证公司的正常生产，同时做到降低库存、降低成本	
三、工作职责与任务	
（一）负责公司原材料和国外备件的采购。 （1）查看当前库存，决定采购额度。 （2）制订物料及备件的采购计划。 （3）管理物料及备件的采购订单，并报送财务经理、总经理和生产副总经理决策。 （4）随时跟踪掌握最新的物料价格变化，督促供应商不断降低价格以达到公司要求。 （5）发出采购订单，并对采购的物料及备件的到货时间和使用情况跟进。 （二）负责原材料的前期开发。 （1）广泛收集新产品、新供应商的资料信息。 （2）开发新的符合公司要求的供应商。 （3）与供应商签订采购协议。 （4）负责样品的索取和试用监督，并不断督促供应商，提出改进的要求和计划。 （5）负责新供应商产品的现场认证。 （三）负责进口原材料、设备等的报关。 （1）负责原材料到货的报关前期准备工作。 （2）负责进口原材料手册申请工作的前期准备及与报关主管协商最佳申办手册的时间。	

（3）核实进口货物数量与进口手册是否一致，确保进口备件到货后及时办理报关手续。
（四）负责企业设备工程项目的记录和管理。
（五）负责公司管理程序的维护，主要是采购程序、供应商与原材料认购程序、备件开发程序和供应商评估程序。
（六）监督考核下属的工作绩效，并接受下属投诉。
（七）完成上级委派的其他任务。

四、工作绩效标准

（一）及时准确地采购生产所需的各种物料及备件，做到最小化库存并保证生产的连续性，原材料库存总金额低于标准数值。
（二）不断开发新的符合公司要求的供应商，降低物料及备件的成本，完成公司规定的指标。
（三）及时办理原材料及设备的报关工作，不影响生产进度。
（四）按规定完成设备项目号的登记，使项目清晰可查。
（五）维护三个主程序，内审不出现严重不符合项。
（六）对下级进行公正的考核，当天处理好下级的投诉。

五、岗位工作关系

（一）内部关系

（1）所受监督：在价格策略、大的供应商价格变动方面，接受生产副总经理的指导和监督；在备件的技术支持和供应商信息资源的提供方面，部分地接受总工程师的指导和监督；在原材料的试用方面，接受生产副总经理的监督和指示。

（2）所施监督：在向下属人员下达工作任务和文件审批方面，对备件开发工程师、采购工程师、采购计划专管实施监督；在仓库信息是否准确方面，对仓库主管实施监督；在异常生产情况的报警方面，对制造部经理实施监督。

（3）合作关系：在原材料的试用和检验方面与品质保证部经理发生协作关系。

（二）外部关系

（1）在原材料、备件的采购和开发方面，与供应商发生联系。

（2）在进口货物的报关方面，与报关代理发生联系。

六、岗位工作权限

（一）下属人员的考核权、指导权、分配权。
（二）所属人员的违纪、违规纠正权。
（三）所属人员的违纪、违规事实处理权或处理申报权。
（四）对资金使用的额度内审核权。
（五）对生产用原材料及备件的采购权及采购份额的决定权。
（六）对供应商决定权。
（七）对原材料及备件的额度内决定权。
（八）相关文件的审查权。

七、岗位工作时间

在公司制度规定的正常班时间内工作，有时需要加班加点

八、岗位工作环境

基本上是在室内工作；温度、湿度适宜；无噪声、粉尘等污染；照明条件良好，一般无相关职业病发生。

九、知识及教育水平要求

（一）本科以上学历，理工科专业。
（二）化工方面的专业知识。
（三）国际贸易实务。
（四）经济合同法。
（五）计算机和外语的基础知识。
（六）最好有报关员证。

十、岗位技能要求

（一）熟悉公司的原材料、生产设备和零部件的性能和使用情况。
（二）较强的口头表达能力和领导能力。
（三）较强的分析能力、应变能力和决策能力。
（四）较强的管理技能和人际关系技能。
（五）掌握一定的谈判技巧。

十一、工作经验要求
大学本科以上，5 年以上工作经验，2 年以上主管管理经验。
十二、其他素质要求
任职者需具有健康的体魄，充沛的精力；强烈的责任心与认真细致的态度；无特殊性别与年龄要求，但 27～35 岁最佳。

第三节　工作分析的基本方法

工作分析的方法实际上就是收集工作信息的方法，可以分为两大类：传统型工作分析方法和系统型工作分析方法。在实际工作中，企业可以根据工作分析的目的来选择一种方法，也可以将几种方法结合起来使用。

一、传统型工作分析方法

传统型工作分析方法大体上具有两个特征：一是收集的有关工作信息以非计量的、叙述性的居多；二是主要目的是对与职务有关信息作书面记事性描述。由于工作分析中许多项目并不能计量化，更不易找到一个绝对客观的标准，所以传统的工作分析方法依然具有重要的作用。传统型工作分析方法主要包括以下几种。

（一）问卷调查法

问卷调查法是工作分析中最常用的一种方法，是指采用调查问卷来获取工作分析的信息，实现工作分析目的的一种方法。这种方法一般先由有关人员设计一套工作分析问卷，然后由承担工作的员工或工作分析人员填写问卷。最后，将问卷加以回收、归纳、分析，据此写出工作说明书草稿，在征求任职者的意见后，进一步地补充和修改，最后形成正式的工作说明书。

问卷调查法的主要优点是费用低，速度快，节省时间，可以在工作之余填写，不致影响正常工作；调查范围广，可用于多种目的、多种用途；调查样本量很大，适用于需要对很多工作进行调查的情况；调查的资料可以数量化，由计算机进行数据处理。其缺点主要是：设计理想的调查表要花费较多的时间、人力、物力，成本费用高；在问卷使用前应进行测试，以了解员工理解问卷中问题的情况。为避免误解，还经常需要工作分析人员亲自解释和说明，降低了工作效率；填写调查表是由任职者单独进行的，缺少交流和沟通，因此，被调查者可能不积极配合，不认真填写，从而影响调查的质量。

（二）观察法

观察法是一种传统的工作分析方法，是工作分析人员直接到工作现场，针对某些特定对象（一个或多个任职者）的作业活动进行观察，收集、记录有关工作的内容、工作间的相关关系、人与工作的关系以及工作环境、条件等信息，用文字和图表形式记录下来，然后进行分析、归纳、总结的方法。

观察法的主要优点是：工作分析人员能够比较全面而深入地了解工作要求，适用于那些主要用体力活动来完成的工作。其缺点是不适用于脑力劳动为主的工作，以及处理紧急情况和危险的工作。另外，有些员工难以接受，他们觉得自己受到监视和威胁，从心理上对工作分析人员产生反感，可能造成工作动作变形；这种方法也不能得到有关任职者的资格要求的信息。

使用观察法的前提条件是：要求观察者有足够的实践操作经验；要求工作应相对稳定，在一定时间内，工作内容、程序、对工作人员的要求不会发生明显的变化；适用于大量标准化的、周期较短的以体力活动为主的工作，不适用于脑力劳动为主的工作。

（三）写实分析法

写实分析法是一种客观描述方法。这种方法主要通过对实际工作内容与过程的实际记录，达到工作分析的目的。它主要分为两种形式：一是工作日志法；二是主管人员分析法。

工作日志法又称工作写实，是任职者按时间顺序，详细记录自己的工作内容与工作过程，然后经过归纳、分析，达到工作分析目的的一种方法。这种方法的优点是：信息可靠性很高，适用确定有关工作职责、工作内容、工作关系、劳动强度等方面的信息；所需费用较少，对于高水平与比较复杂的工作，显得经济有效。其缺点主要是：这种方法将注意力集中于活动过程，而不是结果；要求从事这一工作的人对工作情况与要求最清楚；适用范围较小，只适用于工作周期较短、工作状态稳定的职位；整理信息的工作量大，归纳信息的工作烦琐；任职者的态度容易影响分析结果，在一定程度上也会影响任职者的正常工作；收集的信息有可能存在误差，需要对记录分析结果进行必要的检查。工作日志的具体填写如示例 3.2 所示。

示例 3.2

工作日志填写实例

5 月 29 日		工作开始时间：8：30		工作结束时间：17：30	
序号	活 动 名 称	活 动 内 容	活 动 结 果	时 间 消 耗	备 注
1	复印	协议文件	4 页	6 分钟	存档
2	起草公文	贸易代理委托书	8 页	1 小时 15 分钟	报上级审批
3	贸易洽谈	玩具出口	1 次	40 分钟	承办
4	布置工作	对日出口业务	1 次	20 分钟	指示
5	会议	讨论东欧贸易	1 次	1 小时 30 分钟	参与
…	…	…	…	…	…
17	计算机录入	经营数据	2 屏	1 小时	承办
18	接待	参观	3 人	35 分钟	承办

主管人员分析法是由主管人员通过日常的管理权力来记录与分析所管辖人员的工作任务、责任和要求等工作因素，从而达到工作分析目的的一种方法。主管人员对这些工作非常了解，有的以前也曾从事过这些工作，因此他们对被分析的工作有较深的理解，对职位所要求的工作技能的建立与确定非常熟悉。主管人员分析法最大的优点是记录方便，他们对所分析的工作非常熟悉，目的比较明确，分析比较深入。但主管人员的分析中可能会有一些偏见，尤其是那些只干过其中一部分工作而不全面了解的人，他们往往偏重于所从事的那部分工作。

（四）访谈法

访谈法又称面谈法，是一种应用最为广泛的工作分析方法，是指工作分析者就某一职务或职位面对面地询问任职者、主管、专家等人对工作的意见和看法。这种方法可以对任职者的工作态度和工作动机等深层次内容有详细的了解。面谈的程序可以是标准化的，也可以是非标准化的。一般情况下，应以标准化的访谈格式来记录访谈信息，目的是便于控制访谈内容，便于对同一职务不同任职者的回答相互比较。标准化面谈问题样本如示例 3.3 所示。

示例 3.3

工作分析面谈问题样本

（1）请问你的姓名、职务名称、职务编号是什么？

（2）请问你在哪个部门工作？请问你的部门经理是谁？你的直接上级是谁？

（3）请问你主要做哪些工作？可以举一些实例。

（4）请你尽可能详细地讲讲你昨天一天的工作内容。

（5）请问你对哪些事情有决策权？对哪些事情没有决策权？

（6）请讲讲你在工作中需要接触到哪些人？

（7）请问你需要哪些设备和工具来开展你的职务？其中哪些是常用的？哪些是偶尔使用的？你对目前的设备状况满意吗？

（8）请问你在人事审批权和财务审批权方面有哪些职责？可以举些实例。

（9）请问做好这项职务需要什么样的文化水平？需要哪些知识？需要什么样的心理素质？

（10）如果对一个大专学历层次的新员工进行培训，你认为需要培训多长时间才能正式上岗？

（11）你觉得目前的工作环境如何？是否还需要更好的环境？你希望哪些方面得到改善？

（12）你觉得该工作的价值和意义有多大？

（13）你认为怎么样才能更好地完成工作？

（14）你还有什么要补充的吗？

（15）你能确保你回答的内容都是真实的吗？

访谈法的优点是：应用面广，能够简单而迅速地收集多方面的工作分析资料；任职者亲口讲出工作信息，一般比较具体准确；工作分析人员往往能了解到直接观察法不容易发现的情况，有助于管理者发现问题；能认真解释工作分析的必要性及功能，消除面谈对象的顾虑；可以对员工的工作态度和工作动机等较深层次的内容有比较详细的了解。这种方法的缺点主要是：访谈需要有专门的技巧，需要专门受过训练的工作分析人员；比较费时间，工作成本较高；收集到的信息往往会产生失真现象，由于员工的顾虑，员工会夸大和弱化某些工作职责。

（五）关键事件法

关键事件法又称关键事件技术，是指确定关键的工作任务以获得工作上的成功。关键事件是指使工作成功或失败的行为特征或事件。关键事件法是要求分析人员、管理人员、本岗位员工，将工作过程中的“关键事件”详细地加以记录，在大量搜集信息后，对岗位的特征和要求进行分析研究的方法。关键事件法是对完成工作的关键性行为进行记录，一般要记录特别有效的工作行为和特别无效的工作行为。对每一个事件的描述内容应包括：该事件发生的背景原因；员工的行为哪些是特别有效的，哪些是特别无效的；关键行为的后果能否被任职者识别，员工控制上述行为后果的能力怎么样等信息。将上述各项内容详细记录以后，对这些数据资料进行分类，并归纳总结出该职位的主要特征和具体要求。

关键事件记录法，既能获得有关工作的静态信息，也能获得有关工作的动态信息。关键事件法的优点是能被广泛用于人力资源管理诸方面，如招聘、培训、绩效管理等。主要缺点是需要花费大量的时间去收集那些关键事件并加以概括和分类。这种方法不能对工作提供一种完整的描述，缺乏对工作职责、工作任务、工作背景及最低任职资格方面的信息。对中等绩效的员工难以涉及。在使用关键事件法时，调查的期限不宜过短，关键事件的数量应足够说明问题，正反两方面的事件都要兼顾。

（六）资料分析法

在做工作分析时，为降低工作分析的成本，应尽量利用原有资料，先对每个工作的任务、责任、权利、工作负荷、任职资格等有一个大致的了解，为进一步调查、分析工作奠定基础。资料分析法的优点是分析成本较低，工作效率较高，能够为进一步分析工作提供基础资料和信息。其主要缺点是一般收集到的信息不够全面，尤其是在小型企业中，无法收集到有效、及时的信息。这种方法一般不能单独使用，要与其他工作分析方法结合起来使用。

（七）工作实践法

工作实践法也称工作参与法，它是指工作分析人员通过直接参与某项工作，从而细致、深入地体验、了解、分析工作的特点与要求。工作实践法可以避免由于员工不很了解自己完成任务的方式或者有些员工不善于表达，难以收集到有效信息的情况。但是工作实践法也存在不足，对于许多高度专业化的工作，或需要经过大量培训才能胜任的工作，由于分析者不具备完成某项工作的知识和技能，因而就无法参与。因此，工作实践法只适用于一些比较简单的工作分析，或者是在短期内就可以掌握其方法的工作分析，不适用于需要进行大量训练和危险性工作的分析。

二、系统型工作分析方法

系统型工作分析方法是指工作分析方法从实施过程、问卷量表使用、结果表达运用方面都体现出高度结构化的特征，通过量化的方式刻画职位特征的工作分析方法。系统型工作分析方法主要有以下几种。

（一）职位分析问卷

职位分析问卷（Position Analysis Questionnaire，PAQ）是一种结构严谨的工作分析问卷，是目前西方最流行的人员导向型职务分析系统。它是 1972 年由美国普渡大学的麦克米克提出的一种实用性很强的数量化工作分析方法。它的产生是为了开发一种一般性、可量化的方法，用以准确地确定工作的任职资格，并估计每个工作的价值，进而为薪酬制度的制订提供依据。职位分析问卷的假设前提是：人类工作的领域有某种潜在的行为结构和秩序，并且有一个有限系列的工作特点来描述这个领域。PAQ 通过标准化、结构化的问卷形式来收集工作信息，这些信息要素主要分为以下六大类。

（1）信息输入。任职者在执行工作时从何处、如何获得信息。

（2）脑力劳动。该职务包括哪些推理、决策、计划、信息处理活动。

（3）工作输出。任职者执行工作时从事哪些体力活动，使用什么样的工具和装置。

（4）人际关系活动。在执行工作时需要与其他人员发生何种关系。

（5）工作环境。任职者在何种物理环境和社会环境下工作。

（6）其他工作特征。与职务有关的其他活动、条件、特点等。

职位分析问卷的研究基础以及应用非常广泛，PAQ 的分析结果可应用到人力资源管理的各个领域，尤其是在确定任职资格、工作评价和工作分类等领域有其独特的优越性。职位分析问卷的问题在于：使用该问卷进行工作分析的人需要有相当高的阅读能力，对人员的文化程度要求较高；职位分析问卷的设计目的是针对所有职务的，但限于 194 个题目和 6 个维度，造成对工作分析不能精确区分，对工作活动的描述过于抽象，对具体工作的安排缺乏指导意义。

（二）管理职位描述问卷

管理职位描述问卷（Management Position Description Questionnaire，MPDQ）是专门针对管理人员而设置的工作分析系统，是所有工作分析系统中最有针对性的一种工作分析系统。管理职位描述问卷是一种结构化的、人员导向型的问卷，分析对象是管理职位和督导职位，由任职人员自已完成，能够通过电脑对收集到的信息进行分析。最早的管理职位描述问卷产生于 1974 年，当时是用来对公司的管理职位进行描述、比较和评价，经过广泛的测试和深入的修改，问卷作为工作评价的项目在一些公司全面展开应用。

管理职位描述问卷共涉及近 200 个项目，被划分为 13 类工作因素。分别是：①产品、市场及财务计划因素；②组织机构与人事关系的协调因素；③内部事务管理因素；④产品和服务因素；⑤公共关系和顾客关系因素；⑥高级咨询因素；⑦工作主动性因素；⑧审批财务事项因素；⑨人员配备因素；⑩监督管理因素；⑪复杂性和工作压力因素；⑫财务决策权因素；⑬一般人事权因素。通过回答各种形式的问题，问卷能够提供关于管理职位的多种信息，如工作行为、工作联系、工作范围、决策过程、素质要求及上下级之间的汇报关系等。

管理职位描述问卷主要是为分析管理职务而设计的，管理者的级别不同，所在部门不同，他们对各个项目的回答也不同，该方法适用于不同组织内管理层次职位的分析。管理职位描述问卷能通过计算机分析形成以应用为导向的决策支持型分析报告，供管理者和人力资源管理人员使用。问卷的分析结果将形成多种报表形式的报告，从而应用到工作描述、工作评价、管理人员开发、绩效评价、甄选晋升以及工作设计等人力资源管理职能中去。

（三）功能性工作分析法

功能性工作分析法（Function Job Analysis，FJA）又称职能工作分析，其主要分析方向集中于工作本身，是一种以工作为导向的工作分析方法。这种方法最早起源于美国培训与职业服务中心的职业分类系统。职能工作分析方法以工作者应发挥的职能为核心，对工作的每项任务要求进行详细分析。该方法对工作内容的描述非常全面具体，一般能覆盖工作所能包括的全部职能的 95%以上。

功能性工作分析法的基本假设：①应明确区分“完成什么工作”与“员工应如何完成工作”；②每个工作均在一定程度上与人、事、信息相关；③对事务要用体能完成，对信息要用思考处理，对人要用人际关系的方法；④尽管执行任务的方法有很多，但要完成的职能是有限的；⑤每一种职能依赖于员工的特性与资格来达到预期的绩效；⑥与人、事、信息相关的功能中，复杂的功能包含了简单的功能。

职能工作分析方法主要是针对工作的每项任务要求，分析完整意义上的工作者在完成这一任务的过程中应当承担的职能，以获取同体能、思考、人际关系这三种技能相关的信息。作为一种工作分析系统，它的核心是分析工作的职能，其对职能的分析是通过分析工作者在执行工作任务时与数据、人和事的关系来进行的。工作行为的难度越大，所需的能力越高，也就说明了工作的职能等级越高。FJA 职能等级的分类如表 3.1 所示。

表 3.1　FJA 职能等级

信　息	人　员	事　物
0．综合	0．指挥	0．安装
1．协调	1．谈判	1．精度工作
2．分析	2．教导	2．操作控制
3．编辑	3．监督	3．驾驶性操作
4．计算	4．传递	4．搬运和操作
5．复制	5．规劝	5．照管
6．比较	6．交流—示意	6．进料及取货
7．无关紧要	7．服务	7．操纵
8．无明显关系	8．接受指导	8．无明显关系

（四）工作任务清单法

工作任务清单（Task Inventory Questionnaire，TIQ）也是用于工作任务描述的方法。该方法是工作分析专家将工作中所有可能要完成的任务清单问卷发放给从事特定职位工作的员工或主管，由他们根据分发的任务清单，针对每项任务上所耗的时间、完成任务的频率、任务的相对重要性、任务完成的难度等对工作任务进行评价。工作任务清单一般是购买的标准化清单。工作任务清单法的优点在于：由于它建立在对任务清单项目的识别上面，而不是对工作的回忆上，也就避免了依靠回忆而可能丢失信息的不足。该方法很节省开支，管理和分析比较方便，但需保证每项有关职位的重要信息都要列在清单上。此外，该方法强调提供一种既定工作中所完成的任务详细信息，这些信息对于员工甄选测试方案及绩效评价标准的制定是非常有用的，因为它间接指出了承担工作所需具备的知识、技能、能力以及其他人格特征。

开篇案例简析

约翰和玛丽产生争执的根本原因就是本章所学习的人力资源管理的基础工作之一——工作分析出现问题。企业要有工作说明书，但在本案例中工作说明书已不能非常准确无误地界定出招聘岗位所要求的职责与技能，人力资源部经理约翰没有准确的岗位说明书的帮助，就很难确定出所需岗位应该具备何种专业技能，自然难以找到玛丽需要的员工。

当今科技发展神速、工作岗位的内涵和要求变化如此之快，使得那些一成不变的岗位说明书在实际工作当中起到的作用是如此的苍白，甚至于起到适得其反的作用。要解决这个问题，除本案例列举的要求人力资源部与用人单位亲密无间地协作外，持续不断地工作分析可以规避岗位说明书的负面影响。

工作分析并不是一项一劳永逸的孤立人力资源管理的基础性工作，而是一项重复性行为高于原有行为的管理工作。最少要在如下三种情形中，必须要进行工作分析。

第一种情形是在初创组织体系时，着手进行工作分析便是企业的第一次工作分析行为。其次，企业新增工作岗位，要进行工作分析。最后一种情形通常是，由于新技术、新方法、新工艺、新系统的使用，导致岗位工作内容的变动，也应进行工作分析。而工作分析的信息、资料通常被用来厘定工作规范或编制岗位说明书。

本章小结

工作分析，也称职务分析或岗位分析，是对组织中各岗位的设置目的、职责与权限、工作关系、工作条件等特征以及对完成此工作所需的知识和技能要求进行调查研究后，进行客观描述的过程。

工作分析的基本流程一般包括四个阶段，即准备阶段、实施阶段、结果形成阶段及应用反馈阶段，每一个阶段里又包括若干步骤。工作分析的方法可以分为两大类：传统型工作分析方法和系统型工作分析方法。传统型工作分析方法主要包括问卷调查法、观察法、写实分析法、访谈法、关键事件法、工作实践法和资料分析法。系统型工作分析方法主要有职务分析问卷、管理职位描述问卷、功能性工作分析法和工作任务清单分析法。

工作分析的直接结果，就是产生工作描述和工作规范，最后形成职务说明书。工作描述是指用书面形式对组织中各类岗位（职位）的工作性质、工作任务、工作职责与工作环境等所作的统一格式的描述。基本内容包括工作识别、工作概述、工作关系、工作职责、工作权限、工作绩效标准、工作条件和工作环境等。工作规范是指任职者要胜任该项工作必须具备的资格与条件，主要说明某项工作对任职者在教育程度、工作经验、知识、技能、体能和个性特征方面的最低要求。要编写出一份好的工作说明书，要注意做到：清楚、准确、实用、完整、统一。

复习思考题

1. 什么是工作分析？工作分析的作用有哪些？
2. 工作分析的基本流程是什么？每一阶段的主要工作有哪些？
3. 工作分析的方法有哪些？每种方法的适用范围是什么？
4. 什么是工作说明书？其各部分的主要内容是什么？

案例分析

谁需要工作说明书

某销售公司财务部主管会计吴汉凯星期一刚到办公室，部门经理秘书就送来总经理的一份文件。主管会计吴汉凯阅读后十分恼火地找到上司季拉德。他说：“经理，你发的这份文件要求我在两周之内修改财务部全部工作说明书？”

“对，有什么问题吗？”季拉德问。

吴汉凯解释说：“这是浪费时间，尤其是我还有其他重要的事情要做。它至少要花去我30个小时。我们还有两周的内部审计检查工作未完成。你想让我放下这些去写工作说明书，这办得到吗？”

“我们几年都没有检查这些说明书了，它们需要做大的修改，而且当它们发到员工手里时，我还会听到各种意见。”

“工作说明书修改好后怎么还会有各种意见呢？”经理季拉德问道。吴汉凯回答说：“整个这件事就很复杂。让人们注意工作说明书的存在，可能会使一些人认为工作说明中未规定的工作就不必做。而且我敢打赌，如果把我部门里的人实际正做的工作写进工作说明书里，无形中强调了一些工作的现实迫切性，同时也就忽视了另外一些工作。我现在可承担不起士气低落和工作混乱的后果。”

经理季拉德答道：“你的建议是什么呢？吴汉凯，上面已命令我两星期内完成这项任务。”“我一点也不想做这工作。”吴汉凯说，“而且在审计工作期间绝对不做。难道您不能向上面反映一下，让这些工作推迟到下个月？”

（李燕萍，2002）

分析讨论：

1. 在建立工作说明书以前，吴汉凯与季拉德忘了做什么？这项工作为什么重要？

2. 请评析吴汉凯的这句话：“让人们注意工作说明的存在，可能会使一些人认为工作说明中未规定的工作就不必做。”

实训

工作分析实训

（一）实训目的

通过实训，使学生进一步理解工作分析的重要性，掌握工作分析的基本方法，能熟练编写工作说明书。

（二）实训条件

1. 实训时间

实训周期为1～2周，课堂用时为2～4个学时，其余时间供调查访问、收集资料之用。

2. 实训地点

具有一定规模，人力资源管理活动开展的比较好的超市。

3. 实训所需材料

教师提前给出超市的背景材料。

（三）实训内容与要求

1. 实训内容

对超市理货员工作进行工作分析，编写超市理货员的工作说明书。

2. 实训要求

（1）要求学生掌握工作分析的基本知识，做好实训前的理论准备，如搜集理论依据、相关的书籍、真实案例等。

（2）要求学生制订工作分析方案。

（3）要求教师在实训过程中做好组织工作，给予必要的、合理的指导，使学生加深对理论知识的理解，提高实际分析、操作的能力。

（四）实训组织方法与步骤

第一步，学生分组并制订工作分析方案。

第二步，收集资料。采用本章介绍的工作分析收集资料的方法，如观察法、问卷法、工作实践法等收集理货员资料。

第三步，对资料进行整理、分析。

第四步，编写工作说明书

第五步，指导教师组织各小组进行陈述、交流、总结。

（五）实训考核方法

1. 成绩划分

实训成绩按优秀、良好、中等、及格和不及格五个等级评定。

2. 评定标准

（1）方案是否可行。

（2）方法是否科学。

（3）工作说明书是否规范等。

第四章　员工招聘与甄选

学习目的： 通过本章的学习，了解员工招聘的含义，明确员工招聘的意义与作用；掌握员工招聘的流程；掌握招聘的渠道及适用范围；熟悉员工甄选的基本程序及内容，掌握员工甄选的方法；熟悉招聘评估的内容与方法。

关键概念： 员工招聘（Employees Recruitment）　招聘流程（Recruitment Procedure）　面试（Interview）

开篇案例

思科公司的员工招聘策略

思科的招聘广告词是：我们永远在雇人。对优秀人才思科永远有兴趣。在互联网世界里，最关键的是人才的取得和保留。

据思科（中国）公司人力资源总监关迟介绍：思科公司在中国的招聘方式是全面撒网，报纸招聘广告、网站、猎头、人才招聘会都用上，即使如此，面对每年60%的增长速度对人才的巨大需求，这些方式都显得不够得力。最头痛的问题是：传统的招聘广告，这些方式非常开放，没有定向目标。对思科来说好的方式还没有，所以是摸着石头过河。思科公司经常到IT业界的一些会议中做人力资源收集工作，目前最有效的方式是猎头公司，这样做成本很高，但是面对大量高技术人才缺乏的情况，思科还是有大约40%的员工是猎头公司找来的，思科用猎头公司招人是从上到下不分职位。

此外，思科有大约10%的应聘者是通过员工互相介绍进来的，思科有一项特别的鼓励机制，鼓励员工介绍人加入思科，通过这种鼓励机制，让所有员工都是猎头代理，有合适的人一定会介绍到公司来。

思科的发展速度要求员工能够自己很快独当一面，所以对应届毕业生使用得比较少。

思科招聘员工，除了有基本条件的要求外，还非常注重应聘者的综合素质，要求有领导者的特质和专业精神，对工作的需要和顾客的需要都能有敏锐的反应。

思科招聘的大致经历是首先挑选简历，然后用人部门直接安排时间与应聘者面谈，一个应聘者进入思科一般最少要跟5～8个人交谈，任何职务都要经过这个过程。

思科非常重视面谈，强调面试人员需要一个完整的培训。招聘者不只是懂得问什么问题，还要给应聘者一个愉快的环境，让应聘者不要等得太久。面试员的一个责任是在面试程序上做总结，所有面试员面试结束后会问那些应聘者，有什么环节他们做得不好，希望他们对面试提出意见。如果应聘者多次对招聘人员在某些方面的意见都是一致的，思科内部会针对应聘者提出的问题做修正。

请思考：思科的员工招聘有什么特点与可以借鉴的地方？

第一节　员工招聘概述

一、员工招聘的概念及意义

（一）员工招聘的概念

核心概念

员工招聘就是组织为了自身发展的需要，根据人力资源规划和工作分析的要求，采取一定的科学方法，按照一定的程序，从组织内部和外部吸收人力资源的过程。

企业招聘人员的原因，一般来讲有以下几种情况。

（1）新组建的企业，为了满足企业的技术、生产、经营的需要从而招聘合适的员工。

（2）企业扩大经营规模，如现有业务的扩大、添置新的生产线等。

（3）现有岗位员工不称职。

（4）员工队伍结构不合理，在裁减多余人员的同时，需要及时补充短缺的专业人才。

（5）企业内部由于原有员工调任、离职、退休或升迁等原因而产生的职位空缺。

（二）员工招聘的意义

1. 可以满足企业发展对人员的需要

企业在发展的任何时期，都会需要不同类型、不同数目的人才，这是企业持续发展的保证。即使在企业的成熟期或衰退期，也要调整人力资源的结构，以保证人力、物力和财力的最佳结合。

2. 可以确保较高的员工素质

招聘过程有很多步骤，每一步实际上都有选择，经过层层的选拔，最后被录用的总是企业满意的人员。这些人员的文化水平、所掌握的技能等都是企业所需要的。因此，招聘可以保证员工队伍的基本素质保持在企业需要的水平上。

3. 可以在一定程度上保证员工队伍的稳定

每一个企业都不希望自己所招聘的人员经常出现“跳槽”行为，所以在招聘过程中，招聘人员一般都会注意审查申请人的背景和经历，以断定他们不会很快离开而给企业造成损失。因此，招聘工作从一开始就有可能部分地消除不稳定因素。

4. 招聘工作也是一项树立企业形象的对外公关活动

招聘，尤其是外部招聘，从一开始就要准备招聘材料，这些材料包括企业的基本情况介绍、发展方向、政策方针等。同时，通过各种广告形式将这些内容扩散出去，除了申请应聘的人员以外，其他的人也会注意到招聘的内容，有意无意地会使许多人了解企业的情况，从而使招聘成为向公众宣传企业的大好时机。

小寓言

虽然你可以教会一只火鸡爬上树，但最好的办法是直接找一只松鼠。
垃圾是放错了地方的宝贝；宝贝放错了地方，便成为垃圾。

二、员工招聘的原则

（一）符合国家法律法规

企业各项经营活动都应该遵循国家的法律、法规以及各项规章制度。任何与国家法律、法规不一致的行为都是无效和徒劳的，甚至会受到法律的制裁。人员招聘与甄选活动也是如此。《中华人民共和国劳动法》是一部旨在调整劳动关系，维护劳动者合法权益，促进就业和社会发展的法律，其对企业面向社会进行人员的招聘与甄选工作作出了明确的规定，要求企业在录用人员时要男女平等，不得有歧视行为。如《劳动法》第十二条规定：劳动者就业，不因民族、种族、性别、宗教信仰不同而受歧视。《劳动法》第十三条规定：妇女享有与男子平等的就业权利。在录用员工时，除国家规定的不适合妇女的工种或者岗位外，不得以性别为由拒绝录用妇女或者提高对妇女的录用标准。此外，《劳动法》还在第 15 条作出规定：禁止用人单位招用未满 16 周岁的未成年人。

（二）公开竞争原则

人员招聘首先必须公开，必须遵守国家有关方面的法令、法规和政策，公示招聘信息、招聘方法。首先要将录用工作置于公开监督之下，以防止不正之风，杜绝任何以权谋私、假公济私和任人唯亲的现象；其次，在人员招聘过程中，要努力做到公平公正，以严格的标准、科学的方法，对候选人进行全面考核，公开考核结果，择优录取。要真正体现公正与公平，消除就业歧视的思想和做法。在现实的人员招聘中，性别歧视、年龄歧视、人为制造各种限制、凭领导直觉、印象选人等现象并不少见。因此，不仅要铲除偏见，掌握所需的完整、真实的信息，还必须学会遵法守法，避免一切与国家有关法规相抵触的活动。

（三）双向选择原则

人员招聘与甄选的双向选择原则，是指企业根据生产经营活动的需要自主选择所需人员，同时员工也可以根据自己的兴趣专长自由地选择企业。

双向选择原则符合市场经济条件下劳动力资源配置的基本原则。按照这一原则，企业为能够在劳动力市场上吸引优秀的员工，不断地致力于改善自身的形象，提高经济效益。同时，劳动者为了在竞争中取胜，进入理想的企业，获得理想的职位，必然努力提高自己的科学文化素质和业务水平。在这种双向的鼓励和策动之下，人员的素质不断得以提高，企业各方面得以发展，既不浪费资源，还为人力资源创造了一个自由发展的空间。总之，企业按照这一原则招聘与选拔人员，就能够不断提高人员素质，优化人员结构，激发员工的工作热情，在激烈的市场竞争中取胜。

（四）效率优先原则

企业生产经营活动的根本目的是不断提高企业的经济效益。企业各项活动的进行都离不开这一核心。人员招聘与选拔活动也是如此，要以效率为中心，即以尽量少的招聘与选拔成本，获取高素质、符合组织需要的人员。这就要求企业人力资源管理部门和直线职能部门进行积极配合，在进行人员招聘与选拔活动时采取灵活的方式，利用适当的招聘渠道，做出合理的安排，以提高工作效率。

（五）因事择人原则

因事择人是指人员招聘要以企业和岗位的实际需要为标准，不能以讲人情、讲面子代替人员的真才实学和能力，而应真正从职位的实际要求为出发点，做到人和事的有机配合。将不符合岗位要求的人员置于该岗位，既浪费了人才，又损害了企业的利益。所以按照因事择人原则进行人员招聘与选拔也是提高人员使用效率和企业工作效率，改善经济效益的内在要求。

（六）全面考核原则

企业人力资源管理部门在进行人员招聘工作时要注意对候选人在德、智、体等多方面进行考察。仅仅在某个方面胜任而其他一些方面不足的人员常常不易在组织中顺利发展，也不能满足企业长期发展的需要。如某些专业技能不错的人员如果缺乏足够的人际交往能力或良好的体能，可能会给组织的整体发展带来不利的影响。

三、员工招聘的流程

招聘流程是指从组织内出现空缺到候选人正式进入组织工作的整个过程。这是一个系统而连续的程序化操作过程，同时涉及人力资源部门及企业内部各个用人部门及相关环节。为了使员工招聘工作科学化、规范化，应当严格按一定程序组织招聘工作，这对招聘人数较多或招聘任务较重的企业尤其重要。

从广义上讲，员工招聘包括招聘准备、招聘实施和招聘评估三个阶段。狭义的招聘是指招聘的实施阶段，其间主要包括招募、选择、录用三个步骤。

（一）准备阶段

准备阶段的主要任务包括确定招聘需求，明确招聘工作特征和要求，制订招聘计划和招聘策略等。

确定招聘需求工作就是要准确地把握有关组织对各类人员的需求信息，确定员工招聘的种类和数量。具体步骤为：首先，由公司统一人力资源规划或由各部门根据长期或短期的实际工作需要提出人力资源需求。然后，由人力资源部门填写“人员需求表”。每个企业可根据具体情况的不同制订不同的人员需求表，但必须依据工作描述或工作说明书制订。一般说来，人员需求表可包括以下内容：

（1）所需人员的部门、职位。

（2）工作内容、责任、权限。

（3）所需人数及何种录用方式。

（4）人员基本情况（年龄、性别等）。

（5）要求的学历、经验。

（6）希望的技能、专长。

（7）其他需要说明的内容。

最后，由人力资源部审核，对人力资源需求及资料进行审定和综合平衡，对有关费用进行评估，提出是否受理的具体建议，报送主管部门审批。

根据批准确定的人员需求，人力资源部就要制订相应的招聘工作计划。制订人员招聘计划为组织人力资源管理提供了一个基本的框架，尤其为人员招聘录用工作提供了客观的依据、科学的规范和实用的方法，能够避免人员招聘录用过程的盲目性和随意性的发生。有效的招聘计划，离不开对招聘环境的分析，并拥有计划、初选与面试、录用、人员安置等决策权，应完全处于主动的地位。

招聘策略是招聘计划的具体体现，是为实现招聘计划而采取的具体策略。在招聘中，必须结合本组织的实际情况和招聘对象的特点，给招聘计划注入有活力的东西，这就是招聘策略。招聘策略包括招聘地点策略、招聘时间策略、招聘渠道策略及招聘中的组织宣传策略等。

（二）实施阶段

招聘工作的实施是整个招聘活动的核心，也是最关键的一环，先后经历招募、选择、录用、评估四个步骤。

1. 招募

根据招聘计划确定的策略及单位需求所确定的用人条件和标准进行决策，采用适宜的招聘渠道和相应的招聘方法，吸引合格的应聘者，以达到适当的效果。一般来说，每一类人员均有自己习惯的生活空间、喜欢的传播媒介，单位想要吸引符合标准的人员，就必须选择该类人员喜欢的招聘途径。

2. 选择

选择是指组织从人、事两个方面出发，使用恰当的方法，从众多的候选人中挑选最适合职位的人员的过程。在人员比较选择的过程中，不能仅仅进行定性比较，应尽量以工作岗位职责为依据，以科学、具体、定量的客观指标为准绳。常用的人员选拔方法有：初步筛选、笔试、面试、心理测验、评价中心等。需要强调的是，这些方法之间经常相互交织在一起并相互结合使用。

3. 录用

录用是依据选择的结果作出录用决策并进行安置的活动，主要包括录用决策、发录用通知、办理录用手续、员工的初始安置、试用、正式录用等内容。在这个阶段，招聘者和求职者都要作出自己的决策，以便达成个人和工作的最终匹配。一旦有求职者接受了组织的聘用条件，劳动关系就算正式建立起来了。

4. 评估

对招聘活动的评估主要包括两个方面：一是对照招聘计划对实际招聘录用的结果（数量和质量两个方面）进行评价总结；二是对招聘工作的效率进行评估，主要是对时间效率和经济效率（招聘费用）进行招聘评估，以便及时发现问题，分析原因，寻找解决的对策，及时调整有关计划并为下次招聘总结经验教训。

某外资企业员工招聘程序如图 4.1 所示。

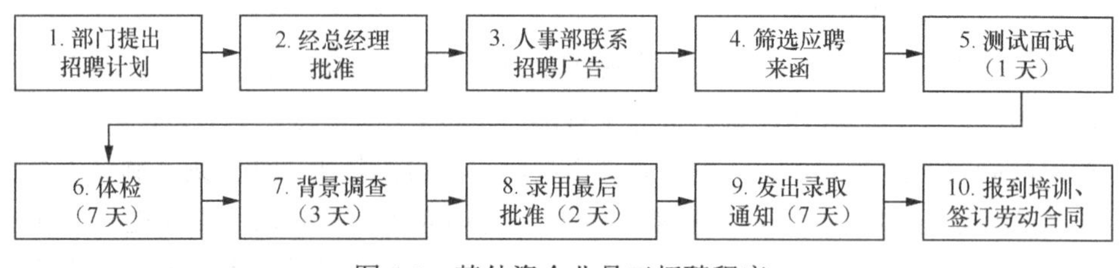

图 4.1　某外资企业员工招聘程序

第二节　员工招聘渠道

员工招聘的途径主要有两种，即内部选拔和外部招聘，且每一种招聘途径又有多种形式。企业可以根据以往的经验来确定一些基本的准则，规定哪些人员主要从内部选拔，哪些人员主要从外部招聘，并制定清晰的流程来指导企业开展招聘工作。一般来说，招聘渠道与方式的选择，取决于企业所在地的劳动力市场、拟招聘职位的性质、企业的规模、企业的管理政策等一系列因素。

一、内部招聘

内部招聘就是从组织内部选拔合适的人来补充空缺或新增岗位。内部招聘的方法主要有以下几种。

（一）工作公告

通过将岗位空缺信息张贴在公告牌上、公司时事通讯上或张贴在公司的内部网上等方式，能使许多岗位空缺得到填补。工作公告的目的在于使企业中全体员工都了解到哪些职务空缺，需要补充人员，使员工感觉到企业在招聘人员方面的透明度与公平性，并有利于提高员工士气。

一般来说，工作公告经常用于非管理层人员的招聘，特别适合于普通职员的招聘。其优点在于让企业更为广泛的人员了解到此类信息，为企业员工职业生涯的发展提供更多的机会，可以使员工脱离原来不满意的工作环境，也促使主管们更加有效地管理员工，以防本部门员工的流失。

尽管工作公告是一种高效的招聘方法，但同时也存在一系列问题。例如，如果某人认为他比得到该工作的同事更胜任该工作，工作公告就会引发冲突。此外，让员工们为工作岗位而竞争会将上司置于一个压力非常大的处境之中。花费时间较长，可能导致岗位较长时间的空缺，影响企业的正常运营，也可能导致员工盲目地变换工作而丧失原来的工作机会。

（二）主管推荐

主管推荐在内部招聘中是一种很常用的手段。当企业发生岗位空缺时，由本单位的主管人员根据员工的工作表现及能力素质推荐填充新职位的人选，上级部门和人力资源管理部门对被推荐员工进行分析，选择可以胜任这项工作的优秀人员。

一般来说，主管一般比较了解潜在候选人的能力，具有一定的可靠性，而且主管们觉得他们具有所辖岗位的用人决策权，满意度也会比较高。这种方式一般用于员工晋升，给予员工以升迁的机会，会使员工感到有希望、有发展的机会，对于激励员工非常有利。从另一方面来讲，推荐的人员对本单位的业务工作比较熟悉，能够较快适应新的工作。主管推荐法的缺点在于比较主观，容易受个人因素的影响，主管们提拔的往往是自己的亲信而不是一个胜任的人选。而且有时候，主管们并不希望自己手下很得力的下属调到其他部门，这样会影响本部门的实力。

（三）档案法

员工档案的内容包括姓名、教育水平、培训、当前岗位、工作经验、相关工作技能等，以及其他资格证明。利用这些信息，可以帮助人力资源管理部门获得有关职位应聘者的情况，发现那些具备了相应资格但由于种种原因没有申请的合格应聘者，通过企业内的人员信息查找，在企业与员工达成一致意见的前提下，选择合适的员工来担任空缺或新增的岗位。

档案法的优点是可以在整个组织内发掘合适的候选人，同时档案可以作为人力资源信息系统的一部分。如果经过适当的准备，且档案包含的信息比较全面，采用这种方法比较便宜和省时。

阅读材料

GE 接班人的内部选拔

早在1994年6月，韦尔奇就开始与董事会一道着手甄选接班人的工作，而且几乎事必躬亲。在秘密敲定十几位候选人名单后，他会经常性地安排他们与董事会成员打高尔夫球，或聚餐跳舞，让董事们有更多的感性认识。娱乐活动轻松活泼，看似不经意，但座次安排、组合配对等细节都是韦尔奇亲自安排。当然，对候选人也有多种明察暗访的考核。

经过6年零5个月的筛选，最后剩下的三名候选人是詹姆斯·麦克纳尼、罗伯特·纳尔代利、杰弗里·伊梅尔特。此前他们各自隐约知道自己是候选人之一，但并不知道还有多少竞争对手，因而并没有面对面的竞争机会，一直保持良好的同仁与朋友关系。这正是韦尔奇所需要的。后来，44岁的杰弗里·佛梅尔特成为全世界最有价值的公司下任CEO。

（杨建云，2005）

二、外部招聘

外部招聘就是从组织外部选择合适的人进入组织中来。外部招聘的常用方法主要有以下几种。

（一）报纸和杂志广告

报纸和杂志广告招聘是一种较为传统的招聘方式。一份合格的报纸和杂志招聘广告，应包括以下几方面的内容。

一是在显眼位置明示单位标志和性质。在一份报纸中，左上角的位置最显眼，其次是左边，称为“金角”、“银边”。在“金角”、“银边”的位置，应该印上招聘单位的名称和企业标志，并且以大号字体注明“诚聘”或“聘”的字样。

二是公司简介。招聘广告的第一段应该是公司简介，以便让应聘者对公司有一个初步的认识，但也应避免文字过多、喧宾夺主，应该用非常简约的语言将有关公司最吸引求职者的信息表达出来。

三是主要职责和任职要求。“主要职责”告诉应聘者这个职位要求做什么，“任职要求”告诉应聘者应聘该职位要具备什么条件。当然，求职者不一定完全遵照该职位的“工作说明书”中的相关条款，但至少可以提供一定参考。

四是对申请资料的要求和联系方式。最后一段要告诉求职者投寄申请资料的要求及联系方式。如：“有意申请者请于某月某日前将详细的学习和工作简历、有关学历证书和身份证复印件、免冠近照、要求薪金、联络地址和电话寄至……”这里特别要注意的是，要让应聘者自己提出薪金要求，这是一个有关求职者的重要信息，不应遗漏。

报纸和杂志广告招聘的特点是信息传播范围广、速度快，应聘人员数量大、层次丰富，企业的选择余地大，同时有广泛的宣传效果，可以展示企业实力，树立企业形象。但广告招聘有时候表现为低效，因为它们不能传达到最适合的候选人——目前并不是正在寻找新工作的优秀人士。此外，广告费用不菲，且由于应聘者较多，招聘成本也随之增加。

（二）网络招聘

随着信息时代的到来，计算机技术和互联网得到了迅速发展，网络招聘的应用日益普及。根据美国IDC公司的调查结果，2001年全球的网络招聘市场扩大了53%，已经达到28亿美元的规模。根据艾瑞咨询《2008～2009年中国网络招聘行业发展报告》统计，2008年中国网络招聘市场规模达11.0亿元，相比2007年的9.7亿元年同比增长13.6%。

网络招聘依赖互联网技术搭建的先进的信息平台，极大地提高了应聘者和招聘单位的工作效率并降低了成本。其优势表现在如下几个方面：①覆盖面广。在互联网上，信息沟通是实时、双向、互动的，这一特点使得招聘单位有可能在世界上任一终端找到其潜在的合适人选。②成本低。网络招聘对于求职者来说，通过轻点鼠标即可完成个人简历的传递。③时间投入少。求职者可以通过邮件与用人单位交流，工作人员可以从筛选简历这样繁杂的工作中解脱出来。④效果明显。网络招聘适用面很广，上到高层管理人员，下到一般的办公室职员都可以招到，并且它不受时空、地域限制，从而更有利于选拔到优秀人才。

小资料

在当下网络招聘市场竞争格局中，前程无忧、中华英才网和智联招聘三大公司占去了国内市场规模的一半，形成三足鼎立之势，稳稳占据了中国网上招聘市场第一阵营的领先地位。艾瑞数据显示，前程无忧、中华英才和智联招聘占据市场营收份额达61.6%。

（艾瑞咨询，2010）

网络招聘就像一把“双刃剑”，在越来越受到企业和应聘者喜爱的同时，也暴露出一些问题，需要引起关注。具体问题如下：①信息量大，可能会出现鱼龙混杂，大大增加了招聘筛选的难度和强度；②由于信息不对称以及网络的虚拟性造成招聘者与应聘者的信息有时难辨真伪；③网络求职还涉及隐私权问题，个人或企业在网络上输入的信息有可能被他人窃取、利用，从而造成损失。

一般来说，网络招聘的实现渠道有以下 3 种。

（1）注册成为专业人才网站的会员，在人才网站发布招聘信息，收集求职者的资料，查询合适的人才信息。这是目前大多数企业在网上进行招聘的方式。

（2）在自己公司的主页或网站发布招聘信息，并建立相应的链接。世界企业 500 强中，有很多公司经常在自己的站点上发布招聘信息，这种方式既达到广告宣传的目的，又能使来访问的求职人员在了解企业的实际状况后有针对性地选择应聘岗位。

（3）在一些浏览量很大的网站发布招聘广告，如搜狐网、网易、中华英才网等。在这些网站上发布招聘广告，不仅会有很大的信息反馈量，而且也会对公司产生一定的广告效应。

（三）猎头公司

在国外，“猎头公司”早已成为企业求取高级人才和高级人才流动的主要渠道之一。在我国，由于目前私人就业机构在经营上存在一些待规范的问题，限制了其发展。但是，随着市场经济的发展，猎头公司开始在招聘高级管理人才方面扮演着越来越重要的角色。猎头公司拥有专业的人才搜寻手段和渠道，建有高级人才库，实施专业管理并不断更新，因此，猎头公司能为企业推荐高素质的人才。与高素质候选人才相伴的，是昂贵的服务费，猎头公司向用人单位而不是人才收取服务费，通常达到所推荐人才年薪的 25%～35%。有人认为猎头公司收费过高，其实猎头公司推荐成功一个人相当不容易，他们完成一个“订单”需要经过多道复杂程序。如果企业把自己招聘人才的所有成本、人才素质的差异等隐性成本计算进来，猎头服务或许不失为一种经济、高效的方式。当然，猎头公司也存在不足，比如西方国家的公司中就常出现“跳槽秀”现象，猎头公司就在其中扮演重要角色。

借助猎头公司招募人才时，应坚持以下几个原则。

（1）首先向猎头公司说明自己需要哪种人才及其理由。

（2）确信你所找到的这家机构能够自始至终完成整个招募过程，要求会见猎头公司中直接负责本企业业务的人，确保他有能力完成招募任务。

（3）选择一家信得过的猎头公司。为本企业搜寻人才的机构不仅应了解本企业的优势，而且能发现你企业的不足。所以一定要选择一个能为本企业保守秘密的机构。

（4）事先确定服务费用的水平和支付方式。

（5）向这家猎头公司以前的客户了解该公司业务的实际效果。

（四）校园招聘

大中专院校常常是企业进行外部招聘最直接、最主要的途径。据对美国企业的一项调查，少于三年工作经验的管理人员和专业人员中有 50%是通过校园招聘而来的。在大中专院校中，企业可以发现潜在的专业技术人员和管理人员，经过企业的培养，他们往往成为企业未来的栋梁。成功的校园招聘，需要企业付出一定的努力。如与大学建立友好的关系，支持学校的建设，定期到学校作招聘宣传，组织学生到公司参观等。同时不可忽视的是，派往大中专院校进行招聘的人员要有足够的能力吸引到优秀的人员。能否积极地与学生沟通，能否辨别受聘人员的素质差异以及做出准确的判断，决定了校园招聘成功的程度。为此，企业经常对派往学校的招聘人员进行一定的培训，使他们能在招聘过程中尽量做到态度友好、和蔼可亲并能积极地向学生推荐自己的企业。

阅读材料

记者从应届生求职网上发现，索尼、英特尔等跨国公司已纷纷公布了2010年的招聘计划和校园行程,并开通网上简历投递通道。以前，跨国公司比较喜欢用商业竞赛慧眼识才，如微软和英特尔都曾试过此法。英特尔曾推出“全国计算机多核程序大赛”，富士通微电子也曾举办过“MB95200系列MCU竞赛”等。而今年记者了解到，不少国内网络巨头公司也开始看重比赛选人才的途径，通过编程竞赛暗中选千里马。如网易日前举办了编程挑战赛，而百度也举办了“百度之星2009程序设计大赛”。可见，校园的揽才计划已跳出按部就班的招聘程序，通过更加多元化的方式为自己吸纳优秀人才。不过，对明年的用人，一些IT知名外企在招聘应届生方面还是比较谨慎，如美世咨询日前发布的第三季度市场调查显示，仅有12%的企业计划在第三季度进行校园招聘，这表明企业在招聘应届毕业生方面十分谨慎。薪酬方面，进入名企的应届生起薪在3000～10000元/月之间。而中小民营企业的薪资就明显逊色，比如技术研发类岗位应届生起薪一般在2000～3000元/月左右。在允诺给员工的薪酬福利方面，部分企业较以往给员工创造了更为宽松的环境。如豆瓣网就指出，员工可以在家或者远程工作。

（韦蔡红，2009）

（五）公共就业机构

公共就业机构覆盖着我国每一个大的经济区域，包括人才交流中心、职业介绍所、劳动力就业服务中心等。这些机构承担着双重角色：既为企业选人，也为求职者择业，并常年为企业服务。这些机构每年都要举办多场招聘洽谈会。在确定招聘洽谈会的时间和地点后，就业机构会在人才网或报纸、杂志等媒体上公布，并向企业发出邀请函。采用公共就业机构这一渠道招聘，由于应聘者比较集中，招聘单位的选择余地较大，但要想采用这种方法招聘高级人才比较困难。

（六）熟人推荐

通过单位的员工、客户、合作伙伴等熟人推荐人选，也是企业招募人员的重要来源。其优点是：对候选人的了解比较准确；候选人一旦被录用，考虑到与介绍人的关系，工作也会更加努力，招募成本也很低。问题在于可能在单位内形成小团体。在国外，一些著名公司如思科、微软等往往采取鼓励措施，鼓励员工积极推荐适合公司需要的人才加入公司，如设立奖金、奖励旅游等，这些公司相当一部分的员工是通过熟人推荐获得的。

三、内部招聘与外部招聘的优缺点

企业在进行员工招聘时，需要考虑内部渠道和外部渠道，下面对这两种渠道的优缺点分别进行分析，期望管理者能在招聘渠道决策时作为参考。

（一）内部招聘的优缺点

1. 内部招聘的优点

（1）得到升迁的员工会认为自己的才干得到组织的承认，因此，他的工作积极性和绩效都会得到提高。

（2）内部员工比较了解组织的情况，为胜任新的工作岗位所需要的指导和训练机会比较少，离职的可能性比较小。

（3）提拔内部员工可以提高所有员工对组织的忠诚度，使他们在制订管理决策时，能有比较长远的考虑。

（4）许多组织对人力资源的投资很大，充分利用现有员工的能力能够提高组织的投资回报。

（5）员工招聘费用低。

2. 内部招聘的缺点

（1）“近亲繁殖”。在所有管理层成员都是从内部晋升上来的情况下，很可能会出现照章办事和维持现状的倾向，不利于创新和新政策的贯彻执行。

（2）那些没有得到提拔的应征者可能会不满，因此，需要做解释和鼓励的工作。

（3）当新主管从同级的员工中产生时，工作集体可能会有抵触情绪，这使得新主管不容易建立领导声望。

（4）许多企业都要求管理人员将职位空缺情况公布出来，而且要同所有的内部候选人进行面谈，而管理人员往往早有中意人选，因而，要同一大串并不看好的内部候选人面谈无疑是浪费时间。

（5）如果组织已经有了内部补充的惯例，当组织出现创新需要而急需从外部招聘人才时，就可能遭到现行员工的抵制，损害员工的积极性。

但是，内部招聘已经成为建立员工忠诚度的一种有效的方法。它的不足之处可以通过细致的工作来弥补和消除。如更广泛地通知，使有关信息传达到企业的每一个角落，人力资源部门做更细致的工作，提高服务质量等。

（二）外部招聘的优缺点

1. 外部招聘的优点

（1）人才来源广，挑选余地大，有可能招聘到许多优秀人才，尤其是一些较为稀缺的复合型人才，这样还可以节省内部培养和业务培训的费用。

（2）可以利用外部候选人的能力与经验为企业补充新鲜血液，并能够给企业带来多元化的局面，避免很多人都用同样的思维方式思考问题。

（3）企业还可以借助招聘与外界交流的机会树立良好的公众形象。

（4）产生“鲶鱼效应”。外聘人才的进入无形地给原有员工带来压力，造成危机感，可激发他们的斗志和潜能。

（5）避免近亲繁殖。

（6）有时可缓解内部竞争者之间的紧张关系。由于空缺职位有限，企业内可能有几个候选人，他们之间的不良竞争可能导致勾心斗角、相互拆台等问题发生。一旦某员工被提升，其他候选人可能会出现不满情绪，消极懈怠，不服管理。外部招聘可以使内部竞争者得到某种心理平衡，避免组织内部成员间的不团结。

2. 外部招聘的缺点

（1）由于信息不对称，往往造成筛选难度大、成本高，容易被应聘者的表面现象如学历、资历等所蒙蔽，而无法清楚了解其真实能力。

（2）外聘员工需要花费较长时间来适应企业文化，进行培训和定位，可能会影响组织的整体绩效；外聘人员有可能出现“水土不服”的现象，无法接受企业文化。

（3）从外部招聘的“空降兵”可能会影响企业内部一些员工的士气，若组织内部有胜任能力的人未被选用，从外部招聘会使他感到不公平，容易产生与外聘者不合作的态度。

（4）有可能给竞争对手提供窥视商业秘密的机会。

（5）招聘企业可能成为外聘员工的培训基地、中转站。

第三节　员工甄选

员工甄选是指综合利用心理学、管理学和人才学等学科的理论、方法和技术，对候选人的任职资格和对工作的胜任程度进行系统的、客观的测量、评价和判断，从而作出录用决策。候选人的任职资格和对工作的胜任程度主要包括与工作相关的知识和技能、能力水平及倾向、个性特点和行为特征、职业发展取向及工作经验等。

一、员工甄选的意义

（一）降低人员招聘的风险

通过各种人员测评方法对候选人进行甄选，可以了解一个人的能力、个性特点、工作风格等与工作相关的各方面素质，得出一些诊断性的信息，从而分析该候选人是否能够胜任工作。通过甄选，可以找到适合职位要求的人，有效地避免不符合任职资格的人，也就降低了由于雇佣不胜任的人员而带来的风险。

（二）有利于人员的安置和管理

通过员工甄选可以得出一个人素质的高低，可以知道一个人在哪些方面比较强，在哪些方面比较弱，这样在安置的时候就可以取长补短、扬长避短，按照每个人的特点，将其安置在适合的工作岗位上，有助于将个人的特点与特定的职位要求结合起来，从而做到人—职匹配，人尽其才。另外，主管人员在录用员工之前就了解员工的特点，有助于在今后的管理过程中针对员工的特点实施管理。

（三）为预测员工的发展奠定基础

企业招聘一个员工，不仅仅要看到他目前的特点与职位相适应的情况，由于人和环境都在不断发生变化，还需要预测一个人的未来发展可能性。员工甄选不仅可以使企业了解候选人当前的素质状况，为目前的“人—职匹配”提供信息，而且还可以为企业提供人的未来发展可能性的信息。了解了员工未来发展的潜能，一方面可以为其制订职业发展规划；另一方面可以为其提供适当的培训与提升的机会。

二、员工甄选的内容

传统的甄选过程是一种集中于对应聘者所具备的才能的测验，而服务于企业战略的员工甄选过程则应与员工未来的工作表现相结合，集中于对应聘者可以被开发的才能的测验上。

不是要关心应聘者哪些方面不行，而是要发现应聘者的潜能。

人员甄选不应只是以学历、经历等表面信息为依据，而应关注于应聘者是否具有岗位和企业发展所需要的能力，能否在企业实现长远的发展。候选者的任职资格和对工作的胜任程度主要取决于他所掌握的与工作相关的知识、技能、个性特点、行为特征和个人价值观取向等因素。因此，人员甄选主要是对候选者的以下几个方面进行测量和评价。

（一）知识

知识是系统化的信息，可分为普通知识和专业知识。普通知识也就是我们所说的常识，而专业知识是指特定职位所要求的特定的知识。在员工甄选过程中，专业知识通常占主要地位。应聘者所拥有的文凭和一些专业证书可以证明他所掌握的专业知识的广度和深度，如计算机等级证书、英语等级证书、法律执业资格证等。知识的掌握可分为记忆、理解和应用三个不同的层次，会应用所学的知识才是企业真正需要的。所以，人员甄选时不能仅以文凭为依据判断候选者掌握知识的程度，还应通过笔试、测试等多种方式进行考察。

（二）能力

能力是引起个体绩效差异的持久性的个人心理特征，例如，是否具有良好的语言表达能力是导致教师工作绩效差异的重要原因。通常将能力分为一般能力与特殊能力。一般能力是指在不同活动中表现出来的一些共同能力，如记忆能力、想象能力、观察能力、注意能力、思维能力、操作能力等。这些能力是完成任何一种工作都不可缺少的能力。特殊能力是指在某些特殊工作中所表现出来的能力。例如，设计师需要具有良好的空间知觉能力及色彩辨别力，管理者就要有较强的人际能力、分析能力等，也就是人们常说的专业技能。

对应聘者一般能力的测试可以使用一些专门设计的量表，如智商测试量表等。专业技能的测试常采用实际操作的方法，如招聘文秘可以请应聘者打字、速记、起草公文等。也可采用评价中心的方法测试应聘者的专业技能。

（三）个性

每个人为人处世总有自己独特的风格，这就是个性的体现。个性是指个人相对稳定的特征，这些特征决定着特定的个人在各种不同情况下的行为表现。个性与工作绩效密切相关。例如，性格急躁的人不适合做需要耐心的精细工作，而性格内向、不擅长与人们交道的人不适合做公关工作。个性特征常采用自陈式量表或投射测量方式来衡量。

（四）动力因素

员工要取得良好的工作绩效，不仅取决于他的知识、能力水平，还取决于他做好这项工作的意愿是否强烈，即是否有足够的动力促使员工努力工作。员工的工作动力来自企业的激励系统，但这套系统是否起作用，最终取决于员工的需求结构。不同的个体，需求结构是不相同的。在动力因素中，最重要的是价值观，即人们关于目标和信仰的观念。具有不同价值观的员工对不同企业文化的相融程度不一样，企业的激励系统对他们的作用效果也不一样。所以，企业在招聘员工时，有必要对应聘者的价值观等动力因素进行鉴别测试，这类测试通常采用问卷测量的方法。

三、员工甄选的方法与技术

案例思考

纽约联合印刷公司的“择人之道”

纽约联合印刷公司的销售经理——皮尔森先生，此时正在审核瑞·约翰逊先生的档案材料，这位约翰逊先生申请担任地区销售代表的职务。从档案上看，这位约翰逊先生似乎是一个爱瞎折腾的人。很明显的一点是在其大学毕业后的10年后，他没有一项固定的工作。在其工作中，持续时间最长的是在芝加哥做了8个月的招待员。他在Riviera待了两年，所做的一切仅够维持生活，而今他刚回来。既然他以往是这种情况，在多数情况下公司就会自动取消考虑他的资格。但皮尔森先生还是决定对约翰逊的申请给予进一步考虑。这主要是因为公司的一个主要销售商力荐他，尽管这个人很清楚约翰逊的既往。约翰逊先生似乎有优越的素质来胜任，他的父母是东部一所具有相当规模的大学教授，他在学术氛围中成长起来，因而，充分地了解向教授们推销教材过程中所需解决的各种问题。他是一个有能力、知进取的人。在与约翰逊会见后，皮尔森先生和顾问都认为，如果他能安顿下来投入工作，他会成为一名杰出的销售人员。但是二人也意识到还有危险存在：约翰逊先生可能会再次变得不耐烦而离开这个工作去某个更好的地方。不过，皮尔森决定暂时雇用约翰逊。

然而，公司挑选程序的一部分要求在对人员最后雇用之前对每一位应聘者进行一系列心理测试。一些测试表明：约翰逊先生充满智慧且具有相当熟练的社会技能。然而，其余几项关于个性和兴趣的测试，则呈现出了令公司难以接受的一个侧面。测试报告说：约翰逊先生有高度的个人创造力，这将使他不可能接受权威，不可能安顿下来投入一个大的部门所要求的工作中去。依据测试结果，皮尔森先生还拿不定主意是否向总裁建议公司雇用约翰逊先生。

（葛正鹏，2007）

员工甄选方法众多，包括初步筛选、笔试、心理测试、实践操作测试、面试、评价中心法等。企业一般不只采用一种方法，而是多种方法搭配使用，筛选出最适合的人才。

（一）初步筛选

对求职者进行的最初筛选是通过简历或让求职者填写一份申请表来完成的。由于不同求职者制作的简历存在差异，不利于筛选和比较，因此，越来越多的企业都会制作一份申请表，让求职者填写。这样不仅能够得到企业所需要的信息，还可以提高筛选效率。

招聘申请表内容的设计要以拟招聘岗位工作说明书为依据，每一栏目均有一定的目的，着眼于对应聘者的初步了解。不同的单位在招聘中使用的申请表的项目是不同的，而且不同职位的申请表内容的设计也有一定的区别。此外，申请表的设计还要注意遵守有关法律和政策。

不管何种形式的招聘申请表，一般来说都应能反映以下信息。

（1）应聘者个人基本情况。如姓名、年龄、性别、住处、通信地址、电话、婚姻状况、身体状况等。

（2）求职岗位情况。如求职岗位、求职要求（收入待遇、时间、住房等）。

（3）工作经历和经验。如目前的任职状况、职务、工资、以往工作简历及离职原因。

（4）教育与培训情况。如学历、所获学位、所接受过的培训等。

（5）生活、家庭及个人健康状况。如家庭成员姓名及关系、兴趣、个性、健康状况等。

初步筛选的过程中要注意以下几个问题。

一是判断应聘者的态度。在筛选申请表时，首先要筛选掉那些应聘不认真的表格，即那些填写申请表不完整和字迹难以辨认的材料。如果简历中存在虚假信息，也直接将这些简历筛选掉。

二是关注与职业相关的问题。在审查申请表时，要估算背景材料的可信程度，要注意应聘者以往经历中所任职务、技能、知识与应聘岗位之间的联系。如应聘者是否标明了过去单位的名称、过去的工作经历与现在申请的工作是否相符，工作经历和教育背景是否符合申请条件，是否经常变换工作而这种变化却缺少合理的解释等。

三是分析其求职动机。在筛选时，要注意分析其离职的原因、求职的动机，对那些频繁离职的人员要重点加以关注。

值得注意的是，由于个人资料和招聘申请表所反映的信息不够全面，决策人员往往凭个人的经验与主观臆断来决定参加复试的人选，带有一定的盲目性，经常产生漏选的现象。因此，初选工作在费用和时间允许的情况下应坚持覆盖面广的原则，应尽量让更多的人员参加复试。

（二）笔试

笔试主要用于测量人的基本知识、专业知识、管理知识、相关知识及综合分析能力、文字表达能力等素质及能力要素。它是一种最古老而又最基本的员工甄选方法，至今仍是企业组织经常采用的选拔人才的重要方法。

笔试的优点是：一次考试能提出十几道乃至上百道试题，由于考试题目较多，可以增加对应聘者知识、技能和能力的考察信度与效度；可以对大规模的应聘者同时进行筛选，花较少的时间达到高效率；对应聘者来说，心理压力较小，容易发挥正常水平；同时，成绩评定也比较客观，且易于保存笔试试卷。

笔试的缺点是：不能全面考察应聘者的工作态度、品德修养及企业管理能力、口头表达能力和操作能力等。因此，还需要采用其他方法进行补充。一般来说，在人员招聘中，笔试往往作为应聘者的初次竞争，成绩合格者才能继续参加面试或下轮的选择。

笔试最薄弱的环节是命题技术，主要表现为命题的主观随意性，试题质量不高。因此，笔试一定要有命题计划，即根据工作分析得出的有关岗位工作人员所需的知识结构，设计出具体的测试内容、范围、题量、题型等。此外，试题要有明确的记分标准，各个考题的分值应与其考核内容的重要性及难度成比例。阅卷时，阅卷人要客观、公平、不徇私情。

（三）心理测试

1. 智商测试

智商就是智力商数。智力通常叫智慧，也叫智能。是人们认识客观事物并运用知识解决实际问题的能力。智力包括多个方面，如观察力、记忆力、想象力、分析判断能力、思维能力、应变能力等。智力的高低通常用智力商数来表示，用以标示智力发展水平。国外有许多成熟的智商量表，用于测量人的智商，如比奈量表、瑞文图形推理测验等。

2. 能力测试

能力测试是用于测评从事某项特殊工作所具备的某种潜在能力的一种心理测试。由于这种测试可以有效地测量人的某种潜能，从而预测他在某职业领域中成功和适应的可能性，或判断哪项工作适合他。这种预测作用体现在：什么样的职业适合某人；什么样的人胜任某职位。因此，它对人员招聘与配置都具有重要意义。

3. 人格测试

所谓人格，由多种人格特质构成。大致包括以下几个方面：个性倾向性，如需要、动机、价值观、态度等；个性心理特征，如气质、能力、性格等；体格与生理特质。人格对工作成就的影响是极为重要的，不同气质、性格的人适合不同种类的工作。对于一些重要的工作岗位（如主要领导岗位），为选择合适的人才，需进行人格测试。因为领导者失败的原因，往往不在于智力、能力和经验不足，而在于人格的不成熟。

在过去的 10 多年中，人们对于五种人格特征的关注日益显著，这五种人格特征即五大个性维度。五大个性维度是指情绪稳定型（镇静、乐观）、外向型（善于交际、健谈）、开发型（富于想象、好奇心强）、愉悦型（信任他人、有合作精神）及责任心型（坚定可靠）。有多种测量五大个性维度的方法可以采用。一种可用的测试是“个性特征测试”。这种测试要求被测试者指出他们与行为描述的一致程度。设计用来测量五大个性维度的其他测试包括 NEO 个性测量表和霍根人格测试等。

案例思考

一个苍蝇打败一个世界冠军

1965 年 9 月 7 日，世界台球冠军争夺赛在纽约举行。路易斯·福克思的得分遥遥领先，只要再得几分就能稳拿冠军。就在这时他发现一只苍蝇落在主球上，他挥挥手赶走了。可是他伏身击球时苍蝇又飞回来了，他起身驱赶，但苍蝇好像在跟他作对，他一回身，苍蝇就落在主球上。周围的观众发现了这个现象，开始哈哈大笑。

他的情绪恶劣到了极点，终于失去了理智，愤怒地用球杆去击打苍蝇，结果碰到了主球，裁判判他击到了球，于是他失去了一轮机会。他因此方寸大乱，连连失利，而对手约翰迪瑞越战越勇，最后获得了冠军。

第二天人们发现了路易斯的尸体，他投河自杀了。一只小小的苍蝇，竟然打垮了大名鼎鼎的世界冠军。

该事件说明了什么问题？

4. 职业兴趣测试

职业兴趣测试的目的在于揭示人们想做什么和他们喜欢做什么，从中可以发现应聘者最感兴趣并从中得到最大满足的是什么。霍兰德的职业兴趣测试把人的兴趣分为 6 种类型：实际型、研究型、社交型、传统型、企业型及艺术型。

小提示

职业兴趣方面的内容可参看“第八章职业生涯管理”中的霍兰德职业性向理论。

（四）实践操作测试

1. 工作样本测试

工作样本测试也称为绩效测试，它测量的是做某件事情的能力，而不是了解某件事情的能力。这种测试可能测量运动技能或语言技能。运动技能包括实际操作与工作相关的各种设备；语言技能包括处理问题的技巧和说话的技巧。工作样本测试应该测试工作中的重要方面，因为求职者要实际完成工作的小部分内容，所以要在这种测试中“作假”是很困难的。

设计测试工作样本最有效的方法之一是使用工作分析的结果。因为工作分析的结果指出了哪个任务最关键及成功完成这项任务需要哪些技能，所以这样就很容易确定需要测试完成哪项工作的能力。只要执行成本不是很高，令工作样本与实际工作保持一致是挑选工作最佳人选的好方法。

2. 可塑性测试

对于那些对求职者的技术水平要求容易变化，从而必须进行培训的工作，可塑性测试非常有用。具体来说，测试的目标是确定候选人的可塑性。在这个过程，首先由培训者示范如何完成一项特定的任务，然后要求求职者来完成。这一阶段培训者会对他进行几次指导以帮助完成。最后，候选人要独立完成任务。培训者仔细观察候选人的完成情况、记录所发生的错误，从而确定求职者的整体可塑性如何。

许多管理人员和求职者更喜欢这种类型的测试而不是认知能力和素质测试，因为工作样本测试和可塑性测试的表面效度较高（也就是说，管理人员和求职者认为这种测试预测未来工作绩效的效度较高）。实际上，通过实际履行某一工作或工作的一部分，求职者更容易理解自己为什么适合或不适合某一工作。

（五）面试

面试兴起于20世纪50年代的美国，是指通过测试者与被试者双方面对面的观察、交谈，收集有关信息，从而了解被试者的素质状况、能力特征及动机的一种人事测量方法。可以说，面试是人事管理领域应用最普遍的一种测量形式，企业组织在招聘中几乎都会用到面试。

面试的种类很多，按照不同的分类标准，可以有不同的分类，具体如下。

1. 结构式面试与非结构式面试

结构式面试是指按照事先设计好的结构式面试表格中问题的次序提问。结构式面试表格中通常列出面试中需要了解候选人的基本方面，由面试人员按候选人的不同而进行有选择地使用。结构式面试为面试人员提供了指南，既避免一些重要问题的遗漏，又能使面试过程紧凑而有秩序，尤其有利于经验并不丰富的面试人员进行面试。

非结构式面试不需要面试人员按照预先确定好的问题顺序向候选人提问，可以在面试过程中随机地发问，谈话内容可以任意地展开。面试通常以同一题目开始，然后由面试人员按进行程度对不同候选人提出不同的问题，尤其是深入了解那些对不同人而言关键的方面。采用非结构式面试要求面试人员素质较高，并掌握高度的谈话技巧，能够通过候选人的自由发挥了解情况，达到面试的目的，这种面试方法常用于高级管理人员的招聘与选拔。

鉴于结构式和非结构式面试的优缺点，企业在实践中常常将两种方法结合起来应用，即使用混合式的面试技术，在面试的过程中先遵循一定的面试指导，将必须了解的有关候选人的内容按照一定的顺序发问，然后按照面试人员想要进一步了解的重点内容深入进行交流。这样，既避免了结构式面试的僵化，也保证了非结构式面试的全面性。

2. 情境式面试和工作相关式面试

按照面试所提问题的内容可以将面试分为情境式面试和工作相关式面试。其中情境式面试所提问题主要集中于在某一给定情境下候选人可能采取的行动计划。根据分析候选人的回答来考察候选人的工作能力。情境式面试中的问题也可以是事先确定好的结构化问题，让候选人选择可能采取行动的方案。

与情境式面试不同，工作相关式面试试图评估候选人与工作有关的过去的行为，如候选人所学习过的与工作有关的知识内容等。但大多数问题并不一定是情境式的，即不是设想的有关工作的情境。示例 4.1 是情景面试样题。

示例 4.1

情境面试样题

问题:在你即将旅行的前一天晚上，你已经整装待发。就在准备休息时，你接到了工厂的一个电话，工厂出现了一个只有你能解决的问题，并被请求处理此事。在这种情形下，你会怎样做？
记录回答:
评分指导: 较好:“我会去工厂，以确保万无一失，然后我再去度假” 好:“不存在只有我能处理的问题，我会确保另一个合适的人去那里处理问题的” 一般:“我会试着找另一个人来处理” 差:“我会去度假”

3. 压力面试

压力面试是考核候选人对工作中压力的承受能力的一种特殊面试方法。主要应用于某些经常要承受较大压力的工作的人员选聘中。在压力面试中，面试人员故意设计一系列令人难以接受的问题，将候选人置于尴尬的境地，甚至激怒候选人。观察候选人面对这一切的反应，以考核候选人的应变能力、心理承受能力以及人际处理能力等。

4. 系列式面试与小组式面试

企业在对候选人进行面试选拔时，常常由几个面试人员同时参加面试。面试人员的数目应避免为偶数，人数也不宜太多或太少。在一个面试人员进行面试的情况下，不利于对候选人全面发问，如果有几个面试人员互为补充，则容易全面掌握候选人的情况。面试人员过多也不利于产生积极的面试结果，因为候选人在面对众多的面试人员时常常会产生紧张的情绪，致使不能发挥真实的水平。面试人员通常以 3～5 人较为合适。当几个面试人员分别对一个候选人进行面试，然后综合各个面试人员对候选人的看法，再进行下一个候选人的面试过程时，称为系列式面试。小组式面试则是由面试人员与所有的候选人同时在一起进行面试，每个面试人员均可向几个候选人提问，一个候选人也同时接受几个面试人员的发问。

阅读材料

招聘办公室人员的“损招”

在一间非常宽大的办公室内，桌后坐着几位进行面试的考官，在考官面前约 5 米远处放了一把椅子，供面试人员面试时坐，一张纸“掉”在面试房间门口的旁边。应聘者中不乏名牌大学毕业的本科生和研究生，他们衣着讲究，头脑灵活，他们面对考官的问题侃侃而谈，显示出名牌大学学生的能力与“素质”。但他们对那张纸都熟视无睹，有的甚至还一脚踏上去。

最后进来一位衣着不如在前任何一位体面的普通高校学生。当他进门时，发现地上有张纸，连忙把它捡起来，看了看，发现是张空白纸，被踩脏了，就把它放在纸篓里。当看见椅子离考官比较远时，就往前挪了挪。面对考官的问题，他的回答虽不尽人意，但却显得从容不迫。

然而，就是这位被众人讥笑为“乡巴佬”的人被考官们录用了。

（佚名）

（六）评价中心法

评价中心（Assessment Center）是近几十年来西方企业中流行的一种选拔和评价高级人才，尤其是中高层管理人员的一种综合性人才测评技术。评价中心技术自 20 世纪 80 年代初开始介绍到我国，并在我国企业和国家机关人员招聘与选拔中有一定程度的应用。

评价中心涉及的范围主要有个人的背景调查、心理测评、管理能力和行为评价。评价中心是以评价管理者素质为中心的测评活动，其表现形式多种多样。从测评的主要方式来看，有投射测验、面谈、情景模拟、能力测验等。但从评价中心活动的内容来看，主要有公文筐测试、无领导小组讨论、角色扮演、演讲、案例分析、事实判断等形式。下面对常用的几种进行介绍。

1. 公文筐测试

公文筐测试，也称为公文处理，是评价中心技术中使用最多的，也被认为是最有效的一种形式。在该方法中，将被试者置于一个特定的职位或管理岗位的模拟情景中，由主试者提供一批岗位经常需要处理的文件，文件是随机排列的，包括电话记录、请示报告、上级主管的指示、待审批的文件、各种函件、建议等，它们分别来自上级和下级、组织内部与外部，包括日常琐事和重要大事。这些文件都要求在一定的时间和规定的条件下处理完毕。被试者还要以口头或书面的形式解释说明处理的原因。主试者根据被试者处理的质量、效率、轻重缓急的判断，以及处理公文中被试者表现出来的分析判断能力、组织与统筹能力、决策能力、心理承受能力和自控能力等进行评价。

2. 无领导小组讨论

无领导小组讨论是指运用松散群体讨论的形式，快速诱发人们的特定行为，并通过对这些行为的定性描述、定量分析及人际比较来判断被评价者素质特征的人事测评方法。

无领导小组讨论过程中，一般会给被评价者一个待解决的问题，给他们大约一个小时的时间，让他们在既定的背景下或围绕给定的问题展开讨论并解决这个问题。被评价者的最佳数量一般是 6～8 人。所谓“无领导”，就是说参加讨论的这一组被评价者，他们在讨论问题的情景中的地位是平等的，而且也没有指定哪一个人充当小组的领导者。目的就在于考察被评价者的表现，尤其是看谁会从中脱颖而出，成为自发的领导者。评价者不参与讨论过程，他们只是在讨论之前向被评价者介绍一下要讨论的问题，给他们规定所要达到的目标及时间限制等，至于怎样解决问题则完全由被评价者自己来决定。评价者一般通过现场观察或者通过录像观察对被评价者进行评定。

无领导小组讨论的一个优点是它提供给被评价者一个平等的相互作用的机会。在相互作用的过程中，被评价者的特点会得到更加淋漓尽致的表现，同时也给评价者提供了在与其他被评价者进行对照比较的背景下对某个被评价者进行评价的机会，从而给予更加全面、合理的评价。同时，无领导小组讨论具有主动的人际互动效应，通过被评价者的交叉讨论、频繁互动，能看到许多纸笔测验乃至面试所不能检测的能力或者素质，被评价者在讨论中会无意中显示自己的能力、素质、个性特点等，这有利于捕捉被评价者的人际技能和领导风格，提高被评价者在真实团队中行为表现的预测效度。

3. 角色扮演

在角色扮演的情景模拟中，测评者设置了一系列尖锐的人际矛盾与人际冲突，要求几个应试者分别扮演不同的角色，去处理各种问题和矛盾。测评者通过对应试者在扮演不同角色时表现出来的行为进行观察和记录，测试应试者的素质或潜能。一般来说，对角色扮演的评价主要放在角色把握能力、人际关系技能和对突发事件的应变能力等方面。

第四节 员工录用与招聘评估

一、录用决策

企业根据岗位的要求，并运用面试、心理测验和情景性测评方法等多种对岗位候选人进行甄选评价之后，就得到了关于他们的岗位胜任表现的信息，根据这些信息，可以作出初步的录用决策。

在作出录用决策时，要系统化地对候选人的胜任能力进行评估和比较。如果缺乏系统性的方法，招聘者在做决策时往往只看到了候选人表现得比较突出的几个方面，而没有全面地关注候选人的所有胜任特征。同时，录用标准不要设得太高。另外，在录用决策中应注意：招聘的指导思想应该是招聘最合适的而不是最优秀、最全面的员工；录用标准应根据岗位的要求有所侧重，不同的职位应有不同的侧重，突出重点；初步录用的人选名单要多于实际录用的人数。因为在随后的背景调查、健康检查、人员试用过程中，可能会有一些候选者不能满足企业的要求，或是有些人有了更理想的选择而放弃这次就业机会。

在确定录用名单后，要及时通知被录用人员。同时，也要通知未被录用者。很多招聘者往往注意在那些将要被录用的候选人身上做工作，而忽视了对那些未被录用的应聘者的答复。答复未被录用者是树立企业形象的一个重要途径。一般采用书面方式通知，并注意拒绝信的内容和措辞。在发给未被录用者的拒绝信中，首先要表达对应聘者关注本公司的感谢，其次要告诉应聘者未被录用只是一种暂时的情况，并且要把不能录用的原因归结为公司目前没有合适岗位。

二、背景调查和体检

（一）背景调查

通常指企业通过第三者对应聘者的情况进行了解和验证。这里的“第三者”，主要是应聘者原来的雇主、同事及其他了解应聘者的人员。背景调查的方法包括打电话访谈、要求提供推荐信等。背景调查也可以聘请调查代理机构进行。

背景调查的主要内容包括以下几个方面。

1. 学历学位

在应聘中，最常见的一种撒谎方式就是在受教育程度上作假。因为在很多招聘的职位中都会对学历提出要求，所以有些没有达到学历要求的应聘者就有可能对此进行伪装。

2. 工作经验

除了招聘应届毕业生之外，企业往往把应聘者的工作经验看作一个非常重要的指标。过去工作经验调查侧重了解的是受聘时间、职位和职责、离职原因、薪酬等问题。了解工作经验最好的方式就是向过去的雇主了解，还可以向过去的同事、客户了解情况。

3. 过去的不良记录

主要调查应聘者过去是否有违法犯罪或者违纪等不良行为。企业对应聘者进行背景调查时，需注意以下问题。

（1）通过多种渠道多方面了解情况。

（2）只调查与工作有关的情况，并以书面形式记录。

（3）重视客观内容的调查核实。

（4）慎重选择“第三者”，要求对方尽可能使用公开记录来评价员工情况，避免偏见影响。

（5）估计调查材料的可靠程度。

（二）体格检查

体检一般委托医院进行。体检的主要目的是确定应聘者的身体状况是否能够适应工作的要求，特别是能否满足工作对应聘者身体素质的特殊要求，还可以降低缺勤率和事故，发现员工可能不知道的传染病。体检通常放在所有选择方法使用之后进行，主要是节约费用。

三、员工任职

员工任职包括建立员工个人档案和签订劳动合同。在建立员工档案之前，由新员工填写个人档案登记表。人力资源部门根据员工的基本信息建立起员工档案，以便需要时查询有关信息。员工个人档案登记表的内容包括个人基本资料、教育背景、工作经验和资格证书等情况。在未来工作的过程中，人力资源部还要不断地对员工的人事信息加以更新。

劳动合同是企业与员工建立劳动关系的保障。企业在签订劳动合同时，不仅要考虑企业及相关职位的具体情况，还要符合《中华人民共和国劳动法》及《中华人民共和国劳动合同法》。企业和应聘者双方签字后，合同方生效。在履行合同的过程中，只要一方出现违背合同的行为，另一方面就可以通过法律保障其利益。

四、招聘评估

招聘评估是企业招聘的最后一个环节，也是必不可少的一个环节。招聘评估是通过对录用员工质量的评估，检验招聘结果和招聘方法的成效，从而改进整个招聘活动。传统的招聘评估方法以定性为主，如职位填补的及时性、新员工对招聘过程服务的满意度、新员工所在职位的部门负责人对此次招聘工作的满意度、新员工对所在单位的满意度等。然而，随着人力资源市场竞争日趋激烈，为了更精确地评估招聘渠道的吸引力和有效性，改进招聘的筛选方法，降低招聘成本，从而提高招聘工作绩效，提高新聘员工的质量，企业越来越关注招聘定量评估。招聘定量评估包括招聘结果的成效评估和招聘方法的成效评估。其中，招聘结果的成效评估是指评估招聘成本与效益、录用人员数量评估及质量评估等；招聘方法的成效评估主要评估招聘方法的信度和效度。

（一）招聘结果的成效评估

招聘成本效益评估是指对招聘中的费用进行调查、核实，并对照预算进行评价的过程。它是鉴定招聘效率的一个重要指标。

1. 招聘成本与效益评估

（1）招聘成本。招聘成本分为总成本与招聘单位成本。招聘总成本即人力资源的获取成本，它由直接成本和间接成本两个部分组成。其计算方法如下：

直接成本＝招募费用＋选拔费用＋录用员工的家庭安置费用＋工作安置费用+其他费用

间接成本＝内部提升费用＋工作流动费用

招聘单位成本是招聘总成本与实际录用人数之比。如果招聘实际费用少，录用人数多，意味着招聘单位成本低；反之，则意味着招聘单位成本高。

（2）成本效用评估。成本效用评估是对招聘成本所产生的效果进行分析。它主要包括：招聘总成本效用分析、招募成本效用分析、人员选拔成本效用分析、人员录用成本效用分析等。计算方法如下：

总成本效用＝录用人数/招聘总成本

招募成本效用＝应聘人数/招募期间的费用

人员选拔成本效用＝被选中人数/选拔期间的费用

人员录用效用＝正式录用的人数/录用期间的费用

（3）招聘收益成本比。招聘收益成本比既是一项经济评价指标，同时也是对招聘工作的有效性进行考核的一项指标。招聘收益成本比越高，则说明招聘工作越有效。其计算方法如下：

招聘收益成本比＝所有员工为组织创造的新价值/招聘总成本

2. 录用人员数量评估

录用人员数量评估主要从录用比、招聘完成比和应聘比三方面进行，其计算公式为

录用比＝录用人数/应聘人数×100%

招聘完成比＝录用人数/计划招聘人数×100%

应聘比＝应聘人数/计划招聘人数×100%

如果录用比越小，则说明录用者的素质可能越高；当招聘完成比大于 100%时，则说明在数量上全面完成招聘任务；应聘比越大，则说明招聘信息发布的效果越好。

3. 录用人员质量评估

录用人员质量评估实际上是在人员选拔过程中对录用人员的能力、潜力、素质等各方面进行的测评与考核的延续，其方法与测评考核方法相似。

（二）招聘方法的成效评估

招聘方法的成效可以从效度和信度两个方面来评估。效度与信度也是对招聘方法的基本要求，只有效度与信度达到一定水平的测试，其结果才可以作为录用决策的依据。

1. 效度评估

在员工甄选的过程中，有效的测试，必须使得实际测到应聘者的有关特征与想要测的特征的符合程度高，即甄选结果与应聘者的实际工作绩效密切相关。两者之间的相关系数称为效度系数，系数越大，测试越有效。一般来说，效度有 3 种：预测效度、内容效度、同测效度。

（1）预测效度。预测效度是指测试用来预测将来行为的有效性。在人员选拔过程中，预测效度是考察选拔方法是否有效的一个常用指标。可以把应聘者在选拔中得到的分数与他们被录用后的绩效分数相比较，两者的相关性越大，则说明所选的测试方法、选拔方法越有效，以后可根据此法来评估、预测应聘者的潜力。

（2）内容效度。内容效度是指测试是否代表了工作绩效的某些重要因素。考虑内容效度

时，主要考虑所用的方法是否与想测试的特性有关。该指标多应用于知识测试与实际操作测试，而不适用于对能力和潜力的测试。

（3）同测效度。同测效度是指对现在员工实施某种测试，然后将测试结果与员工的实际工作绩效考核得分进行比较，若两者的相关系数很大，则说明此测试效度很高。这种测试效度的特点是省时，可以尽快检验某测试方法的效度，但当将其应用到人员选拔测试时，难免会受到其他因素的干扰而无法准确地预测应聘者未来的工作潜力。

2. 信度评估

信度主要是指测试结果的可靠性或一致性。也就是说，应聘者多次接受同一测试或有关测试时，其得分应该是相同或相近的。测试信度的高低主要以对一人所进行的几次测试结果之间的相关系数来表示。可信的测试，其信度系数大多在 0.85 以上。信度可分为：稳定信度、对等信度和分半信度。

（1）稳定信度。稳定信度是指用同一种测试方法对一组应聘者在两个不同时间进行测试的结果的一致性。此法不适用于受熟练程度影响较大的测试，因为被测试者在第一次测试中可能记住某些测试题目的答案从而提高了第二次测试的成绩。

（2）对等信度。对等信度是对同一应聘者使用两种对等的、内容相当的测试的结果之间的一致性。这种方法减少了稳定信度中前一次测试对下一次测试的影响，但两次测试之间的相互作用仍然存在。

（3）分半信度。分半信度是指把同一（组）应聘者进行的同一测试分为两部分加以考察，每个部分所得结果之间的一致性。这可用各部分结果之间的相关系数来判别。

对应聘者进行甄选测试时，尽量做到可信又有效。可信的测试未必有效，但有效的测试一定可信。

开篇案例简析

思科公司员工招聘的特点主要有四个：一是发动员工做猎头代理；二是提前着手新员工培养；三是注重一些关键素质；四是重视面谈。这四个特点保障了思科在人才招聘方面成效卓著，成为思科成功的重要保证。

思科的员工招聘对其他企业可提供以下借鉴：一是招聘渠道很重要，一定要搞清楚本企业所需的人才通过什么途径能找到；二是甄选的标准要明确，企业要根据自身的实际确定需要什么样素质、技能的员工；三是面试环节很重要，因为这是识别人才的关键，企业必须科学设计面试程序和内容。

本章小结

员工招聘是指根据人力资源规划和工作分析的要求，从组织内部和外部吸收人力资源的过程。员工招聘包括招聘准备、招聘实施和招聘评估三个阶段。

招聘的途径主要有内部招聘和外部招聘，且每一种招聘途径又有多种形式。内部招聘的形式有工作公告、主管推荐、档案法。外部招聘的形式有报纸和杂志广告、网络招聘、猎头公司、校园招聘、公共就业机构、熟人推荐。内部招聘与外部招聘各有优缺点，企业在选择人员招募来源时，往往会考虑企业经营战略、现有人力资源状况、招聘的目的、人工成本、企业的用人风格、企业所处的外部环境等因素。

员工甄选是指综合利用心理学、管理学和人才学等学科的理论、方法和技术，对候选人的任职资格和对工作的胜任程度进行系统的、客观的测量、评价和判断，从而作出录用决策。员工甄选的意义在于能降低人员招聘的风险，有利于人员的安置和管理，能为预测员工的发展奠定基础。员工甄选的内容主要是知识、能力、个性和动力因素。员工甄选方法众多，包括初步筛选、笔试、心理测试、实践操作测试、面试、评价中心法等。企业一般不只采用一种方法，而是多种方法搭配使用，筛选出最适合的人才。

招聘评估是通过对录用员工质量的评估，检验招聘结果和招聘方法的成效，从而改进整个招聘活动。招聘定量评估包括招聘结果的成效评估和招聘方法的成效评估。

复习思考题

1. 什么是员工招聘？员工招聘的一般流程是什么？
2. 网络招聘的优势和劣势各体现在哪些方面？
3. 外部招聘同内部招聘相比有哪些优点？
4. 在进行员工甄选时，为何要采用多种方法相结合的方式？
5. 如何评估企业招聘活动？

案例分析

欧莱雅：从吸引潜力员工开始

从发掘潜力领导者这个角度着手，世界知名企业欧莱雅设计了一系列针对人才招募的竞赛，从招募即开始进行战略性人力资源管理。

1. 持续创新

作为《财富》“全球最受赞赏的50家公司”和“欧洲十佳雇主”之一，处于高速发展状态中的欧莱雅非常重视和渴求人才。

从校园企划大赛到全球在线商业策略竞赛再到校园工业大赛，欧莱雅的人力资源招聘目标直指世界各地大学中的优秀学子。“尽管比赛的对象有所不同，但我们的目标是与全世界范围内优秀的年轻人才进行沟通和接触，从中发现和招募人才。”欧莱雅中国总裁盖保罗表示。

始于1993年的校园企划大赛为参赛者提供了逼真的品牌管理和营销经历，在比赛中，他们有机会体会如何做一名真正的品牌经理。通过这项大赛，欧莱雅希望发现和招募到具有创造力的品牌经理人选。统计显示，2000年以来，欧莱雅全球22%的管理培训生来自这项比赛的参赛者。

针对营销及相关专业本科高年级学生的校园企划大赛让欧莱雅尝到了“提前一步吸引人才”的甜头。欧莱雅随后开始尝试针对全球顶尖商学院MBA学生的全球在线商业策略竞赛。对于那些在诸如哈佛、INSEAD、沃顿等全球顶尖商学院学习的MBA们来说，欧莱雅全球在线商业策略竞赛并不陌生。它模拟了一个非常逼真的商业环境，一方面为参赛选手提供了将商业管理理念和技能付诸实践的机会，检验了选手们的商业管理和全方位决策才能，也为世界各地的学生搭建了互相交流和比较的良好平台。

欧莱雅中国总裁盖保罗在解释欧莱雅创造这项比赛的初衷时说：“我们这个行业经常需要具备制订商业策略能力的人才。但是我们知道并不是所有的MBA都喜欢做化妆品行业，因而我们想吸引的是那些既有战略、策略能力，又能对艺术、时尚和化妆品行业有兴趣的人。”而这个大赛，恰恰可以将这些信息提前并且准确地传递给那些目标员工。

2004年，欧莱雅扩大了在线商业策略大赛的参赛对象，允许本科生组队参赛。这使得赛事的影响空前扩大。新的统计数字显示，4年来，共有113个国家1 600个学校的55 000名学生参加了这项比赛，最终有来自30多个国家和地区的100余名优秀参赛者加入了全球各地的欧莱雅公司。

除了推进中国知名高校、商学院参与全球项目，欧莱雅中国也创造性地实践其他内容的比赛，校园工业大赛就是一个发端于中国的项目。这项针对理工科学生的比赛每年都会围绕不同的工业项目，由来自同一学校的学生以小组为单位参与。来自欧莱雅公司的一名经理将担任“教练”的角色，指导相应的一支队伍进行取材、论证、规划、预算，直到形成完整的实施方案。

参与这项比赛的优秀学生有相当一部分进入欧莱雅实习，并有机会被留用。由于在中国取得了良好的效果，校园工业大赛在2004年首次走出国门，在中法两国学生中开赛。在2006年1月底刚刚结束的最新一届比赛中，来自中国浙江大学的TPM队压倒所有对手夺得冠军，三位队员因此获得在欧莱雅集团法国总部6个月的实习机会。同时，他们也将受到欧莱雅招聘经理们的密切关注。

2. 战略意义

从这些比赛的设计可以看出，欧莱雅根据自己的战略和运营，正在持续不断地从在校学生中寻找公司未来的潜在领导者——从高管到销售经理再到工厂设计者。

“也许我们不能仅仅通过一次比赛就决定是否录用一位参赛者，但比赛确实在我们与潜在雇员之间建立了一座互相发现、增进了解的桥梁。所以，我们的招聘经理会非常关注比赛中涌现出来的精英们。”盖保罗说。“比赛给我们提供了一个与全球各地学生交流的绝佳机会。欧莱雅因此发现人才，也因此与这个年轻和富有活力的群体保持联系，并了解他们的期望。”欧莱雅集团全球战略招聘总监Jean-Claude Le Grand也表示。

不仅如此，那些希望加入欧莱雅的优秀学生也提前了解到公司文化和价值观，这为他们决定是否加入欧莱雅提供了相当准确的信息。由此可见，这些比赛的优势之一就是为公司和学生提供了一个预先相互考评的机会。

翰威特公司北京分公司经理林靖对欧莱雅的做法非常认同。她分析说：“通过激烈的竞争和层层选拔，在商业策略竞赛中脱颖而出的优胜者无疑是精英中的精英。欧莱雅从这样的群体中挑选其未来的管理人员预备队，无疑保证了候选人的素质。”

盖保罗认为，作为一个全球性的公司，欧莱雅最需要的是人才素质国际化，这保证了他们有能力服务其全球战略。而这些参与比赛的优秀选手具有全球性思维。

“我们喜欢因不同民族、职业、文化背景和个性带来的多样性，最重要的是招募那些具有创造性、不拘泥于框框、敢于冒险、具有新思维和新想法并富有团队精神的人。一般而言，这些人通常也具有国际化的背景。”

他盛赞那些参与比赛的选手，“他们充满智慧、思想开放、富有想象力和企业家精神，具有各种各样的学业和文化背景。所有这些都是欧莱雅所看重和寻找的。”

在林靖看来，欧莱雅的做法为中国企业吸引人才提供了有益的借鉴。一是对于人才引进的渠道进行细分并针对不同的候选人群体设计不同的策略。其次，引进新的人才选拔方法。从对学历、技能和经验的审核，发展到有针对性地测评本企业需要的特定素质。三是培育雇主品牌。在毕业生、求职者和潜在的候选人中树立良好雇主形象，为未来的人才争夺战建立优势。

“尽管竞赛目前还不是我们主要的人才招聘方式，但在欧莱雅，这是我们的一个长期计划，将来会发挥越来越大的作用。”盖保罗说。

（陈翰，2006）

分析讨论：

1. 案例中欧莱雅的招聘属于何种途径和方式？
2. 这种招聘的优点在哪里？
3. 什么样的企业适合使用这种类型的招聘方式？

实训

员工招聘实训

（一）实训目的

通过本章的实践教学活动，使学生初步掌握员工招聘的基本流程与方法，重点培养学生运用面试的方法招聘合适的“员工”，并学会总结与修正招聘方案。

（二）实训条件

1. 实训时间

实训周期为1～2周，课堂用时为2个学时，其余时间发布招聘广告，准备面试题目等。

2. 实训地点

实训教室。

3. 实训所需材料

教师提前给出目标企业的背景材料。

（三）实训内容与要求

1. 实训内容

分组开展课堂模拟招聘。

2. 实训要求

（1）在正式开展课堂模拟活动之前，至少提前一周给学生布置任务；为了培养学生的创造精神，应该鼓励学生创造性地开展工作。

（2）教师要密切注意课堂模拟的整个过程，并给予及时的指导，同时做好学生表现的考核。

（四）实训组织方法与步骤

第一步，分组并进行角色分工。学生组成招聘方和应聘方，招聘方再进行具体角色分工。

第二步，招聘方制订招聘方案，尤其是设计面试题目；应聘方进行应聘准备，如发简历、准备面试等。

第三步，进行面试模拟。

第四步，教师对整个过程进行总结点评。

第五步，编写实训报告。

（五）实训考核方法

1. 成绩划分

实训成绩按优秀、良好、中等、及格和不及格五个等级评定。

2. 评定标准

（1）是否了解招聘流程。

（2）是否掌握招聘方案的撰写方法。

（3）能否结合企业的实际设计面试题目。

（4）是否记录了完整的实训内容，做到文字简练、准确，叙述通畅、清晰。

第五章　员工培训与开发

学习目标： 通过本章的学习，理解培训与开发的含义；了解员工培训与开发的意义与原则；理解并掌握员工培训与开发的类型与工作流程；掌握培训需求分析的内容与方法；掌握培训计划的具体内容；掌握培训效果评估的柯克帕特里克四层次评估模型及相关方法；掌握培训与开发的方法。

关键概念： 培训与开发（Training & Development）　培训需求分析（Training Needs Analysis）　在职培训（On-the-job Training）　案例研究（Case Study）　工作轮换（Job Rotating）　角色扮演（Role Playing）　管理游戏（Management Game）

开篇案例

为员工量体裁衣——别具一格的杜邦培训

作为化工界老大的杜邦公司在很多方面都独具特色。其中，公司为每一位员工提供独特的培训尤为突出。因而杜邦的“人员流动率”一直保持在很低的水平，在杜邦总部连续工作30年以上的员工随处可见，这在“人才流动成灾”的美国是十分难得的。

杜邦公司拥有一套系统的培训体系。虽然公司的培训协调员只有几个人，但他们却把培训工作开展得有声有色。每年，他们会根据杜邦公司员工的素质、各部门的业务发展需求等拟出一份培训大纲。上面清楚地列出该年度培训课程的题目、培训内容、培训教员、授课时间及地点等。并在年底前将大纲分发给杜邦各业务主管。根据员工的工作范围，结合员工的需求，参照培训大纲为每个员工制订一份培训计划，员工会按此计划参加培训。

杜邦公司还给员工提供平等的、多元化的培训机会。每位员工都有机会接受像公司概况、商务英语写作、有效的办公室工作等内容的基本培训。公司还一直很重视对员工的潜能开发，会根据员工不同的教育背景、工作经验、职位需求提供不同的培训。培训范围从前台接待员的“电话英语”到高级管理人员的“危机处理”。此外，如果员工认为社会上的某些课程会对自己的工作有所帮助，就可以向主管提出，公司就会合理地安排人员进行培训。

为了保证员工的整体素质，提高员工参加培训的积极性，杜邦公司实行了特殊教员制。公司的培训教员一部分是公司从社会上聘请的专业培训公司的教师或大学的教授、技术专家等，而更多的则是杜邦公司内部的资深员工。在杜邦公司，任何一位有业务或技术专长的员工，小到普通职员，大到资深经理都可作为知识教师给员工们讲授相关的业务知识。

（佚名）

请思考：杜邦公司的员工培训有什么特点？值得借鉴的地方有哪些？

第一节　员工培训与开发概述

一、员工培训与开发的含义与意义

（一）员工培训与开发的含义

核心概念

培训（Training）与开发（Development）是两个既相联系又相区别的词。一般而言，培训是企业向员工提供工作所必需的知识与技能的过程；开发是依据员工需求与组织发展要求对员工的潜能开发与职业发展进行系统设计与规划的过程。

在理念和实际应用中，若想把员工培训与开发区别开来，可以参考表5.1列出的两者特征的比较。

表5.1　员工培训与开发的比较

项目	侧重点	时间	内涵	参与	阶段性	工作经验
培训	当前工作	较短	较小	强制	较清晰	运用度低
开发	未来发展	较长	较大	自愿	较模糊	运用度高

（马新建，2003）

虽然，培训与开发在意义与实践等方面有一定的差别，但是，二者的最终目的是一样的，都是在于提高员工各方面的素质，提升员工的能力，进而增强企业的核心竞争力，实现员工与组织的同步成长。因此，以现代的观点理解，培训与开发之间的界限已经变得日益模糊，在理论和实践中，除非有必要，往往不对培训和开发作严格的区分。

（二）员工培训与开发的意义

1. 培训是调整人与事之间的矛盾，提高企业人员素质的重要手段

随着社会的进步和科学技术的发展，各类职位对企业人员的要求也在不断提高，人与事的结合处在动态的矛盾之中。一般说来，我国企业人员的素质还存在文化水平偏低、管理技术落后、专业人员缺乏等弱点，与事的需要差距较大。因此，只有通过培训才能不断地提高企业人员素质，“使人适事”，实现人与事的和谐。

2. 培训是快出人才、多出人才、出好人才的重要途径

所谓人才，是指在一定社会条件下，具备一定的知识和技能，并能以其劳动对社会发展作出较多贡献的人。社会对人才的需要千变万化，对各层次人才的培养提出越来越高的要求，仅仅依靠专门的、正规的学校教育越来越难以满足要求，必须大力发展成人教育，而人员培训是成人教育的重点，是快出人才的重要途径。

3. 培训可以满足员工实现自我价值的需要

在现代企业中，员工的工作目的更重要的是为了“高级”需求——自我价值实现。培训不断教给员工新的知识与技能，使其能适应或接受具有挑战性的工作与任务，实现自我成长和自我价值，这不仅使员工在物质上得到满足，而且使员工得到精神上的成就感。

4. 培训有利于企业获得竞争优势

一方面，企业需要越来越多的跨国经营人才，为进军世界市场做好人才培训工作；另一方面，员工培训可提高企业新产品研究开发能力，员工培训就是要不断培训与开发高素质的人才，以获得竞争优势，这已为人们所认识。尤其是人类社会步入以知识经济资源和信息资源为重要依托的新时代，智力资本已成为获取生产力、竞争力和经济成就的关键因素。企业的竞争不再依靠自然资源、廉价的劳动力、精良的机器和雄厚的财力，而主要依靠知识密集型的人力资本。员工培训正是创造智力资本的重要途径。

阅读材料

西门子的培训理念与培训投资

西门子公司（Siemens）一贯认为“人的能力是可以通过教育和不断的培训而提高的”。因而，它坚持由公司自己来培养和造就人才。西门子在国内外拥有600多个培训中心，700多名专业教师和近3000名兼职教师，开设了50余种专业。在公司的全体员工中，每年参加各种定期和不定期培训学习的多达15万人。为此，公司每年投资6亿～7亿马克用于培训及购置最先进的培训设备。为适应技术进步和管理方式的变化，课程内容每年都有20%以上的调整，大部分培训项目都是根据公司当前生产、经营和应用技术的需要设置的，很大一部分是在工作岗位上完成的。培训使公司拥有了大量的生产、技术和管理人才储备，提高了参与者管理自己和管理他人的能力，在公司员工之间建立了密切的内部网络练习，增强了企业和员工的执行力和竞争力。因此，西门子长年保持着公司员工的高素质，并从中直接获益。

（保罗·托马斯，2003）

二、员工培训与开发的原则

（一）理论联系实际、学以致用原则

培训应当有明确的针对性，从实际工作的需要出发，与职位特点紧密结合，与培训对象的年龄、知识结构、能力结构、思想状况紧密结合，这样才能收到实效，推动工作水平的提高。

小提示

这个原则尤其重要，它说明了员工培训与开发的最基本方法——理论联系实际，说明了员工培训与开发的最基本目的——学以致用。不能为了培训而培训，只能是为了“用”才培训。

（二）专业知识技能培训和企业文化培训兼顾原则

组织中的任何职位都要求任职者既要掌握必备的专业知识和技能，又要了解并遵守

公司的制度并具有基本的职业道德。企业既要安排文化知识、专业知识、专业技能的培训内容，还应安排理想、信念、价值观、道德观等方面的培训内容。而后者又要与企业目标、企业哲学、企业精神、企业制度、企业传统等密切结合起来进行教育，使之切合本单位实际。

（三）全员培训与重点提高相结合原则

全员培训就是有计划、有步骤地对在职的各级各类人员都进行培训，这是提高全员素质的必由之路。但全面并不等于平均使用力量，仍然要有重点，即重点培训技术、管理骨干，特别是培训中上层管理人员。

（四）严格考核和择优奖励原则

严格考核是保证培训质量的必要措施，也是检验培训质量的重要手段。只有培训考核合格，才能择优录用或提拔。鉴于很多培训只是为了提高素质，并不涉及录用、提拔或安排工作问题，因此对受训人员择优奖励就成为调动其积极性的有力杠杆。要根据考核成绩，设不同的奖励等级，还可记入档案，与今后的奖励、晋级等挂起钩来。

（五）培训效果的反馈与强化原则

培训效果的反馈指的是在培训后对员工进行检验，其作用在于巩固员工学习的技能、及时纠正错误和偏差，反馈的信息越及时、越准确，培训的效果就越好。强化则是指由于反馈而对接受培训人员进行的奖励或惩罚。其目的一方面是为了奖励接受培训并取得绩效的人员；另一方面是为了加强其他员工的培训意识，使培训效果得到进一步强化。

三、员工培训与开发的类型

根据不同的标准，可以对员工培训与开发进行不同的分类，主要的分类方法有以下几种。

（一）按照培训与开发和员工工作的关系划分

根据培训与开发和员工工作的关联性状况，一般可以分成以下三类。

1. 在职培训

在职培训，也称在岗培训或不脱产培训，指的是员工边工作边接受培训，主要在实际工作中得到培训。这种培训方式经济实用，不需要另外添置场所、设备，有时也不需要专职的教员，而是利用现有的人力、物力来实施培训。同时，培训对象不脱离岗位，可以不影响工作或生产，因此，这种培训方式在企业中应用很广泛，但这种培训方法往往缺乏良好的组织，不太规范，有可能影响培训效果。

2. 脱产培训

脱产培训即受训者脱离工作岗位，专门接受培训。企业可以把员工送到各类学校、商业培训机构或自办的培训基地接受培训，也可以选择本单位外的适宜场地自行组织培训。由于学员为脱产学习，没有工作压力，时间集中，精力集中，其知识技能水平会提高很快。但这种形式的缺点是需要资金、设备、专职教师、专门场所，成本较高；又由于往往是异地培训，脱产培训，具体针对性较差，所学内容若在实践中应用尚需进一步摸索。

3. 半脱产培训

半脱产培训是脱产培训与不脱产培训的一种结合，其特点是介于两者之间，可在一定程度上取二者之长，弃二者之短，较好地兼顾培训的质量、效率与成本等因素。但二者如何恰当结合，却是一个难点。

（二）按照培训与开发的对象及其内容特点划分

按照培训与开发的对象及其内容特点，可以把员工培训与开发划分为以下四类。

1. 新员工导向培训

新员工导向培训又称为新员工定向培训、上岗培训或社会化培训，主要是指向新聘用员工介绍组织情况和组织文化，介绍工作任务和规章制度，使之认识必要的人，了解必要的事情，尽快按组织要求安下心来开始上岗工作的一种培训。

小提示

新员工导向培训在世界各国尤其是发达国家得到普遍重视。许多组织，特别是规模大的跨国企业，都非常重视对新员工进行各方面的岗前培训。日本不论是政府部门还是工厂公司，每年 4 月 1 日招聘新员工时都有此类培训。（赵曙明，2007）

2. 员工岗前培训

员工岗前培训主要包括新员工岗前培训——新员工导向培训，以及老员工工作变动，走上新岗位之前所接受的培训教育活动。

3. 员工岗上培训

员工岗上培训又称为员工上岗后的培训或员工在岗培训，主要是指组织围绕工作需要，对从事一定岗位工作的员工开展的各种知识、技能和态度等形式的教育培训活动，为员工提供思路、信息和技能，帮助他们提高工作效率的各种培训活动。

4. 管理人员开发

管理人员开发又称管理开发或管理人员培训与开发，主要对象是管理人员和一部分可能成为管理人员的非管理人员，通过研讨、交流、案例研究、角色扮演、行动学习等方法，使他们建立正确的管理心态，掌握必要的管理技能，学习和分享先进的管理知识和经验，进而改善管理绩效。

四、员工培训与开发的工作流程

员工培训与开发工作主要包括培训需求分析、培训计划制订、培训组织实施、培训效果评估四个环节，这四个环节的关系不仅是相互联系的一个完整系统，又是具有先后顺序、首尾相接的一个工作流程。四个环节的关系如图 5.1 所示。

（一）培训需求分析

培训需求分析，是指在规划与设计每一项培训活动之前，由组织的相关人员采用各种方法与技术，对组织、工作及人员三者的相关情况进行系统的鉴别与分析，以确定是否需要培训及如何培训的一种活动。培训需求分析是确定培训目标、制订培训计划的前提，也是进行培训评估的基础，它是整个培训开发工作流程的出发点，其准确与否直接决定了整个培训工作有效性的大小。那么，培训需求分析涉及哪些主要工作以及如何进行培训需求分析，这些内容将在本章第二节详细阐述。

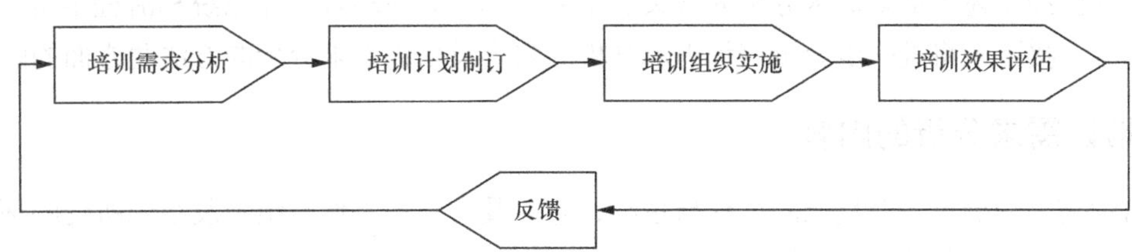

图 5.1 员工培训与开发的工作流程

（二）培训计划制订

培训计划是培训需求分析的结果。明确了培训需求以后，就可确定培训目标，制订具体的培训计划了。可以说，培训计划就是在培训需求分析基础上对培训目标的具体化与可操作化。培训计划包括哪些主要内容以及如何制订培训计划，这些内容将在本章第三节详细阐述。

（三）培训组织实施

组织实施培训就是要以既定的培训计划为蓝图，具体落实培训计划中规定的相关工作，扎扎实实地组织开展各项培训活动，保质保量地按时完成培训计划，力争有效达成已确立的培训目标。关于组织实施培训的具体内容也将在本章第三节阐述。

（四）培训效果评估

培训效果评估是一个完整的培训工作流程的最后环节，它既是对整个培训活动实施成效的评价与总结，同时评估结果又是以后培训活动的重要输入，为下一个培训活动确定培训需求提供了重要信息。培训效果评估就是要通过不同测量工具和方法来评价培训目标的达成度，并据此判断培训的有效性以作为未来举办类似培训活动时的参考。培训效果评估的详细内容将在本章第四节讲述。

阅读材料

优秀员工是这样锻造的——摩托罗拉的员工培训

摩托罗拉非常重视员工培训工作及其系统的建立，并将其作为企业发展战略中重要的一部分。为此公司每年为员工培训投入了大量的人力、物力和财力，并规定每年每位员工至少要接受40小时与工作有关的学习。学习内容主要包括新员工入职培训、企业文化培训、专业技能培训、管理技能培训、语言培训及海外培训等。

摩托罗拉的教育培训系统主要由四部分组成，即培训需求分析、培训设计与采购、实施培训和培训评估。

（摩托罗拉（中国）电子有限公司，2000）

第二节　培训需求分析

前面已经阐述了培训需求分析的含义、主要目的及其在培训工作系统和流程中所处的地位等内容，接下来将进一步分析培训需求分析的内容及培训需求分析的方法两方面的内容。

一、培训需求分析的内容

培训需求分析是一个复杂的过程与系统，它涉及人员、工作、组织及组织所处的环境，如图 5.2 所示（雷蒙德·A·诺伊，2001）。

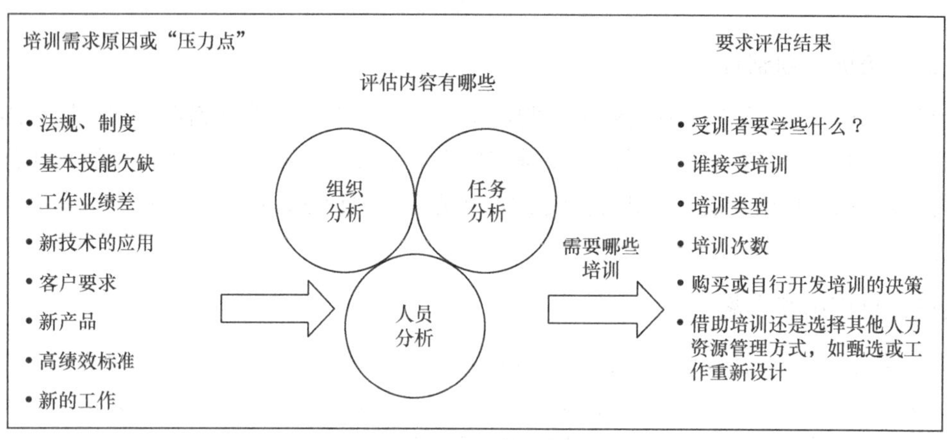

图 5.2　培训需求分析过程

从图 5.2 可以看出，培训需求分析的一般过程是：发现和汇集现实中的问题，认知导致培训必要的原因或“压力点”，通过组织、任务、人员等评估内容和培训背景分析，确定是谁需要培训，到底在哪些方面需要培训等。一般而言，培训需求分析主要包括组织分析、工作分析与人员分析三个层面的内容。

（一）组织分析

培训的组织分析依据组织目标、结构、内部文化、政策、绩效及未来发展等因素，分析和找出组织存在的问题及问题产生的根源，以确定培训是否是解决这类问题的有效方法，确定在整个组织中哪个部门、哪些业务需要实施培训，哪些人需要加强培训。具体而言，组织分析主要包括以下几个方面的内容。

1. 组织目标

组织目标作为一定时期内组织及其成员的行为动力和前进方向，既对组织的发展起决定性作用，也对培训规划的设计与执行起决定性作用。一般说来，组织目标决定培训目标，培训目标为组织目标的实现服务。有什么样的组织目标，就会有什么样的培训目标，组织目标与培训目标具有内在的一致性。当组织目标不清晰、不明确时，培训目标便难以确定，培训计划也难以制订与执行，因此，在培训需求分析中，详细说明组织目标显得尤为重要。

2. 组织特征

组织特征分析主要是对组织的系统结构、文化、信息传播情况的了解。组织特征对培训的成功起着重要的作用，因为当培训计划和组织特征不一致时，培训的效果则很难保证。员工的精神面貌、工作态度，对公司的向心力、凝聚力，以及对企业文化的理解、接受程度等若与组织目标的达成有重要关系时，将产生特定培训需求。

3. 组织资源

如果没有明确可被利用的人力、物力和财力资源，就难以确立培训目标。组织资源分析包括对组织的资金、时间、人力等资源的分析。资金是指组织所能提供的经费，它将影响培训的宽度和深度。时间对一个组织而言就是金钱，培训需要相应时间的保证。如果时间紧迫或安排不当，就会影响培训效果。人力则是决定培训可行和有效的另一个关键因素。组织的人力状况包括：人员的数量、年龄、技能和知识水平，以及人员对工作与组织的态度及工作绩效等。

4. 组织所处的环境

当今市场竞争使许多公司不仅仅是进入新的市场，还可能从事全新的行业或业务。与此相对应，培训也就不可或缺。当一个公司计划进入新的市场时，就需要培训员工如何在新的环境中进行销售，如何生产新产品，如何提供新服务等。

（二）工作分析

培训需求的工作分析，也称任务分析，是通过查阅工作说明书或具体分析完成某一工作需要哪些技能，了解员工有效完成该项工作必须具备哪些条件，找出差距，确定培训需求，弥补不足。培训需求工作分析的目的在于了解与绩效问题有关的工作的详细内容、标准，以及完成工作所应具备的知识和技能。

培训需求的工作分析主要从以下几个方面展开。

1. 工作的复杂程度

这主要是指工作对思维的要求，是抽象性还是形象性或者兼而有之，是需要更多的创造性思维还是要按照有关的标准严格执行等。

2. 工作的饱和程度

这主要是指工作量的大小和工作难易程度，以及工作所消耗的时间长短等。例如，行政部的工作大多是琐碎而繁杂的，但是工作时间则相当固定，而技术开发部的工作具体而复杂，工作弹性时间大。如果对这两个部门的员工进行培训，其培训内容自然就不同。

3. 工作内容和形式的变化

随着公司经营战略和业务的不断发展，有些部门的工作内容和形式的变化较大，而有些部门的工作变化则较小。例如，市场部的工作会随着公司业务的发展迅速变化，而财务部门的工作则变化较小。因此，在进行培训需求分析时应注意这一点，对于未来所发生的工作变化应有一定的前瞻和预测，从而使公司在其不断的发展过程中，能够坦然应对，而不至于在衔接或过渡中出现问题。

（三）人员分析

培训需求的人员分析是从培训对象的角度分析培训的需求，通过人员分析确定哪些人需要培训及需要何种培训。人员分析一般是对照工作绩效标准分析员工目前的绩效水平，找出员工现状与标准的差距，以确定培训对象及其培训内容和培训后应达到的效果。人员分析主要是对员工的工作背景、学识、资历、年龄、工作能力及个性等进行分析。

1. 员工的知识结构

对员工知识结构的分析，不仅是为了准确地制订培训方案，更是为了充分利用各种有效的资源，从而使得培训取得最大的经济效益。在对员工知识结构进行分析时，一般从文化教育水平（如正规的学历教育）、职业教育培训（如社会办的教育及业务教育等）和专项短期培训（如各类认证培训等）三个方面进行。

2. 员工的专业结构

进行专业结构分析主要应解答以下问题：有多少员工在从事和自己专业对口或不对口的工作，有多少员工在从事自己喜欢或不喜欢的工作，有多少员工认为自己有必要换岗位并认为这样会有更大的能力发挥余地。

3. 员工的年龄结构

培训是一种投资，因此，员工的年龄越小，相对来说，企业预期的投资回收期也就越长。同时，年龄的大小和个人的接受能力有着非常直接的关系，在进行培训需求分析时应考虑合理的年龄搭配，并以此决定岗位的培训内容。

4. 员工的个性分析

员工个性分析主要明确这样的问题：某一岗位的工作特点要求任职者相应的个性。在不少工作中，员工个性不作为一个必须考虑的因素。但是在有些工作中，为了提高工作效率则必须考虑员工的个性。

5. 员工的能力分析

员工能力分析即分析员工实际拥有的能力与完成工作所需要的能力之间的差距。例如，小李是位出色的销售人员，但是自从他晋升为销售经理后，销售部门的业绩却有所下降，员工的抱怨也有所增加。经过能力分析我们发现，小李在团队合作及协调、领导等方面的能力欠佳。

阅读材料

事情原来是这样！

张某是某知名软件公司开发部的高级工程师，自 1995 年进入公司以来，表现十分出色，每每接到任务时总能在规定时间内按要求完成，并经常受到客户方的表扬。在项目进行时还常常主动提出建议，调整计划，缩短开发周期，节约开发成本。但在最近的几个月里情况发生了变化，他不再精神饱满地接受任务了，同时他负责的几个开发项目均未能按客户要求完成，工作绩效明显下降。开发部新任经理方某根据经验判断，导致张某业绩下降的原因是知识结构老化，不能再胜任现在的工作岗位了。方经理立即向人力资源部提交了《关于部门人员培训需求的申请》，希望人力资源部能尽快安排张某参加相关的业务知识培训，使其开阔一下思路。人力资源管理部门接到申请后，在当月即安排张某参加了一个为期一周的关于编程方面的培训研讨会。一周结束回到公司后，张某的状况没有任何改变。

后来，人力资源部主动与张某进行了面对面的沟通，发现了问题的关键。原来，张某工作绩效下降的关键是对新上任的方经理的领导方法不满意，同时认为自己是公司的老员工，不论是工作能力还是技术能力都可以胜任部门经理的工作，但公司却没有给他晋升的机会。

（佚名）

总之，组织、工作、人员三个层面的分析是一个有机的系统，缺少任何一个层面都不能称之为有效的分析。

二、培训需求分析的方法

任何层次的培训需求分析都离不开一定的方法，在培训需求分析中可以采用的方法有很多，其中比较常见的有现场观察法、调查问卷法、阅读技术手册及其他文献、访问专门项目专家、绩效考察等。这几种方法的比较见表 5.2。

表 5.2　培训需求分析方法比较

技　术	优　点	缺　点
观察法	• 得到有关工作环境的数据 • 将评估活动对工作的干扰降至最低	• 需要水平高的观察者 • 雇员的行为方式有可能因为被观察而受影响
调查问卷	• 费用低廉 • 可从大量人员那里收集到数据 • 易于对数据进行归纳总结	• 时间长 • 回收率可能会很低，有些答案不符合要求 • 不够具体
阅读技术手册和其他文献	• 有关工作程序的理想信息来源 • 目的性强 • 有关新的工作和在生产过程中新产生的工作所包含任务的理想信息来源	• 专业术语太多 • 材料可能已经过时
访问专门项目专家	• 利于发现培训需求的具体问题及问题的原因和解决问题	• 费时 • 分析难度大 • 需要水平高的访问者
绩效考察	• 有助于弄清导致绩效不佳的所有原因 • 针对性强，可以形成一个书面的绩效辅导清单	• 方法有效性的前提条件十分苛刻

（彭剑锋，2003）

第三节　培训计划的制订与培训的组织实施

一、培训计划的制订

前面已经提到，培训计划是培训需求分析的结果，是在培训需求分析基础上对培训目标的具体化与可操作化。一般来说，一个完整具体的培训计划应包含培训项目名称、培训目标、培训对象、培训内容、培训实施机构、培训教师、培训形式、培训方法、培训时间与期限、培训地点、培训设施与培训资料、纪律要求及考评方式、培训预算等内容。

（一）培训项目名称

培训是一项针对性比较强的活动，每项培训都是针对某种特定培训需求而进行的，因此，培训项目名称应该能够简要地描述出这是一项什么培训活动。培训项目名称应简洁、准确。

（二）培训目标

培训目标是培训的目的和预期成果。培训目标的设置有赖于培训需求分析。设置培训目标要与组织宗旨相统一，要与组织资源、员工基础、培训条件相协调，要尽可能量化、细化并可行，还应把可衡量、可测评培训结果的绩效标准包括进来。培训目标的正确设置还应当考虑员工对于接受相应培训的准备情况，不仅应了解他们缺少什么（什么东西需要培训），而且应搞清他们具有什么（什么样的学习基础，适宜接受什么性质和水平的培训），只有这样，培训目标才能有效实现。

（三）培训对象

培训对象是要确定培训谁的问题。除了那些普遍性的观念性培训外，企业必须经过一定的分析来确定被培训对象。具体应考虑以下几个因素：①一项培训所能容纳的人员数量；②一项培训的内容、培训时间以及所要解决的问题；③被培训的员工的潜力。其中，第三点尤为重要。因为培训要花钱，这笔钱应当用在有一定潜力的人员身上，也就是说学员要具有可塑性。如果学员的可塑性较差，跟不上培训进度，不仅达不到培训的目的，而且对他的投资将大大增加企业的经济负担。参加培训的学员可由各部门推荐，或自行报名再经甄选而决定。

（四）培训内容

培训的内容主要包括专门的技术、技能或知识的学习，改变工作态度的企业文化精神教育及改善工作意愿等方面问题的教育。在拟订培训内容以前，应先进行培训需求的分析调查，了解企业及员工的培训需要，然后研究员工所担任的职务，明确每项职务所应达到的任职标准，最后再考察员工个人的工作实绩、能力、态度等，并与岗位任职标准相互比较。如果某员工尚未达到该职位规定的任职标准时，该不足部分的知识或技能，便是我们的培训内容。

（五）培训实施机构

从实施机构来看，可以有企业内部培训和企业外部培训两种。企业内部培训是企业自己负责培训的设计、组织管理等工作的一种培训形式，包括在企业内部场所或企业自己租用的场地，由企业内部人员作为培训教师进行的培训，以及聘请外部专家和学者根据企业要求在企业培训基地进行的培训。企业外部培训是指将员工培训外包给外部机构，包括由企业付费的学历教育。有关资料显示，培训作为人力资源管理的一项重要内容，正呈现外包化趋势。

（六）培训教师

培训教师水平的高低决定了整个培训质量的好坏。培训教师的主要任务是：授课、参与培训课程设计与开发、学员培训的组织与考核等。培训教师的来源基本上有两种途径：一是外部聘请；二是企业内部产生。外部聘请教师的缺点：一是费用较高，特别是聘请一些知名培训专家，费用更高；二是外部聘请的教师可能缺乏对本企业实际状况的深入了解而造成讲课内容脱离实际。外部聘请教师的优点：一是由于教师在社会上的声望，有可能会激起受训人员的学习积极性；二是职业培训教师会对某些具体的企业管理问题有专门深入的研究，并且见识的企业比较多，因此，培训中会比较深入透彻。与之相对应，如果培训教师从内部产生，那么其优缺点刚好与从外部聘任教师相反。从内部产生的话，费用较低，培训针对性较强，但可能会不深入，调动不起受训者的积极性。

（七）培训形式

根据培训实施机构及培训进行的地点不同，培训形式大体可以分为内训和外训两大类。其中内训包括集中培训、在职辅导、交流讨论、个人学习等；外训包括外部短训、MBA 进修、专业会议交流等。一般而言，内训主要是由企业自己在企业内部组织的培训，费用相对较低；外训主要是由外部机构在企业外组织的培训，费用相对较高。

（八）培训方法

培训方法就是采用何种手段如何进行培训的问题。可用来培训与开发员工的方法多种多样，根据培训目标确定恰当的培训方法与技术，能够提高培训成效并降低成本。具体方法的特点及选用将在本章第五节详述。

（九）培训时间与期限

一般而言，培训时间与期限可以根据培训的目的、培训的场地、培训教师、被培训者的能力及上班时间等因素来决定。一般新入职人员的培训（不管是操作员还是管理人员），可在实际从事工作前实施，培训时间可以是一周至十天，甚至一个月；而在职员工的培训，则可以培训者的工作能力、经验为标准来决定培训期限的长短。培训时间的选定以尽可能不影响工作为宜。

（十）培训地点

培训地点可以因培训内容和方式的不同而不同，一般可分为利用内部培训场地及利用外面专业培训机构和场地两种。内部培训场地的训练项目主要有工作现场的培训（即工作中培训）和部分技术、技能或知识、态度等方面的培训，主要是利用公司内部现有的培训场地实施其培训。其优点是组织方便、节省费用。外面专业培训机构和场地的培训项目主要是一些需要借助专业培训工具和培训设施的培训项目，或是利用其优美安静的环境实施一些重要的专题研修等的培训。其优点是可利用特定的设施，并离开工作岗位而专心接受训练，且应用的培训技巧亦较内部培训多样化。

（十一）培训设施与培训资料

培训中用到的设施及相关资料是除了前面提到的培训场地以外的一些必需的设施和资料，如教室、桌子、凳子、音响音像设备以及对培训起重要作用的培训教材等。这些设施和资料都必须在培训前准备齐并保证可用。

（十二）纪律要求及考评方式

对于一项具体的培训项目而言，纪律要求及考评方式也是非常重要的一个环节。纪律要求主要涉及如何按照要求严格参与培训过程的规定，如认真听讲、积极参与、不准迟到早退、有事要事先请假、不准在讲课时接打手机等。考评方式主要涉及评价的形式及评价标准，评价形式主要是指笔试、面试或具体操作等形式，评价标准主要是指打分或评价的依据，为什么给分？为什么扣分？为什么评价得高？为什么评价得低？

（十三）培训预算

培训预算考虑的是培训将会花多少钱的问题，包括总费用的预算及分工作项目的预算。预算的方法很多，如根据销售收入或和利润的百分比确定经费预算额，或根据公司人均经费预算额计算等。

示例

某公司员工计算机培训计划

根据项目开发需要，现决定对全体开发组成员进行技术培训。

（一）培训内容

课程名称	课时数（小时）	讲课老师
Windows 操作系统	24	罗青
常用办公软件	24	章琳
数据库概述	24	赵景
互联网概述	20	李力

（二）培训时间

1. 以一天 4 课时计算，每门课程需要 6 天时间，共需 23 个工作日。约一个月左右。

2. 建议时间

上午：8：30～9：30 讲课

9：30～10：00 技术讨论或休息

10：00～11：00 讲课

11：00～11：30 技术讨论或休息

下午：14：00～15：00 讲课

15：00～15：30 技术讨论或休息

15：30～16：30 讲课

16：30～17：00 技术讨论或休息

3. 具体日程安排：初步定于 3 月 20 开课。

（三）培训形式

1. 讲课形式：集中授课。

2. 考试形式：由于该培训是集中式培训，建议每门授课结束时，采取一次性笔试考试。考试成绩分为优秀、良好、中等、及格和不及格五类，与当月绩效考评挂钩。

（四）授课准备

1. 教材：购买教材。

2. 教学工具：使用投影，或白板书写。

（五）费用

1. 教材费：以 20 人、每人 150 元计算，需教材费 3 000 元。

2. 授课补助：以每课时 50 元计算，共 92 课时，需补助 4 600 元。

合计：7 600 元

二、培训的组织实施

组织实施培训活动就是要以既定的培训计划为蓝图，具体落实培训工作的各项内容，扎扎实实地组织、开展各项培训活动，保质保量按时完成培训计划，力争有效达成已确立的培训目标。

（一）培训组织实施管理的基本内容

根据培训计划及培训活动的其他相关要求，培训组织实施管理的基本内容包括以下几个方面。

（1）就培训课程或项目内容、方案与员工进行沟通。

（2）征集确定参训人员。

（3）准备和整理培训中学员用到的所有材料和教师需要的各种资料。

（4）安排教室和教学设施。

（5）调试将用设备并安排应急措施。

（6）在教学和实践活动中随时提供帮助。

（7）为教与学双方的沟通提供便利。

（8）分发评价材料，组织培训评价。

（9）将培训完成情况记录在培训档案或个人档案之中。

（二）组织实施培训活动的关键

执行培训计划、组织实施培训活动的关键是要抓好“九个落实”、“四个协调”和“四个控制”。（马新建，2003）

1. “九个落实”

“九个落实”主要是指培训活动的有关具体工作的准备落实，包括：①组织实施落实（培训活动的职能机构和职责权限等的落实）；②人员落实（培训活动的管理和服务人员等的落实）；③经费落实；④师资落实；⑤材料落实（培训的教材、讲义、课程表等的落实）；⑥时间落实；⑦地点（场所）落实；⑧设备落实（培训活动使用的投影仪、黑板、笔、计算机、扩音器、屏幕、教室桌椅布局等）；⑨后勤落实（培训活动有关的交通、食宿、通知、复印、茶水等后勤保障事务的落实）。

2. “四个协调”

“四个协调”主要是指要抓好能够促进培训活动顺利开展的以下组织协调工作：①培训实践活动与培训计划的协调；②培训活动各种要素资源的协调；③培训活动各阶段各环节的协调；④培训管理方、教学方、受训方信息沟通的协调。

3. “四个控制”

“四个控制”主要是指在培训活动中要抓好：培训活动的进程控制；培训各项工作的质量控制；培训经费的使用控制；培训活动各类参与者的激励和约束控制。

第四节 培训效果评估

培训效果评估的相关内容在上文中已经有所提及，本节我们将进一步讨论培训效果评估的含义、意义、培训效果评估模型、培训效果评估的方法等内容。

一、培训效果评估的含义与意义

（一）培训效果评估的含义

培训效果，又称为培训的有效性。目前对这一概念的界定，主要由美国的雷蒙德·A·诺伊教授提出，把它定义为公司和受训者从培训中获得的收益。对员工个人来说，收益意味着学到新的知识或技能；对公司来说，包括销售的增加、顾客满意度的增加等。培训有效性往往通过培训效果来体现。

关于“培训效果评估”的含义，有很多专家给出了阐释，雷蒙德·A·诺伊教授认为，培训效果评估就是指“收集培训成果以衡量培训是否有效的过程”。英国的管理服务委员会（MSC）将其定义为“用来判断培训是否达到既定目标的过程”。

重要概念

我们认为，培训效果评估就是一个依据特定的培训目标，在培训结束后搜集相关的数据的基础上，运用一定科学的理论、方法和程序，采用特定的指标体系，对培训效果进行测量和评价的过程。

通过培训效果评估，企业能够检验培训是否真正取得了实效，并发现培训中的不足之处，为今后的培训计划的调整、培训方案的筛选、培训决策的制订、培训质量的改善等提供借鉴。

上文已经讲到，企业的培训活动是一个包括培训需求分析、培训计划制订、培训组织实施以及培训效果评估四个环节在内的完整流程。传统意义上的培训效果评估主要是针对培训实施效果这一环节，但真正有效的培训活动效果评估还应涵盖前面的几个环节。也就是说，一个完整、有效的培训效果评估应该从培训需求分析、培训计划制订以及培训活动组织实施多个方面同时进行。当然，每个阶段评估的重点有所不同。本节主要讲述的是传统意义上的培训效果评估。

（二）培训效果评估的意义

柯氏评估法的提出者唐纳德·柯克帕特里克和詹姆斯·柯克帕特在写到为什么需要进行培训开发效果评估时，提出了以下三个理由。

（1）通过评估活动来证明培训部门对企业的发展所作的贡献，进而说明培训部门存在的必要和投入一定费用的合理性。

（2）通过评估活动来决定是继续执行还是彻底终止培训开发项目。

（3）获得提升培训开发项目质量的有关信息，来提升该项目的质量，使培训开发项目为企业服务。

此外，培训活动是否达到了预定的要求，完成了预定的要求；受训员工实际工作中运用从培训开发中学到的知识技能的情况、判断受训员工知识技能的提高、行为表现的改变是否直接来自培训本身；进行培训的成本效益分析；向参与者提供反馈信息、发现新的培训开发需要、为下一轮培训开发提供重要依据等，都需要通过培训开发效果来判断，来提供信息。

二、培训效果评估的流程

培训效果评估流程如图 5.3 所示，在这个流程模型中，从前到后包括了培训需求分析、培训目标确定、评估设计、评估实施、评估结果反馈等五项工作内容。

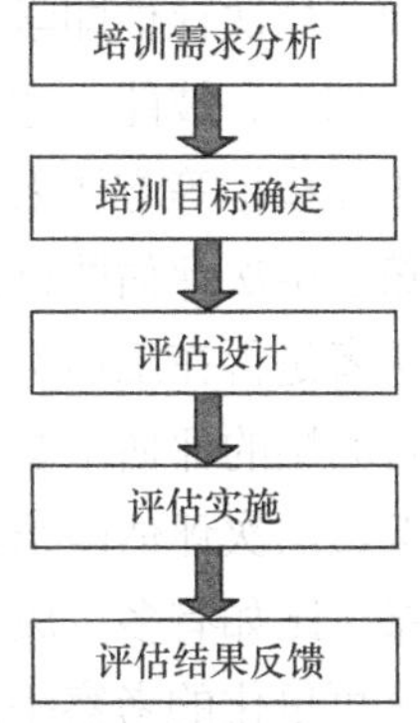

图 5.3 培训效果评估过程

从图 5.3 可以看到，培训开发需求分析是评估的起点，也是培训开发效果评估最为重要的前提，通过培训需求分析可以建立一个培训开发信息数据库，这些数据可以作为标准来评估所进行的培训开发项目。之后将确定的这些需求转化为可测量的学习成果，并设定考核的标准，也就是确定培训目标。下一步就是设计评估，包括设计评估方法、数据采集方法等。然后就是实施评估，这个过程包括收集培训开发项目的数据并进行分析，形成评估报告。最后就是反馈评估结果。根据评估结果展示培训部门对组织目标及任务所作的贡献，决定培训项目的去留，并反馈给受训员工等，为下一次的培训开发活动提供依据。

三、培训效果评估的模型

对培训评估进行系统总结的模型有很多种，比较常见的有：唐纳德·柯克帕特里克（Donald Kirkpatrick）的四层次模型、考夫曼（Kaufman）的五层次评估、CIRO 方法、CIPP 模型、菲力普斯（Phillips）的五层次 ROI 框架模型等。其中最经典、最著名，也是目前国内外企业进行培训效果评估时使用得最广泛的模型就是上面提到的第一个模型，即由唐纳德·柯克帕特里克于 1959 年在《评估培训项目——四个水平的评估》一书中提出的四层次模型，该模型主要是以受训学员作为评估的对象，涵盖了反应、学习、行为、结果这四个层次的评估内容及方法，层层递进，构成完整的培训效果评估模型。各层次评估时的相关问题及衡量方法如表 5.3 所示。

表 5.3 柯克帕特里克的四层次评估模型

评估层次	评估标准	评 估 重 点	评 估 方 法
第一层次	反应层面	受训人员对培训活动的整体性主观感受	问卷调查 访谈法 观察法
第二层次	学习层面	受训人员培训前后在知识及技能方面的提高程度	测试 问卷调查 现场模拟 座谈会
第三层次	行为层面	了解受训人员接受培训后行为习性是否有所改变，并分析这些改变与培训活动的相关性	绩效考核 观察法 访谈法
第四层次	结果层面	了解学员自身及组织的绩效改进情况，并分析绩效变化与企业培训活动之间的相关情况	投资回报率 绩效考核结果 企业运营情况分析

第一层次评估即反应层评估，是指受训人员对培训项目的整体性主观感受如何，也就是

对培训项目的印象如何，包括受训者是否对培训环境的舒适度感到满意、对培训项目的实用性是否认同、对培训内容是否能够接受、对培训讲师的教学是否满意等。这一层次所采用的方法主要是问卷调查法，辅以访谈法和观察法。

第二层次评估即学习层评估，是指受训者对培训所传授内容的把握程度，它是测量受训人员对知识、技能、态度等培训内容的理解和掌握程度。学习层评估可以采用笔试、实地操作和工作模拟等方法来考察。

第三层次评估即行为层的评估，是指受训人员培训前后在实际工作中行为的变化，以判断受训者是否在工作实践中运用了培训中学到的知识技能，是否转化成个人技能和工作习惯等。行为层的评估主要是通过绩效考核和行为观察来获取信息。

第四层次评估即结果层的评估，是考察受训者行为的变化是否积极地影响到了组织的业绩成果，比如有多少成本的减少是源于培训，又有多少收益的增加是源于培训。结果层评估的一个可量化的考察手段就是投资回报率（ROI）分析，即培训的净受益与培训成本之比。其计算公式如下：

投资回报率（ROI）= 培训净收益/培训成本 × 100%

柯克帕特里克评估模型有以下几个优点：①该模型简洁明了，容易理解。②该模型概括了评估培训开发活动的结果。培训开发的可能结果包括反应、学习、行为和结果。③该模型在关于什么是真正的学习和关于如何促进学习迁移，并把它们作为人力资源开发从业人员的重要任务方面开拓了思路。④该模型强调学习的重要性，学习是企业提高绩效的重要力量。

柯克帕特里克评估模型的不足之处在于：一是评估体系中考虑的因素不够全面，因素的确定带有一定的主观性；二是数据的取得是根据单个人的描述取得的，但是每个人的理解又有不同，容易造成混乱；三是不能把各个层次形成一个有机的整体。

四、培训效果评估的方法

如果说前面介绍的评估模型是从总体上对培训评估工作的实施过程及评估内容的选择等方面进行指导的话，那么评估方法则更贴近评估工作，涉及具体的指标设定、数据收集、测算方法等内容，是更实际、更具体的操作过程和方法。因此，在有了培训评估模型后，还需要恰当的评估方法，才能完成对一个培训项目的培训效果评估工作。常见的评估方法包括三大类，分别是定性评估方法、定量评估方法以及定性与定量相结合的方法。在这三类中比较常见的有：问卷调查评估法、访谈评估法、对比评估法、自我评估法、行为观察评估法、成本-收益分析法等。

（一）问卷调查评估法

问卷调查评估法是通过问卷，用一系列标准化的问题去搜集培训效果信息，从而达到评估目的的一种方法。这种方法比较简便易行，但关键在于问卷的设计上，如果问卷设计不当，就会造成信息的失真，达不到预期所要的结果。

（二）访谈评估法

访谈评估法是由评估者和被培训者、培训者或被培训者的上司详细面谈，调查培训效果。访谈前评估者对访谈内容应有相当的了解和把握，注意引导话题的方向。最好事先对访谈者进行一定的评估培训和动员，由评估者设计一定的访谈模式，依此模式进行访谈，进而保证访谈的有效性。

访谈评估法的最大优势是，评估者可以设计各种与培训相关的问题激起被培训者、培训者或被培训者上司的反馈，从被访者对大量开放式或封闭式问题的回答中获得可用于评估培训的信息。但这种评估方法所得评估结果受评估者对话题的把握程度、对人洞察力的能力强弱的影响较大。

（三）对比评估法

对比评估法是首先选择与学员各方面情况相似或相同的对照组（受此次培训除外），在培训过程中或培训之后将这组员工的工作态度、工作行为和工作业绩与受训员工相比较，从二者的差距判定培训的成效和员工的培训效果。

对比评估法既可用于短期培训效果的评估，也可用于长期培训效果的评估。但运用这个方法进行培训效果评估有一个前提——不能让对比双方知道彼此是对照组，一旦知道，双方展开竞争，评估就会失败。对比法客观、实用和便捷的优点使其受到广泛运用。

（四）自我评估法

自我评估法是由学员对自己的培训效果进行评估的一种常用的评估方法。培训效果如何学员最有体会，也最有发言权。通过学员对自己的培训效果进行评估，能够督促学员改进方法，增强培训效果。

（五）行为观察评估法

行为观察评估法是通过观察员工受训后行为的变化考察培训效果，包括角色扮演法和情景模拟法。运用此法进行培训效果评估时，培训者要注意与学员随时沟通，根据学员的行为变化适时调整教学方法，以收到良好的培训效果。

（六）成本—收益分析法

成本—收益分析法是一种典型的定量分析法，在柯氏评估模型中的结果层评估时常用到，它是通过分析培训成本和培训收益，从而计算出培训的投资回报率（ROI），根据 ROI 的高低来评价培训效果的好坏的一种方法。ROI 的公式前面已经给出。应用这种方法的重要前提是要事先对培训的成本和收益进行准确、有效的核算，这也是应用该方法的一个难点。

第五节　培训与开发方法

一、常用的培训与开发方法

培训与开发方法是指为了有效地实现培训目标而采用的手段和技术。企业可以采用的培训与开发方法有很多种，比较常用的主要有以下几种。

（一）讲授法

讲授法一般是指教师以语言为主在课堂上向学员们进行知识内容的讲解传授，有时还辅以文字、图形、问答等形式的培训方式。讲授法包括课堂讲授、举办讲座等形式，是一种应用广泛的传统培训方法。讲授法对培训教师的要求比较高，培训教师要具有丰富的知识、经验和技巧。

讲授法的主要优点是：比较简单，易于操作；经济高效，在相对较短的时间内能向一大批人提供大量的信息；适合于系统地进行知识的更新和传授，常被运用于一些理念性知识的培训。

讲授法的主要缺点是：学习效果易受培训教师的讲授水平影响；主要是单向性的信息传递，学员处于被动的位置，不容易调动其积极性；缺乏教师和学员之间必要的交流和反馈，学过的知识不易被巩固；过于依赖讲授法，可能会让知识流于形式，而难转化到实际工作中。

（二）案例研究法

案例研究法是把现实中的真实情景加以典型化处理，编写成供学员思考和决断的案例，让学员进行分析和评价，并提出解决问题的建议和方案，从而提高学员分析问题和解决问题能力的一种培训方法。案例研究法为美国哈佛大学管理学院所首创，目前广泛应用于企业管理人员（特别是中层管理人员）的培训。

案例研究法的主要优点是：教学方式生动具体，直观易学；学员参与性强，可以变学员被动接受为主动参与，有利于调动学员的学习积极性；将学员解决问题能力的提高融入知识传授中，有利于使学员参与企业实际问题的解决；可以开发学员在有效沟通和积极参与方面的能力。

案例研究法的主要缺点是：案例所提供的情景毕竟不是真实的情景，有的甚至与真实情况相去甚远，从而可能会影响培训效果；案例的来源有限并且编写一个好而合适的案例不容易做到；对培训教师和学员的要求都比较高；效率相对较差，费时费力。

（三）研讨会法

简单地说，研讨会法就是一种以召开研讨会的形式进行培训的方法。研讨会的基本特点是：主题明确；规模较小；强调双向信息沟通。该方法比较适用于人数较少群体的培训。按照费用与操作的复杂程序又可分成一般研讨会与小组讨论两种方式。

研讨会法的优点是：提供了双向讨论的机会，受训者比较主动；可以彼此互相学习；培训者可以及时而准确地把握受训者对培训内容的理解程度。这种方法对解决具体问题、提高受训者的责任感或改变工作态度特别有效。

研讨会法的缺点是：对培训教师的要求较高；讨论课题选择得好坏将直接影响培训的效果；受训人员自身的水平也会影响培训的效果；不利于受训人员系统地掌握知识和技能。

（四）工作指导法或教练/实习法

工作指导法或教练/实习法是由一位有经验的技术能手或直接主管人员在工作岗位上对受训者进行培训，如果是单个的一对一的现场个别培训则就是我们企业常用的“师带徒”培训。负责指导的师傅、教练或导师的任务是教给受训者如何做，提出如何做好的建议，并对受训者进行鼓励。这种方法并不一定要有详细、完整的教学计划，但培训前要准备好所有的用具，搁置整齐，让每个受训者都能看清示范物，教练一边示范操作一边讲解动作或操作要领，示范完毕，让每个受训者反复模仿实习，对每个受训者的试做给予立即的反馈。

该方法的主要优点是通常能在培训者与培训对象之间形成良好的关系，有助于工作的开展，并且一旦师傅调动、提升或退休、辞职时，企业可有训练有素的员工顶上。

该方法的主要缺点是不容易挑选到合格的教练或师傅，有些师傅担心“带会徒弟饿死师傅”而不愿意倾尽全力。

阅读材料

联想集团的新员工在上岗之前，都要指定一对一的指导人。公司有一系列的规范来选择指导人，包括职位要求和资格认定及指导工作评价。在新员工报到前一周，各部门就要将名单报人力资源部，进行资格审查。新员工在没有指导人的情况下，该部门要暂缓进人计划，待有合格的指导人后方可进人。指导人负责带新人并考察新员工在试用期间的表现能力等，其作用一是代行人力资源部的考察职责，二是通过帮带行使部门职责。在这种体制下，新员工通过指导人的帮助，能够尽快进入角色。

（葛正鹏，2007）

（五）工作轮换法

工作轮换法是一种在职培训的方法，是指让受训者在预定的时期内变换工作岗位，使其获得不同岗位的工作经验，扩展受训者的知识和技能，使其胜任多方面的工作，同时增加工作的挑战性和乐趣。相对于普通员工，工作轮换制度在管理人员中应用更为普遍。

该方法的主要优点是能丰富培训对象的工作经历，增进培训对象对各部门管理工作的了解，扩展员工的知识面，对受训对象以后完成跨部门、合作性的任务打下基础；企业能通过工作轮换识别培训对象的长处和短处，了解培训对象的专长和兴趣爱好，从而更好地开发员工的所长。

该方法的主要缺点是如果员工在每个轮换的工作岗位上停留时间太短，所学的知识不精；由于员工的能力各有差异，并非所有人都适合用工作轮换法来培训；另外，有的员工在运用工作轮换法进行培训时，可能会混淆各种任务的不同要求，影响培训效果。

阅读材料

通用电气的人力资源（HR）轮岗

通用电气（GE）为初级 HR 职员提供轮岗培训。通用电气的目的是从中聘用有高级 HR 领导潜力的人才。大约有 150 人进行了 3 期历时 8 个月的轮岗。候选者平均年龄为 26 岁，他们一般都有一些工作经验，并且是硕士学历——工商管理硕士（MBA）或者劳工与产业关系硕士。

这个项目为参与者提供了巨大的机会。“他们能在最初几年经历不同的工作，这很吸引人。你可能从劳工关系开始，然后是薪资，然后是招聘，然后又是福利。”

几年前，通用电气又为这个项目增加了跨部门的内容，这一部分成为该项目成功的关键。“你要去做审计市场推广，” 通用电气的一位员工说，“我们认识到，通用电气功能必须与业务运作有着良好的连通性，这种认识在日后提高了个人的威信。”

最初有些参与者并不满意这个项目：“它把人们拉出了他们的舒适地带，这是件好事情，但是现在的问题并不是参与者的抱怨，而是在轮岗之后，有些人才被业务部门抢走了。”

（佚名）

（六）视听技术法

视听技术法就是利用现代视听技术（如投影仪、录像、电视、电影、电脑等工具）对员工进行培训。应用这种方法的基本要求是购买或制作视听材料时，一定要明确培训的需求，是需要哪方面的内容、需要什么程度的资料；在播放前，要说明培训的目的，让受训者思路清晰地接受新知识，而不是像看电影一样一带而过。播放完后，培训者要进行讲解，对其中的难点和重点进行剖析，补充说明，强化学习效果。最好还能引起受训者讨论，让他们对某些关键问题作进一步的思索。

该方法的主要优点是：由于视听培训是运用视觉和听觉的感知方式，直观鲜明，所以比讲授或讨论给人的印象更深；教材生动形象且给学员以真实感，所以也比较容易引起受训人员的关心和兴趣；视听教材可反复使用，从而能更好地适应受训人员的个别差异和不同水平的要求。

该方法的主要缺点是：视听设备和教材的成本较高，内容易过时；选择合适的视听教材不太容易；学员处于消极的地位，反馈和实践较差，一般可作为培训的辅助手段。

（七）企业内部电脑网络培训法

企业内部电脑网络培训法是一种新型的计算机网络信息培训方式，主要是指企业通过内部网，将文字、图片及影音文件等培训资料放在网上，形成一个网上资料馆或网上课堂供员工进行课程的学习。这种方式由于具有信息量大，新知识、新观念传递优势明显，更适合成人学习。因此，特别为实力雄厚的企业所青睐，也是培训发展的一个必然趋势。

该方法的主要优点是使用灵活，符合分散式学习的新趋势，学员可灵活选择学习进度，灵活选择学习的时间和地点，灵活选择学习内容，节省了学员集中培训的时间与费用；可及时、低成本地更新培训内容；另外，网上培训可充分利用网络上大量的声音、图片和影音文件等资源，增强课堂教学的趣味性，从而提高学员的学习效率。

该方法的主要缺点是网上培训要求企业建立良好的网络培训系统，这需要大量的培训资金。该方法主要适合知识方面的培训，一些如人际交流的技能培训就不适用于网上培训方式。

阅读材料

思科公司始终把员工培训当作公司的头等大事，即使是在它独占鳌头的现在，其领导层依然为如何开展好员工培训、让员工越跑越快而殚精竭虑。思科公司是一个生存在网上的公司，有非常发达的内部网，其中有一个庞大的 E-learning 系统。通过 E-learning，公司改变了对员工、渠道伙伴及客户的教育与培训方式，1999 年 11 月，公司初步推出了 E-learning 课程及远程实验室设备，为全面的 E-learning 方案打下基础。这个系统由以不同形式发送的学习内容、学习过程的管理以及学员与内部供应的开发者或专家共同参与的网上学习社区三个部分组成。思科的员工要接受培训，可以在网上随时申请，人力资源部的培训计算机管理系统会将报名情况反馈给这个员工，同时也给他的主管抄送一个反馈，这些全是由计算机来完成的。思科还有一个 Video 教育学堂，员工可以从宽带网上接受这种多媒体教育。

（佚名）

（八）角色扮演法

角色扮演法就是为受训者提供一种真实的情景，要求一些培训者扮演某些特定的角色并出场表演，借助所扮演角色的演练来增强其对所扮演角色的感受，并培养和训练其解决问题的能力。这种方法的一个最突出特点是让受训者有机会实践所学的技能，并在角色扮演提供的人员互动中加深对技能的理解和掌握。在这一点上，角色扮演法比案例分析更前进了一步。角色扮演法最常用于培训人们的人际技能和推销技巧，它实际上可用于开发涉及任何人际互动领域的技能。

该方法的主要优点：一是学员参与性强，学员与教员之间的互动交流充分，可以提高学员培训的积极性；二是特定的模拟环境和主题有利于增强培训的效果；三是通过扮演和观察其他学员的扮演行为，可以学习各种交流技能；四是通过模拟后的指导，可以及时认识自身存在的问题并进行改正。

该方法的主要缺点：①角色扮演法效果的好坏主要取决于培训教师的水平；②问题分析往往限于个人，不具有普遍性；③如果没有事先准备好关于学习者可学到什么内容的概括性说明，那参与者在完成表演后很难有进一步提高，也就是说，仅仅是其真实行为的再现，而没有提高行为的有效性；④如果受训者扮演后得不到应有的反馈，他们常常认为这是浪费时间；⑤由于对角色扮演的认识不够，一些受训者会认为只是个游戏，而另一些受训者则干脆不愿参与，这反而令培训者陷于被动，所以执行起来有一定的困难；⑥如果给受训者事先的指导较少，可能会导致表演失误，从而引起尴尬和挫败感，反而会打击受训人今后的工作信心；⑦角色扮演需要的时间较长，每轮表演只能让较少的人参与，这种培训方法比较耗时。

（九）管理游戏法

管理游戏是指受训者在一些仿照商业竞争规则的情景下收集信息并将其进行分析，作出决策的过程。它主要用于管理技能开发的培训中。参与者在游戏中所作的决策的类型涉及各个方面的管理活动，包括劳工关系（如集体谈判合同的达成）、市场营销（如新产品的定价）、财务预算（如购买新技术所需的资金筹集）等。

该方法的主要优点：一是能够激发受训者的学习动力；二是能够帮助团队队员迅速构建信息框架以及培养参与者的团队合作精神；三是游戏采用团队方式，有利于营造有凝聚力的团队；四是与其他方法相比，管理游戏法显得更加真实。

该方法面临的批评主要是关于决策制订的新奇性或反应性的缺乏，开发和管理的成本高，一些模型的不现实，以及许多参加者只是寻求赢得游戏而不是集中精力作出好的决策。

（十）团队建设法

团队建设法是用以提高团队或群体成员的技能和团队有效性的培训方法。它注重团队技能的提高以保证进行有效的团队合作。这种培训包括对团队功能的感受、知觉、信念的检验与讨论，并制订计划以将培训中所学的内容应用于工作当中的团队绩效上。团队建设法主要包括探险性学习、团队培训和行为学习。

探险性学习也称为野外培训或户外培训。它是利用结构性的室外活动来开发受训者的团队协作和领导技能的一种培训方法。该方法最适应于开发与团队效率有关的技能，如自我意识能力、问题解决能力、冲突管理能力和风险承担能力等。

团队培训旨在调适群体或团队成员个人的知识、态度和行为，通过协调个体的活动和绩效来促进团队绩效的提高，从而有效实现团队的共同目标。团队培训对于必须分享信息、协同工作、个人行为与群体绩效密切相关的集体和情况是非常有用的。团队培训一般可采用讲座、录像、角色扮演、仿真模拟等多种方法。

行动学习法是指给受训集体或工作小组布置一项实际工作难题，要求他们合作制订出解决该问题的行动计划并负责组织实施这一计划的培训方式。受训集体或团队一般由6~30人组成，可以包括不同部门的代表、顾客和经销商等人士。这种方法由于其“行动”涉及的是员工实际面临的问题，有助于发现妨碍团队有效解决问题的非正常因素，并有利于学习与培训成果向实践高效转化，因此在有些地方已被广泛采用。

除了以上我们介绍的几种外，培训开发方法还有很多种，限于篇幅，不再一一赘述。

二、培训与开发方法的选择

培训与开发方法有很多种，实践中究竟如何去选择，还需要考虑如下因素。

（一）培训的目标

培训目标对培训方法的选择有着直接的影响。一般来说，学习目标若为认识或了解一般的知识，那么，讲授法、案例研究法等多种方法均能采用；若培训目标为掌握某种应用技能或特殊技能，则工作指导法、角色扮演法等方法应列为首选。

（二）所需的时间

由于各种培训方法所需要的时间的长短不一样，所以，培训方式的选择还受着时间因素的影响。有的训练方式需要较长的准备时间，如案例教学法；有的培训实施起来则时间较长，如自我学习，这就需要根据企业组织、学习者以及培训教员个人所能投入的时间来选择适当的培训方式。

（三）所需的经费

有的培训方式需要的经费较少，而有的则花费较大。如工作轮换法、研讨会等方法，所需的经费一般不会太高；而视听技术法则花费较大，如各种配套设备购买等需要投入相当的资金。因此需考虑到企业组织与学员的消费能力和承受能力。

（四）学员的数量

学员人数的多少还影响着培训方式的选择。当学员人数不多时，小组讨论或角色扮演将是不错的培训方法；但当学员人数众多时，讲授法可能比较适当。因为学员人数的多少不仅仅影响着培训方式，而且影响着培训的效果。

（五）学员的特质

学习者所具备的基本知识和技能的多少，也影响着培训方式的选择。例如，当学员毫无电脑知识时，电脑化培训就不太适用；当学员的教育水准较低时，自我学习的效果就不会很好；当学员大多数分析能力欠佳并不善于表达时，辩论或小组讨论的方式将难以取得预期的效果。因此，培训方式的选择还应考虑到学员本身的知识状况和应对能力。

开篇案例简析

员工培训与开发是人力资源管理领域中一个投入大、产出高并极具增长潜力的领域。但是，员工培训与开发也是一项充满风险的工作。有很多企业费了很大的人力、物力与财力搞培训，但最后收效甚微，远达不到预期的目标。究其原因可能有多方面的，例如培训需求分析没做到位，从而造成培训针对性差；培训内容陈旧，理论性强，可操作性差；培训方法单一、不生动；培训老师水平有限；培训效果难易测量等。

案例中提到的杜邦公司是世界一流的化工企业，其从事员工培训的工作人员虽然很少，但其培训工作却开展的很好。结合案例材料以及杜邦公司的其他相关材料，我们可以发现，其员工培训工作做得比较好的原因主要就在于抓住了培训工作中的一些核心工作，并尽力做好这些工作，在制定培训大纲与培训计划时，充分做好培训需求分析，首先了解清楚各部门每个员工的需求是什么，然后再确定需要培训什么，最后针对每个人制定培训计划，这样就具有比较强的针对性，也就对应了案例标题中说道的“量体裁衣”，而不是强迫每个人穿统一型号的“衣服”。本章中对如何做培训需求分析等工作也都有详细的讲解。

另外，案例中提到的杜邦公司给员工提供平等的、多元化的培训机会；员工根据自己的需要可以向主管提出，公司就会合理地安排培训以及培训中实行的特殊教员制，这都是杜邦公司在培训中独具特色并做得比较好的地方，也都是值得其他企业借鉴的地方。

本章小结

员工培训与开发是指企业通过多种方式，使员工具备完成现在或者将来工作所需要的技能并改变他们的工作态度，以改善员工在现有或将来职位上的工作业绩，最终实现企业整体绩效提升的一种计划性和连续性的活动。员工培训与开发工作主要包括培训需求分析、培训计划制订、培训组织实施、培训效果评估四个环节，这四个环节的关系不仅是相互联系的一个完整系统，又是具有先后顺序、首尾相接的一个工作流程。

培训需求分析，是指在规划与设计每一项培训活动之前，由组织的相关人员采用各种方法与技术，对组织、工作及人员三者的相关情况进行系统的鉴别与分析，以确定是否需要培训及如何培训的一种活动。

培训计划是培训需求分析的结果，是在培训需求分析基础上对培训目标的具体化与可操作化。

组织实施培训就是要以既定的培训计划为蓝图，具体落实培训计划中规定的相关工作，扎扎实实地组织开展各项培训活动，保质保量地按时完成培训计划，力争有效达成已确立的培训目标。

培训效果评估就是一个依据特定的培训目标，在培训结束后搜集相关的数据的基础上，运用一定科学的理论、方法和程序，采用特定的指标体系，对培训效果进行测量和评价的过程。

培训与开发方法是指为了有效地实现培训目标而采用的手段和技术。企业可以采用的培训与开发方法有很多种，比较常用的有：讲授法、案例研究法、研讨会法、自我指导学习法、工作指导法或教练/实习法、工作轮换法、视听技术法、企业内部电脑网络培训法、角色扮演法、管理游戏法、行为模仿、感受性训练等。

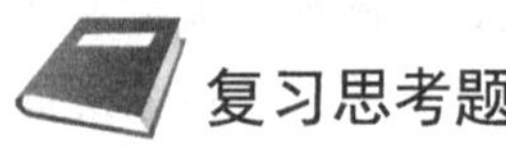

复习思考题

1. 员工培训与开发的含义及意义是什么？
2. 如何进行培训需求分析？
3. 培训计划一般都包括哪些具体内容？
4. 简述柯克帕特里克四层次评估模型的基本内容。
5. 员工培训与开发的常用方法有哪些？它们特点各有什么不同？

案例分析

沃尔玛的另类培训

与世界上其他任何一个企业都不相同的是，在沃尔玛没有“员工”这个称谓，即使是沃尔玛的创始人沃尔顿在称呼他的属下的时候，也是称呼“同事”。所以，他们只对 “同事”进行培训，不对“员工”进行培训。沃尔玛对职员的尊重，由此可见一斑。“同事一直被视为公司最大的财富。零售业的竞争，归根到底是人才的竞争。”这是沃尔玛中国有限公司高级人力资源总监谭少熙对记者说的一番话，“尊重，这是我们整个培训的基础”。

与世界上任何一个企业的培训都不相同的是，在沃尔玛，没有所谓 “经验”，没有“先例”，没有“教条”，他们所有的培训看起来都有些“另类”。

沃尔玛有一整套健全的培训体系，这套完整的培训体系奠定了沃尔玛作为世界上零售业龙头老大的基础。这个培训体系大致包括以下几个方面的内容。

1．新人入职培训：90 天定乾坤

沃尔玛的“新人”，90 天定乾坤。随着公司在国际上的大举扩张——现在在全世界的雇员总数大约为 110 万，确保有才能的同事取得成就，得到承认，并为他们提供脱颖而出的机会，就成了留住人才的关键。为此，公司将注意力集中在帮助新同事在头 90 天里适应公司环境。如分配老同事给他们当师傅，分别在 30 天、60 天和 90 天时，对他们的进步加以评估等。这些努力降低了 25%的人员流动，也为公司的进一步发展赋予了新的动力。

2．6 个月培训后即可被提拔

在一般零售公司，没有 10 年以上工作经验的人根本不会被考虑提升为经理；而在沃尔玛，经过 6 个月的训练后，如果表现良好，且有管理好同事、管理好商品销售的潜力，公司就会给他们一试身手的机会，先做经理助理或去协助开设新店，如果干得不错，就会有机会单独管理一个分店。因此，今天沃尔玛公司的绝大多数经理人员产生于公司的管理培训计划，是从公司内部提拔起来的。

3．海外培训：利用股东大会培训

在美国沃尔玛总部设有沃尔玛零售学院，不定期地从世界各地的沃尔玛公司选拔工作表现优秀、有发展潜力的管理人员前往接受培训。培训内容涉及零售学、商场运作及管理、高级领导技术培养等；培训时间从数周至数月不等。另外，一年一度的股东大会，更是为全世界的沃尔玛人提供了相互沟通、交流、学习的机会。

4. 专业技能培训标准化："露出八颗牙"微笑

如果有企业说"面对顾客要微笑"，它能说出微笑的标准和程度吗？沃尔玛就能做到这一点。沃尔玛中国有限公司副总裁李成杰说，他们微笑服务的标准是："露出八颗牙"，是想让员工笑得开朗一些。有些员工的微笑过于含蓄，露出八颗牙可以确保他笑得很开朗，类似的标准还有很多。如："三米原则"——当顾客走近时，向他微笑，主动提供服务，主要是为了让顾客有宾至如归的感觉；"日落原则"——在太阳下山前也就是下班之前把当天的问题解决，不要拖到第二天等。

所有的不同和所有的另类，造就了这个企业的最大不同——世界第一，因为第一永远只有一个。

（周保平，2005）

分析讨论：

1. 试分析沃尔玛培训的另类之处在哪里。
2. 沃尔玛的另类培训对企业发展的重要意义体现在哪些方面？
3. 沃尔玛另类培训可资借鉴的地方有哪些？

实训

员工培训计划的制订实训

（一）实训目的

通过实训，使学生了解员工培训计划包含的主要内容，掌握员工培训计划的制订方法，熟悉员工培训计划的制订过程。

（二）实训条件

1. 实训时间

本实训大约需要2～3个学时。

2. 实训地点

多媒体教室。

（三）实训内容与要求

1. 实训内容

根据下述案例材料提供的背景，制订新员工培训计划。

案例：W软件公司主要从事软件开发、系统集成、产品分销、软件外包、咨询服务等业务。公司每年都要吸纳一大批高校的应届毕业生，如何让这些优秀毕业生尽快融入企业，加深对企业氛围及文化的理解，完成从局外人到公司人的转变，是公司人力资源部门在新员工培训环节中特别关注的问题。

2. 实训要求

（1）要求学生做好实训前的知识准备，熟悉员工培训计划的主要内容及制订员工培训计划的主要方法。

（2）对上述案例进分组讨论，为该公司制订新员工培训计划。

（3）要求教师在实训过程中做好组织工作，给予必要的、合理的指导，使学生加深对理论知识的理解，提高实际分析、操作的能力。

（四）实训组织方法与步骤

第一步，确认培训需求，撰写培训需求分析报告。要把握好本公司所做的是新员工培训，因此应结合新员工的特点，了解他们的培训需求是什么。

第二步，制订培训计划。主要应包括培训目标、培训方法等重要内容。

第三步，调动学生积极思考和发言，让每组学生进行充分的分析和讨论，并在小组内部形成统一的结论，由小组的代表在全班发表看法。

第四步，教师对各种观点进行分析、归纳和总结，提出指导意见，帮助学生完善自己的结论。

第五步，每个小组根据讨论的结果编写实训报告。

（五）实训考核方法

1. 成绩划分

实训成绩按优秀、良好、中等、及格和不及格五个等级评定。

2. 评定标准

（1）能否较好地掌握相关的理论知识。

（2）能否全面、准确地做好培训需求分析工作。

（3）能否制订出比较合理的员工培训计划。

（4）是否记录了完整的实训内容，做到文字简练、准确，叙述通畅、清晰。

第六章　绩效管理

学习目标：通过本章的学习，主要了解绩效及绩效管理的含义；理解并掌握绩效管理的四个环节和绩效评价的方法；能够根据所学知识对一个企业进行绩效管理制度的设计。

关键概念：绩效（Performance）　绩效管理（Performance Management）　绩效评价（Performance Appraising）

开篇案例

绩效考评：可有可无的鸡肋

某企业到年底又开始了每年一度的绩效评价工作，人力资源部必然是这项工作的组织者与运作者。人力资源部会将一些固定的表格发放给各个部门的经理，各个部门的经理则需要在规定的时间内填完这些表格，交回人力资源部。于是，对于业绩指标不是很具体的部门经理们忙得不亦乐乎地在这些表格中圈圈勾勾，再加上一些轻描淡写的评语，然后就表中的内容同每位下属谈话十几分钟，最后在每张评价表中签上名。这次评价工作就算是完事大吉了。对于业绩指标比较具体的业务部门，绩效评价完全就是以业绩为依据，奖金也是直接与业绩挂钩，因此年终的评估相对来说比较简单，就是对完成额的情况统计和回顾，而不考虑完成业绩的过程中的客观情况的变化。更有的部门采用的是强迫分布法，年终绩效考评的时候，从主管到员工每个人都惴惴不安，主管人员就需要按照A、B、C、D、E 五个等级给定的比例将部门内的员工分配到各个档次上去。这是令主管人员非常头疼的事情，特别是把谁评为E等确实很难办，需要煞费苦心、斟酌许久。员工们更是在内心猜测着自己会被评为几等，甚至于会对主管人员察言观色。如果看到这段时间主管对自己总是笑容可掬的，心里就会猜想自己的考评结果应该不会差了；如果看到主管人员总是对自己板着脸，那自己说不定就成了E等的牺牲品。但是无论如何进行绩效考评，考评过后每个人又回到现实工作中，至于如何利用考评结果发挥作用？考评方法是否符合实际？考评是否公平公正？真的是没有多少人关心它们。绩效考评成为可有可无的鸡肋。

（佚名）

请思考：为什么绩效考评成了可有可无的鸡肋？

第一节　绩效管理概述

一、绩效的含义及特点

由于绩效管理是基于绩效来进行的，因此我们首先要对绩效及其特点有所了解。

（一）绩效的含义

核心概念

绩效，也称业绩，是指员工经过考评并被认可的工作行为、工作表现及工作结果。

从绩效的定义可以知道，对员工进行绩效考评涉及工作结果和工作行为。员工的工作结果，被称为“任务绩效”，即指按照其工作性质，员工完成工作的结果或履行职务的结果。换言之，任务绩效就是组织成员对组织的贡献，或对组织所具有的价值。在一个组织中，员工绩效具体表现为完成工作的数量、质量、成本费用以及为组织作出的其他贡献等。员工的工作行为，被称为“周边绩效”或者“关系绩效”，即指影响员工完成某项工作结果的行为、表现和素质。就这个角度而言，绩效并不仅仅是指员工把工作做得怎样。某一员工即使把工作做好了或完成了某项既定的工作，但如果其在完成工作的过程中，并没有规范自己的行为，表现出良好的素养，则综合起来评价，这个员工的绩效至少不能算好。对周边绩效的评价通常采用行为性的描述来进行评价。目前，越来越多的企业在绩效评价时同时评价任务绩效和周边绩效两部分。

（二）绩效的特点

一般来说，绩效具有以下三个主要的特点。

1. 多因性

绩效的多因性是指绩效的优劣并不取决于单一的因素，而是要受制于主、客观的多种因素影响。如图 6.1 所示的工作绩效模型，列出了影响工作绩效的四种主要因素，即员工的技能、激励、环境与机会。其中前两者是属于员工自身的、主观性影响因素，而后两者则是客观影响因素。

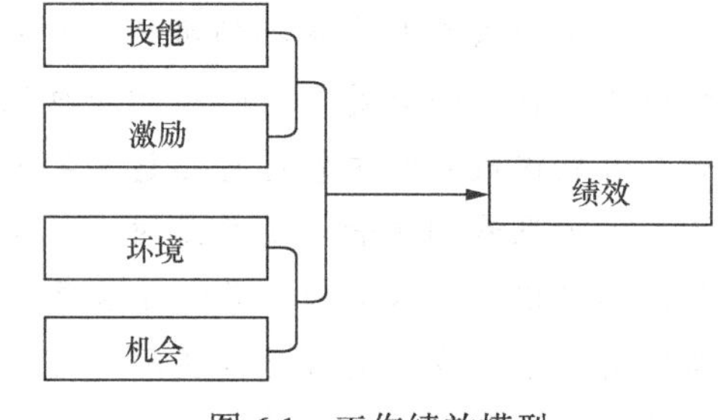

图 6.1　工作绩效模型

这个模型也可用如下公式表示：

$$P=F(S, O, M, E)$$

其中：P 为绩效（Performance）；S 为技能（Skill）；O 为机会（Occasion）；M 为激励（Motivation）；E 为环境（Environment）。此式说明，绩效是技能、激励、机会与环境四个变量的函数。

2. 多维性

绩效的多维性是指绩效评价要从多种维度或方面去分析与考评。例如，对一线操作工人进行绩效评价时，不仅要看其产量与质量的指标完成情况，而且要看其生产过程中的原材料使用、能源消耗、设备保养状况、员工工作态度等。由于绩效评价结果会影响到每一个员工的切身利益，所以评价维度的全面性无疑至关重要。

3. 动态性

员工的绩效是会变化的，随着时间的推移，绩效差的可能变好，绩效好的也可能退步变差。这种动态性决定了绩效的时限性，绩效往往是针对某一特定的时期而言。这实际上向我们解释了为什么绩效评价和绩效管理中存在一个绩效周期的问题。可见管理者切不可凭一时印象，以僵化的观点看待下级的绩效。

二、绩效管理

（一）绩效管理的含义

核心概念

绩效管理就是指制定员工的绩效目标并收集与绩效有关的信息，定期对员工的绩效目标完成情况作出评价和反馈，以确保员工的工作活动和工作产出与组织保持一致，进而保证组织目标完成的管理手段与过程。

良好的组织绩效是组织追求的目标，而组织的绩效却由个体的绩效所构成，因此，组织要取得好的绩效，必须有效控制个体员工的工作绩效，而对绩效的控制实质上是一个绩效管理的问题。

（二）绩效管理系统

对于绩效管理，人们往往把它等同于绩效评价，认为绩效管理就是绩效评价，两者没有什么区别。其实，绩效评价只是绩效管理的一个组成部分，最多只是一个核心的组成部分而已，代表不了绩效管理。完整意义上的绩效管理包括四个方面：绩效计划、绩效监控、绩效评价和绩效反馈，如图 6.2 所示。

绩效管理是事前计划、事中监控和事后评价及反馈的四位一体的闭环系统。因此，绩效评价只是绩效管理过程中的一个环节，不能以绩效评价来代替绩效管理。

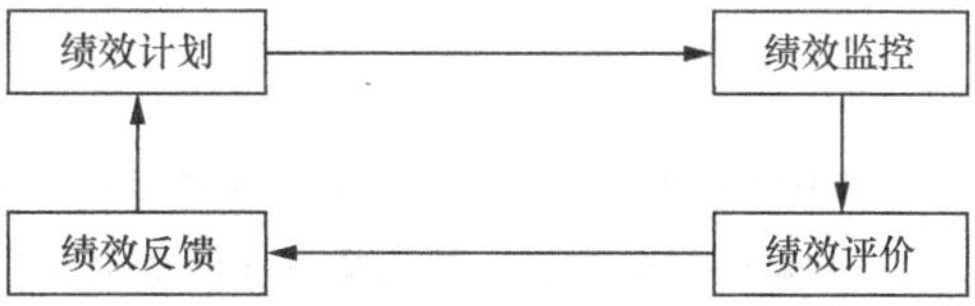

图 6.2 绩效管理系统示意图

绩效评价成功与否不仅取决于评价本身，而且很大程度上取决于与评价相关的整个绩效管理过程。有效的绩效评价依赖于整个绩效管理活动成功开展，而成功的绩效管理也需要有效的绩效评价来支撑。

绩效管理是人力资源管理体系中的核心内容，而绩效评价只是绩效管理中的关键环节，但企业在实际运用中却往往忽视绩效管理的系统过程。绩效管理是一个完整的管理过程，它侧重于信息沟通与绩效提高，强调实现沟通与承诺，它伴随着管理活动的全过程；而绩效评价则是管理过程中的局部环节和手段，侧重于判断和评估，强调事后的评价，而且仅在特定的时期内出现。

归纳起来，绩效管理与绩效评价的区别主要有以下几点。

（1）绩效管理是一个完整的系统，而绩效评价只是这个系统中的一部分。

（2）绩效管理是一个过程，注重过程的管理，而绩效评价是一个阶段性的总结。

（3）绩效管理具有前瞻性，能帮助企业前瞻性地看待问题，有效规划企业和员工的未来发展；而绩效评价则是回顾过去的一个阶段的成果，不具备前瞻性。

（4）绩效管理有着完善的计划、监督和控制的手段和方法，而绩效评价只是提取绩效信息的一个手段。

（5）绩效管理注重能力的培养，而绩效评价则只注重成绩的大小。

（6）绩效管理能建立经理和员工之间的绩效合作伙伴关系；而绩效评价则使经理和员工站到了对立面，距离越来越远，甚至会制造紧张的气氛和关系。

无论是从基本的概念上，还是从具体的操作上，绩效管理和绩效评价之间都存在着较大的差异。但是，绩效管理与绩效评价又是一脉相承的、密切相关的。绩效评价是绩效管理的一个不可或缺的组成部分。通过绩效评价可以为企业的绩效管理的改善提供资料，帮助企业不断提高绩效管理的水平和有效性，使绩效管理真正帮助管理者改善管理水平，帮助员工提高绩效能力，帮助企业获得理想的绩效水平。

（三）绩效管理的目的

绩效管理的目的主要体现在三个方面：战略目的、管理目的和开发目的。

（1）战略目的。就是指绩效管理能够把员工的努力与组织的战略目标联系在一起，通过提高员工个人的绩效来提高企业的整体绩效，从而实现企业的战略目标。

（2）管理目的。通过绩效管理，可以对员工的行为与绩效进行评估，以便适时给予相应的奖惩以及激励，其评价的结果是企业进行薪酬管理、作出晋升决策以及保留或解雇员工的决定等人力资源管理决策的重要依据。

（3）开发目的。在绩效管理过程中，通过绩效评价可以发现员工的不足之处，在此基础上有针对性地进行改进和培训开发，从而不断提高员工的素质，达到提高绩效的目的。

（四）绩效管理的意义

小知识

IBM前首席执行官（CEO）曾经说过，一个企业的管理就是人力资源管理，而人力资源管理的核心就是绩效管理，可见绩效管理在企业管理中的重要作用。

作为人力资源管理的一项核心职能，绩效管理具有非常重要的意义，这主要表现在以下几个方面。

1. 可以促进员工的发展

通过绩效管理，员工对自己的工作目标确定了效价，也了解自己取得一定的绩效后会得到什么样的奖酬，他就会努力提高自己的期望值，比如学习新知识、新技能，以提高自己胜任工作的能力，取得理想的绩效，个人得到了进步。

2. 有助于提升企业的绩效

企业绩效是以员工个人绩效为基础而形成的，有效的绩效管理系统可以改善员工的工作绩效，进而有助于提高企业的整体绩效。目前在西方发达国家，很多企业纷纷强化员工绩效管理，把它作为增强公司竞争力的重要途径。

3. 能够有效地避免管理人员与员工之间的冲突

当员工认识到绩效管理是一种帮助而不是责备的时候，他们会更加积极合作和坦诚相处。绩效管理不是讨论绩效低下的问题，而是讨论员工的工作成绩、成功和进步，这是员工和经理的共同愿望。有关绩效的讨论不应仅仅局限于经理评判员工，而是应该鼓励员工自我评价以及相互交流对方对绩效的看法。发生冲突和尴尬的情况常常是因为经理在问题变得严重之前没有及时处理，问题发现得越早，越有利于问题的解决。经理的角色是通过观察发现问题，去帮助他们评价、改进自己的工作，共同找出答案。如果经理把绩效管理看作双方的一个合作过程，将会减少冲突，增强合作。

4. 可以节约管理者的时间成本

绩效管理可以使员工明确自己的工作任务和目标，他们会知道领导希望他们做什么，可以做什么样的决策，必须把工作干到什么样的地步，何时需要领导指导。通过赋予员工必需的知识来帮助他们进行合理的自我决策，减少员工之间因职责不明而产生的误解。通过帮助员工找到错误和低效率原因的手段来减少错误和差错，通过找出通向成功的障碍，以免日后付出更大的代价，领导就不必介入到所有正在从事的各种事务中进行过细管理，从而节省时间去做自己应该做的事。

第二节　绩效计划与监控

一、绩效计划

绩效计划作为绩效管理过程的第一个环节，是绩效管理实施的关键和基础所在。绩效计划制订得是否科学合理，直接影响到绩效管理整体的实施效果。

（一）绩效计划的过程

一般来说，绩效计划包括三个阶段：准备阶段、沟通阶段、审定与确认阶段。

1. 准备阶段

绩效计划通常是管理者和员工进行双向沟通后所得到的结果，这种计划的设定需要经过一些必要的准备，对管理者和员工来说均是如此，否则就难以取得理想的结果。这些准备包括：组织战略目标和发展规划、企业年度经营计划、业务单元的工作计划、团队计划、个人的工作职责、员工上一个绩效周期的绩效评价结果等信息。除了上述的信息需要被好好准备以外，对于绩效计划的沟通方式也需要认真斟酌，这主要看组织的文化氛围、员工的特点以及工作目标的特点。

2. 沟通阶段

在沟通阶段，管理人员和员工主要通过对环境的界定、能力的分析，确定有效的目标，制订绩效计划，并就资源分配、权限、协调等可能遇到的问题进行讨论。一般情况下，绩效计划沟通时应该至少回答以下四个问题：该完成什么工作；按照什么样的程序完成工作；何时完成工作；需要哪些资源与支持。

小知识

享誉北美的绩效管理专家罗伯特·巴克沃在其专著《绩效！绩效！——如何考评员工的表现》一书中认为，真正的绩效管理“是两个人之间持续的沟通过程”，倡导绩效管理是员工和直接主管的沟通，是组织和管理者的高收益投资，并以此为核心构建完整的绩效管理体系。

3. 审定与确认阶段

管理人员需要与员工进一步确认绩效计划，形成书面的绩效合同，并且管理人员和员工都需要在该文档上签字确认。在实际工作中，绩效计划订立后并不是不可改变的，环境总是在不断发生变化，在计划的实施过程中往往需要根据实际情况及时对绩效计划进行调整。

绩效计划的结果是绩效合同，所以很多管理人员过分关注最终能否完成绩效合同。实际上，最终的绩效合同很重要，但是制订绩效计划的过程更重要。在绩效计划的制订过程中，管理人员必须认识到这是一个双向沟通的过程，一方面管理人员需要向员工传达部门对员工的期望与要求；另一方面，员工也需要与管理人员沟通自己的认识、疑惑、可能遇到的问题及需要的资源等。而且，在绩效计划的过程中，员工的参与与承诺也是至关重要的因素。社会心理学家有一个重要发现，就是当人们亲身参与了某项决策的制订过程时，他们一般会倾向于坚持立场，并且在外部力量作用下也不会轻易改变立场。而这种坚持产生的可能性主要取决于两种因素：一是他在形成这种态度时卷入的程度，即是否参与态度形成的过程；二是他是否为此进行了公开表态，即做出正式承诺。从这点来看，让员工参与绩效计划的制订过程并对合同上的内容与管理者达成一致，形成正式承诺，对于整个绩效管理的顺利实施都有巨大的意义。

（二）绩效指标

制定绩效指标与绩效标准往往是一起进行的。一般来说，绩效指标是指企业要从哪些方面对工作产出进行衡量或评估。而绩效标准是指企业在各个指标上应该分别达到什么样的水平。也就是说，指标解决的是企业需要考核什么，才能实现其战略目标；而标准关注的是被评价的对象需要在各个指标上做得“怎样”或完成“多少”。绩效指标与绩效标准是相互对应的，本文之所以把它们分开来讲，主要是为了对这两个不同的概念有更清楚的认识。

1. 绩效指标的设置

绩效指标的确定有助于保证绩效评价的客观性。确定绩效评价指标时，应当注意以下几个问题。

（1）绩效指标应当实际。就是说绩效指标应当根据员工的工作内容来确定。由于绩效考核的根本目的是用来改善员工工作业绩，因此绩效指标应当反映员工的工作内容，这样才有助于发现他们工作中的不足和问题，并有针对性地进行改进。在企业中，每个员工的工作内容都是不一样的，因此他们的绩效指标也应当是不同的。

（2）绩效指标应当有效。就是说绩效指标应当涵盖员工的全部工作内容，这样才能准确地评价员工的实际绩效。这包括两个方面的含义：一是指绩效指标不能有缺失，员工的全部工作内容都应当包括在绩效指标中；二是指绩效指标不能有溢出，职责范围以外的工作内容不应当包括在绩效指标中，具体如图 6.3 所示。

由图 6.3 可看出，有效的绩效指标是绩效指标和实际工作内容这两个圆重叠的部分 B，左边的 A 部分表示绩效指标的溢出，右边的 C 部分表示绩效指标的缺失。这两个圆重叠的 B 部分越大，绩效指标的有效性就越高。为了提高绩效指标的有效性，应当依据工作说明书的内容来确定绩效指标。

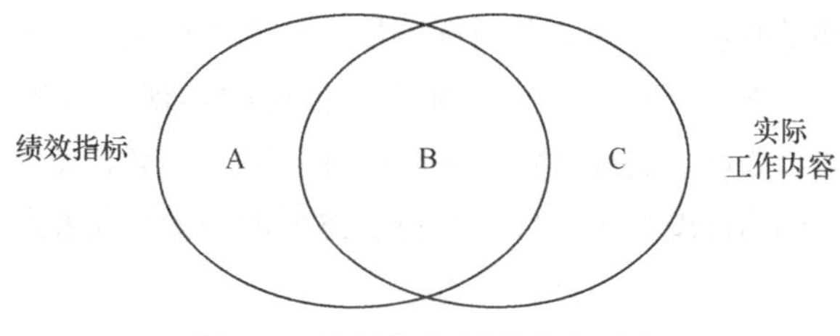

图 6.3　绩效指标的缺失和溢出

（3）绩效指标应当具体。即指标要明确指出到底是考核什么内容，不能过于笼统，否则考核主体就无法进行考核。例如，在考核老师的工作业绩时，“授课情况”就是一个不具体的指标，因为授课情况涉及很多方面的内容，如果使用这一指标进行考核，考核主体就无从下手，应当将它分解成以下几个具体的指标——“上课的准时性”、“讲课内容的逻辑性”、“讲课方式的生动性”，这样考核时就更有针对性。

（4）绩效指标应当明确。即当指标有多种不同的理解时，应当清晰地界定其含义，不能让考核主体产生误解。例如，对于“工程质量达标率”这一指标，就有两种不同的理解：一是指“质量合格的工程在已经完工的工程中所占的比率”，二是指“质量合格的工程在应该完工的工程中所占的比率”。这两种理解有很大的差别，应当指明到底是按照哪种含义来进行考核。

（5）绩效指标应当具有差异性。这包括两个层次的含义：一是指对于同一个员工来说，各个指标在总体绩效中所占的比重应当有差异，因为不同的指标对员工绩效的贡献不同，例如对于总经理办公室主任来说，公关能力相对就比计划能力要重要。这种差异性是通过各个指标的权重来体现的；二是指对于不同的员工来说，绩效指标应当有差异，因为每个员工从事的工作内容是不同的，例如，销售经理的绩效指标就应当和生产经理的不完全一样。此外，即便有些指标是一样的，但是权重也应当不一样，因为每个职位的工作重点不同。例如，计划能力对企业策划部经理的重要性就比对法律事务部经理的要大。

（6）绩效指标应当具有变动性。这也包括两个层次的含义：一是指在不同的绩效周期，绩效指标应当随着工作任务的变化而有所变化；二是指在不同的绩效周期，各个指标的权重也应当根据工作重点的不同而有所区别。职位的工作重点一般是由企业的工作重点决定的。

2. 绩效指标的选择依据

绩效指标的选择是一项负责的工作，需要考虑多方面的因素。绩效评价的目的和被评价人员所承担的工作内容和绩效标准是绩效评价指标的选择依据。另外，从评价的可操作性角度考虑，绩效指标的选择还应该考虑到取得所需信息的便利程度，从而使设计的绩效评价指标能够真正得到科学、准确的评价。因此，绩效评价指标的选择依据包括以下三个方面。

（1）绩效评价的目的。绩效评价的目的是选择评价指标的一个非常重要的依据。能够用于评价某一岗位绩效情况的绩效评价指标往往很多，但是绩效评价不能面面俱到，否则就失去了操作性，从而进一步丧失了评价的意义。例如，如果绩效评价的目的是为了确定员工培训的内容，这时可能会注重工作能力方面的指标；如果绩效评价的目的是为了发放薪酬，则可能会注重工作结果方面的指标。显然，根据绩效评价的目的，对可能的绩效评价指标进行选择是非常重要的。

（2）被评价人员所承担的工作内容和绩效标准。每一名被评价者的工作内容和绩效标准都是通过将企业的总目标层层分解而得到的。每个员工都应有明确的工作内容和绩效标准，以确保工作的顺利进行和工作目标的实现。绩效指标就应体现这些工作内容和标准，从时间、数量、质量上赋予评价指标一定的内涵，使绩效评价指标的名称和定义与工作内容相符，指标的标度与绩效标准相符。这样的绩效评价指标才能够准确地引导员工的行为，使员工的行为与组织的目标相一致。

（3）取得评价所需信息的难易程度。为了使绩效评价工作能够顺利开展，我们应该能够方便地获取与评价指标相关的信息。因此，所需信息的来源必须稳定可靠，获取信息的方式应简单可行。只有这样，我们的绩效评价指标体系才是切实可行的。同时，在进行绩效评价时才能有据可依，避免主观随意性带来的评价错误。

（三）绩效标准

设定了绩效指标之后，就要确定绩效指标达成的标准。绩效标准的确定有助于保证绩效评价的公正性，否则就无法确定员工的绩效到底是好还是坏。

一个完整的绩效指标与其标准一般包括四个构成要素，这四个要素是指标名称、指标的操作性定义、等级标志和等级定义。其中，等级标志和等级定义往往合二为一，形成了与绩效指标对应的绩效标准。等级标志是用于区分各个等级的标志性符号；等级定义规定了与等级标志对应的各等级的具体范围，用于揭示各等级之间差异。表 6.1 展示了一个完整的绩效评价指标与其标准。

表 6.1　绩效指标与标准的四个要素示例

指标名称	销售收入增长率（%）				
指标的操作性定义	该绩效周期里，销售收入较上一周期增长的百分比				
等级标志	A	B	C	D	E
等级定义	>20	15～20	10～15	5～10	<5

根据实践经验，我们将绩效评价标准分为两种：描述性标准和量化标准。

1. 描述性标准

描述性标准常见于特质指标、行为指标之后，在对整体性绩效结果的评价中运用得较多。

描述性标准在特质指标中的应用主要是用来区分被评价者能力或者特质差异的，行为要素需要借助行为指标和相应的描述性标准区分优劣。而描述性标准在行为指标中应用的结果就是行为特征标准。关键事件法和行为锚定等级评价法中需要建立大量的行为标准（见下面的绩效评价方法）。描述性标准示例见表 6.2。

表 6.2　描述性标准示例

指标名称	指标定义	等级标志	等级定义
管理决策	设计决策方案，并对方案进行迅速评估，以适当的方法采取行动	1 级	较少制订、做出决策或表现出决策的随意性
		2 级	决策犹豫，忽略决策的影响信息
		3 级	作出日常的、一般性决策，在较为复杂的问题上采取中庸决策策略
		4 级	决策恰当，一般不会引起争议
		5 级	善于综合利用决策信息，经常作出超出一般的决策，且大多数情况是正确的选择

不过，建立行为标准不是容易的事情。首先，工作行为的观察者需要了解被评价者所从事的工作。在长期跟踪、观察并记录被评价者的工作行为后，观察者还要从大量的记录中整理出具有代表性的、典型的工作行为。所谓典型的工作行为，就是能够体现绩优者与绩差者差异的一系列行为。最后，需要通过简洁明了、规范的语言详细描述筛选出的各种工作行为，以尽量使其能够成为衡量员工日常工作行为的尺度。这样，才能形成有效的行为标准。

2. 量化标准

在绩效评价中，量化标准往往紧随结果指标之后。量化标准能够精确描述指标需要达到的各种状态，被广泛应用于生产、营销、成本控制、质量管理等领域。在设计量化标准时，需要考虑两个方面的问题：一是标准的基准点，二是等级间的差距。

（1）基准点的位置。基准点本质上是企业为被评价对象设定的期望其实现的基本标准。基准点的位置就是基本标准的位置，而不是传统考核尺度“中点”的位置。传统考核中，无论五级尺度还是七级尺度，我们都习惯把尺度的中点作为“基准点”。实际上，基准点多处于考核尺度的最高等级和最低等级之间的某个位置，向上和向下均有运动的空间。也有部分特殊指标，如人身伤亡、火灾等重大恶性事故等，所对应的基准点可能在最高等级，因为企业对这类事情的期望就是“根本不要发生”。

实践中，很多企业所谓“称职水平”实际上是考核尺度的“中点”位置的水平。这和我们所倡导的基准点的称职水平是不同的。当一个人的绩效水平达到基准点时，我们才说这个人是称职的。

（2）等级之间的差距。绩效标准的等级差距存在两种：一是尺度本身的差距；二是每一尺度差所对应的绩效差距。不过，这两个差距是结合在一起来描述绩效状态水平的。

尺度差距实际上是标尺的差距。它可以是等距的，也可以是不等距的。绩效标准做成等差还是不等差的，要根据具体情况确定。一般来说，绩效标准的上行差距应该越来越小，而其下行差距应该越来越大。这是因为，从基准点提高绩效的难度越来越大，边际效益下降；而在基准点以下，人们努力的边际效益比较大。但是，有时为了控制员工绩效，增加他们达不到基准点的压力，也可以把基准点以上的差距加大，而把基准点以下的差距缩小。

3. 设计绩效标准时应注意的问题

（1）绩效标准的压力要适度。绩效标准要使大多数人经过努力可以达到。绩效标准的可实现性会促使员工更好地发挥潜能。不过，绩效标准又不能定得过高，可望而不可即，这样容易使员工产生沮丧、自暴自弃的情绪。实践表明，员工在适当的压力下可以取得更好的绩效。因此，绩效标准的水平要适度。标准产生的压力以能提高劳动生产率为限。

（2）绩效标准要有相对的稳定性。绩效标准是考核员工工作绩效的权威性尺度。因此，绩效标准需要具有相当的稳定性，以保证标准的权威性。当然，这种权威性必须以标准的适度性为基础。一般来说，绩效标准一经制定，其基本框架不应改变。不过，为了使绩效标准及时反映和适应工作环境的变化，需要对其进行不断的修订，但这种修订往往只是部分的。这包括两个层次的含义：一是指对于同一个员工来说，在不同的绩效周期，随着外部环境的变化，绩效标准有可能也要变化。如对于空调销售员来说，由于销售有淡季和旺季之分，因此淡季的绩效标准就应当低于旺季。二是指对于不同的员工来说，即使在同样的绩效周期，由于工作环境的不同，绩效标准也有可能不同。以空调销售员为例，有两个销售员，一个在广州工作，一个在昆明工作，由于气候原因，昆明的人们对空调基本上没有需求，而广州的需求则比较大，因此这两个销售员的绩效标准就应当不同：在广州工作的销售员，绩效标准就应当高于在昆明工作的销售员。

（四）绩效周期

绩效周期也称为绩效评价周期，就是指多长时间对员工进行一次绩效评价。由于绩效评价需要耗费一定的人力、物力，因此评价周期过短会增加企业管理成本费用；但是，绩效评价周期过长又会降低绩效评价的准确性，不利于员工工作绩效的改进，从而影响到绩效管理的效果。因此，在准备阶段，还应当确定恰当的绩效评价周期。

案例思考

海尔集团是一家多元化发展的大型企业集团，其总裁张瑞敏提出的“OEC管理法”由三个基本框架构成：目标系统、日清控制系统和有效激励机制。其中日清控制系统中，将基本的工作考核周期控制在每天，真正做到日事日毕，有效地避免了外界因素与心理因素对绩效的影响。但是多数企业没有海尔集团的资源优势和管理优势，还难以形成日事日毕的即时考核系统，那么他们应该如何确定评价周期呢？

在确定绩效周期时，应考虑到以下几个因素。

1. 职位的性质

不同的职位，工作的内容是不同的，因此绩效评价的周期也应当不同。一般来说，职位的工作绩效比较容易评价的，考核周期相对要短一些，例如工人的评价周期相对就应当比管理人员的短。其次，职位的工作绩效对企业整体绩效的影响比较大的，评价周期相对要短一些，这样有助于及时发现问题并进行改进，如销售职位的绩效评价周期就应该比后勤职位的短。

2. 指标的性质

不同的绩效指标，其性质是不同的，评价的周期也应当不同。一般来说，性质稳定的指标，考核周期相对长一些；相反，考核周期就要短一些。例如，员工的知识水平就要比工作态度相对稳定些，因此知识水平指标的评价周期相对比态度指标长一些。

3. 标准的性质

在确定评价周期时，还应当考虑到绩效标准的性质，就是说评价周期的时间应当保证员工经过努力能够实现这些标准。这一点其实是与绩效标准的适度性联系在一起的。例如“销售额为50万元”这一标准，按照经验需要两周左右的时间才能完成，如果评价周期为一周，员工根本就无法完成；如果定为4周，又非常容易实现，在这两种情况下，对员工的绩效进行评价都是没有意义的。

二、绩效监控

绩效管理实质是对影响组织绩效的员工行为的管理，其管理的重点不是绩效评价结果，而是在绩效管理过程中通过持续的沟通使得员工接受工作目标和执行绩效计划，认识绩效问题，不断地提高和改进；而整个组织采用一种积极的手段如对绩效信息进行有效的收集和整理来保证绩效管理系统的正常运作，这就是绩效监控。在该阶段，管理人员至少需要做以下三方面的工作：与员工持续沟通；辅导与咨询；收集绩效信息。

小知识

Fournies 对来自世界各地的 2 万经理人的调查，请经理们列出员工无法按要求完成分配任务的原因，排在前 8 位的是：①员工不知道该做什么；②员工不知道怎么做；③员工不知道为什么做；④员工以为自己正在做（缺乏反馈）；⑤员工有他们无法控制的障碍；⑥员工认为管理者的方法不会成功；⑦员工认为自己的方法更好；⑧员工认为自己有更重要的事情要做。

答案出乎意料。绩效管理问题更多的是出在前期的任务分配和中期的任务指导上，而不是后期的评价。此项调查中，前两个原因在所有回答中所占据的比例高达 99%。虽然大部分经理自认为已经为员工布置了任务，进行了基本的任务指导，但效果并不理想——员工仍然缺少明确的努力方向和反馈。

（一）持续的绩效沟通

在绩效监控的过程中，管理人员与员工需要进行持续的沟通。持续的绩效沟通具有以下几方面的作用。①通过持续沟通对绩效计划进行调整。市场的竞争是激烈的，市场的变化也是无常的。当外部环境变化时，员工的工作内容、重要性等方面都有可能会随之变化，这导致了绩效计划有可能过时甚至完全错误。除了客观原因导致以外，员工本身工作状态好坏、管理者监督指导力度大小等都有可能影响绩效结果的实现。我们进行绩效沟通，就是为了保持工作过程的动态性，及时调整目标和工作任务。②通过持续沟通向员工提供进一步的信息，为员工绩效计划的完成奠定基础。工作内容是否有所变动？进度计划是否需要调整？我所需要的资源或帮助能否得以满足？出现的问题该如何解决？目前的工作状况是否得到赏识？这些信息员工都需要及时了解。③通过持续沟通，让管理人员了解相关信息。管理者不可能靠自己观察就能收集到所有需要的信息。所有工作的进展情况如何？项目目前处于何种状况？有哪些潜在问题？员工情绪和精神面貌如何？怎样才能有效地帮助员工？如果没有经过沟通，就很难全面准确地掌握到这些信息。

究竟需要沟通哪些信息，这取决于管理者和员工关注的是什么。一般情况下，管理者和员工可以在绩效计划实施的过程中，就下列问题进行持续而有效的沟通：以前工作开展的情况怎样？哪些地方做得好？哪些地方需要纠正或者改善？员工是在努力实现工作目标吗？如果偏离目标的话，管理者应该采取哪些纠正措施？管理者能为员工提供何种帮助？是否有外界发生的变化影响着工作目标？如果目标需要进行改变，怎样调整？

管理人员与员工的持续沟通可以通过多种多样的沟通方式，包括正式沟通和非正式沟通。常用的非正式沟通方式有走动式管理、开放式办公室、休息时间的沟通、非正式的会议等；正式的沟通有书面报告、定期面谈、管理者参与的小组会议或者团队会议等。采取何种沟通方式在很大程度上决定着沟通的有效与否。企业应该根据实际情况采用有效的沟通形式以达到理想的沟通效果。

（二）辅导与咨询

1. 辅导

辅导是管理者为鼓励员工努力工作、克服困难和问题及推进员工职业发展所采取的行为。主管的成功在很大程度上取决于对下属辅导和管理的成功。好的辅导具有这样一些特征：辅导是一个学习过程，而不是教育过程；管理者对学习过程给予支持；反馈应该具体、及时，并集中在好的工作表现上。

进行辅导的具体过程是：①确定员工胜任工作所需要学习的知识、技能，提供持续发展的机会，掌握可迁移的技能；②确保员工理解和接受学习；③与该员工讨论应该学习的内容和最好的学习方法；④让员工知道如何管理自己的学习，并确定在哪个环节上需要帮助；⑤鼓励员工完成自我学习计划；⑥员工需要时，提供具体指导；⑦就如何监控和回顾员工的进步达成一致。

小提示

绩效辅导阶段在整个绩效管理过程中处于中间环节，是耗时最长、最关键的一个环节，是体现管理者和员工共同完成绩效目标的关键环节。绩效辅导的好坏直接关系着绩效管理的成败。

2. 咨询

有效的咨询是绩效管理的一个重要组成部分。在绩效管理实践中，进行咨询的主要目的是：当员工没能达到预期的绩效标准时，管理者借助咨询来帮助员工克服工作过程中遇到的障碍。在进行咨询时要做到：①咨询应该及时，也就是说，应该在问题出现后立即进行咨询。②咨询应该做好计划，应该在安静、舒适的环境中进行。③咨询是双向的交流。管理者应该扮演“积极的倾听者”的角色，这样，能使员工感到咨询是开放的，并鼓励员工多发表自己的看法。④不要只集中在消极的问题上。谈到好的绩效时，应该比较具体详细，并说出事实依据；对不好的绩效应给予具体的改进建议。⑤要共同制订改进绩效的具体行动计划。

咨询过程包括三个主要阶段：①确定和理解，即确定和理解所存在的问题；②授权，即帮助员工确定自己的问题，鼓励他们表达这些问题、思考解决问题的方法并采取行动；③提供资源，即驾驭问题，包括确定员工可能需要的其他帮助。

（三）收集和分析绩效信息

所有的决策都需要信息，绩效管理也不例外。没有充足有效的信息，就无法掌握员工工作的进度和所遇到的问题；没有有据可查的信息，就无法对员工工作结果进行评价并提供反馈；没有准确必要的信息，就无法使整个绩效管理循环不断进行下去并对组织产生良好影响。

管理者收集信息的目的是为了解决问题或证明问题。解决问题首先需要知道存在什么问题以及什么原因导致了这些问题的产生，这两者由所收集到的信息来提供答案；证明问题需要有充足的事实依据、可靠的资料数据，这也要由收集到的信息来提供。总结起来，我们进行信息的收集和分析有以下目的：为绩效考核提供客观的事实依据；及时发现问题，提供解决方案；对员工进行行为、态度的信息掌握，发现长处和短处，以便有针对性地提供培训和再教育；在法律纠纷时为组织的决策辩护。

并不是所有的信息都需要进行收集和分析，因为收集和分析信息需要大量的时间、人力和财力，因此我们要抓住那些最有价值的信息。究竟何种信息具有收集和分析的价值？我们强调的主要是与绩效有关的信息，因此要收集的信息包括：绩效标准达到（或未达到）的情况、员工因工作或其他行为受到的表扬和批评情况、证明工作绩效突出或低下所需要的具体证据、对管理者和员工找到问题（或成绩）原因有帮助的其他数据、管理者和员工就绩效问题进行谈话的记录等。

收集信息的方法包括观察法、工作记录法、他人反馈法等。观察法是指管理人员直接观察员工在工作中的表现并将之记录下来的方法；工作记录法是指管理人员将员工的工作完成情况和工作表现记录下来，如生产的产品数量、废品率等；他人反馈法是指管理者从与员工的工作有交往的人那里获得信息，例如商场里设置了服务意见反馈簿来了解员工的工作情况。我们提倡各种方法的综合运用，这样才能收集到全面的可靠信息以供管理人员使用。

第三节　绩效评价主体及误区

核心概念

绩效评价就是在绩效周期结束时，选择相应的评价主体和评价方法，收集相关的信息，对员工完成绩效目标的情况作出考核。

一、绩效评价主体

评价主体是指对员工的绩效进行考核的人员。由于企业中岗位的复杂性，仅仅凭借一个人的观察和评价很难对员工作出全面的绩效评价。为了确保绩效评价的全面、有效性，在实施考核的过程中，应该从不同岗位、不同层次上的人员中，抽出相关成员组成评价主体并参与到具体的评价中来。

合格的绩效评价主体应当满足的理想条件是：了解被评价者的职务性质、工作内容、工作要求、绩效标准与公司有关政策，熟悉被评价者的工作表现，尤其是本评价周期内的，最好有直接的近距离密切观察其工作的机会。当然此人还应当公正客观，不具偏见。

绩效评价主体无非是五类人，即直接上级、同级同事、被评价者、直接下属及外界的人事考评专家或顾问。近年来，出现了一些新的发展趋势，很多企业运用 360° 评价法。

（一）直接上级评价

他们很符合上述条件中的头两条，授权他们来评价，也是企业组织的期望。他们握有奖惩手段，无奖惩手段的评价便没有权威。但他们在第三个条件即公正性上不太可靠，因为频繁的日常直接接触，很容易使绩效评价掺入个人感情色彩。所以有的企业用同类部门的经理共同评价彼此的下级，只有都同意的判断才能作为结论。

（二）同级同事评价

他们对被评价的职务最熟悉、最内行，对被评价同事的情况往往也很了解。这种评价要求同事之间关系融洽、相互信任、团结一致；相互间有一定交往与协作，而不是各自为战地独立作业。这种方法多用于专业性组织，如大学、医院、科研单位等，企业的专业性很强的部门也可使用；再则是用于评价很难由别人评价的职务，如中层经理。

（三）自我评价

自我评价也就是常说的自我鉴定。这可使被评价者得以陈述对自身绩效的看法，而他们也确实是最了解自己所作所为的人。自我评价能令被评价者感到满意，抵触少，且能有利于工作的改进。不过自我评价时，本人对评价维度及其权重的理解可能与上级不一致，常见的是自我评价的评语优于上级的。

（四）直接下级评价

有相当一些人不太主张用此法。这是因为下级若提了上级缺点，有可能被记恨而报复，给小鞋穿，所以只好报喜不报忧；下级还易于仅从上级是否照顾自己个人利益去判断其好坏，对坚持原则、严格要求而维护企业利益的上级评价不良。对上级来说，常顾虑这种评价方法会消弱自己的威信和奖惩权，而且如果评价要由下级来做，便可能使上级在管理中缩手缩脚，投鼠忌器，充老好人，尽量少得罪下级，从而使管理工作受损。

（五）外部专家或顾问评价

这些人有绩效评价方面的专门技术与经验，理论修养也深；而且他们在公司中无个人利害瓜葛，较易做到公允。请他们来，是会得到本应担任考评者的经理们的欢迎的，因为可以省去其所需花费的考绩时间，还可免去不少人际矛盾。被评价的下级们也欢迎，因为专家不涉及个人恩怨，较易客观公正。公司也欢迎，因为专家内行，在各部门所用的评价方法与标准是一致的，具有可比性，而且较为合理。缺点是成本较高，而且他们对被评价专业可能不内行。

（六）360°绩效评价

360°评价法又称为多方评估者评价法。这种评价包括同级同事、直接上级、外部专家、直接下级和自我评价，如图 6.4 所示。在 360°考核中，不同评价者都从各自的工作角度考察

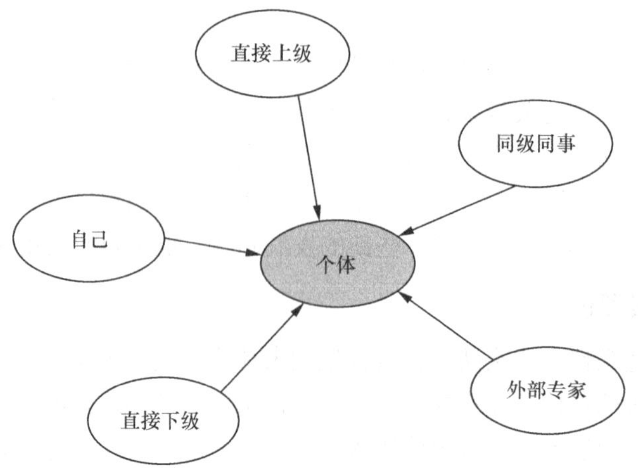

图 6.4　360°评价法

和评定被评价者，从各自对被评价者的情感出发评定被评价者，因而评价的结果能体现被评价者在不同场景、不同方面的行为特征和业绩。综合这些评价结果能够对被评价者进行较全面、客观的评价。同时，不同角度的评价结果也在一定程度上反映了评价者的利益取向和性格特征。

该方法的优点是：评价方法简单，可操作性强；多方评价者参与评价，使评价更具民主性；可提供分析的信息量大，管理者可从中获取更多第一手资料。其缺点是：由于参与面大，每个个体均带有主观性；有时绩效评价的偏差来源于个人的某些不合群的偏好；有时出现某些小团体主义倾向，使评价有失公正。

二、绩效评价中的误区

由于绩效评价的评价主体是社会人，被评价者也是社会人，那么在评价过程中，不可避免地夹带有个人感情色彩，从而影响到绩效评价的质量。为了避免这些错误，我们首先应当知道这些错误是什么。绩效评价中常见的误区一般有以下几种。

（1）定势误差。它是指人们根据过去的经验和习惯的思维方式，在头脑中形成对人或事物的不正确看法，从而导致评价中出现误差。例如，一些年轻的评价者根据自己的生活经历，总认为老年人墨守成规，缺乏进取心，压制年轻人；而一些老年的评价者则按照自己的经验，总觉得年轻人缺乏经验、爱冲动、办事不可靠。在这种思维定势的影响下，作出的评价结果必然会产生误差。

（2）评价指标理解误差。由于评价人对评价指标的理解的差异而造成的误差。同样是优、良、合格，不同的评价人对这些标准的理解会有偏差。同样一个员工，对于某项相同的工作，甲评价人可能会选“良”，乙评价人可能会选“合格”。若要避免这种误差，可以通过以下三种措施来进行：第一，修改评价内容，让评价内容更加明晰，使能够量化的尽可能量化。这样可以让评价人能够更加准确地进行评价。第二，避免让不同的评价人对相同职务的员工进行评价，尽可能让同一名评价人进行评价，员工之间的评价结果就具有了可比性。第三，避免对不同职务的员工评价结果进行比较，因为不同职务之间的可比性较差。

（3）首因效应。它是指评价者对被评价者的第一印象的好坏对评价结果影响过大。如果第一印象好，对被评价者各方面的评价比较高，第一印象不好，则对其各方面的评价较低。如在评价中，评价者“以貌取人”，在初次见面时，如果对其外表印象深刻或因其能言善辩、思路清晰而产生好感，在后面的评价中即使发现他有毛病，也会找理由开脱；相反，如果见其貌平平，沉默寡言，蔑视之情随之而生，在后面的评价中，对其成绩不以为然，对其缺点则念念不忘，从而影响了对被评价者的客观评价。为了避免这种误差，评价者在评价时要有意识地克服先入为主的印象，评价时不带自己的主观愿望，而应从实际情况出发作出恰当的评价。

（4）自我对比误差。它是指以自己的标准来衡量评价对象，把自己的性格、能力、作风等拿来与被评价者进行对比。凡是与自己相似的人，总是给予较高评价；相反，对那些与自己有些格格不入的人，就作出偏低的评价。例如，主管是一个非常严谨的人，那么，他就会认为那些做事一丝不苟的员工，在各方面的表现都很出色；而那些粗心大意的员工，各个评价项目可能得最低分。这种误差的预防主要是加强对评价者的指导，使其准确地掌握评价标准，同时采取多维度的评价方法。

（5）光环效应/晕轮效应。它是指评价者在考察被评价者的工作业绩时，特别看重被评价者的某种特性，造成以偏概全，产生评价误差。实际上就是我们常说的“一好百好，一差百差”。例如：一个与评价者关系非常好的被评价者，他的评价结果可能是每一项都是“好”，而不仅是“人际关系”一项“好”；再如，有的评价者对被评价女性的衣着打扮时髦看不习惯而影响对她的工作业绩评价。要想避免这一问题，关键是评价人本人要能够意识到这一问题；其次，加强对主管人员培训也有助于避免这一问题的产生。

（6）中心化倾向。在确定评价等级时，许多监督人员都很容易造成一种居中趋势。比如，如果评价等级是从第一等级到第七等级，那么他们可能既避开较高的等级（第六和第七等级），也避开较低的等级（第一和第二等级），而把他们的大多数员工都评定在第三、第四和第五三个等级上。如果所使用的是图尺度评价法，那么，居中趋势就意味着所有的员工都被简单地评定为“中”。这种过于集中的评价结果会使工作业绩评价变得扭曲，它对于企业作出晋升、工资方面的决定或进行员工咨询等工作所起到的积极作用就很小。而对员工进行交替排序法（而不是使用图尺度评价法）就能够避免这种居中趋势。这是因为，在此情况下，所有的员工都必须被单线地排列在一条纵向或横向的线段上，这样就不可能把他们全部都排在中间的位置上。实际上这正是交替排序评价法所具有的优点。

（7）压力误差。当评价人了解到本次评价的结果会与被评价人的薪酬或职务变更有直接的关系，或者惧怕在评价沟通时受到被评价人的责难，鉴于上述压力，评价人可能会作出偏高的评价。为解决压力误差，一方面要注意对评价结果的用途进行保密，另一方面在评价培训时让评价人掌握评价沟通的技巧。如果评价人不适合进行评价沟通，可以让人力资源管理部门代为进行。

（8）对照误差。对照误差是指把某一被评价者与前一位被评价者进行对照，从而根据评价者的印象和偏爱而作出的与被评价者实际工作情况有偏差的结论。例如，如果前一位被评价者在评价者看来各方面表现都很出色，那么在对比之下，就可能会给后一位被评价者带来不利影响。相反，如果前一位被评价者的工作业绩及表现较差，那么后一位被评价者可能被高估。心理学家认为，对照误差在评价中广泛存在，因为它是人们的一种心理现象。由于评价结果直接关系到被评价者的利益，作为评价者应尽量避免这种心理现象的产生，使评价误差减少到最低限度。

（9）宽大化/严格化倾向。有些主管人员倾向于从来都对下属员工的工作业绩作较高（或较低）的评价。在运用图尺度评价法时，这种工作业绩评价标准掌握得偏紧或偏松的问题显得特别重要。这是因为，主管人员既可以对员工作出偏高的评价，也可以对员工作出偏低的评价。而一旦要求主管人员必须对下属的工作业绩以排序的方法进行等级排列时，他们就必须将所有员工在低业绩和高业绩之间加以合理分布。因此，在等级评价法或强制分布法评价过程中，工作业绩评价标准掌握得偏紧和偏松的倾向就大大减少。事实上，如果评定人必须使用等级评价法的时候，最好是假定一个强制的工作业绩分布比例。例如，只能有10%的人被评定为“优秀”；20%的人评定为“好”；如此等等。换言之，想办法将员工的工作业绩评价结果适当地分布开来（除非评定人认为自己所有下属员工确实都应该落入一个或某几个业绩等级之中）。

（10）近因效应。近因效应是指人们对近期发生的事情往往印象比较深刻，而对远期发生的事情印象比较淡薄。在绩效考评中也会经常发生这种情况，即评价一个人时，只看其近期的表现情况，因而造成评价误差，这就是近因效应误差。有的被考评者往往会利用这种误差效应，在一年中的前半年工作马马虎虎，到最后几个月才开始认真工作，以图造成评价者对其评价的近因效应误差。为了避免这种误差的出现，应做好员工的平常表现记录，这样有利于从整个评价期的角度衡量一个人的绩效。

（11）马太效应。这种误差现象在许多企业存在，只要员工第一次优秀，那么只要以后在工作中没有出现大的失误，年年都是优秀；相反，只要一次不好，那么以后除非工作取得异常突出的成绩，否则年年都是不好。通俗地讲就是“好的更好，差的更差”。

为了减少甚至避免这些错误或者不当行为的发生，应当采取以下措施：①建立完善的绩效目标体系。绩效评价指标与绩效评价标准应当具体、明确。②选择恰当的评价主体。评价主体应当对员工在评价指标上的表现最了解。③选择合适的评价方法（第三节中进行讲解）。④对评价主体进行培训。评价开始前要对评价主体进行培训，指出这些可能存在的误区，从而使他们在评价过程中能够有意识地避免这些误区。

第四节　绩效评价方法

进行绩效评价有很多种方法，每种方法都有其优点和局限性，有其特定的应用条件和范围。本节将详细介绍一些在实践中应用广泛并具有科学性的一些方法。

小知识

美国著名的人力资源专家韦恩·卡肖指出：“多少年来，有些人事管理专家一直在煞费苦心地寻找一种‘完美无缺’的绩效评估方法，似乎这样的方法是万能药，它能医治好组织的绩效系统所患的种种顽疾。不幸的是，这样的方法并不存在。……总而言之，工作绩效评价过程是一个同时包含人和数据资料在内的对话过程。这个过程既涉及技术问题，又牵连着人的问题。”

一、民意测验法

民意测验法就是请被评价者的同事、下级及有工作联系的人对被评价者从几个方面进行评价，从而得出被评价者的评价结果来。

民意测验法在我国很多国有企业和事业单位具有广泛的应用。它的优点是具有民主性、群众性，能够了解到广大基层员工特别是与被评价者有直接工作联系的人员对干部的看法。它的缺点是只有由下而上，缺乏由上而下，受群众素质的影响。比如某一位干部工作积极，具有开拓性，对组织绩效来说作出了很大的贡献，但是在工作过程中却得不到多数人的理解和支持，甚至影响到很多人的眼前利益。这样他在民意测验法的评价中就难以得到比较好的评价。

民意测验法适用于进行群众工作的干部，比如，企业中的工会主席、人力资源部门负责员工福利与劳动保护的干部等。

二、交替排序法

交替排序法是一种运用得最为普遍的绩效评价方法之一。其操作方法是：首先，将所有需要被评价的下属人员的名单列出来，将不是很熟悉因而无法对其进行评价的人的名字划去。而后，在像示例 6.1 中的这样一张表格上标注出，在被评价的某一绩效特征上，哪位员工是应当被排在最前面的，而哪位员工应当被排在最后面。然后，再在剩下的员工中挑出最好的和最差的，以此类推，直至所有需要被评价的人员都被排列到表格之中为止。

示例 6.1　运用交替排序法对员工绩效进行评价

考核所依据的要素________________

针对你所要评价的每一种要素，将所有员工的姓名都列举出来。将工作绩效评价最高的员工姓名列在第一行的位置上，将评价最低的员工姓名列在 20 的位置上。然后将次最好的员工姓名列在 2 的位置上，将次最差的员工姓名列在 19 的位置上。将这一交替排序继续下去，直到所有的员工都被排列出来。

表现最好的员工	
1________________	11________________
2________________	12________________
3________________	13________________
4________________	14________________
5________________	15________________
6________________	16________________
7________________	17________________
8________________	18________________
9________________	19________________
10________________	20________________
	表现最差的员工

交替排序法的优点是比较简单易行，最主要的缺点是员工之间差别的程度并无很好的衡量尺度。此外，如果被排列的人数太多，这一排序结果往往就缺乏实用性。

三、配对比较法

配对比较法是根据绩效评价要素，把所有的被评价者分别按照两两一组的方法进行比较，并判断优者和劣者，如优者为 1 分，劣者为 0 分。在进行完所有的比较后，将每个人的所得分加总就是这个人的相对绩效，根据这个得分的高低来评价出被评价者的绩效优劣次序。现举例如下：假设一个被评价小组为 6 人，分别排在表上，如表 6.3 所示。

表 6.3　配对比较法

姓名	A	B	C	D	E	F	总分
A		1	1	0	1	1	4
B	0		1	0	1	1	3
C	0	0		0	1	1	2
D	1	1	1		1	1	5
E	0	0	0	0		0	0
F	0	0	0	0	1		1

评价结论：被评价的 6 人绩效按照从优到劣的顺序为 D、A、B、C、F、E。

配对比较法的优点是准确度比较高。但是经过简单的数学思考，我们就能知道如果同时评价 N 个员工的话就需要进行 $N(N-1)/2$ 次比较，所以这种方法在同时评价的人不多的情况下尚可，而一旦超过 20 人，就相当费时费力了。它的另一个缺点是难以得出绝对评价，只能给出相对的位置；有时还会造成循环，如三个人的绩效 A 优于 B、B 优于 C、C 又优于 A，则每个人都得 1 分，这就无法进行了，而这又是由主观评价可能得出的结论。

四、强制分布法

示例 6.2

太阳微系统公司采用强制分步法对其 4.3 万名雇员进行绩效评价，把所有雇员划分为很多小组，每个小组 30 人左右，每个小组大约 10%的人会被放到绩效水平最低的等级中，企业提供给这些人 90 天的绩效改进时间，90 天后仍然在 10%中，可以选择辞职或被解雇（无解雇费）。

由于其他的评价方法对各等级人数比例的分配无任何限制，因此在评价实践中常会发现实际的评价结果往往出现失控的“偏态”现象，“好的”、“优的”等级偏多，不好的一个也没有。为了控制这种现象，人们提出了强制分布法。所谓强制分布法，就是在绩效评价开始之初，对不同等级的人数有一定的比例限制。一般来说，各个等级的比例分布接近正态分布的情况，如表 6.4 所示。

表 6.4　比例控制分布情况

等级	卓越	优秀	良好	需改进	不足
分配比例（%）	5	20	50	20	5

这种评价方法的优点是既拉开了被评价者之间的等级差距，便于相对比较，又可以有效控制各等级的人数分布，避免盲目评价与失控现象。缺点是使绩效水平相近的员工因为比例控制而被划分到不同的等级中去，从而产生评价的误差。

当然各种等级比例的强制规定需要根据组织的整体绩效或者部门绩效水平作出相应的调整，即根据评价期内组织总体的绩效水平来确定该组织或部门不同等级的人数比例。整体绩效好，则评价优等的人数比例相对增加。如表 6.5 所示，这是部门整体绩效评价为优秀时不同等级比例的分布情况。如表 6.6 所示，这是当部门整体绩效评价为基本合格时，各类等级比例的分布情况。

表 6.5　部门绩效为优秀的比例控制分布情况

等级	卓越	优秀	良好	需改进	不足
分配比例（%）	10	25	55	10	0

表 6.6　部门绩效为基本合格的比例控制分布情况

等级	卓越	优秀	良好	需改进	不足
分配比例（%）	0	10	35	45	10

这种与组织的整体绩效相联系的强制分布法，可以克服评价者的主观偏见而造成的评价误差问题。同时，突出了集体观念，把每个人的绩效评价与集体的绩效评价联系起来。此外，这种方法也充分体现了总体宏观控制、具体评价自主灵活的特点。不足之处是可能把领导者的错误决策而导致的整体绩效下滑的责任分摊到每个员工身上。

五、图尺度评价法

图尺度评价法也称为图解式评价法。该法主要是针对每一项评定的重点或评价项目，预先订立基准，包括依不间断分数表示的尺度和依等级简单分数表示的尺度。前者称为连续尺度法，后者称为非连续尺度法，实际运用中，后者使用较多。示例 6.3 就是一种典型图尺度评价表。它列举出了一些绩效特征构成要素（如质量、生产率等），还列举出了每一个绩效特征要素的取值范围（从不令人满意到杰出）。在进行绩效评价时，评价者针对每一位被评价者从每一项评价要素中找出最能符合其绩效状况的分数。然后将每一被评价者在所有要素上的得分进行加总，即得到其最终的绩效评价结果。

图尺度评价法的优点是实用而且开发成本小，人力资源经理就能够很快地开发出这种图尺度形式，因此很多组织都在使用这种方法进行绩效评价。

当然这种方法也有缺点，比如该量表不能有效地指导行为，也就是说评价量表不能清楚地指明员工必须做什么才能得到某个确定的等级，他们因而对被期望做什么一无所知。例如在“工作知识”这一项上，员工被评价为“U”，可能很难找出改进的方法。

示例 6.3 图尺度评价表

员工姓名________	职位________
任职部门________	薪资________

绩效评价目的：□年度例行评价 □晋升 □绩效不佳
□工资调整 □试用期结束 □其他

员工担任现职位的时间
上次评价的时间　　本次评价时间

说明：请根据员工所从事工作的现有要求仔细地对员工的工作绩效进行评价。在能够表明员工绩效的小方框中打勾。如果绩效等级不适合，请以 N 标注。请按照图尺度表中所表明的等级来确定员工的绩效分数，并将其填写在相应的用于填写分数的方框内。最终的绩效评价结果将通过对所有的分数进行加总和平均而求出。

评价等级说明

O：优异（Outstanding），在所有方面的绩效都很突出，并且明显地比其他人的绩效优异得多。

V：很好（Very Good）。工作绩效在大多数方面明显超过职位要求。绩效是高质量的并且在绩效周期内一贯如此。

G：好（Good）。这是一种称职的、可信赖的工作绩效水平，达到了绩效标准的要求。

I：需要改进（Improvement Needed）。在绩效的某些方面存在缺陷，有待改进。

U：不令人满意（Unsatisfactory）。工作绩效总体来说无法让人接受，必须立即加以改进。绩效评价结果在这一等级的员工不能增加工资。

N：不适合评价（not Rated）。绩效评价标准不适合被评价者，或者现在对此人进行评价为时尚早。

员工绩效评价要素	评价尺度		评价依据或评语
1．质量：完成工作的精确性、完整性和可接受性	O □	100～91	分数________
	V □	90～81	________
	G □	80～71	________
	I □	70～61	________
	U □	60 及以下	________
2．生产率：在某一周期内所完成的工作数量和工作效率	O □	100～91	分数________
	V □	90～81	________
	G □	80～71	________
	I □	70～61	________
	U □	60 及以下	________
3．工作知识：在工作中运用实践经验、技能以及休息的情况	O □	100～91	分数________
	V □	90～81	________
	G □	80～71	________
	I □	70～61	________
	U □	60 及以下	________

续表

员工绩效评价要素	评价尺度		评价依据或评语
4. 可信度：员工在完成任务并持续改进方面的可信任程度	O □ V □ G □ I □ U □	100～91 90～81 80～71 70～61 60 及以下	分数______
5. 勤勉性：员工上下班的准时程度、遵守规定的工间休息、用餐时间的情况以及总体的出勤率	O □ V □ G □ I □ U □	100～91 90～81 80～71 70～61 60 及以下	分数______
6. 独立性：在只需要很少监督或不需要监督的情况下完成工作	O □ V □ G □ I □ U □	100～91 90～81 80～71 70～61 60 及以下	分数______

六、强制选择法

此方法原是美国部队为评价军官的绩效设计的，现已被企业引入。它主要着眼于避免评价者心理因素掺入所造成的偏差。此法要求评价者从许多陈述中选择与被评价者的特征最相近的陈述。这些陈述通常是成对出现的，它们分别标志着员工完成工作的成功与否。而哪句话表明员工的绩效更高，评价者事先并不知道。比如，一些强制选择的陈述句可能如示例 6.4 所示。

示例 6.4　强制选择陈述举例

1a. 努力工作
1b. 迅速工作

2a. 对顾客负责
2b. 表现出首创精神

3a. 产出质量差
3b. 缺乏良好的工作习惯

我们可以看出，这种评价方法给出的选项，很可能与被评价者的特征都有差距，这样，评价者就必须反复揣摩这每一对陈述中究竟哪一句与被评价者更接近一些。这样自然带来一个问题，就是评价的准确性问题。真正的强制选择陈述必须是行为科学专家结合企业实际、针对各个岗位的工作要求制定出来的，而且其分析、整理都要求很高的科学性。在这样的基础上，虽然每对陈述中的两个选项都可能与被评价者的实际表现相差比较大，但是它们很多选项放在一起的组合，就可以通过系统化的分析方法，得出被评价者工作绩效的实际结果。

所以，企业要想使用这种方法，必须在绩效考核方面花大力气、严格坚持科学性，并且不要求这种方法简单易懂。

七、关键事件法

关键事件法是指通过对被评价者在工作中极为成功或极为失败的事件的观察和分析，来判定该员工在类似事件或在介于关键事件与非关键事件之间可能的行为和表现。关键事件法经常被用来甄别干部的绩效高度和可能获取的晋升机会。示例 6.5 就是关键事例法的应用。

关键事件法是以书面记录作为评估基础的，被记录的事件既是评估的依据，同时也是向员工反馈的重要内容，以及为员工提供培训和指导的基础。人们在工作过程中，常会遇到一些偶发事件、典型事件和重大事件。这些事件的行为及行为结果的记录是评估某个人的很有价值的资料和依据。

关键事件法的优点是：对关键事件的行为观察客观、准确；能够为更深层的能力判断提供客观的依据；对未来行为具有一种预测的效力。其缺点是：评估者应及时记录关键事件，这种记录工作耗时耗力；对关键事件的定义不明确，不同的人常有不同的理解；容易引起员工与管理者（或记录事件的人）之间的摩擦。

示例 6.5

某塑化公司的胶带全部出现了质量问题，大量发送出去的货物被退回来了，时间正是下午 6 时——员工下班的时间。负责分管生产的副总张先生看到被退回来的一箱箱不合格品，皱了皱眉头，依然开着车子走了。负责分管技术的总工黄先生立即拆开一箱被退回来的货，进行研究，寻找原因。黄先生一直工作到晚上 10 点，终于找出了原因所在。第 2 天上班时，迅速指导工人解决了问题，恢复了公司的信誉，此事被总经理柯先生看在眼里，他作了以下两张关键事件记录表。

关键事件记录表一

行为者 张××　　行为发生时间 2003-05-20

地　点 ______　　观　察　者 ______

事件发生过程及现象

5 月 15 日发送给 A 公司的胶带被退回来了，A 公司称胶带不合格，A 公司退货的负责人愤愤离去。张先生未对该事件作任何表示，开车离开了公司。

行为者的行为结果

未能及时处理事件。

分析与解释

张先生可能想在明天上班时再来解决退货事件，但这可能带来公司员工的窝工和公司经济、信用的损失。张先生责任心不够强。

记　录　者：柯××

记录时间：2003-05-20

关键事件记录表二

行为者 黄先生　　行为发生时间 2003-5-20

地　点 公司的某车间　　观　察　者 柯××

事件发生过程及现象

5 月 15 日发送给 A 公司的胶带被退回来了，A 公司称胶带不合格，A 公司退货的负责人愤愤离去。黄先生拆开其中一箱胶带，立即进行研究和分析，黄先生工作至当晚 10 时，找出了产品不合格的原因。

行为者的行为结果

次日，黄先生指导员工纠正了错误，维护了公司的信誉，并使公司的经济损失降到最小。

分析与解释

黄先生考虑到自己的责任，同时预计到明天的工作安排与今晚的原因排查有关。

责任心和工作计划性强。

记　录　者：柯××

记录时间：2003-05-20

作为公司总经理的柯先生记录了这一关键事件，并决定在当月给予黄先生高于张先生两倍的奖金。

八、行为锚定评分法

行为锚定评分法通过用一些特定的关于优良绩效和不良绩效的描述性事件来对一个量化的尺度加以解释或锚定，将描述性的关键事件评价法和图尺度评价法的优点结合在了一起。该法实质上是把图尺度评价法与关键事件法结合起来使用，使其兼具两者之长。

它为每一职务的各评价维度都设计出一个评分表，并有一些典型的行为描述性说明词与量表上的一定刻度（评分标准）相对应和联系（即所谓锚定），对被评价者实际表现评分时，可作参考依据。由于这些典型说明词数量有限（一般不会多于 10 条），不可能涵盖千变万化的员工实际表现，被评价的实际表现很少恰好与说明词所描述的完全吻合。另一方面，评分表上的这些典型行为锚定点，使评价者给分时有了分寸感。这些代表了从最劣到最佳典型绩效的、有具体行为描述的锚定说明词，不但使被评价者能较深刻而信服地了解自身的现状，还可找到具体的改进目标。图 **6.5** 即为用此方法所制定出来的行为锚定评分表。

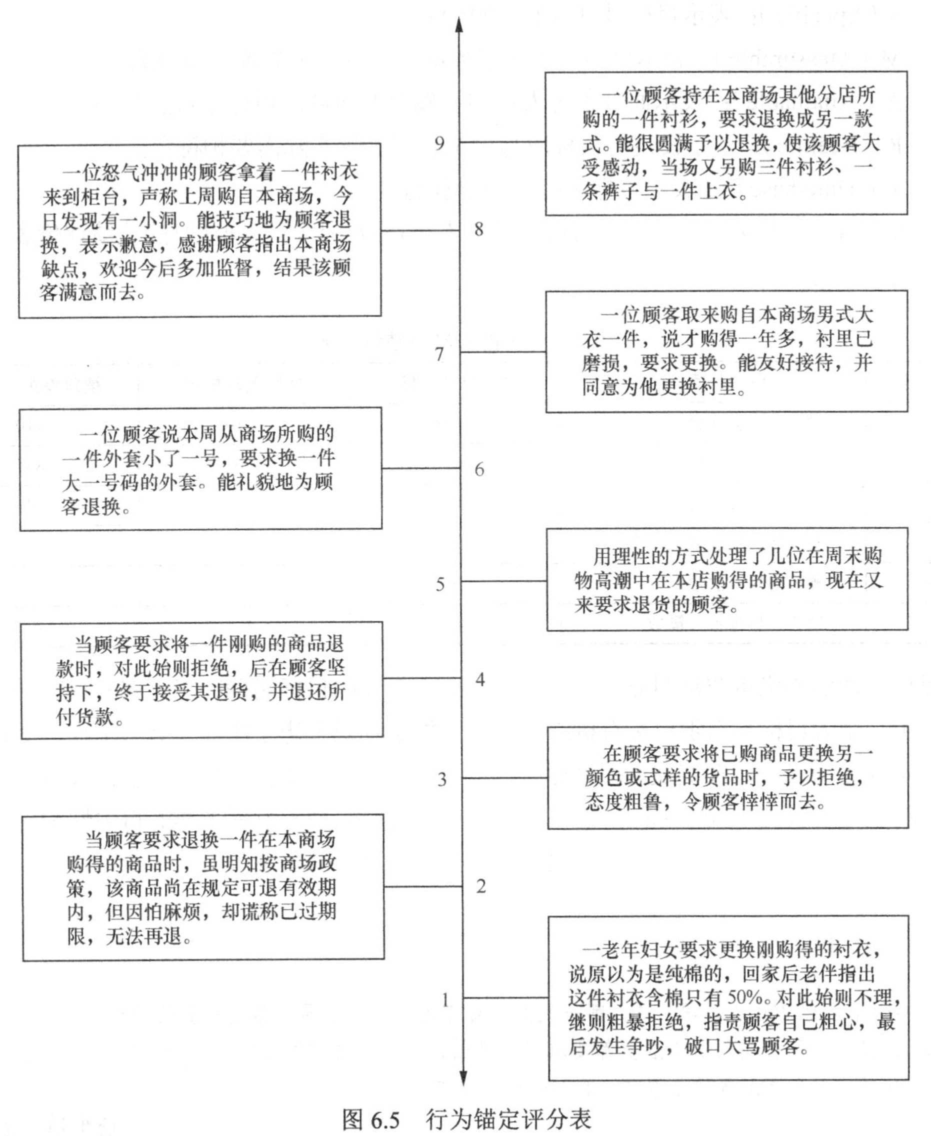

图 6.5　行为锚定评分表

九、目标管理法

目标管理法又称工作成果评价法，是按照员工的工作成果进行评价的方法。其过程是：先由主管人员和下属共同制定员工在一定时期内需要达到的绩效目标及检验目标的标准；经过贯彻执行后，在规定期末，主观人员和下属双方共同对照既定目标、检验目标的标准，考评下属的实际绩效，找出成绩和不足；然后双方本着合作互利、发扬优点克服缺点的原则，制定下一阶段的绩效目标。实施这种方法的过程非常类似于主观人员和下属签订一份合同，双方规定在某一个具体的时间达到某个特定的目标。员工的绩效水平就根据届时这一目标的实现程度来评定。

目标管理法不是用来衡量员工的工作行为的，而是用来衡量每位员工为组织成功所做的贡献大小。因此，实施目标管理法的关键是目标的制定，而这一目标必须是可以衡量和观测的。目标制定要符合“SMART”原则，其含义如下。

- S（Specific）：表示目标是具体的、明确的。
- M（Measurable）：表示目标是可以用数量、质量和影响等来衡量的。
- A（Attainable）：表示通过主管人员和下属双方协商的目标是可达到的。
- R（Realitic）：表示设定的目标应与单位和员工的实际需要相符合。
- T（Time-based）：表示目标是有时间要求的。

表 6.7 所示是某家电产品销售公司的销售人员在应用目标管理法时的业绩评价表，其中的数据是假设的。

表 6.7 销售人员业绩评价表

序　　号	目 标 项 目	本 月 目 标	实际完成情况	绩效差距（%）
1	微波炉销量（台）	100	110	110
2	电冰箱销量（台）	60	50	83
3	电视机销量（台）	80	75	94
4	新发展的批发客户（个）	5	4	80
5	顾客抱怨（次数）	10	7	70
6	销售分析报告（篇数）	4	4	100

目标管理法的优点非常明显，主要有：①由于考评的目标明确、将下属的目标融入组织目标之中、个人目标与组织目标有机结合，因而能激励员工忠于职守、努力工作；②员工的目标是本人参与设定，在实现业绩目标后，员工会有一种成绩感；③由于主管人员和下属共同讨论和制定下属的绩效目标和经验目标的标准，这样有助于发挥下属的自主性和创造性，促进员工的自我发展；④促进良性沟通，加强上下级之间的联系。

阅读材料

美国中西部 250 名管理人员，都是人力资源管理学会的会员。接受调查的管理人员中，大约 89%的人说，他们公司的所有雇员都要求接受绩效评价；大约 32%的人说，他们采取了目标管理法；24%的人采用图形等级量表法；10%采用其他方法。

（杨生斌，2008）

目标管理法作为一种现代管理的绩效考评方法也有一定的局限性：目标管理多用于短期目标，对有些工作难以设定短期目标的就不适用；适用于从事工作独立性强的人员考评，如管理人员、专业技术人员及销售人员等，而对从事常规水平的工作人员并不适用，如流水线上的工人；在一些情况下员工在设定目标时偏宽松；一些管理者也对“放权”存在抵触情绪。

第五节 绩效反馈

绩效评价阶段结束之后，接着就是反馈阶段。在这一阶段中，主要是完成绩效反馈的任务，就是说上级要就绩效评价的结果与员工进行面对面的沟通，指出员工在绩效周期内存在的问题并共同制订出绩效改进的计划。为了保证绩效的改进，还要对绩效改进计划的执行效果进行跟踪。此外，还需要根据绩效评价的结果对员工进行相应的管理活动。

绩效面谈是绩效反馈中的一种正式沟通方法，是绩效反馈的主要形式，正确的绩效面谈是保证绩效反馈顺利进行的基础，是绩效反馈发挥作用的保障。通过绩效面谈，可以让被评价者了解自身绩效，强化优势，改进不足；同时也可以将企业的期望、目标和价值观进行传递，形成价值创造的传导和放大。成功的绩效面谈在人力资源管理中起到了双赢的效果。

一、绩效面谈的内容

绩效面谈的内容主要是讨论员工工作目标的完成情况，并帮助其分析工作成功与失败的原因及下一步的努力方向，同时提出解决问题的意见和建议，得到员工的认可和接受。面谈的时候一般从以下四个方面进行。

（一）工作业绩

工作业绩的综合完成情况是评价者进行绩效面谈时最为重要的内容，在面谈时应将评价结果及时反馈给被评价者，如果被评价者对绩效评价的结果有异议，则需要与下属一起回顾上个绩效周期的绩效计划和绩效标准，并详细地向下属说明绩效评价的理由。通过对绩效结果的反馈，总结绩效达成的经验，找出绩效未能有效达成的原因，为以后更好地完成工作打下基础。

（二）行为表现

除了绩效结果以外，主管还应关注被评价者的行为表现，例如工作态度、工作能力等。对工作态度和工作能力的关注可以帮助被评价者更好地完善自己，并提高员工的技能，也有助于帮助员工进行职业生涯规划。

（三）改进措施

绩效管理的最终目的是改进绩效。在面谈过程中，针对被评价者未能有效完成的绩效计划，评价者应该和被评价者一起分析绩效不佳的原因，并设法帮助下属提出具体的绩效改进措施。

课堂讨论

员工绩效不佳的原因有哪些？

（四）新的目标

绩效面谈作为绩效管理流程中的最后环节，管理者应该在这个环节中结合上一个绩效周期的绩效计划完成情况，并结合被评价者新的工作任务，和被评价者一起提出下一个绩效周期中的新的工作目标和工作标准，这实际上是帮助被评价者一起制订新的绩效计划。

二、绩效面谈时应该注意的问题

（一）对事不对人

谈话焦点应置于以数据为基础的绩效结果上，即摆出量化的事实，使被评价者信服；而不是一味地责怪和追究被评价者的责任与过错。也即要强调客观结果，然后说明被评价者实际取得的绩效与组织要求的目标尚有差距，最后，双方共同来查找差距的原因。

（二）谈具体，避一般

不做泛泛的、抽象的一般性评价，而是要拿出具体结果、援引数据、列举实例来支持结论，同时说明评价者希望看到的改进结果。如“这回你们组的计划工作可不理想，你瞧瞧人家完成的生产量，再对比你们组的，与最好的可是相差 2 倍之多；再说，你们连下达的生产计划也未完成，仅完成了其中的 90%。”要比“你们组也太糟糕了，与别组相比相差也太远了，你这组长也太差劲了”效果好。因为它一方面摆出了数据事实，另一方面，说明了组织对该组的基本要求和更高的期望。

（三）诊断原因更重要

发现问题的最终目的在于找到解决问题的方法，而解决问题的方法需要针对问题产生的原因，以便于有的放矢、对症下药。所以，发现问题后不要绕过对病因的挖掘，而是要和被评价者一起分析问题产生的原因。

（四）保持双向沟通

在寻找问题产生的原因和探索解决问题的措施时，要坚持“共同”、“双向”，切忌单方面说了算，否则只会激起被评价者的抵制心理而不是对解决问题的热情。

（五）制订改进计划并具体落实

找出解决问题的措施后，要上下共同商量拟出针对性的改进计划，并多拟几套以作备用；同时计划尽量具体、量化，且带有激励性。

三、绩效面谈的两个重要技巧

绩效面谈是一项管理技能，有可以遵循的技巧，掌握得好，可以帮助管理者控制面谈的局面，推动面谈朝积极的方向发展。下面介绍两个技巧供参考。

（一）BEST 法

所谓 BEST 法，是指在进行绩效面谈的时候按照以下步骤进行。

- B（Behavior Description）：先干什么事。
- E（Express Consequence）：干这件事的后果是什么。
- S（Solicit Input）：问员工觉得应该怎样改进。
- T（Talk about Positive Outcomes）：以肯定和支持收场并鼓励。

BEST 法又称“刹车”原理，是指在管理者指出问题所在，并描述了问题所带来的后果之后，在征询员工的想法的时候，管理者就不要打断员工了，适时地“刹车”，然后，以聆听者的姿态，听取员工的想法，让员工充分发表自己的见解，发挥员工的积极性，鼓励员工自己寻求解决办法。最后，管理者再作点评总结即可。

示例 6.6

某公司市场部的小周经常在制作标书时犯一个错误，这时候，主管就可以用 BEST 法则对他的绩效进行反馈。

B：小周，8 月 6 日，你制作的标书，报价又出现了错误，单价和总价不对应，这已经是你第二次在这个方面出错了。

E：你的工作失误，使销售员的工作非常被动，给客户留下了很不好的印象，这可能会影响到我们的中标及后面的客户关系。

S：小周，你怎么看待这个问题？准备采取什么措施改进？

小周：我准备……

T：很好，我同意你的改进意见，希望在以后的工作中，你能做到你说的那些措施。

（二）汉堡法

汉堡法（Hamburger Approach），简单地说就是最上面一层面包如同表扬，中间夹着的馅料如同批评，最下面的一块面包最重要，即要用肯定和支持的话语结束。也就是说在进行绩效面谈的时候按照以下步骤进行。

（1）先表扬特定的成就，给予真心的鼓励。再不好的人也有值得表扬的优点，给其真诚的赞美，有助于建立融洽的气氛。

（2）然后提出需要改进的“特定”的行为表现，诚恳指出不足和错误，提出让员工能够接受的改善要求，消除员工的抵触心理，表达出对员工的信赖和信心。

（3）最后以肯定和支持结束，和员工一起制订绩效改进计划，表达对员工未来发展的期望。

汉堡法的作用在于提醒管理者，绩效面谈的作用在于帮助员工改善绩效，而不是抓住员工的错误和不足不放，因此，表扬优点，指出不足，然后肯定和鼓励，才是最佳的面谈路线。

示例 6.7

“小王，上一绩效周期内，你在培训计划编制、培训工作组织、培训档案管理……做得不错，不但按照考核标准完成了工作，而且还做了不少创新，比如在××工作中提出了××建议，这些建议对我们公司的培训管理起到了很大的帮助作用，值得提倡……前面我们谈的是你工作中表现好的方面，这些成绩要继续发扬，另外，我在你的评价中也发现了一些需要改进的地方，比如培训效果评估，这个工作一直是我们公司的难点，以前做得不好，在你的工作中也存在这个问题，比如很多培训没有做效果评估，有的培训做了评估，但都停留在表面，这样就容易使培训流于形式，不利于员工素质的提升，我想听听你对这个问题的看法。”“我是这么想的，培训效果评估……。”“嗯，不错，我同意你对这个问题的想法，那么我们把它列入你的改进计划，好吗？”……

四、几种典型面谈情况的处理

针对面谈对象的不同，处理技巧也应有所不同。

（一）对优秀下级

实际工作中，这类面谈较少。若有，面谈气氛应是很乐融的，面谈也顺利。但要注意两点：一是要鼓励下级的上进心，为他定好个人进一步发展的目标与计划；二是不要急于许愿，如答应何时提拔他或给予他某种特殊的奖励。

（二）对绩效差的下级

面谈中要注意下级情绪的变化，双方要从主、客观两方面去寻找产生问题的原因；切忌不问青红皂白，认定绩效差完全是这位下级主观上的过错。

（三）对进步不大的下级

考评者应开诚布公，让被考评者意识到工作中存在的不足；进而与其讨论是否现职不太适合于他，是否需要更换工作岗位；同时还要让他意识到自己有哪些不足。

（四）对过分雄心勃勃的下级

过分雄心勃勃的下级，往往会急于要求被提升和奖励，尽管他们从客观上看此时尚未进展到相应程度。所以，对此考评者要耐心开导，用事实说明他们尚有一定的差距，需要继续努力；当然，对被考评者的雄心不能泼冷水和说些伤自尊心的话；同时还要注意不能让被考评者产生错觉，以为达到某一目标就一定马上能获奖或提升。

（五）对年长的、工龄长的下级

对这类下级一定要特别慎重。首先要肯定他们过去对组织所作的贡献，然后对他们未来的出路或退休的焦虑表示关切；尽量不要在他们面前表扬年纪轻、资历浅但绩效突出者，这样会使他们的自尊心受到伤害。

（六）对易发火的下级

首先要耐心地倾听这类下级的发泄，从中觉察出他们发泄的原因所在，然后一起分析、找出解决问题的方法。

开篇案例简析

从饮誉北美的绩效管理专家罗伯特·巴克沃专著《绩效！绩效！——如何考评员工的表现》一书中，我们可以清晰地找出产生这些问题的根源：在绩效考评成为“鸡肋”的那些企业，他们遵循的不过是异化的绩效管理理论，他们质疑的往往也不是真正的绩效管理。事实上，我国企业很多时候恰恰是因为对绩效考评的理解不全面、不系统甚至存在误解，所以才导致这项对于企业价值极高的工作难以收到预期成效的。其中最关键的一点就是，在现代人力资源管理中真正有效的是绩效管理，而不是我们的许多企业所理解的那种"秋后算账式"的绩效考核或者绩效评价。一个完整的绩效管理过程包括绩效计划、绩效监控、绩效评价、绩效反馈与改善这样一个循环。如果企业将绩效评价等同于绩效管理，将绩效管理定位于确定利益分配的依据和工具，仅仅是为了评价而进行评价，那么其结果很可能是使得绩效管理流于形式，绩效评价的结果也不能得到充分的利用，公司耗费大量的时间和人力、物力，结果不了了之。因此，企业必须严格按照绩效管理的要求和步骤来实施，而不能断章取义地实施绩效管理。

本章小结

绩效，也称业绩，是指员工经过考评并被认可的工作行为、工作表现及工作结果。一般来说，绩效具有三个主要的特点：绩效的多因性；绩效的多维性；绩效的动态性。绩效管理就是指制定员工的目标并收集与绩效有关的信息，定期对员工的绩效目标完成情况作出评价和反馈，以确保员工的工作活动和工作产出与组织保持一致，进而保证组织目标完成的管理手段与过程。完整意义上的绩效管理包括四个方面：绩效计划、绩效监控、绩效评价和绩效反馈，它是事前计划、事中监控和事后评价及反馈的四位一体的闭环系统。因此，绩效评价只是绩效管理过程中的一个环节，不能以绩效评价来代替绩效管理。绩效管理的目的主要体现在战略、管理和开发这三个方面。

绩效计划包括三个阶段：准备阶段、沟通阶段、绩效计划的审定与确认阶段。在该阶段的主要工作是确定绩效指标、绩效标准及绩效评价周期。制定绩效指标与绩效标准往往是一起进行的。一般来说，绩效指标是指企业要从哪些方面对工作产出进行衡量或评估。而绩效标准是指企业在各个指标上应该分别达到什么样的水平。也就是说，指标解决的是，企业需要考核什么，才能实现其战略目标，而标准关注的是被评价者的对象需要在各个指标上做得"怎样"或完成"多少"。而绩效周期也称绩效评价周期，就是指多长时间对员工进行一次绩效评价。绩效周期的确定受职位的性质、指标的性质、标准的性质这三个因素的影响。

绩效监控就是组织采用一种积极的手段对绩效信息进行有效的收集和整理来保证绩效管理系统的正常运作。在该阶段，管理人员至少需要做三方面的工作：与员工持续沟通；辅导与咨询；收集绩效信息。

绩效评价就是在绩效周期结束时，选择相应的评价主体和评价方法，收集相关的信息，对员工完成绩效目标的情况作出考核。常见的评价主体有直接上级、同级同事、被评价者、直接下属及外界的人事考评专家或顾问。而常用的绩效评价方法有：民意测验法、交替排序法、配对比较法、强制分布法、图尺度评价法、强制选择法、关键事件法、行为锚定评分法及目标管理法这九种。每种方法都有其优点和缺点及其特定的使用范围。企业在实际操作中可以根据实际情况选择合适的评价方法来实施绩效评价，以提高绩效管理的科学性和公平性。

绩效评价阶段结束之后，接着就是反馈阶段，就是说上级要就绩效评价的结果与员工进行面对面的沟通，指出员工在绩效周期内存在的问题并共同制订出绩效改进的计划。为了保证绩效的改进，还要对绩效改进计划的执行效果进行跟踪。此外，还需要根据绩效评价的结果对员工进行相应的管理活动。在进行反馈面谈时，要注意两个重要的面谈技巧：BEST 法和汉堡法。

复习思考题

1. 什么是绩效？绩效有什么特点？
2. 如何正确理解绩效管理？
3. 确定绩效评价周期时需要考虑哪些因素？
4. 绩效评价的主体有哪些？
5. 常见的绩效评价误区有哪些？如何避免？
6. 如何提高绩效反馈面谈的效果？
7. 绩效评价的方法有哪些？每一种评价方法都是如何实施的？

案例分析

罗芸与老马的绩效考核分歧

罗芸在飞宴航空食品公司担任地区经理快一年了。此前，她在一所名牌大学获得了 MBA 学位，又在本公司总部科室干过四年多职能性管理工作。她分管 10 家供应站，每站有一名主任，负责向一定范围内的客户销售和服务。

飞宴公司不仅服务于航空公司，也向成批订购盒装中、西餐的单位提供所需食品。飞宴公司雇请所有自己需要的厨房工作人员，采购全部原料，并按客户要求的规格烹制他们所订购的食品，不搞分包供应。供应站主任主要负责计划，编制预算，监控分管指定客户的销售服务员等活动。

罗芸上任的头一年，主要是巡视各供应站，了解业务情况，熟悉各站的所有工作人员。通过巡视，她收获不小，也增加了自信。

罗芸手下的 10 名主任中资历最老的是马伯雄。他只念过一年大专，后来进了飞宴公司，从厨房代班长干起，直到三年前当上了这个供应站的主任。老马很善于和他重视的人，包括他的部下搞好关系。他的客户都是“铁杆”，三年来没一个转向飞宴公司的对手去订货的；他招来的部下，经过他的指点和培养，有好几位已经被提升，当上了其他地区的经理。

不过，他的不良饮食习惯给他带来了严重的健康问题——身体过胖，心血管加胆囊结石，使他这一年请了三个月的病假。其实，医生早向他提出过警告，他置若罔闻。再则他太爱表现自己了，做了一点小事，也要来电话向罗芸表功。他给罗芸打电话的次数，超过其他 9 位主任的电话总数。罗芸觉得过去共过事的人没有一个是这样的。

由于营业的扩展，已盛传要给罗芸添一名副手。老马已公开说过，站主任中他资格最老，地区副经理非他莫属。但罗芸觉得老马若来当她的副手，真叫她受不了，两人的管理风格太悬殊；再说，老马的行为准会激怒地区和公司的工作人员。

正好年终的绩效评估到了。公正地讲，老马这一年的工作，总的来说，是干得不错的。飞宴的年度绩效评估表总体是10级制，10分为最优；7～9分属良，虽然程度有所不同；5～6分属于合格、中等；3～4分是较差；1～2分是最差。罗芸不知道该给老马评几分。评高了，他就更认为该提升他；太低了，他准会大为发火，会吵着说对他不公平。

老马自我感觉良好，觉得跟别的主任比，他是鹤立鸡群。他性格豪迈，爱走访客户，也爱跟手下人打成一片，他最得意的是指导部下某种新操作方法，卷起袖子亲自下厨，示范手艺。跟罗芸谈过几次后，他就知道罗芸讨厌他事无巨细，老打电话表功，有时一天打两三次，不过，他还是想让她知道自己干的每项战绩。他也知道罗芸对他不听医生劝告，饮食无节制有看法。但也认为罗芸跟他比，实际经验少多了，只是多学点理论，到基层来干，未见得能玩得转。他为自己的学历不高，但成绩斐然而自豪，觉得这副经理是非他莫属，而这只是他实现更大抱负的过程中的又一个台阶而已。

考虑再三，罗芸给他的绩效评了个6分。她觉得这是有充分理由的：因为他不注意卫生，病假三个月。她知道这分数远低于老马的期望，但她要用充分理由来支持自己的评分。然后她开始给老马各项考评指标打分，并准备如何与老马面谈，向他传达所给的考评结果。

（余凯成，2005）

分析讨论：

1. 你认为罗芸对老马的绩效考评是否合理？有什么需要改进的地方？
2. 预计老马听了罗芸对他的绩效评定，会做何反应？罗芸怎样处理？
3. 如果你是老马，对罗芸的考评结果会采取怎样的态度和做法?为什么?

实训

绩效考核方案的制定实训

（一）实训目的

通过实训，使学生进一步理解绩效管理的过程，并能够运用所学知识针对特定岗位制定出一个绩效考核方案来。

（二）实训内容

选定学生所在院校的专职教师或者行政辅导工作岗位，运用绩效管理的相关理论，制定一个切实可行的绩效考评方案。

（三）实训条件

1. 实训时间

本实训大约需要2～3个学时。

2. 实训地点

校园和多媒体教室。

（四）实训组织方法与步骤

第一步，每组学生根据上课情况从理论上了解绩效管理、绩效考核方案的制定等知识点，并利用课下时间搜集更多的数据资料。

第二步，走访所在院校相关部门，搜集现行教师绩效考核制度，并调查有关人员对现行绩效考核制度的看法和建议。

第三步，小组讨论分析现行绩效考核制度，形成统一的意见。

第四步，制定新的绩效考核方案。

第五步，各小组派一名代表演示自己的绩效考核方案，并针对有关方面作出解释。

第六步，全班学生自由发言阶段，可以针对这些方案进行评价、建议。

第七步，教师对各种方案进行分析、归纳和总结，提出指导意见，帮助学生完善自己的方案。

第八步，每个小组编写实训报告。

（五）实训考核方法

1. 成绩划分

实训成绩按优秀、良好、中等、及格和不及格五个等级评定。

2. 评定标准

（1）是否了解绩效管理的相关理论知识。

（2）是否掌握绩效考核方案的制定方法。

（3）能否结合所在院校的实际情况，提出切实可行的绩效考评方案来。

（4）课堂演示效果及自由讨论发言情况。

第七章 薪酬管理

学习目标：通过本章的学习，主要了解薪酬和薪酬管理的概念；理解并掌握基本薪酬设计的程序、工作评价的方法；掌握激励薪酬和间接薪酬的相关内容。

关键概念：薪酬（Compensation） 薪酬管理（Compensation Management） 基本薪酬（Base Pay） 激励薪酬（Incentive Pay） 间接薪酬（Indirect Compensation）

开篇案例

小张辞职引出来的思考

小张通过一番努力，终于应聘上向往已久的保健品A公司。他工作得特别努力，每天都拜访好几家新客户，甚至在每天回家以后都花大量时间在报纸上收集客户信息。

一个月过去了，小张的工作状态越来越差，做事越来越打不起精神，在A公司工作了近两个月之后，小张向公司提出了辞职申请。

小张是招聘的新员工中的佼佼者，在公司的表现也很突出，为什么刚刚开始上手就要提出辞职呢？人力资源部经理在同小张的深谈中了解到了他辞职的原因，同时，也意识到了公司管理中所存在的严重问题。

原来，小张在进公司之前了解到，在A公司，不论是新业务员，还是老业务员，底薪和提成都一视同仁，提成均按销售额的5%，相比其他几家应聘的公司，A公司的薪酬制度还是比较有竞争优势并且比较公平。小张的销售能力出类拔萃，A公司的品牌颇有影响，因此，小张相信自己能够干得很开心，获得高报酬。但慢慢地，小张发现，尽管自己每天不停地打电话、跑客户，但是销售业绩在公司的业绩公告栏上还是远远地落在两位老业务员后面。第一个月工资发下来，老员工比小张多出十几倍。

本来，新员工的业绩低一些纯属正常，没什么大惊小怪的，可是，仔细观察下来发现，原来公司的两部客户咨询电话都放在两位老员工的办公桌上，每当有客户咨询电话，都被两位老员工据为己有。由于A公司自身有许多广告，因此客户咨询电话非常多。老员工只要坐在办公室，守住电话，便可以掌握大量的新的优质客户，而像小张这一批新进员工则只有自己开发新客户。小张愤愤地说："客户资源是公司的，现在都被两位员工据为己有，我们新员工即使这么努力，业绩与每天坐在办公室的老员工们相比，还是相去甚远，当然只有另谋生路"。

公司也知道这样做不公平，曾经计划采取措施改变这种状况，但是，由于两位老业务员掌握了公司的主要客户，公司的销售主要靠他们做；并且，公司的几个大客户也都是他们以前开发的，同他们的私人关系很好，如果公司调整销售制度，担心他们两个老业务员跳槽。对此公司也很头疼。但是，这种状况不改变，公司就不可能留住新人。

（佚名）

请思考：A公司的薪酬管理存在什么问题？应该如何改进？

第一节　薪酬管理概述

一、薪酬的概念

在实际或者理论工作中，很多人经常把薪酬和报酬的概念混为一谈，为了弄清楚薪酬的概念，我们有必要先搞清报酬的含义。

报酬是指员工从企业那里得到的作为个人贡献回报的他认为有价值的各种东西。其构成如图7.1所示。

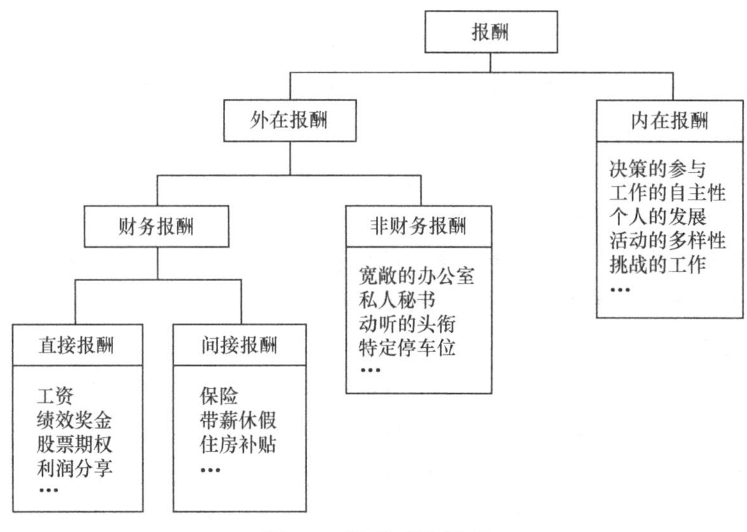

图7.1　报酬系统模型

从以上模型可看出，报酬系统主要分为两大部分：内在报酬和外在报酬。

（1）内在报酬，通常是指员工由工作本身所得到的心理满足和心理收益，如决策的参与、工作的自主权、个人的发展、活动的多元化和挑战性的工作等。它们都是工作参与的结果，基于这方面的考虑，才会有工作丰富化、缩短工作周、弹性工作时间、工作轮换等做法的出现。

（2）外在报酬，通常指员工所得到的各种货币收入和实物。它包括两种类型：一是财务报酬；二是非财务报酬（如宽敞的办公室、私人秘书、动听的头衔、特定停车位等）。而财务报酬又可以分为两类：一是直接报酬，如工资、绩效奖金、股票期权、利润分享等；二是间接报酬，如保险、带薪休假、住房补贴等各种福利。

薪酬则是指员工从企业那里得到的各种直接的和间接的经济收入，简单地说，它相当于报酬体系中的财务报酬部分。在企业中，员工的薪酬一般是由三个部分组成的：基本薪酬；激励性薪酬；间接性薪酬。

（1）基本薪酬，即工资，指企业根据员工所承担的工作或者所具备的技能而支付给他们的比较稳定的经济收入。

（2）激励性薪酬，即奖金，指企业根据员工、团队或者企业自身的绩效而支付给他们的具有变动性质的经济收入。

（3）间接性薪酬，即福利。从本质上讲，福利是一种补充性报酬，但往往不以货币形式直接支付，而多以实物或服务的形式支付。

二、薪酬的功能

简言之，薪酬的功能就是能调动员工的工作积极性，使他们愿意在本企业努力工作。在此我们可以从组织和员工两个方面进行介绍。

（一）薪酬对组织的功能

1. 增值功能

薪酬既是组织使用劳动力的成本，也是用来交换劳动者劳动的一种手段，同时也是一种活劳动投资，它能给组织带来预期的大于成本的收益。正是这种收益的存在，才使得组织使用劳动力、投资劳动力。

2. 激励功能

薪酬不仅仅代表一定的物质利益，而且还代表着一个人的身份和地位。因此，公平合理的薪酬能够调动员工的工作积极性，激发他们的工作潜力，促进他们的工作效率，增强他们的凝聚力和归属感。同时，较高的、具有竞争力的薪酬可以吸引企业所需要的各层次的人力资源，充分满足企业发展对各类员工的需要。

3. 配置功能

薪酬是一种重要的管理要素，从追求物质利益的角度看，人们一般会愿意到薪酬较高的地区、部门、岗位工作。因此科学合理地确定薪酬结构和薪酬水平，可以引导组织内的员工向合理的方向流动，最大限度地做到适人适岗，促进组织人力资源的合理配置。

4. 协调功能

通过薪酬水平的变动，可以将组织目标和管理者的意图传递给员工，促进个人行为与组织行为融合；通过合理的薪酬差别和结构，化解员工之间的矛盾，协调人际关系。

（二）薪酬对员工的功能

1. 保障功能

员工作为企业的人力资源，通过劳动取得的报酬来维持自身的衣食住行等基本需要，保证自身劳动力的生产。同时，它还要利用部分报酬来学习进修、养育子女，实现劳动力的增值再生产。因此，员工的薪酬状况决定着他们的生存、营养和文化教育的条件。

2. 价值实现功能

薪酬不仅决定员工的物质生活条件，也是一个人社会地位的决定因素。一般来说，薪酬是员工工作业绩的显示器，也是对员工工作能力和水平的承认，是对个人价值实现的回报。同时，高薪还是晋升和成功的信号，它反映了员工在组织中的相对地位和作用，使员工产生满足感、成就感，能激发员工的工作热情。

3. 满足保障功能

合理的薪酬能增强员工对组织的信任感和归属感，增强对预期风险的心理保障意识和安全感，这些直接关系到一个组织能否吸引、保持高素质员工队伍，能否有效调动员工积极性。

三、薪酬管理的概念

核心概念

薪酬管理就是指企业在发展战略和经营规划的指导下，综合考虑企业内外部各种因素的影响，确定自身的薪酬水平、薪酬结构和薪酬形式，并进行薪酬调整和薪酬控制的整个过程。

为了全面理解薪酬管理的含义，需要注意以下几个方面的问题。

（1）薪酬管理要在企业发展战略和经营规划的指导下进行。作为人力资源管理的一项重要职能，薪酬管理必须服从和服务于企业的经营战略，要为战略的实现提供有力的支持。

（2）薪酬管理的目的不仅仅是让员工获得一定的经济收入，使他们能够维持并不断提高自己的生活水平，而且还要引导员工的工作行为、激发员工的工作热情，不断提高他们的工作绩效，这是薪酬管理的更为重要的目的。或者说薪酬管理只是一种手段，而不是目的。

（3）薪酬管理的内容不单单是及时准确地给员工发放一定数额的薪酬，这只是薪酬管理低层次的、简单的活动，更为重要与复杂的是一系列的关于薪酬方面的决策。例如薪酬水平的高低、薪酬结构的制定、薪酬调整的实施等。

四、薪酬管理的原则

有效的薪酬可以将员工的利益与组织的目标和发展前途有机结合起来，并且薪酬管理是政策性很强的工作，因此在实际工作中必须遵循下面的几项原则。

（一）公平性

员工对薪酬分配的公平感，也就是对薪酬发放是否公正的判断与认识，是进行薪酬管理时首要考虑的因素，这也是由“公平感”的主观性和相对性所决定的。薪酬的公平性可以分为以下三个层次。

（1）外部公平性，指同一行业或同一地区同等规模的不同组织中类似岗位的薪酬应当基本相同，因为对他们的知识、技能与经验要求相似，他们的各自贡献便应相似。

（2）内部公平性，指同一组织中不同岗位所获薪酬应正比于各自的贡献。只要比值一致，便是公平。

（3）个人公平性，涉及同一组织中占据相同岗位的人所获薪酬间的比较。

如果员工感觉到自己得到了不公正的薪酬，他们将不会尽力工作，甚至会离开企业。无论产生哪一种不公平，都会殃及企业的整体利益。

自我思考

企业领导及薪酬管理专家应该如何做才能实现上述三种公平？

（二）竞争性

竞争性是指在社会上和人才市场中，组织的薪酬标准要有吸引力，才足以战胜其他组织，招到所需人才。究竟应将本组织摆在市场价格范围的哪一段，当然要视本组织的财力、所需人才可获得性的高低等具体条件而定，但要有竞争力，至少是不应低于市场平均水平的。

（三）激励性

激励性是要在内部各类、各级岗位的薪酬水平上，适当拉开差距，真正体现按贡献分配的原则。平均主义的“大锅饭”分配制度，其落后性和危害在过去我国的许多国有企业中已充分体现。

（四）经济性

提高组织的薪酬水平，固然可提高其竞争性与激励性，但同时不可避免地导致人工成本的上升，所以薪酬制度不能不受经济性的制约。不过组织领导在对人工成本考察时，不能仅看薪酬水平的高低，而且要看员工绩效的质量水平。事实上，后者对组织产品的竞争力的影响远大于成本因素。此外，人工成本的影响还与行业的性质及成本构成有关。在劳动力密集型行业中，有时人工成本在总成本中的比重可高达 70%，这时人工成本确有牵一发而动全身之效，需精打细算；但在技术密集型行业中，人工成本却只占总成本的 8%～10%，而组织中科技人员的工作热情与革新性，却对组织在市场中的生存与发展起着关键的作用。

（五）合法性

组织的薪酬制度必须符合国家的政策法律法规，符合国家及地方有关劳动用工及人事的有关法律、法规，尤其要体现对劳动者的尊重、公正，避免不应有的歧视。例如在员工提供了正常劳动的前提下，企业支付的工资不能低于我国各省市自治区普遍执行的《最低工资标准》之规定。

五、薪酬管理的影响因素

在市场经济条件下，企业的薪酬管理活动会受到内外多种因素的影响，为了保证薪酬管理活动的有效进行，就必须对这些影响因素有所了解和认识。

（一）外在因素

1. 人力资源市场的供需关系

劳动力价格是受市场供求关系影响的。员工的薪酬状况在很大程度上受人力资源市场的供需关系影响。如果某类员工的供给量大于需求量，企业很容易招聘到合适的员工，这时该类员工的薪酬水平就可以相对低一些，否则就应该高一些。

2. 地区及行业的特点与惯例

地区及行业的特点与惯例包括行业性质、特点及地区的道德观与价值观等。例如，若传统的“平均”、“稳定至上”的观点仍主宰着某地区，那么拉开收入差距的措施就不易被接受。因此，沿海与内地、基础行业与高科技行业、国有大中型企业密集地区与三资企业集中地区等之间的差异，必然会反映到其薪酬政策上来。

3. 当地生活水平

当地生活水平从两层意义上影响企业的薪酬政策：一方面，生活水平高了，员工们对个人生活的期望也高了，无形中对企业造成一种制定偏高薪酬标准的压力；另一方面，生活水平高了，也可能意味着物价指数要持续上涨，为了保持员工生活至少不致恶化及购买力不致降低，企业往往也不得不考虑定期地向上适当调整工资。但该因素对决定基本工资并无关键作用，只在调整时需要考虑。

4. 国家的有关法律和法规

我国目前有关各类员工权益保护的正式法律还不算太多，但对禁止使用童工和保护妇女、残疾人权益及最低工资等方面，已有若干规定。随着我国法制的日趋完善，这类法律必然日益增多。这些法律法规是企业的薪酬政策必须遵守的。

（二）内在因素

1. 本单位的业务性质和内容

如果是传统的劳动力密集型企业，则员工们从事的主要是简单的体力性的劳动，而劳动力成本可能占总成本中很大的比例。但若是高技术的资本密集型企业，高级专业人员比重很大，他们从事的是复杂的、技术成分很高的脑力劳动，而相对于先进的技术设备而言，劳动力成本在总成本中的比重却不大。显然这对企业的薪酬政策有不同的重大影响。

2. 公司的经营状况与财政实力

在劳动成本增加，而生产量和其他输入量不变的情况下，生产率会降低，故企业应小心考虑如何平衡加薪与生产率的关系，同时也要考虑公司的财政能力。

3. 公司的管理哲学和企业文化

这方面的核心要素是指企业领导对员工本性的认识及态度。那种认为员工们所要的就是金钱，只有经济刺激才能让他们好好干活的企业领导，与那种认为员工们不仅从本性上有多方面的追求，钱绝非唯一的动力，他们喜爱有趣的挑战性工作，而且是有自觉性的企业领导相比，两者在薪酬政策上显然是会大相径庭的。

第二节　基本薪酬的设计

在企业的薪酬体系中，基本薪酬是最基础的部分，对于大多数员工来说，这也是他们所获得的薪酬中的最主要的部分。因此，建立健全合理的基本薪酬政策是非常必要的，必须依据一定的程序。

基本薪酬设计的一般程序如图 7.2 所示。

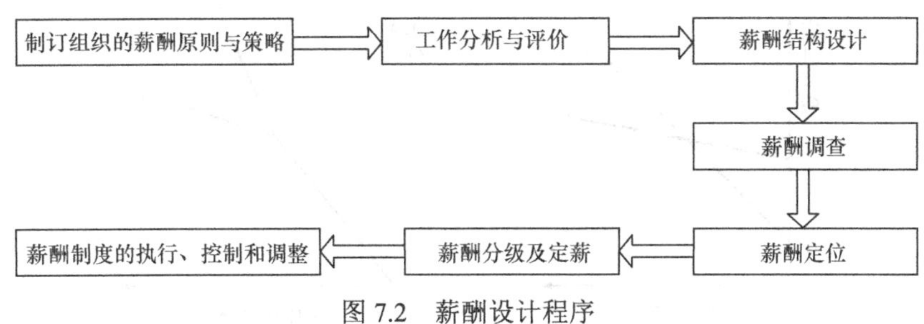

图 7.2　薪酬设计程序

一、制订组织的薪酬原则与策略

制订组织的薪酬原则和策略，是组织人力资源管理的重要组成部分，也是组织文化的一个组成部分，对以后的各个环节具有重要的指导作用。它包括对员工本性的认识、对员工总体价值的评价、对管理骨干及高级专业人才所起作用的估计等核心价值观；组织基本工资制度及分配原则；有关薪酬分配的政策和策略，如薪酬拉开差距的分寸、差距标准、奖励、福利费用的分配比例等。

二、工作分析与评价

工作分析与评价，是制定科学合理的薪酬制度的前提和依据。工作分析在前面第三章中已经详细阐述过。工作分析是全面收集工作信息的管理过程。通过工作分析，能够明确岗位的工作性质、所承担责任的大小、劳动强度的轻重、工作环境的优劣以及劳动者所应具备的工作经验、技能、学识、身体条件等方面的具体要求。同时，根据工作分析所收集的数据和资料，采用系统科学的方法，对组织内各个层次和职别的工作岗位的相对价值作出客观的评价，并依据岗位评价的结果，按照各个岗位价值的重要性由高到低进行排列，以此作为确定组织基本薪酬制度的依据。有关工作评价的具体内容将在第五节中详细说明。

三、薪酬结构设计

核心概念

所谓薪酬结构是指一个企业的组织机构中各项工作的相对价值及其对应的实付薪酬之间保持着什么样的关系。也就是说，根据工作评价得到了各岗位之间的相对价值，将其转换成具体的薪酬数额，明确各岗位的相对价值与实付薪酬对应的数值关系。

这种关系不是随意的，是以服从某种原则为依据，具有一定规律。通常这种关系和规律多用“薪酬结构线”来表示。典型的薪酬结构线如图 7.3 所示。薪酬结构线的横坐标是以工作评价获得的表示其相对价值的分数，纵坐标是实付薪酬值。它可以更直观、更清晰地显示出组织内各岗位工作的相对价值与其对应的实付薪酬之间的关系。

理论上，薪酬结构线可以呈现任何一种曲线形式，但实际上它们多呈直线或若干支线段构成的一种折线形式。这是因为工资结构首先要求具有内在公平性，组织内各种岗位的薪酬是按市场经济中通行的等价交换原则确定的，也就是说谁的贡献越大，对组织的价值相对越高，所获薪酬便应越多；薪酬与贡献之间的正比关系决定了与其对应的关系是直线形式。

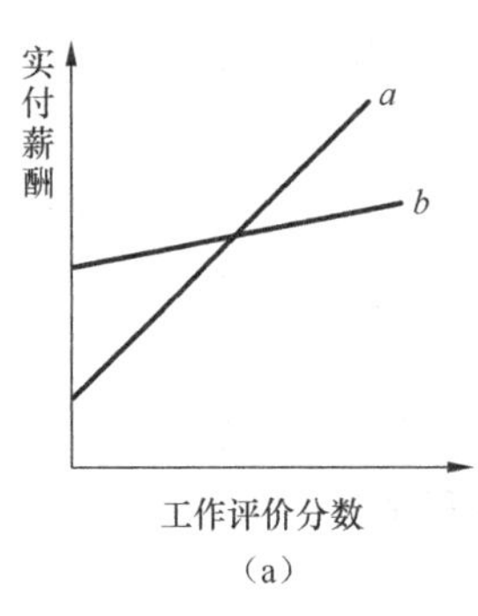

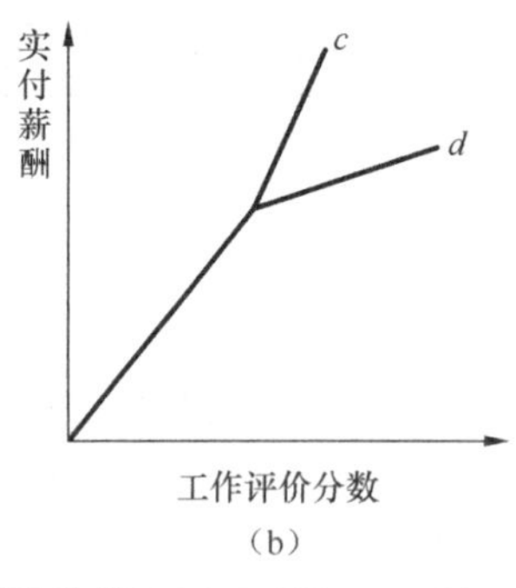

图 7.3　薪酬结构线

图 7.3（a）中的 a、b 两条线都是单一的直线，说明采用直线的企业的所有职位都是按统一的原则来确定薪酬值的，即薪酬值正比于职位的相对价值。但 a 与 b 的斜率不同，a 的斜率较大，说明这个企业偏向于拉大不同贡献员工之间的收入差距；而 b 的斜率较小，较平缓，说明这个企业偏向于照顾大多数，不希望收入过于悬殊。图 7.3（b）中的 c、d 则都是折线，在前面一段两者重合，到后面则倾斜度不一样，c 斜率增大，而 d 斜率减小，说明前者可能是认为自某一级别以上的员工属于企业的精英人才，对企业的成败贡献较大，故应该增加报酬以激励他们的积极性；后者则可能着眼于缩小精英骨干和一般员工之间的工资差距，以减少中下层员工的不平衡感和抱怨。

各企业可能有其各自不同的特殊考虑，因而设计出具有其独特特征的薪酬结构线。因此薪酬结构线，无所谓何者最优，何者较劣，因为每一个企业的内外条件不同，需作权变处理。可见，不同性质的职务系列，可根据其性质差异及市场供需状况采用不同的工资政策，只是每种政策都得有一定的“说法”。

薪酬结构线设计的另外用途就是调整现有薪酬水平，即利用定性或定量分析的方法将工作评价分数与实付薪酬间的散点图转化为一条直线，然后根据需要调整那些偏离此线的薪酬点，如图 7.4 所示。一般多采用保留结构线以上点薪酬水平而调整结构线以下点薪酬水平的做法。

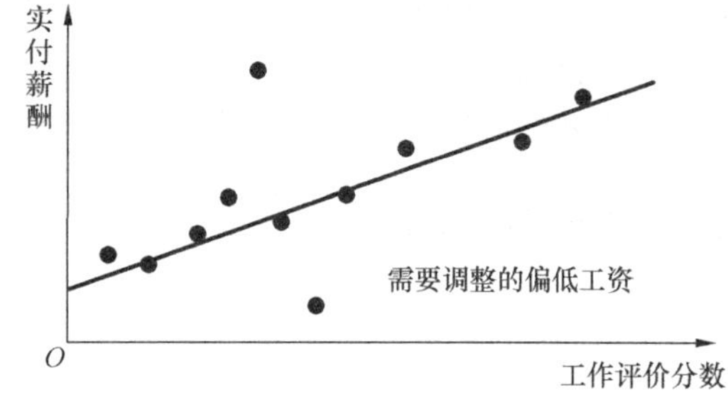

图 7.4　薪酬调整示意图

四、薪酬调查

这一步骤其实并不应列在上一步骤之后，两者应同时进行，甚至可以安排在考虑外在公平性而对薪资结构线进行调整之前。这项活动主要研究两个问题：要调查些什么，怎样去调查和收集数据。

薪酬调查的主要目的是建立企业合理的薪酬构成，根据市场薪酬给付水平确定企业薪酬水平的市场定位，重在解决薪酬的对外公平性问题。企业在确定工资水平时，需要参考劳动力市场的工资水平。对某职位的薪酬调查在确定员工的薪酬时起着关键的作用。薪酬调查是企业通过调查当地或同一行业中其他企业中相同或者相似工作的薪酬水平，同本企业现行薪酬水平相比较，进而依据本企业的其他条件，来调整薪酬结构，以保证企业的竞争地位。对很多企业来讲，某职位的薪酬就是在市场调查的基础上来进一步确定的。薪酬调查并不一定是要企业亲自来做，很多信息可以是来自各种商业企业机构、专业协会、政府的统计报告以及报纸杂志、专业书籍中的数据。企业可以用各种直接或间接的薪酬调查数据作为制定薪酬标准的基础。企业也可以委托比较专业的咨询公司进行这方面的调查。

图 7.5 描述了薪酬调查的一般程序。

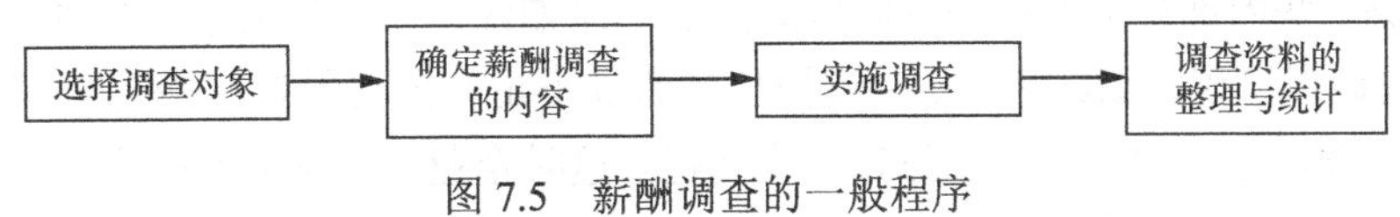

图 7.5　薪酬调查的一般程序

（一）选择调查对象

薪酬调查的对象，最好是选择与自己有竞争关系或者同行业的类似企业。可以从以下的企业中进行选择：同行业中相同类型的其他企业；工作环境、经营策略、薪酬与信誉均符合一般标准的企业；与本公司距离较近，在同一劳动力市场录用员工的企业。在这些企业中，由于不同类型的企业对所要调查的工作支付的薪酬是不同的，因此要对企业的性质、规模大小、新成立还是存在已久的等方面的信息进行选择。薪酬调查的数据，要有上年度的薪资增长状况、不同薪酬结构对比、不同职位和不同级别的职位薪酬数据、奖金和福利状况、长期激励措施以及未来薪酬走势分析等。

（二）确定薪酬调查的内容

一般来说，企业薪酬调查的内容主要包括以下五个方面：薪酬内容（基本工资、职务津贴、奖金和各种福利保险费用的比率）；其他企业的基本工资的情况；除基本工资以外津贴、奖金、福利的给付情况；其他与薪酬有关的项目；调查的是资深员工还是新进员工的薪酬水平；是平均薪酬水平还是最高的薪酬等。

（三）实施调查

企业可以在取得其他被调查企业的支持的前提下，采取电话调查、发放调查问卷或者访谈等方式进行数据调查，另外也可以通过咨询公司和调查公司来实施调查。一般好的市场调查数据要能保证数据的代表性和质量。

（四）调查资料的整理和统计

在薪酬调查完毕之后，根据收集到的数据进行分析统计和整理。调查资料的价值不仅仅体现在数据的多少上，关键在于调查者从获得的信息中得到的启示，必须对调查资料进行各种数据的计算、统计，并根据资料的统计结果针对企业的经营情况、职位职能等具体情况进行对比分析，整理出各公司的工资曲线，以直观地反映某家公司的薪酬水平与同行业相比处于什么位置，而不能只是抽象和单纯地比较数据。

五、薪酬定位

薪酬定位是确定企业的薪酬水平在劳动力市场中相对位置的决策过程，它直接决定了薪酬水平在劳动力市场上竞争能力的强弱程度。薪酬定位是薪酬管理的关键环节，是确定薪酬体系中的薪酬政策线、等级标准和等级范围的基础。

（一）影响薪酬定位的因素

影响薪酬定位的因素很多，大致上可以分为内部因素和外部因素。

1. 内部因素

（1）薪酬战略和薪酬理念。一般在决定进行薪酬体系设计的时候，都是希望通过薪酬体系设计来解决一些内部分配方面的价值偏离问题。比如说，新老员工之间的薪酬矛盾、大锅饭现象、按行政级别确定薪酬水平、关键岗位的激励不足和招聘困难、薪酬调整机制不健全、绩效与薪酬的挂钩比例和方式不合理等一些问题。这时企业一般都会有一个明确的薪酬体系设计的目标，而这个目标又是在一定的薪酬战略和薪酬理念的基础上产生的。

（2）人力资源规划。一般企业都会在人力资源规划中明确企业未来的人力资源需求，以及在什么时间采用什么手段来满足这些人力资源需求等一系列人力资源管理方面的指导原则和方针。比如是通过建立完善的培训体系，有计划地提升现有员工的能力水平，并通过内部劳动力市场的人员流动来满足这些需求，还是通过外部招聘来满足，等等。

这些指导原则和方针是企业在进行薪酬定位决策时需要认真考虑的约束条件。比如一个企业可能在人力资源规划中明确提出要在未来的几年内对现有员工队伍进行优化，并通过内部晋升来填补中高层职位空缺。在这种情况下进行薪酬定位就需要考虑什么样的薪酬水平能够很好地留住现有的优秀人才，并激励他们不断提升自己的管理能力，以填补未来的职位空缺；而且，在考虑总体薪酬水平的同时，还需要考虑静态薪酬（比如基本工资）、动态薪酬（比如绩效工资和奖金）以及人态薪酬（比如商业保险、交通补贴等）的水平应该如何设计。这样才能为人力资源规划中的指导原则和方针的贯彻落实提供有效的支撑。

（3）战略规划。企业的发展战略也是薪酬定位决策过程中必须考虑的一个重要因素。比如采取低成本战略的公司，在进行薪酬定位的时候考虑的重点一般是如何对薪酬总额进行控制的问题；而采取差异化战略的公司，在进行薪酬定位的时候考虑的重点一般是如何提高对那些极具创造力的人才的吸引力问题。

除了上面所谈到的这几个制约因素之外，企业的支付能力、业务扩张速度、人才培养速度、内部劳动力市场的流动性等也都是需要考虑的相关因素。

2. 外部因素

从企业的外部环境来说，在进行薪酬定位决策时，则需要重点考虑目标劳动力市场内人才竞争的激烈程度，以及产品市场的差异化程度等因素。

（1）目标劳动力市场人才竞争的激烈程度。通常情况下，企业在人力资源战略规划当中，都会明确企业为保障其战略规划的顺利实现所应该重点关注的关键人才的类型，以及他们所具备的核心技能或者其他关键特征。有时还会对外部劳动力市场进行细分，明确所关注的目标劳动力市场的具体范围，甚至目标公司的目标职位，或者目标人才。在这种情况下，在进行薪酬定位时，必须考虑目标劳动力市场的薪酬水平，并且将其作为薪酬定位决策时的重要参照。

（2）产品市场的差异化程度。在产品市场差异化程度高的情况下，人才流动性会大大降低，从目标劳动力市场上获取所需人才的难度也大大增加。在产品差异化程度较低的情况下，人才流动性会比较高一些，人才获取的难度也相应降低。在前一种情况下，薪酬定位的水平通常要高一些；在后一种情况下，薪酬定位的水平通常来说可能就要低一些。

除了上面谈到的目标劳动力市场和产品市场之外，相关的法律法规（比如竞业禁止）等一些其他因素也是在进行薪酬定位决策时需要考虑的。

阅读材料

位于美国西雅图的华盛顿大学曾经选择了一个地点，决定修建一座体育馆。消息一经传出，立即引起教授们的反对，而校方更是从谏如流，不久就取消了该项计划。

教授们抵制该项计划的动因是这个拟建的体育馆选址是在校园内的华盛顿湖畔，一旦建成，恰好挡住了从教职工餐厅可以欣赏到的窗外美丽的湖光山色。而校方对教授们意见的尊重，与薪酬水平有直接的关系。

与美国平均水平相比，华盛顿大学教授的工资水平要低20%左右。在美国，地区间是不存在劳动力流动障碍的，而且教授这种职业又恰恰是最具流动性的。既然如此，为何华盛顿大学的教授们自愿接受较低的工资，而不到其他大学去寻找更高报酬的教职呢？

原来，很多教授之所以接受华盛顿大学较低的工资，完全是出于留恋西雅图的湖光山色：西雅图位于北太平洋岸，华盛顿湖等大大小小的水城星罗棋布；天气晴朗时可以看到美洲最高的雪山之一——雷尼尔山峰；此外还有一座一息尚存的火山——圣海伦火山。为了美好的景色而牺牲更高的收入机会，被华盛顿大学经济系的教授们戏称为“雷尼尔效应”。

换句话说，华盛顿大学教授的工资，80%是以货币形式支付的，20%是由美好的自然环境来补偿的。如果因为修建体育馆而破坏了这种景观，就意味着教授们的工资降低了，于是他们就有可能流向其他大学。对华盛顿大学来说，想要继续留住这些教授，办法无非是：在原定的位置建体育馆，同时将教授工资提高20%；放弃修建体育馆的计划。最后经过权衡，校方选择了后者。

（蔡昉，2000）

（二）薪酬定位的基本形式

一般情况下，薪酬定位有三种基本形式：领先型、追随型和滞后型。领先型是指企业的薪酬水平高于市场平均水平；追随型是指企业的薪酬水平与市场平均水平基本相当；滞后型是指企业的薪酬水平落后于市场平均水平。在这三种基本形式的基础之上，有些企业采取的则是对不同的员工群体，采取不同的定位，由此形成了混合型薪酬定位。

不同的薪酬定位，对企业的人力资源管理，对企业的核心竞争力，对企业战略的实现会产生不同的影响。

比如说，采取领先型薪酬定位的企业，其薪酬水平在市场上具有足够强的吸引力，这样必然会吸引许多能力非常强的优秀候选人，在这种情况下就要求企业在进行招聘的时候具有较高的甄选能力。因为能力强的候选人一般都有比较好的职业背景，都有在既定文化下形成的行为习惯和思维定势，如果甄选手段不完善，甄选能力不强，将那些价值观、行为方式、思维方式等，与自己的企业文化所倡导的价值观、行为方式和思维方式相去甚远的人才招聘进来的可能性就会增大，而这样的人才对企业人力资源管理系统的稳定性、连贯性和一致性的冲击力、影响力或者说杀伤力是非常大的，尤其是那些就任高层职位的人才。所以，在进行薪酬定位的时候，需要考虑每种定位对现有的人力资源管理能力和水平，尤其是对甄选能力、对具有不同文化背景的人才的同化能力、对人事危机的处理能力等方面所提出的要求和挑战。同样，不同的薪酬定位，对企业的核心竞争力以及企业的战略实现进程的影响也都需要进行慎重的考虑。

六、薪酬分级和定薪

从薪酬结构线可以看到每一个职位的相对价值就对应一个薪酬额，这在理论上是合理的，但是在实际操作中，如果企业采用这种方式来计算和发放薪酬，那么会给薪酬管理带来困难和混乱。所以，在实际操作中，企业根据已确定的薪酬结构线，将众多类型的职位薪酬归并到若干个等级内，形成一个薪酬等级系列，这一步骤其实已经成为薪酬制度建立过程中不可少的环节。这样经过工作评价而获得的相对价值相近的一组职位，便可编入同一等级，简化了管理。薪酬分级示意图如图 7.6 所示。

薪酬分级的数量不能过多，也不能过少，级数过多会增加工作的复杂程度；级数太少，则使相对价值相差很大的岗位处于同一薪酬等级既无区别，又起不到激励作用。实践中，有的企业薪酬等级系列中只有 4、5 级，也有的级数为此几倍。一般情况下薪酬等级为 10～15 级比较合适。

在图 7.6 中，每一薪酬等级只有单一的薪酬值；但在实践中，则是给每一等级都规定一个薪酬变化范围，或称为薪幅，其下限为等级起薪点、上限为顶薪点。图 7.7 为薪酬分级和薪幅示意图。薪幅的设定给薪酬管理工作增加了主动性，在人才招聘时，提高一定幅度的薪酬可以招到急需的人才；对富余人员调整薪酬到薪幅的低点一般不会引起太大的反感。

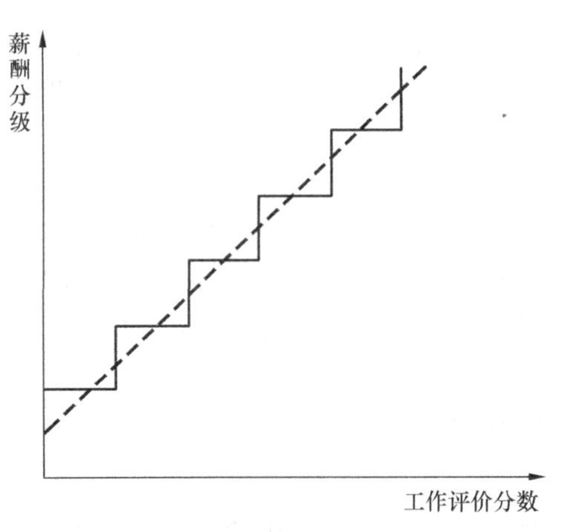

图 7.6　薪酬分级示意图

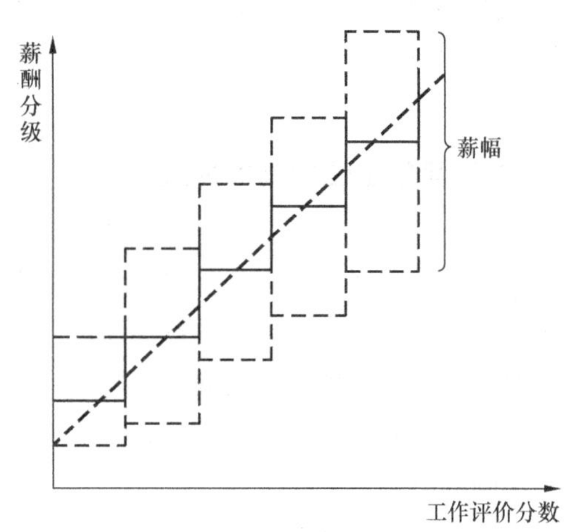

图 7.7　薪酬分级和薪幅示意图

七、薪酬制度的执行、控制和调整

在薪酬制度确定之后，还应当进行以下相应的配套工作才能够保证其得以执行。

（1）建立工作标准与薪酬的计算公式。依据工作分析和过去的原始记录，制定工作标准，明确具体的工作流程和程序以及工作的数量和质量要求，而这些标准和要求应当是公平合理的。同时，必须向员工解释说明薪酬的具体计算方法和结算公式。

（2）建立员工绩效管理体系，对全员进行工作业绩的动态考评。员工绩效管理制度是建立员工激励制度的前提和基础，也是贯彻执行组织薪酬制度的基本保障。

（3）通过有效的激励机制和福利计划，对表现突出的优秀员工进行必要的表彰和物质激励，以鞭策员工对组织作出更多更大的贡献。员工的福利计划以及必要的服务、保障措施是为了最大限度地调动员工的工作积极性和创造性而设立的制度，这些福利性的项目是企业薪酬制度的重要补充，有了这些项目，才能使薪酬制度的组合更加完美，其作用发挥的更好些。

在完成上述各项工作，贯彻落实组织既定的薪酬政策的同时，组织的人事部门还需要认真地统计记录各种相关数据资料，提出薪酬福利的预算方案，定期进行复核检查，并采用必要的措施有效地控制人工成本，提高薪酬管理的效率。

在执行薪酬制度的过程中，可能遇到很多问题，其中最主要的是薪酬的调整和薪酬总水平的控制。薪酬的调整主要包括以下几种情况。

（1）奖励性调整。奖励性调整是为了奖励员工做出的优良工作绩效，鼓励员工继续努力，再接再厉，更上一层楼，也就是论功行赏。奖励性调整又叫做功劳性调整。

（2）生活指数调整。为了补偿员工因通货膨胀而导致的实际收入无形减少的损失，使员工生活水平不致渐趋降低，企业应该根据物价指数状况对薪酬体系进行调整。生活指数调整常用的方式有两类：一类是等比调整，即所有员工都在原有薪酬基础上调升同一百分比；另一类是等额调整，即全体员工不论原有薪酬高低，一律给予等幅的调升。

（3）效益调整。当企业效益好、盈利增加时，对全员进行普遍加薪，但以浮动形式、非永久性为佳；当企业效益下降时，全员性的薪酬下调也成为当然。但需要注意的是，薪酬调整往往具有“不可逆性”。

（4）工龄调整。薪酬的增加意味着工作经验的积累与丰富，代表着能力或者绩效潜能的提高，也就是薪酬具有按绩效与贡献分配的性质。因此，薪酬调整最好不要实行人人等额逐年递增的方式，而应将工龄与考核结果结合起来，确定不同员工工龄薪酬调整的幅度。

（5）特殊调整。企业根据内外环境及特殊目的而对某类员工进行的薪酬调整。如实行年薪制的企业，每年年末应对下一年度经营者的年薪重新审定和调整；应该根据市场因素适时调整企业内不可替代人员的薪酬，以留住人才。

第三节 激励薪酬

重要概念

激励薪酬是指以员工、团队或者企业的绩效为依据而支付给员工个人的薪酬，即这种薪酬直接与员工的工作成果挂钩，随其实际工作绩效的变化而上下浮动，变动性强，同时与绩效紧密联系在一起，对员工的激励性也更强，因此为广大企业所采用。

激励薪酬一般可以分为个人层面的激励薪酬和群体层面的激励薪酬两大类。

一、个人层面激励薪酬

个人层面激励薪酬是指主要以员工个人的绩效表现为基础而支付的薪酬。常见的形式有以下几种。

（一）计件制

计件制是以员工完成的合格产品或工作量以及事先规定的计件单价计算出来的薪酬。员工的计件工资的多少取决于员工完成的合格产品数量或工作量，还取决于计件单价的高低。具体包括以下几种方式。

1. 简单计件制

这种方法易于掌握，计算过程非常简便，因此得到普遍采用。公式如下：

$$应得工资 = 完成件数 \times 每件工资率$$

该方法将薪酬与工作效率结合在一起，可激励员工勤奋工作。但每件工资率往往很难确定，容易引起员工猜忌，且无最低工资保障。另外，还容易导致员工一味追求数量而忽视质量，因此必须有检验制度加以配合才行。

2. 梅里克计件制

梅里克计件制将工人分成了三个以上的等级，随着等级变化，工资率逐级递减 10%，中等和劣等的工人获得合理的报酬，而优等的工人则会得到额外的奖励。其计算公式如下：

$$E = N \times R_L（完成的工作量在标准的 83\%以下）$$

$$E = N \times R_M（完成的工作量在标准的 83\%～100\%，R_M = 1.1R_L）$$

$$E = N \times R_H（完成的工作量在标准的 100\%以上，R_H = 1.2R_L）$$

式中，E 表示支付的薪酬；N 表示完成的产品数量；R_L 表示低工资率；R_M 表示居中的工资率；R_H 表示高工资率。

3. 泰勒计件制

这种计件制首先要制定标准的要求，然后根据员工完成标准的情况有差别地给予计件工资。其计算公式如下：

$$E = N \times R_L（完成的工作量在标准的 100\%以下）$$

$$E = N \times R_H（完成的工作量在标准的 100\%以上）$$

式中，E 表示支付的薪酬；N 表示完成的产品数量；R_L 表示低工资率；R_H 表示高工资率，通常 $R_H = 1.5R_L$。

梅里克和泰勒的计件制的特点在于用科学的方法加以衡量，高工资率要高于单纯计件制中的标准工资，对高效率的员工有奖励作用，对低效率员工改进工作也有一定的刺激作用。

（二）工时制

工时制就是根据员工完成工作的时间来支付相应的薪酬。这里把时间作为奖励尺度，鼓励员工提高工作效率，节省人工和各种制造成本。其主要方式如下。

1. 标准工时制

标准工时制方式即首先确定完成某项工作的标准时间，当员工在标准时间内完成工作任务时，依然按照标准工作时间来支付薪酬；由于员工的工作时间缩短了，这就相当于工资率提高了。在实践中，员工因为节约工作时间而形成的收益是要在员工和企业之间进行分配的，不可能全部都给予员工。

2. 哈尔西 50-50 奖金制

哈尔西 50-50 奖金制是工人和公司分享成本节约额，通常进行五五分账，若工人在低于

标准时间内完成工作，可以获得奖金是其节约工时的工资的一半。即

$$E = TR + P\,(S-T)\,R$$

其中，E 为收入；R 为标准工资率；S 为标准工作时间；T 为实际完成时间；P 为分成率，通常为 1/2。

3. 罗恩制

罗恩制的奖金水平不固定，依据节约时间占标准工作时间的百分比而定。其计算公式为

$$E = TR + \frac{S-T}{S}TR$$

其中，E 为收入；R 为标准工资率；S 为标准工作时间；T 为实际完成时间。

根据罗恩制计算方法所计算出的奖金，其比例可以随着节约时间的增多而提高，但平均每超额完成一个标准工时的奖金额会递减，即节省工时越多，工人的奖金水平低于工作超额的幅度。这样一方面避免了过度高额奖金的发出，也使低效率员工能支取计时的薪金。

（三）绩效工资

绩效工资就是指根据员工的绩效评价结果来支付相应的报酬。由于有些职位的工作结果很难用数量和时间进行量化，不太适合上述的两种方法，因此就要借助于绩效考核的结果来支付激励薪酬。绩效工资有四种主要的形式：一是绩效调薪；二是绩效奖金；三是月/季度浮动薪酬；四是特殊绩效认可计划。

1. 绩效调薪

绩效调薪是指根据员工的绩效考核成果对其基本薪酬进行调整，调薪的周期一般按年来进行，而且调薪的比例根据绩效考核结果的不同也应当有所区别，绩效考核成绩越好，调薪的比例相应地就要越高（如表 7.1 所示）。

表 7.1　绩效调薪示例

绩效考核等级	S	A	B	C	D
等级说明	非常优秀	优秀	合格	存在不足	有很大差距
绩效调薪幅度（%）	6	4	0	−1	−3

进行绩效调薪时，有两个问题需要注意：一是调薪不仅包括加薪，而且还包括减薪，这样才会更有激励性。例如，在上例中，当员工的绩效等级处于 D 等时，基本薪酬要下调 3%。二是调薪要在该职位或该员工所处的薪酬等级所对应的薪酬区间内进行，也就是说员工基本薪酬增长或者减少不能超出该薪酬区间的最大值或最小值。

2. 绩效奖金

绩效奖金也称为一次性奖金，是指根据员工的绩效考核结果给予的一次性奖励。奖励的方式与绩效调薪有些类似，只是对于绩效不良者不会进行罚款。

虽然绩效奖金支付的依据也是员工的绩效考核结果和基本薪酬，但它与绩效调薪还是存在着明显的差异。首先，绩效调薪是对基本薪酬的调整，而绩效奖金则不会影响到基本薪酬。例如，某员工的基本薪酬是 1 000 元，第一年绩效调薪的比例为 6%，那么他第二年的基本薪酬就是 1 060 元，如果下一年度绩效调薪的比例是 4%，那么基本薪酬就要在 1 060 的基础上再增加 4%，为 1 102.4 元；如果是绩效奖金，那么他第一年绩效奖金的数额就是 60 元，第

二年就是 40 元。其次，支付的周期不同。由于绩效调薪是对基本薪酬的调整，因此不可能过于频繁，否则会增加管理的成本和负担；而绩效奖金则不同，由于它不涉及基本薪酬的变化，因此周期可以相对较短，一般按月或按季来支付。最后，绩效调薪的幅度要受薪酬区间的限制，而绩效奖金则没有这一限制。

3. 月/季度浮动薪酬

在绩效调薪和绩效奖金之间还有一种折中的奖励方式，即根据月或者季度绩效评价结果，以月绩效奖金或季度绩效奖金的形式对员工的业绩加以认可。这种月绩效奖金或者季度绩效奖金一般采用基本工资乘一个系数或者百分比的形式来确定，然后用一次性奖金的形式来兑现。实际操作时，往往会综合考虑考核部门的绩效与个人的绩效。

4. 特殊绩效认可计划

特殊绩效认可计划是指在个人或部门远远超出工作要求，表现出特别的努力而且实现了优秀的绩效或作出了重大贡献的情况下，组织额外给予的一种奖励与认可。其类型多种多样，既可以是在公司内部通讯上或者办公室布告栏上提及某个人，也可以是奖励一次度假的机会、数额不等的现金或价值不等的实物。

二、群体层面激励薪酬

群体层面激励薪酬是指以团队或企业的绩效为依据来支付薪酬。群体层面激励薪酬的好处在于它可以使员工更加关注团队和企业的整体绩效，增进团队的合作，从而更有利于整体绩效的实现。在新经济条件下，由于团队工作日益重要，因此群体层面激励薪酬也越来越受到重视。但是它也存在一个明显的缺点，那就是容易产生“搭便车”的行为，因此还要辅以对个人绩效的考核。群体层面激励薪酬绝不意味着进行平均分配。群体层面激励薪酬主要有以下几种形式。

小知识

搭便车理论首先由美国经济学家曼柯·奥尔逊于 1965 年发表的《集体行动的逻辑：公共利益和团体理论》（The Logic of Collective Action Public Goods and the Theory of Groups）一书中提出的。其基本含义是不付成本而坐享他人之利。

（一）利润分享计划

利润分享计划是指对代表企业绩效的某种指标（通常是利润指标）进行衡量，并以衡量的结果为依据来对员工支付薪酬。这是由美国俄亥俄州的林肯电器公司最早创立的一种激励薪酬形式，在该公司的分享计划中，每年都依据对员工绩效的评价来分配年度总利润（扣除税金、6%的股东收益和资本公积金）。

利润分享计划有两种潜在的优势：一是将员工的薪酬和企业的绩效联系在一起，因此可以促使员工从企业的角度去思考问题，增强了员工的责任感；二是利润分享计划所支付的报酬不计入基本薪酬，这样有助于灵活地调整薪酬水平，在经营良好时支付较高的薪酬，在经营困难时支付较低的薪酬。

利润分享计划一般有三种形式：一是现金现付制，就是通常将所实现利润按预定部分分给员工，将奖金与工作表现直接挂钩，即时支付、即时奖励。需要注意的是，要将奖金与基本工资区分开，防止员工形成奖金制度化认识。二是递延滚存制，就是指将利润中发给员工应得的部分转入该员工的账户，留待将来支付，这种形式通常是与企业的养老金计划结合在一起的；这对跳槽会形成一定约束，但因为员工看不到眼前利益，因而在一定程度上会降低对员工的激励作用。三是混合制，即以现金即时支付一部分应得的奖金，余下部分转入员工账户，留待将来支付。它既保证了对员工有现实的激励作用，而且还为员工日后尤其是退休以后的生活提供了一定的保障。

（二）收益分享计划

收益分享计划是企业提供的一种与员工分享因生产率提高、成本节约和质量提高等而带来的收益的绩效奖励模式。通常情况下，员工按照一个事先设计好的收益分享公式，根据本人所属部门的总体绩效改善状况获得奖金。常见的收益分享计划有斯坎伦计划和拉克计划。

1. 斯坎伦计划

斯坎伦计划是 1937 年由美国钢铁工人联合会的官员约瑟夫·斯坎伦提出的一个劳资合作计划，就是以节约成本的一定比例来给员工发放奖金。它的操作步骤如下。

第一步，确定收益增加的来源。通常用劳动成本的节约表示生产率的提高，用次品率的降低表示产品质量的提高和生产材料等成本的节约。将上述各种来源的收益增加额加总，得出收益增加总额。

第二步，提留和弥补上期亏空。收益增加总额一般不会全部进行分配，如果上期存在透支，要弥补亏空；此外还要提留出一定比例的储备，得出收益增加净值。

第三步，确定员工分享收益增加净值的比重，并根据这一比重计算出员工可以分配的总额。

第四步，用可以分配的总额除以工资总额，得出分配的单价。员工的工资乘以这一单价，就可以得出该员工分享的收益增加数额。

2. 拉克计划

拉克计划在原理上与斯坎伦计划类似，但是计算的方式要复杂许多。它的基本假设是员工的工资总额保持在一个固定的水平上，然后根据公司过去几年的记录，以其中工资总额占生产价值（或净产值）的比例作为标准比例，确定奖金的数额。

具体的计算方法是，计算每单位工资占生产价值的比例，例如，每生产 1 元的产品，消耗的物质成本是 0.6 元，价值增值是 0.4 元，其中劳动成本是 0.2 元，那么劳动成本在增值部分所占的比重就是 50%，这也表示员工对价值增值的贡献率。

这里还需要引入预期生产价值的概念，它等于经济生产力指数与劳动成本的乘积，其中经济生产力指数是劳动成本在价值增值中所占比重的倒数，在上例中就等于 2。如果实际生产价值超过了预期生产价值，则说明出现了节约。例如，我们假设实际生产价值为 300 万元，预期生产价值为 280 万元，那么节约额就为 20 万元。由于员工对价值增值的贡献率为 50%，因此可以分享的增值总额为 10 万元。在实际分配时，同样要按一定的比例进行提留，扣除提留以后的才是实际可以分配的净值。如提留的比例为 20%，员工可以分配的净值就是 8 万元。

（三）股票所有权计划

小知识

美国的实证调查表明，实行员工持股计划的企业与同类企业相比，劳动生产率高 1/3，平均利润率高 50%，平均工资高 25%～60%。员工持股计划与风险资本被认为是带动硅谷高速成长的两部发动机。

在股份制繁荣发展的今天，对员工的激励又衍生出了新的形式，就是让员工部分地拥有公司的股票或者股权。虽然这种形式是针对员工个人来实行的，但是由于它和公司的整体绩效是紧密联系在一起的，因此我们还是将它归入到群体层面激励薪酬中来。股票所有权计划是长期激励的一种主要形式。目前，常见的股票所有权计划主要有三类：现股计划、期股计划和期权计划。

（1）现股计划就是指公司通过奖励的方式向员工直接赠与公司的股票或者参照股票当前的市场价格向员工出售公司的股票，使员工立即获得现实的股权。这种计划一般规定员工在一定时间内不能出售所持有的股票，这样股票价格的变化机会影响员工的收益。通过这种方式，可以促使员工更加关心企业的整体绩效和长远发展。

（2）期股计划则是指公司和员工约定在未来某一时期员工要以一定的价格购买一定数量的公司股票，购买价格一般参照股票的当前价格确定，这样如果未来股票的价格上涨，员工按照约定的价格买入股票，就可以获得收益；如果未来股票的价格下跌，那么员工就会有损失。例如，员工获得了以每股 15 元的价格购买股票的权利，两年后公司股票上涨到 20 元，那么他以当初的价格买入股票，每股就可以获得 5 元的收益；相反，如果股票价格下跌到 10 元，那么他以当初的价格买入股票，每股就要损失 5 元。

（3）期权计划与期股计划类似，不同之处在于公司给予员工在未来某一时期以一定价格购买一定数量公司股票的权利，但是员工到期可以行使这项权利，也可以放弃这项权利，购股价格一般要参照股票当前的价格确定。

第四节　员工福利

员工福利是指企业内的所有间接报酬，包括带薪休假、员工保险、退休计划、教育津贴和房屋贷款等。与直接薪酬相比，具有两个重要的特点：一是直接薪酬往往采取货币支付和限期支付的方式；而福利多采用实物支付或延期支付的形式。二是直接薪酬具备一定的可变性，与员工个人直接相关；而福利则具有准固定成本的性质。

重要概念

准固定成本：当产量大于零时，必须支付，但大小与产量无关；如果产量为零，那么就无须支付。——微观经济学解释

准固定成本：延长劳动力时间、增加劳动者人数，即使总劳动时间相等，所需要的成本也不同。为增加劳动者，就要支付面试等工作所需的招聘成本；为了培养胜任工作的人才，也需要教育培训费；相反，为削减人员，必须支付很多退职金。除此之外，企业还承担着与劳动时间的长

度没有直接关系的成本，如交通津贴、福利保健费等。为了区别于随时间变化而变化的可变成本，这些成本被称为准固定成本。——劳动经济学解释

一、福利的内容

企业中的福利五花八门，不胜枚举，企业间存在着很大差异。但是，一般来说，可以将福利的项目划分为两大类：一是国家法定的福利；二是企业自主的福利。

（一）国家法定的福利

国家法定的福利是由国家相关的法律和法规规定，具有强制性，任何企业都必须执行。从我国目前的情况来看，主要包括以下几项内容。

1. 法定的社会保险

法定的社会保险包括养老保险、失业保险、工伤保险、医疗保险和生育保险。企业必须按照员工工资的一定比例为员工缴纳保险费。

（1）养老保险是国家为劳动者或全体社会成员依法建立的老年收入保障制度。当劳动者或社会成员达到法定退休年龄时，由国家或社会提供养老金，保障退休者的基本生活。目前各国的养老保险制度可分为3种模式：普遍保障模式、收入关联模式和强制储蓄模式。根据1951年颁布的《中华人民共和国劳动保险条例》，我国建立了养老保险制度。1997年国务院通过的《关于建立统一的企业职工基本养老保险制度的决定》，标志着社会统筹与个人账户相结合的新型的社会养老保险制度的建立。

（2）失业保险是劳动者由于非本人原因失去工作，中断收入时，由国家和社会依法保证其基本生活需要的一种社会保障制度。我国现行的失业社会保险制度是按照1998年12月26日国务院发布的《失业社会保险条例》执行的。

（3）工伤保险是国家对因公负伤、致残、死亡而暂时或永久性丧失劳动能力的劳动者及其供养亲属提供经济帮助的一种社会保险制度。工伤保险包括两大类：一类是因突发性事故而导致的伤残和职业病；另一类是因工作本身的性质而导致的职业病。职工工伤实行“无责任补偿”的原则，按照保障生活、补偿损失和康复身体的原则确定保险待遇。

（4）医疗保险是为了分担疾病危险带来的经济损失而设立的一项社会保险制度，它对于疾病危险造成的经济损失，如医疗费用等进行补偿。具体地说，医疗保险是国家通过立法强制实施，由国家、企业和个人出资建立医疗保险基金，当个人因病接受了医疗服务时，由医疗社会保险机构提供医疗保险费用补偿的一种社会保险制度。

（5）生育保险是为怀孕和分娩的女职工提供物质帮助和产假，以保证母亲和孩子的基本生活及孕产期的医疗保健需要的一种社会保险制度。

2. 公休假日和法定假日

目前我国实行每周休息两天公休制度，同时规定了元旦、春节、清明节、国际劳动节、国庆节等为法定休息日。在公休日和法定节假日加班的员工应享受相当于基本工资双倍或三倍的津贴补助。

3. 带薪休假

带薪休假指员工工作满规定的时期后，可以带薪休假一定的时间。我国《劳动法》第

四十五条规定："国家实行带薪休假制度。劳动者连续工作一年以上的，享受带薪休假。"

4. 地方政府规定的其他福利项目

在中央政府的法定福利项目之外，各地地方政府根据本地区特殊情况相应规定的福利项目，如住房公积金等。

（二）企业自主的福利

阅读材料

怎样用"贴心"福利打造"铁心"员工

M设计院是一家国家甲级设计院。然而，在激烈的人才竞争中，设计院却成功地留住了诸如注册建筑师、高级工程师等一大批核心员工，增强了企业的核心竞争力。该设计院人力资源部部长透露了其留人秘籍——实施"贴心"福利战略，即在洞察员工心理、揣摩员工内心的个性化有效需求的前提下，为核心员工量身定做福利项目，并采取最佳方式发放，从而赢得核心员工的"铁心"。

什么样的福利算是"贴心"福利？如何运用这种福利达到预期目标？该人力资源部部长举了两个例子：一个是2004年年底公司留意到不少核心员工因为设计院经常会有一些涉外工程和项目而在某大学自费学习英语口语，每天往返需两小时，每课时花费80元。院领导知道此事后，2005年年初为他们专门请了一位外籍教师在办公室集体教学并帮他们支付授课费。学习期满后，公司还对成绩突出者给予一定的奖励。如此一来，不仅省去了员工充电的费用，还为员工节省了时间。员工们学习得更起劲了，工作也更认真了。

另一个例子就是2004年4月某日是某位注册监理工程师妻子的生日，而此时该工程师在国外的某建筑工地一线，于是人力资源部工作人员就以这位工程师的名义为他的妻子送去了生日蛋糕和鲜花。后来这位因为工作已忘记了自己妻子生日的工程师知道后，对单位此举非常感谢，对不少设计院来"挖人"都不为所动。

（仇雨临，2007）

这是企业在国家法定之外的向员工提供的其他福利项目，由于不具有强制性，因此没有统一的标准，各企业往往根据自己的具体情况灵活决定，具体包括以下几项内容。

（1）交通津贴。为员工的交通费提供补助，弥补员工在交通方面的支出。

（2）节日津贴。目前，大多数企业借助节假日为员工提供一些实物货币的补助，以提高员工的整体福利水平。

（3）住房津贴。企业一般为员工提供住房津贴，改变过去将员工住房全包下来的状况，协助其在尽可能短的时间内，拥有自己的住房。在一些外资企业中，还为员工提供购买住房贷款担保的福利政策。

（4）其他津贴。企业根据自身的特点，还为员工提供一些其他的津贴项目，如服装津贴、洗理津贴、水电津贴、取暖津贴、子女入托津贴等。

二、福利的重要性

现代企业越来越重视福利的重要作用，针对不同的企业采用的福利形式也是多种多样。福利对企业的发展具有许多重要意义，主要有以下几点。

（1）吸引优秀员工。优秀员工是企业发展必不可少的资源，随着人们生活水平的不断提高，仅仅依靠高工资吸引优秀人才，很难达到目的。现在很多企业家认识到，良好的福利有时比高工资更能吸引优秀员工。

（2）增加员工满意感，提高企业的业绩。良好的福利使员工无后顾之忧，使员工提高对企业的满意度，达到与企业荣辱与共，从而全身心投入工作，为提高组织的经营业绩奠定良好的基础。

（3）降低员工流动率。员工流动率过高必然会使企业的工作受到一定的损失，而良好的福利会使许多可能流动的员工打消流动念头。

（4）增强企业凝聚力。企业的凝聚力由许多因素组成，但良好的福利无疑是一个重要的因素，因为良好的福利体现了企业高层管理者“以人为本”的经营思想。

三、影响福利设置的因素

影响福利水平和福利项目的主要因素来自国家、企业政策及员工自身三个方面，如图 7.8 所示。这三个方面通过综合协同作用，共同影响着员工福利的设置。

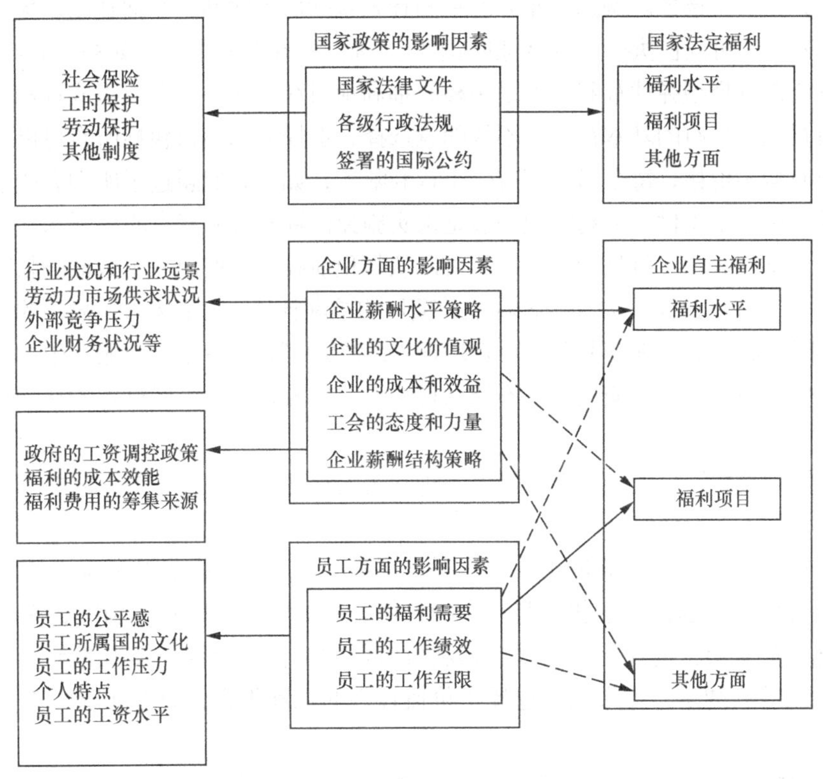

图 7.8 影响福利设置的因素

其中，国家政策和法规主要对法定福利产生直接影响，其原则上决定着社会保险、工时、劳动保护等福利的水平、项目种类以及其他模式；而企业和员工方面的因素主要是综合决定着企业自主福利的兴办。在企业方面，企业的文化价值和管理理念决定着整个员工福利政策的原则和设置模式。而企业的薪酬策略则会对员工福利的水平起到决定性的作用。此外，工会力量和态度也会对最终的结果产生一定的影响。由于越来越多的企业开始重点关注成本和效益的问题，因此，它对企业员工福利覆盖的对象以及实施主体的模式也会产生重大的影响。最后，员工对福利的需求则会对企业举办的福利项目种类产生重要的影响；而员工的工作绩效和工作年限则往往决定着员工是否能够享受到企业给他们提供的福利。

四、福利管理的发展趋势

传统上，企业提供的福利都是固定的，向所有的员工提供一样的福利内容，但是员工的实际需求其实并不完全一样，因此固定的福利模式往往无法满足员工多样化的需求，从而消弱了福利实施的效果。从 20 世纪 90 年代开始，弹性福利模式逐渐兴起，成为福利管理发展的一个趋势。

弹性福利，也称自助式福利，就是由员工自行选择福利项目的福利管理模式。需要强调的是，弹性并不意味着员工可以完全自由地进行选择，有一些项目还是非选项，例如法定的社会福利。

从目前的时间来看，发达国家企业实行的弹性福利主要有以下五种类型。

（1）附加型弹性福利。就是指在现有的福利计划之外，再提供一些福利项目或提高原有的福利水准，由员工选择。例如，原来的福利计划包括房屋津贴、交通补助、免费午餐等，实行弹性福利后，可以在执行上述福利的基础上，额外提供附加福利，如补充的养老保险等。

（2）核心加选择型弹性福利。就是由核心福利项目和选择福利项目组成福利计划，核心福利是所有员工都享有的基本福利，不能随意选择；选择福利项目包括所有可以自由选择的项目，并附有购买价格，每个员工都有一个福利限额，如果总值超过了所拥有的限额，差额就要折为现金由员工支付。福利限额一般是未实施弹性福利时所享有的福利水平。

（3）弹性支用账户。就是指员工每年可以从其税前收入中拨出一定数额的款项作为自己的“支用账户”，并以此账户去选购各种福利项目的福利计划。由于拨入该账户的总额不必缴纳所得税，因此对员工具有吸引力。为了保证“专款专用”，一般都规定账户中的金额如果本年度没有用完，不能在来年使用，也不能以现金形式发放，而且已经确定的认购福利款项也不得挪用。

（4）福利“套餐”。就是由企业提供多种固定的福利项目组合，员工只能自由地选择某种福利组合，而不能自己组合。

（5）选择型弹性福利。就是在原有的固定福利的基础上，提供几种项目不同、程度不同的福利组合供员工选择。这些福利组合的价值，有些比原有固定福利高，有的则比原有固定福利低。如果员工选择比原有固定福利价值低的组合就会得到其中的差额，但是员工必须对所得的差额纳税。如果员工选择了价值较高的福利组合，就要扣除一部分直接薪酬作为补偿。

弹性福利模式的发展，可以说解决了传统的固定福利模式所存在的问题，可以更好地满足员工的不同需要，从而增强激励的效果。此外，这种模式也减轻了人力资源管理人员的工作量。但是这种模式也存在一定的问题：员工可能只顾眼前利益或者考虑不周，从而选择了不实用的福利项目；由于福利项目不统一，减少了购买的规模效应，而且还增加了管理的成本。

此外，从发达国家的实践来看，还出现了福利管理的社会化和货币化趋势。福利管理的社会化是指企业将自己的福利委托给社会上的专门机构进行管理，这样企业的人力资源管理部门就可以摆脱这些琐碎的事务，集中精力从事那些附加值高的工作。此外，由于这些机构是专门从事福利管理工作的，因此提供的福利管理也更加专业化。但是，这种方式也存在一个问题，即由于外部机构对企业的情况不太了解，因此企业需要与其进行大量的沟通，否则提供的福利就会失去针对性。

福利管理的货币化是指企业将本应提供给员工的福利折合成货币，以货币的形式发放给员工。这种方式可以大大降低福利管理的复杂程度，减轻企业的管理负担。但是，这种以货币的形式发放福利却改变了福利原有的性质，从而削弱了福利应有的作用。此外，由于不再集中购买，就会失去规模效益，这样在企业付出相同成本的条件下，员工实际的福利水平是下降的，这会影响员工的满意度。

第五节 工作评价

一、工作评价的含义

核心概念

工作评价是通过一定的方法来确定企业内部工作与工作之间的相对价值。具体来说，工作评价就是在工作说明书的基础上，运用科学的理论和方法，按照一定的客观标准，从工作岗位的工作环境、劳动强度、承担责任、所需资格条件等因素出发，对工作岗位进行系统的衡量、评价的过程。

工作评价就是要评定工作的价值，制定工作的等级，以确定薪酬的计算标准。因此评价对象是职位，而不是任职者。工作评价反映的只是职位的相对价值，而不是绝对价值。工作评价的结果将直接应用在薪酬体系中，是划分薪酬等级的依据，其目的是提供工资结构调整的标准程序。

二、工作评价的内容

工作评价的内容主要包括工作的任务和责任、完成工作所需要的技能、工作对组织整体目标实现的相对贡献大小、工作的环境和风险。这些内容恰恰是工作分析所提供的信息，因此工作分析是工作评价的基础。

在工作分析形成的结果中，工作描述的信息让我们了解了工作的责任大小、复杂程度、工作的自由度和权力大小等。工作规范表现了对任职者完成工作所需要的技能要求、任职资格、工作环境条件等信息。通过对这些信息进行识别后，能使我们对工作的相对价值作出恰当的评估。因此可以说，工作分析是工作评价的起点。虽然不同的组织进行工作评价时，采用的标准有所不同，但通常来说工作评价的标准大体都基于以下几个假设，围绕这几个假设来设计评估的要素和标准：①一个职位所承担的责任和风险越大，对组织的整体目标的贡献和影响越大，被评估职位的等级应该越高，应得到的薪酬也应该越高；②一个职位所需要的知识和技能越高、越深，被评估的等级应该越高，应得到的薪酬也应该越高；③一个职位的工作难度越大，工作复杂程度越高，工作压力和紧张程度越高，需要任职者付出越多的人力，被评估的等级应该越高，所得到的薪酬也应该越高；④一个职位的工作环境越复杂和艰苦，被评估的等级应该越高，所得的薪酬也应该越高。

三、工作评价的特点

（一）工作评价的中心是“事”不是“人”

工作评价虽然也会涉及员工，但它是以岗位为对象，即以岗位所担负的工作任务为对象进行的客观评比和估价。岗位的“事”是作为企业工作的一个组成部分客观存在的。虽然工作评价是以“事”为中心，但在研究中，又离不开对任职者的总体考察和分析。需要注意的是，在工作评价中需要将任职者的个人特征与岗位工作特征区分开来。

（二）工作评价是对企业各类岗位的相对价值进行衡量的过程

在工作评价的过程中，根据预先规定的衡量标准，对岗位的主要影响因素逐一进行测定、评比、估价，由此得出各个岗位的相对量值。这样，各个岗位之间就有了比较的基础。

（三）工作评价是对性质相同岗位的评价

工作评价的结果是企业确定薪酬体系的依据，涉及企业中的每一个员工。由于不同性质岗位之间的影响因素各不相同，不具有可比性，因此，工作评价主要是对性质相同或者相近的岗位进行评价的。

（四）工作评价需要运用多种学科的理论和方法

工作评价的内容广泛、影响因素多，需要运用多种学科的理论，如数学、工时研究、劳动生理心理、劳动卫生学、人机工程学等。

四、工作评价的方法

工作评价的方法一般有四种，分别是职位排序法、职位分类法、要素计点法和因素比较法。这四种方法各有特点，但是在实践中最常用的还是要素计点法，如表 7.2 所示。

表 7.2　工作评价的方法

评价时的参照系	方法的性质	
	非量化的方法	量化的方法
其他的职位	职位排序法	因素比较法
既定的尺度	职位分类法	要素计点法

（一）职位排序法

职位排序法就是根据一些特定的标准，例如工作的复杂程度、对组织的贡献大小等对各个职位的相对价值进行整体比较，进而将职位按照相对价值的高低排列出一个次序。

1. 职位排序法的具体形式

（1）直接排序法，即按照职位的说明，根据排序标准将待排序的职位从高到低或者从低到高进行排序。这是最传统也是最简单的一种方法。

（2）交替排序法，就是先从所需排序的职位中选出相对价值最高的职位排在首位，再选出相对价值最低的职位排在倒数第一位，然后再从剩下的职位中选出相对价值最高的排在第二位，选出相对价值更低的排在倒数第二位；如此循环，直到所有的岗位都被排列起来（见表 7.3）。

表 7.3 交替排序法示例

排列顺序	岗位价值高低程度	岗位名称
1	最高	市场部部长
2	高	人力资源部部长
…	…	…
2	低	行政采购主管
1	最低	总经理办公室行政秘书

（3）配对比较排序法，就是将企业中待评价的工作职位两两配对比较。如果认为该工作比另一工作更重要可得 1 分，同等重要则记 0 分。最后将各工作岗位分数相加，分数最高即等级最高，按分数高低将岗位进行排序，就可划定工作岗位等级。

例如，某部门有四个岗位的工作，分别是项目经理、司机、前台服务和项目助理。先将这四项工作分别按横竖排列于表 7.4 内，然后运用配对比较排序法对四项工作分别进行判断比较。具体办法是把每一岗位的工作与其他的岗位工作逐一比较，并作出更重要、同等重要的判断，更重要的记 1 分，同等重要的记 0 分；其次，在表中“总分”一栏中加总出每项工作的得分。最后，根据各工作职位的得分进行排序。经成对比后，各工作职位得分的多少决定了其工作等级排列的先后。

表 7.4 配对比较排序法示例

工作职位	项目经理	项目助理	前台服务	司机	得分	序列顺序
项目经理		1	1	1	3	1
项目助理	0		1	1	2	2
前台服务	0	0		1	1	3
司机	0	0	0		0	4

2. 职位排序法的操作步骤

（1）成立工作评价小组。一般来说，需要建立一个由专业人士和企业管理人员共同组成的工作评价小组来担任评价工作，并由他们来确定需要评价的岗位。

（2）获取岗位信息。可通过工作分析来充分了解岗位的具体职责和任职者所应当具备的能力、技术水平、经验等任职资格条件。如果企业有规范的工作说明书等人事文件，评价工作就会进展得比较顺利。在没有书面的、规范的工作说明书的情况下，就要求参加评价的人必须对被评价岗位的具体情况非常清楚，刚刚入职的人不适合参加排序法的评价工作。

（3）进行岗位分类。从理论上说，企业可以根据一定的标准来对企业中的所有岗位进行排序，但是在实际操作过程中，企业通常很难对一个组织中的全部岗位都按单一标准进行排序。因此，在很多时候，排序法更加适合对同一个部门或者工作组内部的工作岗位进行评价，这也有利于将所造成的误差减小到最低程度。

（4）统一评价标准。在排序法中，通常是根据“岗位的总体状况”来对岗位的价值进行排列的，在评价过程中，为了减少主观偏见及误差，最好是确定明确的、统一的评价标准，并向工作评价人员仔细解释这些评价标准的具体含义，以确保评价工作的一致性。

（5）对岗位进行排序。企业可根据具体情况，选择比较适宜的排序方法对有关岗位进行排序。

（6）确定最终的排序结果。在对岗位进行排序时，为了避免主观偏见和误差，可将评价小组中所有人的排序结果汇总，最后取一个平均值，从而完成对岗位的最终评价。

3. 职位排序法的优缺点

职位排序法的主要优点是简单、容易操作、省时省力。但是这种方法有很多缺陷。首先这种方法带有较大的主观性，评估者依据自己对职位的主观感觉进行排序。其次，间接对职位进行排序无法准确地得知职位之间的相对价值关系。再者，排序的方法可能只适用于较小规模的组织，因为这样的组织职位数量比较少，而对于大型组织不是很合适。

（二）职位分类法

重要概念

职位分类法又称职位归级法，是对职位排序法的改进。它是在工作分析的基础上，采用一定的科学方法，按岗位的工作性质、特征、难易程度、工作责任大小和人员必备的资格条件，对企业全部（或规定范围内）岗位所进行的多层次划分，即先确定等级结构，然后再根据工作内容对工作岗位进行分类。

分类法是一种将各种岗位放入事先确定好的不同等级之中的一种工作评价方法。用分类法进行工作评价，类似于先造好一个书架，即企业整体岗位的分类框架，然后将各种书籍，即工作岗位，分别放入相应的位置，即工作等级中。应用分类法进行工作评价的实质，就是将工作说明书与等级说明书相对照，将各种岗位分别划入不同的等级。

这种方法中，关键的一项工作就是确定职位等级标准。各职位等级标准应明确反映出实际上各种工作在技能、责任上存在的不同水平。在确定不同等级要求之前，要选择出构成工作基本内容的基础因素，但如何选择因素或选取多少则根据工作性质来决定。在实际评价时，应注意不能把职位分解成各构成要素，而是要作为整体来进行评价。

1. 职位分类法的工作步骤

（1）收集职位资料。在工作分析的基础上，由评价小组收集各种有关的资料、数据。

（2）进行职位分类。按照各类职位的作用和特征，首先将全部职位划分为若干个职组，如工程、管理等。然后将职组进一步划分为职位系列，如建筑工程师、会计师等。然后，再将各职位系列进一步划分为职位等级。

（3）确定职位标准。在这一阶段，主要包括三个方面的工作。①确定等级数量。等级数量的确定，并没有统一的规定和要求，主要取决于企业的规模、生产经营特点、工作性质及有关的人事政策，不同企业根据各自的实际情况进行确定。在通常情况下，企业中的岗位类型越多，岗位之间的差距越大，则需要的工作等级也就越多；反之则比较少。②确定基本因素。为了确定职位等级标准，必须先确定影响等级划分的一些基本因素。影响因素的确定也没有统一的标准。在实际操作中，不同的企业选择的因素也不相同，例如，岗位所要求的知识、工作复杂性、工作环境、人际关系等。企业应该根据自己的实际情况灵活处理。③确定等级标准。等级标准为正确区分工作重要性以及确定工作评价的结果提供了依据，所以它是这一阶段的核心。在实际操作中，一般是从确定最低和最高的等级标准开始。等级标准通常是对职位内涵的一种较为宽泛的描述，它所要达到的目的是，指明可以被划分到本等级中的岗位所承担的责任性质、职责的复杂程度以及任职者所需要的技能或者应当具备的特征。

（4）划分职位等级。在职位等级数目和职位等级标准确定后，把组织内所有的职位划入适当的等级之中。可以将每一个岗位的工作说明书与上述有关的等级标准逐个进行比较，然后将这些岗位划分到一个与该岗位的总体情况最贴切的工作等级之中；如此类推，直至所有的岗位都被划分到相应的工作等级中。通过将工作说明书与等级标准逐个进行比较，将工作岗位列入相应等级，从而也评定出了不同系统、不同岗位之间的相对价值和关系。

2. 职位分类法的优缺点

职位分类法的优点主要是：操作简单，适用于大型组织对大量的岗位进行评价；同时这种方法的灵活性较强，在组织中职位发生变化的情况下，可以迅速地将组织中新出现的岗位归类到相应的类别中去。其缺点主要表现在：对职位级别的划分和界定存在一定的难度，有一定的主观性。另外，这种方法对职位的评价也是比较粗糙的，只能得出一个职位归在哪个等级中，到底职位之间的价值量化关系是怎样的也不是很清楚，因此在用到薪酬体系中时会遇到一定的困难。同时职位分类法适用性有点局限，即适合职位性质大致类似、可以进行明确的分组，并且工作内容不大改变的职位。

（三）要素计点法

重要概念

要素计点法是目前国内外最广泛应用的一种定量化工作评价方法。要素计点法首先选择薪酬要素，并为这些薪酬要素建立起一个结构化的量表。专家委员会根据这个评定量表对岗位在各个要素上进行评价，得出岗位在各个要素上的分值，并汇总成总的点数；再根据总点数所处岗位级别点数区间，确定岗位的级别。

1. 要素计点法实施的步骤

（1）进行工作分析并成立工作评价委员会。

（2）选择薪酬要素，并为这些薪酬要素建立起一个结构化量表，如表 7.5 所示。评估委员会首先要将选出来的每个薪酬要素划分成不同的等级，并对每个等级赋予一定的描述。然后，评估委员会要给要素的各个等级赋予一定的点数。为了保证这些点数设定的合理，首先要给薪酬要素确定一定的权重，因为每个要素对职位价值的贡献程度是不一样的。然后评估委员会根据总点数的幅度制定职位的级别。

表 7.5　要素计点法中各个要素的等级和点数

要　素	1 级	2 级	3 级	4 级	5 级	6 级	7 级
教育程度	15	30	45	60	75	100	
工作经验	20	40	60	80	100	125	150
责任复杂性	15	30	45	60	75	100	
接受的监督	5	10	20	40	60		
错误的代价	5	10	20	40	60	80	
与他人接触	5	10	20	40	60	80	
秘密资料	5	10	15	20	25		

续表

要　素	1级	2级	3级	4级	5级	6级	7级
心理需求	5	10	15	20	25		
工作条件	5	10	15	20			
监督的特点	5	10	20	40	60	80	
监督的范围	5	10	20	40	60	80	100

（3）根据这个评估量表对职位在各个要素上的表现进行评估，得出职位在各个要素上的分值，并汇总成总的点数，再根据总点数所处的职位级别点数区间，确定职位的级别，如表 7.6 所示。

表 7.6　总点数对应的职位等级

点数范围	级　别	点数范围	级　别	点数范围	级　别
100 以下	1	371～400	11	671～700	21
101～130	2	401～430	12	701～730	22
131～160	3	431～460	13	731～760	23
161～190	4	461～490	14	761～790	24
191～220	5	491～520	15	791～820	25
221～250	6	521～550	16		
251～280	7	551～580	17		
281～310	8	581～610	18		
311～340	9	611～640	19		
341～370	10	641～670	20		

2. 要素计点法的优缺点

要素计点法的最大优点就是其科学性、客观性、准确性及由此所带来的相对公平性。另外，一旦评价系统设计完成，使用起来也比较方便。其缺点是评价系统的设计比较困难，专业性强，工作量大，较为费时费力。一般的组织都可以使用该方法进行工作评价，但因其复杂性和高成本，一些组织结构简单、实力单薄的小企业不愿使用此方法。

（四）因素比较法

因素比较法是 1926 年由高速交通股份公司的 E.J.本奇和他的助手们提出来的，他们在试图完善要素计点法时创立了因素比较法的最初形式。因素比较法与要素计点法的主要区别在于因素的分配形式和工作等级转换成工资结构的方法不同。从某种程度上讲，因素比较法是一种混合型的方法，兼有排序法和要素计点法的特征。

1. 因素比较法的操作步骤

（1）选择标准岗位。即先从全部岗位中选出 15～20 个有代表性的主要工作岗位，其所得到的薪酬应该是公平合理的。

（2）确定各岗位的共同影响因素。以这些影响因素作为评价的基础，一般包括以下五个方面：智力、技能、责任、身体条件和工作环境。

（3）按影响因素分别对标准岗位进行排序。对每一个标准岗位的每个影响因素分别加以比较，按程度的高低进行排序。其排序方法与前面的“排序法”完全一致。

（4）确定各岗位在每一影响因素方面所分配的工资额。评定小组将每一岗位的工资总额按影响因素进行分解，确定每个岗位在每一影响因素方面所分配的工资额。

（5）对其他岗位进行排列。将企业中尚未进行评定的其他岗位，与现有的已评定完的标准岗位在每一影响因素上进行对比，确定被评估岗位在各个因素上的工资率。最后将被评估岗位在各个影响因素上的工资率相加汇总，得出被评估岗位的工资水平。

2. 因素比较法的优缺点

因素比较法的一个突出优点就是可以根据在各个报酬因素上得到的评估结果计算出一个具体的报酬金额，这样可以更加精确地反映出职位之间的相对价值关系。使用因素比较法应该注意两个问题：一是薪酬因素的确定要慎重，一定要选择最能代表职位差异的因素；二是由于市场上的工资水平增长发生变化，需要及时调整基准职位的工资水平。

示例 7.1

某企业在工作评价中，就 5 个因素对职位进行评估。职位 A、职位 B、职位 C 是基准职位，其中职位 A 的市场工资水平为 1 000 元，职位 B 的市场工资水平为 2 000 元，职位 C 的市场工资水平为 4 000 元。职位 X 是待评估职位。首先将职位 A、职位 B、职位 C 按照 5 个薪酬因素进行排序，然后再将职位 X 与这 3 个基准职位进行比较，得出表 7.7 所示的结果。

表 7.7　因素比较法的应用实例

因素 工资率	责任大小	所需技能	任务难度	工作环境	财务影响
100 元	职位 A				职位 A
200 元			职位 A	职位 B	
300 元		职位 A		职位 A	职位 X
400 元	职位 B				职位 B
500 元	职位 X	职位 B	职位 B		
600 元		职位 X	职位 X	职位 C	
700 元				职位 X	
800 元	职位 C	职位 C			
900 元			职位 C		职位 C

因此，职位 X 的月平均工资水平为：X = 500 + 600 + 600 + 700 + 300 = 2 700（元）。

开篇案例简析

这个案例表现出这个公司的管理中的问题，有的属于销售管理中的问题，比如公司资源的使用，也包括人力资源管理中的一些问题，比如薪酬制度。下面主要谈下这个案例里人力资源管理因素，特别是薪酬制度出现的一些问题。 我们知道，对于销售人员的工资大凡有这样几种模式：一是底薪加提成，二是单纯提成，三是作为公司普通职务序列，按照定岗定级的方式发放。这个公司采取的是底薪加提成的方式。其实，对于底薪加提成也有几种具体的操作模式，比如提成的比例，底薪的多少。对于底薪加提成，我们按照底薪高中低与提成的高中低的情况，可以搭配几种具体的底薪加提成的薪酬方案。为了阐述方便，只作高底薪加低提成和低底薪高提成来进行分析。一般来说底薪的多少是针对同行的水平来说的，高底薪对于稳定公司的优秀人才非常有帮助，对于新来的不是一下能够适应环境的，能够给予一个缓冲时间，保持生活不受刚到公司不熟悉业务的影响；而对于老员工，也是一种福利，比如因为年龄身体等因素以及其他市场竞争对手新产品的出现带来销售业绩下滑等，可以给予这类人员另外一种形式的缓冲，也能保证其短暂业务出现下滑时生活等各个方面不受影响。显然，在这个公司表现出来的不是后者，即照顾老业务员。所以，这个案例的归结点就在于对于新来的职员的薪酬制度的问题。这个就是一个简单的分析，如果要解决的话，可以按照这个逻辑进行。

本章小结

报酬是指员工从企业那里得到的作为个人贡献回报的他认为有价值的各种东西。薪酬则是指员工从企业那里得到的各种直接的和间接的经济收入，简单地说，它相当于报酬体系中的财务报酬部分。在企业中，员工的薪酬一般是由三个部分组成的：一是基本薪酬；二是激励性薪酬；三是间接性薪酬。我们可以从组织和员工两个方面介绍薪酬的功能，对组织的功能包括增值功能、激励功能、配置功能、协调功能；而对员工的功能有劳动力再生产保障功能、价值实现功能、满足保障功能。薪酬管理就是指企业在经营战略和发展规划的指导下，综合考虑企业内外部各种因素的影响，确定自身的薪酬水平、薪酬结构和薪酬形式，并进行薪酬调整和薪酬控制的整个过程。有效的薪酬可以将员工的利益与组织的目标和发展前途有机结合起来，并且薪酬管理是政策性很强的工作，因此在实际工作中必须遵循一定的原则：公平性、竞争性、激励性、经济性和合法性。

在企业的薪酬体系中，基本薪酬是最基础的部分，对于大多数员工来说，这也是他们所获得的薪酬中的最主要的部分。基本薪酬政策的制定程序为：制订组织的薪酬原则与策略、工作分析与评价、薪酬结构设计、薪酬调查、薪酬定位、薪酬分级与定薪以及薪酬制度的执行、控制和调整。

激励薪酬是指以员工、团队或者企业的绩效为依据而支付给员工个人的薪酬，即这种薪酬直接与员工的工作成果挂钩，随其实际工作绩效的变化而上下浮动，变动性强，同时与绩效紧密联系在一起，对员工的激励性也更强。激励薪酬一般可以分为个人层面的激励薪酬和群体层面的激励薪酬两大类。个人层面的激励薪酬是指主要以员工个人的绩效表现为基础而支付的薪酬，常见的形式有：计件制、工时制和绩效工资。群体层面激励薪酬是指以团队或企业的绩效为依据来支付薪酬，常见的形式有：利润分享计划、收益分享计划和股票所有权计划。

员工福利是指企业内的所有间接报酬，包括带薪休假、员工保险、退休计划、教育津贴和房屋贷款等。一般来说，可以将福利的项目划分为两大类：一是国家法定的福利；二是企业自主的福利。国家法定的福利包括：法定的社会保险、公休日和法定节假日、带薪休假、地方政府规定的其他福利项目。企业自主的福利是企业在国家法定之外的向员工提供的其他福利项目，由于不具有强制性，因此没有统一的标准，各企业往往根据自己的具体情况灵活决定，具体包括：交通津贴、节日津贴、住房津贴和其他津贴。福利制度的设计必须符合劳动力市场的标准、政府法规和工会的要求，并应按照企业的竞争策略、文化和员工的需要。传统上，企业提供的福利都是固定的。从20世纪90年代开始，弹性福利模式逐渐兴起，成为福利管理发展的一个趋势。

工作评价就是在工作说明书的基础上，运用科学的理论和方法，按照一定的客观标准，从工作岗位的工作环境、劳动强度、承担责任、所需资格条件等因素出发，对工作岗位进行系统地衡量、评价的过程。工作评价的方法有很多，在工作实践中常用的有职位排序法、职位分类法、要素计点法、因素比较法这四类。

复习思考题

1. 简述薪酬管理的含义和影响因素。
2. 基本薪酬制度设计的一般程序是什么？
3. 工作评价的方法有哪些？各自的优缺点是什么？
4. 激励薪酬的形式有哪些？
5. 福利管理的发展趋势是什么？

案例分析

诺基亚兼具理性与感性的薪酬支付策略

“你每眨一次眼睛，就有一部诺基亚手机售出。”“科技以人为本”这句诺基亚的广告语凭借企业和产品自身的实力早已深入人心。在中国，可以有人不了解欧洲北部的小国芬兰，但人们不可能不知道以50%多的市场占有率傲视群雄的诺基亚手机，那铺天盖地的广告让“诺基亚”这三个字成为中国市场上“手机时尚”的代名词。

谈到诺基亚的薪酬体系，一位诺基亚员工这样说：“制度里就有一种吸引力，有一种让人感觉受重视、待遇公平的魅力。而且不是纸上谈兵，那种从思考到操作细节的严谨，就让人明白，这是实实在在的自己身边的事。”的确，诺基亚的薪酬体系无处不体现理性与感性的完美结合，无处不体现“以人为本”的企业文化。

在不断完善薪酬体系方面，诺基亚做了大量的工作。首先启动了一个名为IIP（Invest in People，人力投资）的项目：每年要和员工完成两次高质量的交谈，一方面要对员工的业务表现进行评估；另一方面还要帮助员工认识自己的潜力，告诉他们的特长在哪里，应该达到怎样的水平，以及某一个岗位所需要的技能和应接受的培训。诺基亚认为，优秀的薪酬体系，不但要求企业有一个与之匹配的公平合理的绩效评估体系，更要在行业内企业间表现出良好的竞争力。为此，诺基亚在薪酬体系中引入了一个重要的参数——比较率，计算公式为：诺基亚员工平均薪酬水平/行业同层次员工的平均薪酬水平，并要求每一个层次的比较率都能保持在1～1.2的区间内。这一比较率随级别的升高而明显地递增：在3～5级员工中，其薪酬比较率为1.05；而6级员工，其薪酬比较率为1.11；到了7级员工，这一比率提高到1.17。也就是说，越是重要、越是对企业有贡献的精英员工，其薪酬比较率就越高。作为一个跨国公司，其中国市场现金福利发放却完全按照中国传统的节日设计：春节600元/人，元旦200元/人，元宵节100元/人，中秋节200元1/人，国庆节300元/人，员工生日400元/人。这一规定，更是让员工感受到细致入微的个性化体贴。

诺基亚的薪酬体系最终成就了诺基亚的品牌。

（桂昭明，2008）

分析讨论：

1. 诺基亚在薪酬支付方面的特点是什么？
2. 如何评价诺基亚在完善薪酬体系方面所做的工作？

实训

薪酬管理实训

（一）实训目的

通过对本章主要内容的学习，应该更透彻地了解人力资源薪酬体系及其具体构成的相关理论基础和实际操作等。

（二）实训条件

1. 实训时间

实训用时为 2 个学时。

2. 实训地点

多媒体教室。

3. 实训材料

角色模拟练习：谁应被推荐加薪

虽然由于过去几年行业竞争激烈导致了利润率大幅下降，公司一直没有对员工薪酬进行调整，但是为了感谢优秀员工为公司作出的贡献，公司让各部门推荐 1～2 位员工作为候选人，经过初步筛选，提交给公司人力资源薪酬委员会的候选人如下。

秦善——刚刚被任命为财务部副经理，大学财务专业本科毕业，目前正在本市某大学攻读 MBA；已经在公司做了 5 年的会计，其目前的薪酬与他的新职位并不相称；人际协调能力强，与银行、税务局、财政局等部门的有关工作人员建立了良好的私人关系。

鲁思——人力资源部经理助理，大学文秘专科毕业后，她就任总经理办公室秘书，直到干满 3 年，1 年前才提升她到现在的职位，现在本市某大学成教学院在职攻读工商管理的专升本课程；调职后的去年，她的薪酬也并未得到调整。

齐天——生产部经理助理，大学企业管理专业本科毕业后进入公司工作了 7 年，1 年前获得 MBA 学位；他从生产车间工人做起，后历任班长、车间主任、分厂副厂长等职，任现职已 2 年；他意志力强，勤恳踏实，经常带头加班加点工作；许多工人都对他很服气；凡是上级交代的生产任务，他总是能够圆满完成。

严海——信息技术部经理，计算机科学专业硕士研究生毕业后，已在公司工作了 3 年；他精益求精，带领信息技术部员工不断完善公司的各项管理信息系统，例如，改进了公司的库存控制系统，不但大大降低了人工费用，而且还大幅度减少了必需的库存，提高了公司资金的流动速度。

楚诚——营销部华东片区经理，职业中专营销专业毕业后进入公司，已工作了 10 年；曾做过流水线生产工人、维修工、班长、业务员、公司驻广州代表处负责人、驻东三省代表处负责人等岗位的工作；他一直表现突出，特别是为公司的市场开拓立下了汗马功劳。

李想——总经理办公室副主任，任现职6年，进入公司已满15年；由于前年公司裁员，总经理办公室人员精简下去9个，所以这两年他一直身兼几职：党委干事、工会干事、接待员、司机、秘书等。

（三）实训内容与要求

1. 实训内容

在这个练习中，学生要根据对人力资源薪酬体系及其管理基础的了解，详细描述一下如何动态地定期对员工进行考核和薪酬调整，以适应员工业绩和个人素质的不断变化，激励他们继续提高自己的能力和素质，更努力地为组织作贡献，这有助于组织的进一步发展。

2. 实训要求

（1）要求学生掌握薪酬管理基础理论知识和薪酬调整的相关内容，仔细阅读背景材料，搜集足够多的数据资料。

（2）要求教师在实训过程中做好组织工作，给予必要的、合理的指导，使学生加深对理论知识的理解，提高实际分析、操作的能力。

（四）实训组织方法与步骤

学生可分组进行练习，一般以每组11人为宜，其中5人将任职于公司人力资源薪酬委员会，其余6人分别扮演上述6位被推荐加薪的候选人。

首先，各小组扮演被推荐加薪的候选人的6位小组成员分别向任职公司人力资源薪酬委员会的5位小组成员陈述自己应该加薪的理由，时间控制在3分钟以内/人。

然后，各小组任职公司人力资源薪酬委员会的小组成员根据候选人的个人陈述和上述背景资料进行集体民主决策，时间控制在25分钟以内；注意，尽管所有被推荐的人都有理由得到加薪，但是由于金额有限，不能按人头平均分配。

之后，各小组任职公司人力资源薪酬委员会的小组成员推选一名代表，向所有参与者报告本小组的加薪方案，并说明理由，时间控制在5分钟/人。

接着，所有学生可以自由发言，对各小组的加薪方案将进行评价或者补充，时间控制在1分钟/人。

最后，各小组在参考其他小组以及自由发言人意见的基础上，形成比较完善的书面加薪方案，并呈交给实训指导老师。

本练习的结果是较为全面地描述人力资源薪酬民主评定的过程，从中可以真实地让参与者感受到人力资源薪酬对企业及其员工的重大影响，使他们能够从最终的加薪方案，进一步掌握薪酬掌握实际操作要领。

（五）实训考核方法

1. 成绩划分

实训成绩按优秀、良好、中等、及格和不及格五个等级评定。

2. 评定标准

（1）是否掌握了薪酬管理的基础理论知识和加薪的相关数据资料。

（2）是否掌握了薪酬管理实践操作的要领。

（3）能否结合背景资料，运用所学的理论知识，提出加薪的理由及作出是否加薪的决策。

第八章　职业生涯管理

学习目的：通过本章的学习，掌握职业生涯的概念及特性；理解并掌握职业选择理论和职业生涯发展阶段理论；掌握个人职业生涯规划的原则和步骤；掌握组织职业生涯规划的原则和内容；理解职业生涯管理的含义；掌握组织职业生涯的早中晚期管理。

关键概念：职业（Occupation）　职业生涯（Career）　职业生涯管理（Career Management）　职业锚（Career Anchor）　职业性向（Vocational Aptitude）　个人职业生涯管理（Individual Career Management）　组织职业生涯管理（Organizational Career Management）

开篇案例

凯西的故事

凯西，26岁，是一家大型通信公司的运营经理，手下有15位负责网路运营的部属，年薪5.4万美元。这的确是一份好工作，权责大、潜力无穷，还有一份对26岁的年轻人来说非常优越的待遇，她是如何胜任的呢？

从学校取得文科学位后，凯西进入一家知名的包裹快递公司，担任初级的管理职位。当薪资与权责的成长明显受限时，她开始探讨其他可能性，很快，凯西了解到，如果想要得到自己真正想要的工作，就必须进一步提高专业能力。

凯西开始在当地商业学校进修会计及经济学的夜间课程。因为雇主不提供学费补助，于是她自付学费。后来，她以优异的成绩申请到在职进修企管硕士的课程。因为包裹快递公司的工作时间改变，使她无法继续上夜间的课程，所以凯西决定辞掉当时年薪1.8万美元的工作，并借助学贷款全心全意展开她的企管硕士进修计划。凯西决定主修营销。在选修的一门课中，她和两位同学为当地一家电话公司进行密集的市场研究，以便制订出长途电话预付卡的营销方案。

在25岁获得企管硕士学位后，凯西却很难找到工作，因为相比其他人，她实在太年轻了。25岁，比多数学生开始念企管硕士时还年轻2岁。但她坚持不懈，凭着学识与实务经验（来自为电话公司进行的市场研究）两者兼具的优势，终于找到了新雇主——一家大型区域通信公司。

（周文霞，2004）

请思考：凯西是如何进行职业选择的？

第一节　职业生涯管理概述

一、职业的内涵

职业是社会发展与进化的反映，是社会劳动分工发展的必然产物。社会分工是职业划分的基础和依据。从经济学角度看，职业是一种具有连续性和稳定性的社会性活动，是劳动者在社会分工体系中所获得的一种社会认可的劳动角色。一般而言，职业是指人们在社会生活中为了获取报酬，满足社会联系和自我实现而进行的持续的活动方式。

理解职业的内涵，需要把握以下几点。

（1）职业具有专业性。职业是某种专门的、具体的社会分工。不同职业对从业人员有不同的要求，越来越多的职业对从业人员提出了职业进入的资格条件。

（2）职业具有经济性。劳动者从事某项职业工作，目的是从中取得经济收入。

（3）职业具有社会性。职业是劳动者所进行的社会生产劳动。

（4）职业具有稳定性、连续性。劳动者连续地、不间断地从事的某种社会工作，才称其为劳动者的职业。

二、职业生涯的内涵及特征

（一）职业生涯的内涵

目前对职业生涯内涵的理解还不统一。

名家观点

沙特列（Shartle）认为，职业生涯是指一个人在工作生活中所经历的职业或职位的总称。

格林豪斯（Greenhaus）强调，职业生涯是和工作有关的经历（如职位、职责、决定和对工作相关事件的主观解释）和工作时期所有活动的集合。

萨帕（Donald Super）认为，职业生涯是指一个人终生经历的所有职位的整体历程。

以下核心概念是本书对职业生涯概念的界定。

核心概念

职业生涯就是指一个人一生中从事职业的全部历程，这个历程可以是间断的，也可以是连续的，它包含一个人所有的工作、职业、职位的外在变更和对工作态度、体验的内在变更。

对于职业生涯内涵的理解，要认识到它由时间、范围和深度构成。时间指的是职业的不同阶段，如职业初期、职业中期、职业后期等，整个历程可以是间断的，也可以是连续的；范围指的是人一生扮演不同职业角色的数量；深度指的是对一种职业角色投入的程度。

从职业发展对象的角度看，职业生涯可分为内职业生涯和外职业生涯两种类型。内职业生涯是指从事一项职业时所具备的知识、观念、心理素质、能力、内心感受等因素的组合及其变化过程。外职业生涯是指对组织而言的职业生涯，表示组织努力为雇员在组织的工作生命中确立一条有所依循，可感知的、可行的发展道路。

（二）职业生涯的特征

从总体上看，职业生涯具有以下特性。

（1）独特性。每个人都有自己的职业条件，有自己的职业理想，有自己的职业选择，有为实现自己的职业理想所作的种种不同努力，从而有着与别人相区别的、独特的职业生涯历程。

（2）发展性。每一个人的职业生涯，都是一种发展、演进的动态过程。就整体而言，职业生涯是一个具有一定逻辑性的过程。

（3）阶段性。每个人的职业生涯发展过程，都有着不同的阶段，可以分为不同的时期。人在不同的职业生涯阶段有着不同的目标和任务。职业生涯各个阶段之间具有递进性。

（4）终身性。每个人的职业生涯作为一种动态发展的历程，是根据个人在不同阶段的需求而不断蜕变与成长的，直至终身。“老骥伏枥，志在千里”，正反映了人生晚期在职业生涯方面的英雄气概。

（5）整合性。由于个人所从事的工作或职业，往往会决定他的生活状态，而且职业与生活两者之间又很难区别，因此，职业生涯应具有整合性，涵盖人生整体发展的各个层面，而非仅仅局限于工作或职位。

（6）互动性。人的职业生涯是个人与他人、个人与环境、个人与社会互动的结果。人的“自我”观念、人的主观能动性，以及个人所掌握的社会职业信息、所掌握的职业决策技术，对其职业生涯都有着重要的影响。

三、职业生涯管理的含义及意义

（一）职业生涯管理的含义

重要概念

职业生涯管理是组织或个人对职业生涯的设计、职业发展的促进等一系列活动的总和。它包含职业生涯决策、设计和开发，目的是实现组织目标和个人发展的有机结合。

职业生涯管理主要包括两种：一是由个人主动进行的职业生涯管理，简称自我职业生涯管理或个人职业生涯管理。自我职业生涯管理是以实现个人发展的成就最大化为目的，通过对个人兴趣、能力和个人发展目标的有效管理实现个人发展愿望。二是由组织主动实施的职业生涯管理，简称组织职业生涯管理。它是指组织管理部门根据组织发展和组织人力资源规划的需要，在组织中制订与员工职业生涯整体规划相适应的职业发展规划，为员工提供适当的教育、培训、轮岗和提升等发展机会，协助员工实现职业生涯发展目标。

重要提示

一般所讲的职业生涯管理均指组织职业生涯管理。

职业生涯管理的实质就是把员工职业生涯规划的制订和实施、调控纳入组织的人力资源规划体系中。

（二）职业生涯管理的意义

职业生涯管理对组织和个人的发展都具有十分重要的意义。

1. 职业生涯管理对组织的作用

（1）职业生涯管理能保证企业未来人才的需要。从组织角度看，如果不能有效地实施员工的职业生涯管理，鼓励员工进行职业生涯规划，将会导致出现空缺职位时，找不到合适员工来填补，员工对企业的忠诚度降低，以及对员工的培训与开发缺乏针对性等后果。企业可以根据发展的需要，预测未来的人力资源需求，通过对员工的职业生涯规划，为员工提供发展空间，从而使员工的发展与企业的发展结合起来，有效地保证企业未来发展的人才需要。

（2）职业生涯管理能使企业留住优秀核心人才。企业中优秀人才的流失，不但减少了企业的人才存量，而且增加了竞争对手的人力资源实力，使企业处于被动的地位。导致优秀人才流失的原因很多，但是企业对员工个人发展缺乏应有的考虑，缺少对员工职业生涯的有效管理是其中一个重要的原因。成功企业的经验证明，凡是重视、了解并开发员工兴趣，不断给他们提供具有挑战性的工作任务，为其成长、发展以及参与管理创造机会和条件的企业，即重视职业生涯规划的企业，使员工的满意程度增加，就能留住和吸引优秀人才。

（3）职业生涯管理能使企业人力资源得到有效开发。职业生涯管理能使员工的个人兴趣和特长受到企业的重视，员工的积极性提高，潜能得到有效挖掘，从而有效地开发企业的人力资源。同样，企业组织在了解员工的职业兴趣以及他们对成长和发展的方向与要求以后，结合企业发展的需要，合理地指导员工职业兴趣的开发和他们自我成长与发展的方向，就能增加企业的有效人力资源，使企业更适合社会发展和变革的需要。

2. 职业生涯管理对个人的作用

（1）能增强员工对工作环境的把握能力和对工作困难的控制能力。通过职业规划和个人职业管理，使员工了解自身的长处和短处，准确评价个人的特点和强项，养成对环境和工作目标进行分析的习惯，又可以使员工合理计划、分配时间和精力以完成任务、提高技能，这都有利于强化环境把握和困难控制能力。

（2）能更好地确立人生方向和奋斗的策略，处理好职业生活和生活其他部分的关系。良好的职业计划和职业管理可以帮助个人从更高的角度看待工作中的各种问题和选择，将各分离的事件结合起来，服务于职业目标，使职业生活更加充实和富有成效。它更能考虑职业生活同个人追求、家庭目标等其他生活目标的平衡，避免顾此失彼，两面为难的困境。

（3）可以实现自我价值的不断提升和超越。工作的最初目的可能仅仅是找一份养家糊口的差事，进而追求的可能是财富、地位和名望。职业计划和职业管理对职业目标的多次提炼可以使工作目的超越财富和地位之上，追求更高层次自我价值实现的成功。

第二节　职业选择理论

职业选择是指人们按照自己的职业期望，并根据自己的兴趣、能力、特点等自身素质，从社会现有的职业中选择一种适合自己的职业的过程。一旦人们选择了自己的职业，也就选择了自己的职业生涯。职业选择理论主要有美国心理学家弗兰克·帕森斯（Frank Parsons）的人—职匹配理论；约翰·霍兰德（John Holland）的职业性向理论；埃德加·施恩（Edgar Schein）的职业锚理论；佛隆（Victor H. Vroom）的择业动机理论等。下面对这些理论加以介绍。

一、帕森斯的职业—人匹配理论

帕森斯的职业—人匹配理论是由美国波士顿大学教授帕森斯于 1909 年在其著作《选择一个职业》中提出的，他明确阐述了职业选择的三个条件：首先，应该清楚地了解自己的态度、能力、兴趣、才智、局限和其他特征；其次，应该清楚地了解职业选择成功的条件、所需知识，在不同职业工作岗位上所占有的优势、不利和补偿、机会和前途；最后，上述两个条件的平衡，即在了解个人特征和职业要求的基础上，选择一种适合个人特点又可获得的职业。

帕森斯的职业—人匹配理论其内涵就是在清楚地认识、了解个人的主观条件和社会职业岗位需求条件基础上，将主客观条件与社会职业岗位（对自己有一定可能性的）相对照，最后选择一种与个人匹配的职业。

人—职匹配，可以分为以下两种类型。

一是因素匹配。例如，所需专门技术和专业知识的职业与掌握该种特殊技能和专业知识的择业者相匹配。

二是特性匹配。例如，具有敏感、易动感情、不守常规、有独创性、个性强、理想主义等性格的人，宜于从事审美性、自我情感表达的艺术创作类型的职业。

二、霍兰德的职业性向理论

小知识

职业性向理论是美国心理学家、职业指导专家约翰·霍兰德在 20 世纪 60 年代以自己从事的职业咨询为基础，通过对自己职业生涯和他人职业发展道路的深入研究，引入人格心理学的有关理论，经过多次补充和修订而形成的。该理论实用性较强，社会影响广泛。

职业性向理论中的"职业性向"实际上指的就是人格类型，这里面包括人的价值观、动机、兴趣及需要等因素，霍兰德认为职业性向是决定一个人职业选择的重要因素。霍兰德基于自己对职业性向测试（VPT）的研究，将劳动者的职业性向划分为实际型、研究型、艺术型、社会型、企业型和常规型六种。同时，所有职业也均可以划分为相应的六大基本类型，任何一种职业大体都可以归属于六种类型中的一种或几种类型的组合。人们一般都倾向于寻找与其个性类型相一致或相似的职业类型，追求充分展示其能力与价值观，承担令人愉快的工作和角色，职业也充分寻求与其类型相一致的人。职业性向理论实质在于劳动者的职业性向与职业类型的适应。职业性向与不同职业之间的匹配关系如表 8.1 所示。

表 8.1 职业性向与不同职业之间的匹配关系

职业性向	人格特点	职业兴趣	典型职业
实际型	真诚坦率、重视现实、讲求实际，有坚持性、实践性、稳定性	偏好与各种工具和机器设备使用联系在一起的需要机械技能、体力、协调的工作	制图员、机械装配工、修理工、农民、木匠
研究型	逻辑性强、富有好奇心、勤于思考、细心	喜欢智力的、抽象的、分析的、独立的定向任务这类研究性质的工作	科学研究人员

续表

职业性向	人 格 特 点	职 业 兴 趣	典 型 职 业
艺术型	感情丰富、富有想象力、有创造性、独立	喜欢艺术性质的职业和环境，不善于事务工作，讨厌大量结构式工作	画家、歌唱家、舞蹈家、诗人
社会型	热情、友好、善于合作、乐于助人、爱社交	偏好能够帮助和提高别人的活动	社会工作者、教师、政治家
企业型	喜欢冒险、有雄心壮志、精神饱满、乐观、自信、健谈	偏好那些能够影响他人和获得权力的活动	政府官员、企业领导、法官、律师
常规型	谨慎、服从、细心、有条理、守次序、有耐心	偏好规范、有序、清楚明确的活动	会计、办事员、秘书、档案管理员

霍兰德进一步指出，尽管大多数人的人格类型可以主要地划归为某一类型，但个人又有着广泛的适应能力，其人格类型在某种程度上又会相近于另外两种类型，也能适应另外两种职业类型的工作。也就是说，大多数人并非只有一种性向，而是可能同时包含数种不同的性向；性向与性向之间也非完全独立，而是分为相近、中性、相斥三种情况。为了更好地描述这一状况，霍兰德设计了一个六边形模型，如图 8.1 所示。如果一个人身上的两种职业性向是相互排斥的，如研究型和企业型，那么他在选择职业的时候就会比较犹豫彷徨；而如果一个人身上的两种或几种职业性向相近兼容，如一个艺术型和社会型的人，那么他选择职业时相对比较容易和迅速。

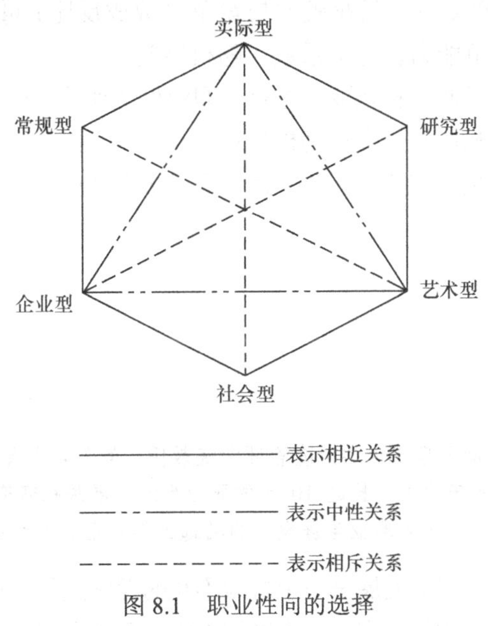

图 8.1　职业性向的选择

在图 8.1 中，六边形的六个角分别代表六种职业类型。六种职业类型之间具有一定的内在联系，它们按照彼此间相似程度定位，相邻两个维度在各种特征上最相近，相关程度最高。距离越远，两个维度之间的差异越大，相关程度越低。每种类型与其他五种职业类型存在三种关系：相近、中性和相斥。

由职业性向理论可知，最为理想的职业选择是：个体能够找到与其人格类型重合的职业环境，即一个人的人格类型与职业相匹配，这时他会感到内在的满足，并充分发挥自己的聪明才智。如果个人不能获得与其人格类型相一致的工作环境，则可以寻找与其人格类型相近的职业环境，在这种情况下，经过努力一般也会适应工作，取得成就。相反，如果是相斥的话，就会觉得工作索然无味，也很难适应工作，最终无法胜任。

三、佛隆的择业动机理论

“$F=V\cdot E$”是美国心理学家佛隆提出的解释人的行为的著名公式。式中，F 为动机强度，指积极性的激发程度；V 为效价，指个体对一定目标重要性的主观评价；E 为期望值，指个体估计的目标实现概率。可见，员工个体行为动机的强度取决于效价大小和期望值的高低。动机强度与效价、期望值成正比。

期望理论具体化为择业动机理论，同理，可得

择业动机＝F｛职业效价，职业概率｝

式中，择业动机表明择业者对目标职业的追求程度，或者对某项职业选择意向的大小。

职业效价是指择业者对某项职业价值的评价。职业效价取决于两个因素：①择业者的职业价值观；②择业者对某项具体职业要素（如兴趣、劳动条件、报酬、职业声望等）的评估。职业效价＝F｛职业价值观，职业要素评估｝。

职业概率是指择业者获得某项职业可能性的大小。职业概率的大小通常取决于四个因素：①某项职业的社会需求量，职业概率与社会需要量正相关；②择业者的竞争能力，即择业者自身工作能力和求职就业能力，职业概率与能力也成正比；③竞争系数，指谋求同一种职业的劳动者人数的多少，职业概率与竞争系数成反比；④其他随机因素。职业概率＝F｛职业需求量，竞争能力，竞争系数，随机性｝。

择业者对其视野内的几种目标职业，进行了职业价值评估和职业获取概率评价，在评估基础上，横向进行择业动机比较。择业动机是对职业和自身的全面评估，是对多种择业影响因素的全面考虑和利弊得失的权衡。因此，选择职业多以择业动机分值高的职业作为自己的选定结果。

四、施恩的职业锚理论

小知识

职业锚理论是由美国麻省理工大学斯隆管理学院教授、著名职业指导专家施恩，在对麻省理工大学斯隆管理学院 44 名毕业生，长达 10 年的职业生涯发展跟踪研究后提出来的。经过近 30 年的发展，职业锚已成为许多个人职业生涯规划的必选工具和企业人力资源管理的重要工具。

职业锚理论认为，个人职业发展是一个持续不断的探索过程。在这一过程中，每个人都在根据自己的天资、能力、动机、需要、态度和价值观等慢慢地形成较为明晰的与职业有关的自我概念。并且，随着一个人对自己越来越了解，这个人就会越来越明显地形成一个占主要地位的职业锚。

重要概念

所谓职业锚，就是指当一个人不得不作出选择的时候，他或她无论如何都不会放弃的职业中的那种至关重要的东西或价值观。

正如“职业锚”这一名词中“锚”的含义一样，职业锚实际上就是人们选择和发展自己职业时所围绕的中心。施恩根据自己的研究，提出了以下五种类型的职业锚。

1. 技术或功能型职业锚

具有这种职业锚的人往往不愿意选择那些带有一般管理性质的职业。相反，他们总是倾向于选择那些能够保证自己在既定的技术或功能领域中不断发展的职业。他们认为自己的职业成长只有在诸如工程技术、财务分析、营销等特定的技术或职能领域才意味着进步。

2. 管理型职业锚

具有这一类型职业锚的人，表现出成为管理人员的强烈动机，他们相信自己具备提升到一般管理性职位上所需要的各种能力和价值倾向，倾向于追求担任较高管理职位是其最终目标。

3. 创造型职业锚

具有这种职业锚的人希望使用自己的能力去创建属于自己的公司或创建完全属于自己的产品（或服务），而且勇于冒险，并克服面临的障碍。在某种程度上，创造型职业锚同其他类型的职业锚存在重叠。比如他们也要求有管理能力，或者要求在某一专业领域获得独创的成果。但是，这些并不是他们的核心动机和目的，创造才是他们的核心。他们对于新事物的尝试总是乐此不疲。

4. 自主或独立型职业锚

具有这种职业锚的人希望随心所欲地安排个人的工作与生活方式，追求能够施展个人职业能力的工作环境，尽量摆脱组织的限制和约束。他们追求在工作中享有个人的自由，有较强的个人认同感，认为工作成果与自己的努力紧密相关。

5. 安全或稳定型职业锚

具有这种职业锚的人极为重视长期的职业稳定和工作的保障性。稳定和安全是他们追求的目标，比如工作的安定、收入的稳定、可靠的保障体系，或者是一种心理上的被组织接纳的稳定和安全感。在行为上，这类职业锚的人倾向于照章办事，不越雷池一步。在职业选择上，他们往往对组织有较强的依赖性，一般不轻易离开组织，依赖组织对他们的能力和需要进行识别和安排，更容易接受并融入组织。

后来，经过进一步的研究和发展，在原有的五种职业锚的基础上又增加了三种职业锚，即服务型职业锚、纯挑战型职业锚、生活型职业锚。

具有“服务型职业锚”的人一直追求他们认可的核心价值，例如，帮助他人，改善人们的安全，通过新的产品消除疾病。他们一直追寻这种机会，即使这意味着变换公司，他们也不会接受不允许他们实现这种价值的工作变换或工作提升。

具有“纯挑战型职业锚”的人喜欢解决看上去无法解决的问题，战胜强硬的对手，克服无法克服的困难障碍等。对他们而言，参加工作或职业的原因是工作允许他们去战胜各种不可能。新奇、变化和困难是他们的终极目标。如果事情非常容易，它马上变得非常令人厌烦。

具有“生活型职业锚”的人希望将生活的各个主要方面整合为一个整体，喜欢平衡个人的、家庭的和职业的需要。因此，生活型的人需要一个能够提供“足够弹性”的工作环境来实现这一目标。他们将成功定义得比职业成功更广泛。相对于具体的工作环境、工作内容，生活型的人更关注自己如何生活、在哪里居住、如何处理家庭事情等。

施恩指出，要想对职业锚提前进行预测是很困难的，这是因为一个人的职业锚是在不断发生变化的，它实际上是一个不断探索过程所产生的动态结果。有些人也许一直都不知道自己的职业锚是什么，直到他们不得不作出某种重大选择的时候，正是在这一关口，一个人过去的所有工作经历、兴趣、资质、性向等才会集合成一个坚定不移的信念，这就是职业锚。施恩认为，从职业锚可以判断员工职业成功的标准，从而有针对性地为员工开展职业生涯规划，最大程度地激励员工。

实用小工具

职业锚自我分析表

外在因素和事件	内在理由和情感
1. 你在大学主要的注意力放在哪个方面？	你为什么选择这个方面？ 你对此感觉如何？
2. 你考上研究生了吗？如果考上了，你的注意力放在了哪个方面？你获得了何种学位？	你为什么上（或不上）？
3. 离校后你的第一项工作是什么（如果恰当的话，包括服役）？	你在第一项工作中寻求的是什么？
4. 你开始自己的职业时，你的抱负或长期目标是什么？	它们有过变化吗？何时？为什么？
5. 你的第一个主工作或主公司变动是什么？	启动这次变动的是你还是公司？你为什么启动或接受这次变动？在接下来的工作中你在追求什么？
继续列出在自己的职业中所见到的，被认为是主工作、主公司、主职业变动。列出每一步，对每一步的问题作出回答。	
6. 变动——	你为什么启动或接受，你在追求什么？
7. 变动——	你为什么启动或接受，你在追求什么？
8. 回顾自己的职业，看看什么时期特别愉快。	你这段时间感到愉快的是什么？
9. 回顾自己的职业，看看什么时期感到特别不愉快。	你这段时间感到不愉快的是什么？
10. 你拒绝过工作变动或提升吗？	为什么？
11. 你是如何向他人描述自己的职业的？	你认为自己是什么样的人？
12. 你看到了自己职业中的主要过渡点了吗？客观地描述这种过渡。	你对此过渡感觉如何？你为什么启动或接受它？复查本栏目中的全部回答，找出回答中的模式。你在答案中看到某种锚了吗？

职业锚理论是一种以个人为出发点的职业生涯选择理论，并且职业锚理论能够同时关注个人与组织的职业发展，是能够实现个人价值与组织目标有机统一的一种有效的管理方式。对于个人而言，职业锚清楚地反映了个人的职业追求和抱负，是个人进行职业选择的依据；对于组织而言，通过对员工职业锚的认定，可以获得员工个人正确信息的反馈，根据这些反馈，组织可以有针对性地进行职业管理。

第三节　职业生涯发展阶段理论

重要提示

一个人的职业生涯，贯穿一生，是一个漫长的过程。科学地将其划分为不同的阶段，明确每个阶段的特征和任务，做好规划，对更好地从事自己的职业、实现自己的人生目标非常重要。

职业生涯发展阶段如何划分，各国专家学者有不同的划分理论和方法。下面介绍几种主要的理论。

一、金斯伯格的职业生涯发展阶段理论

美国著名的职业指导专家金斯伯格（Eli Ginzberg），对职业生涯的发展进行过长期研究，他将职业生涯发展分为幻想期、尝试期和现实期三个阶段。

1．幻想期

幻想期是 11 岁之前的时期。这一时期正是儿童时期。儿童们对大千世界，特别是对于他们所看到或接触到的各类职业工作者，充满了新奇、好玩的感觉。此时期职业需求的特点是：单纯凭自己的兴趣爱好，不考虑自身的条件、能力水平和社会需要与机遇，完全处于幻想之中。

2．尝试期

尝试期是 11～17 岁的时期。这是由少年儿童向青年过渡的时期。此时起，人的心理和生理在迅速成长发育和变化，有独立的意识，价值观念开始形成，知识和能力显著增长和增强，初步懂得社会生产和生活的经验。在职业需求上呈现出的特点是：有职业兴趣，但不仅限于此，更多地和客观地审视自身各方面的条件和能力；开始注意职业角色社会地位、社会意义，以及社会对该职业的需要。

3．现实期

现实期是 17 岁以后的时期。这一时期即将步入社会劳动，能够客观地把自己的职业愿望或要求，同自己的主观条件、能力，以及社会现实的职业需要紧密联系和协调起来，寻找适合于自己的职业角色。此时所需求的职业不再模糊不清，已有具体的、现实的职业目标，表现出的最大特点是客观性、现实性、讲求实际。

重要提示

金斯伯格的职业生涯阶段理论，实际上是初次就业前人们职业意识或职业追求的变化发展过程，他的职业生涯理论对实践产生过广泛的影响。

二、萨柏的职业生涯五阶段理论

萨柏（Donald E. Super）是美国一位有代表性的职业管理学家，他以美国白人作为自己的研究对象，从终身发展的角度，将人的职业生涯划分为五个主要阶段：成长阶段、探索阶段、确立阶段、维持阶段和衰退阶段。具体内容如下。

1．成长阶段

0～14 岁为成长阶段。该阶段经历了对职业从好奇、幻想到兴趣，到有意识培养职业能力的逐步成长过程。萨柏将这一阶段，具体分为以下三个成长期。

（1）幻想期（10 岁之前）。在幻想中扮演自己喜欢的角色。

（2）兴趣期（11～12 岁）。以兴趣为中心，理解、评价职业，开始作职业选择。

（3）能力期（13～14 岁）。开始考虑自身条件与喜爱的职业是否相符合，有意识地进行能力培养。

2．探索阶段

15～24 岁为探索阶段。本阶段主要通过学校学习进行自我考察、角色鉴定和职业探索，

完成择业及初步就业。它又可以分为三个子阶段，具体如下。

（1）试验期（15～17 岁）。综合认识和考虑自己的兴趣、能力，对未来职业进行尝试性选择。

（2）转变期（18～21 岁）。正式进入职业，或者进行专门的职业培训，明确某种职业倾向。

（3）尝试期（22～24 岁）。选定工作领域，开始从事某种职业，对职业发展目标的可行性进行实验。

3. 确立阶段

25～44 岁为确立阶段。在该阶段，人们通常会获取一个合适的工作领域，并谋求发展。这一阶段是大多数人职业生涯周期中的核心部分。它又可以划分三个子阶段，具体如下。

（1）稳定期（25～30 岁）。个人在所选的职业中安顿下来，重点是寻求职业及生活上的稳定。

（2）发展期（31～44 岁）。致力于实现职业目标，是富有创造性的时期。

4. 维持阶段

45～64 岁为维持阶段。在这一阶段内，劳动者一般达到常言所说的"功成名就"情景，已不再考虑变换职业工作，只力求维持已取得的成就和社会地位。

5. 衰退阶段

65 岁以上为衰退阶段。65 岁以上，人的健康状况和工作能力逐步衰退，即将退出工作，结束职业生涯。应开发更广泛的社会角色，减少权力和责任，适应退休后的生活。

三、格林豪斯的职业生涯发展阶段理论

萨柏和金斯伯格的研究侧重在不同年龄段对职业的需求与态度，格林豪斯（Greenhouse）则侧重在不同年龄段职业生涯发展所面临的主要任务，并以此为依据将职业生涯发展划分为五个阶段：职业准备阶段、进入组织阶段、职业生涯初期、职业生涯中期和职业生涯后期。

1. 职业准备阶段

典型年龄段为 0～18 岁。这一阶段的主要任务是发展职业想象力，培养职业兴趣和能力，对职业进行评估和选择，接受必需的职业教育和培训。

2. 进入组织阶段

18～25 岁为进入组织阶段。这一阶段的主要任务是在一个理想的组织中获得一份工作，在获取足量信息的基础上，尽量选择合适的、较为满意的职业。

3. 职业生涯初期

25～40 岁为职业生涯初期阶段。这一阶段的主要任务是逐步适应职业工作，融入组织，不断学习职业技能，为未来职业生涯成功做好准备。

4. 职业生涯中期

40～55 岁为职业生涯中期阶段。这一阶段的主要任务是需要对早期职业生涯重新评估，强化或改变自己的职业理想；选定职业，努力工作，有所成就。

5. 职业生涯后期

55 岁直至退休是职业生涯后期阶段。这一阶段的主要任务是继续保持已有的职业成就，

成为一名工作指导者，对他人承担责任，维护自尊，准备引退。

四、施恩的职业生涯发展理论

施恩立足于人生不同年龄段面临的问题和职业工作主要任务，将职业生涯划分为 9 个阶段。主要内容如下。

1. 成长、幻想、探索阶段

一般 21 岁以前处于成长、幻想、探索阶段。该阶段的主要任务是：发现自己的需要和兴趣，发现和发展自己的能力和才干，为实际的职业选择打好基础；学习职业方面的知识，寻找现实的角色模式，获取丰富信息，发现和发展价值观、动机和抱负；接受教育和培训。

该阶段充当的角色是学生、职业工作的候选人、申请者。

2. 进入工作世界

16～25 岁的人步入工作世界阶段。该阶段的主要任务是：首先，进入劳动力市场，谋取第一份工作；其次，个人和雇主达成正式契约，个人成为一个组织的成员。

该阶段充当的角色是：应聘者、新学员。

3. 基础培训

处于基础培训阶段的年龄为 16～25 岁。该年龄段的人要担当实习生、新手的角色，也就是说，已经迈进组织的大门。此时的主要任务：一是了解、熟悉组织，接受组织文化，融入工作实体，尽快取得组织成员资格；二是适应工作操作程序。

4. 早期职业的正式成员资格

早期职业的正式成员资格阶段的年龄为 17～30 岁。该阶段的主要任务是：首先，承担责任，成功地履行第一次工作分配的任务；其次，根据自身才干和价值观，根据组织中的机会和约束，重估当初追求的职业，决定是否留在这个组织或职业中，或者在自己的需要、组织约束和机会之间寻求一种更好的配合。

5. 职业中期

职业中期阶段的年龄一般是 25 岁以上。本阶段的主要任务是：选定一项专业或进入管理部门；保持技术竞争力，在自己选择的专业或管理领域内继续学习，力争成为一名专家或职业能手；承担较大责任，确定自己的地位；开发个人的长期职业计划；寻求家庭、自我和工作事务间的平衡。

该阶段充当的角色是：正式成员、任职者、终生成员、主管、经理等。

6. 职业中期危险阶段

处于职业中期危险阶段的年龄在 35～45 岁。该阶段充当的角色与第五阶段相同。主要任务是：现实地估价自己的进步、职业抱负及个人前途；就接受现状或者争取看得见的前途作出具体选择；建立与他人的良好关系。

7. 职业后期

从 40 岁以后直到退休是职业后期阶段。该阶段的主要任务是：成为一名良师，学会发挥影响力，指导、指挥别人，对他人承担责任；扩大、发展、深化技能，或者提高才干，以担负重任；如果求安稳，就此停滞，则要接受和正视自己影响力和挑战能力的下降。

该阶段充当的角色是：骨干成员、管理者、有效贡献者等。

8. 衰退和离职阶段

在 40 岁之后到退休期间，不同的人在不同的年龄会衰退或离职。这一阶段的主要任务：一是学会接受权力、责任、地位的下降；二是基于竞争力和进取心下降，要学会接受和发展新的角色；三是评估自己的职业生涯，着手退休。

9. 离开组织或职业（退休）

在失去工作或组织角色之后，面临两大问题或任务：首先，适应角色、生活方式和生活标准的急剧变化；其次，保持一种自我价值观，运用自己积累的经验和智慧，以各种资源角色，对他人进行传帮带。

五、廖泉文的职业生涯发展“三三三”理论

“三三三”理论将人的职业生涯分为三大阶段：输入阶段、输出阶段和淡出阶段。其中输出阶段又分为三个子阶段：适应阶段、创新阶段和再适应阶段。而再适应阶段又可分为三种状况：顺利晋升、原地踏步、降到波谷。

1. 输入阶段

输入阶段（从出生到就业前）：主要任务是输入信息、知识、经验、技能，为从业做重要准备；认识环境和社会，锻造自己的各种能力。

2. 输出阶段

输出阶段（从就业到退休）：主要任务是输出自己的智慧、知识、服务、才干；进行知识的再输入、经验的再积累、能力的再锻造。其三个子阶段分别如下。

（1）适应阶段：个人在这个时期的工作状态主要是订三个契约，对领导，我要服从你的领导；对同事，我要与你协同工作；对自己，我要使自己表现出色。职业环境状态主要是适应工作硬软环境，个体与环境、个体与同事相互接受，进入职业角色。

（2）创新阶段：个人在这个时期的工作状态主要是独立承担工作任务；努力作出创造性贡献；提出合理化建议。职业环境状态主要是受到领导和群众认可，进入事业辉煌时期。

（3）再适应阶段：职业环境状态主要是个体要调整心态，适应变化了的环境，此时属于职业状态分化时期，领导和同事看法不一。可区分出三种工作状态，即顺利晋升、原地踏步、降到波谷。当个体处于工作出色获得晋升的状态时，职业状态主要是面临新工作环境的挑战、新工作技能的挑战、原同级同事的嫉妒、领导提出的新要求，表面的风光隐藏着一定的职业风波。当个体处于发展空间小而原地踏步的状态时，职业状态主要表现为“倚老卖老”不求上进，易对同事冷嘲热讽，此时如作职业平移或变更更合适。当个体处于自身骄傲或工作差错受到批评的工作状态时，职业状态主要表现为因主客观原因，受批评，或受降级处分，工作进入波谷，如能振奋谨慎，有望进入第二次“三三三”发展状态。

3. 淡出阶段

淡出阶段（退休前后）：个人在这个时期的工作状态主要是精力渐衰，但阅历渐丰，逐步退出职业，适应角色的转换。

自我思考

应用上述所讲的职业生涯发展阶段理论，分析我们自己处在职业生涯发展的哪个阶段，该阶段的主要任务与特征又是什么。

第四节　个人职业生涯管理

个人职业生涯管理，也称自我职业生涯管理，是指个人在职业生涯的全部历程中，对自己所要从事的职业进行规划和设计，并为实现自己的职业目标而积累知识、开发技能的过程。

一、个人职业生涯管理的原则

为了制订出有效的个人职业生涯规划，使其能指导员工的职业努力，帮助员工顺应组织发展，应注意以下原则。

（一）要实事求是地进行自我认识和自我评价

这是制订个人职业生涯规划的前提。对自己要有四个方面的清醒认识：价值取向、自我确定的整个人生之路和生活方式；本人知识、技能水平及工作适应性；个人特质，主要是个人素质、性格、爱好、兴趣和专长等；自己事业中最渴望的是什么？最有价值的追求是什么？

（二）要切实可行

一方面，个人的职业目标或职业需求，一定要同自己的能力、个人特质相符合，这样的职业计划才有实现的可能；另一方面，个人职业目标的确定，要考虑到周围的客观环境和条件的允许。

（三）个人职业目标与组织目标协调一致

员工是要借助于在组织中工作而实现自身职业需求的，其职业计划在为组织目标奋斗的过程中得以实现。脱离组织目标来谈论个人职业进步是不现实的，有时甚至使其难以在组织中立足。因此，员工在制订计划时，应积极主动与组织沟通，获得上级管理者的指导和帮助。

（四）在动态变化中制订和修订个人职业计划

员工应根据个人职业发展阶段的不同职业任务和个人职业特征，制定不同时期或阶段的个人职业目标、要求和实现途径。计划一经制订，并非一劳永逸，还需要依据客观实际情况及其变化，不断予以调整、修改和完善。

二、个人职业生涯管理的内容及步骤

个人职业生涯管理的具体内容与步骤概括起来主要有以下几个方面：自我认知、环境因素分析、职业认知、职业选择、确定职业生涯通道、确立职业目标、制订行动方案、评估与回馈8个步骤。

（一）自我认知

简而言之，自我认知就是对自己作出全面分析，就是要有“自知之明”。具体而言，自我认知主要包括对个人职业需要、职业兴趣、职业价值观、职业能力、性格、气质、职业锚等因素的分析。自我评估是进行职业选择和职业设计的重要前提和基础。只有做好自我认知，才能确定什么样的职业比较适合自己和自己具备哪些潜力。

1. 自我认知的主要内容

（1）分析自身的职业需要。需要是人脑对生理需求和社会需求的反映，是个体行为积极性的源泉。同样，人的职业需要也是推动着人们从事职业活动的动力。根据相关的需求理论，简单来说，职业需要包括这样几个方面：一是较多考虑保健因素，为了自身的生存和后代的延续，为了满足人的衣食住行等方面的需要而工作，这是属于较为低级的维持生计的生理和安全层面上的职业需要；二是通过职业活动为自己开辟一方新的天地，结识一定的群体，归属一定的群体，获得一定的声望，这是属于归属和尊重层面上的职业需要；三是注重自身的成长，期望在职业活动中不断发展自己的长处，提升自己的能力，从而在有成就地为社会服务的过程中对自己更加充满信心，更加清楚地看到自己生命的价值，这是属于较高的自我实现层面上的发展和承担社会责任的需要；四是认识自身的职业需要，可以帮助个体决定职业选择的方向，指导自己的职业设计，掌握必要的职业技能，进而强化自己的职业需要，并在未来的职业生涯中获得职业需要的满足。

（2）分析自身的职业兴趣。兴趣是人对客观事物的选择性态度，是人对需要的情绪表现。当人的兴趣对象指向职业活动时，就形成了人的职业兴趣。由于从事自己感兴趣的职业活动时，人们可以激发出强烈的探索和创造的热情，可以在良好的体能、智能和情绪状态之下从事有意义的职业活动，可以激发自己全身心地投入而感觉心甘情愿，所以个人兴趣和爱好是进行职业设计和职业决策的重要依据。职业心理学研究发现：选择什么样的职业，兴趣甚至比能力更重要。

（3）分析自身的职业价值观。价值观是指一个人对周围的客观事物（包括人、事、物）的意义、重要性的总评价和总看法。职业价值观是指人生目标和人生态度在职业选择方面的具体表现，也就是一个人对职业的认识和态度，以及他对职业目标的追求和向往。职业价值观集中体现了理想、信念、世界观对于职业的影响。认识、澄清自己的价值观非常重要，因为人的价值观能够左右自己的生活，对自己产生异常重要的影响，如果一个人作出的职业选择是违背自己的价值观的，那么他就不会心甘情愿地为之付出时间、精力和金钱，就不会有为了事业努力奋斗的激情，就不会有百折不挠的意志力。

（4）分析自身的职业能力。能力是人们成功地完成某种活动所必须具备的个性心理特征。能力强弱决定了人们活动效率的高低。任何一种职业都要求从业者必须具备相应的能力，所以能力是职业适应性的首要的和基本的制约因素，是一个人完成任务的前提条件，是影响工作效果的基本因素。因此，正确地了解自己的能力倾向及不同职业的能力要求对合理进行职业选择具有重要意义。过高或过低地估计自己的能力或者对自己的能力特点认识不正确，就有可能在职业定位时出现偏差，在职业活动中难以取得预期的成就，也找不到胜任感、成就感，从而陷入自我挫败的误区。

（5）分析自身的气质。气质是人的心理活动稳定的动力特征。我们一般将人的气质划分为四种类型：多血质、胆汁质、粘液质和抑郁质。气质不仅影响人们的职业选择，而且也可能直接影响一个人的职业成就。因此，结合自己的气质特征进行职业设计，就能更好地发扬自己的长处，避开自己的短处，在职业世界中表现得更加得心应手。

（6）分析自身的性格。心理学把表现在人的态度和行为方面的比较稳定的心理特征称为性格。性格类型与职业之间具有相关性：一方面不同性格类型对不同职业有着不同的适应性，另一方面长期从事某种特定的职业活动会使从业人员按照职业的要求不断巩固或者调整原有的性格特征，从而形成一些新的特点。不过，除了少数职业对性格有着较为苛刻的要求之外，大多数的职业并不一定过分强调与性格之间的严格对应，因为，不同类型的性格在同一职业领域中能够有各具特色的表现，同一性格的人在不同的职业领域中也会有各显魅力的展示。

结合职业实践及上述因素的分析，还可以进一步分析个人的职业性向（在前面霍兰德的职业性向理论中已讲述）、职业锚（在前面施恩的职业锚理论中已讲述）等。

小建议

从上述内容可以看出，在自我认知分析中会用到很多心理学的知识与方法，因此，为进一步理解这一方面的内容，建议大家阅读一些相关的心理学书籍。

2．自我认知中用到的方法及工具

在自我认知中，要准确地了解自己的职业需要、职业兴趣、职业价值观、职业能力、性格、气质、职业性向及职业锚，则需要运用包括心理测验在内的一些规范的工具，这些工具在人力资源甄选中也经常使用，根据文章内容的安排及限于本章的篇幅，此处不再对这些工具和方法进行一一讲解。下面介绍的优/缺点平衡表与好恶调查表可以用来对员工的优缺点作一简要的分析。

（1）优/缺点平衡表

由本杰明·富兰克林开创的帮助人认识其优缺点的自我评价方法被称为优/缺点平衡表。通过认识自己的优点，员工能最大限度地利用它；而认识自己的缺点，则可以使其避免不良的品质或技能上的缺陷。

编制平衡表的技巧很简单。首先，员工在一张纸的左边标明“优点”，在右边标明“缺点”。接下来记录觉察到的所有优缺点。有效编制和使用优/缺点平衡表的关键在于诚实和真诚地反省。一般来说，编制的过程是一个多次反省的过程。一个人要想对自己的优缺点有一个相当清楚的认识，就必须花费较长时间来认识自我。表 8.2 是优点与缺点平衡表的一个例子。

表 8.2　优点与缺点平衡表

优　点	缺　点
善于与人共事	只与极少的人非常亲近
乐于接受工作并以自己的方式完成	不喜欢一直被人监督
是个善于管理人的管理者	不喜欢与上司交朋友
勤劳	精神极度紧张，一直处在箭在弦上的状态
以身作则	说话经常不顾后果
由于公正无私赢得他人尊重	无法忍受一直坐在办公桌旁
精力充沛	在陌生的环境里有时紧张
比较开放的头脑	几乎没有真正的朋友
性格开朗	不耐心
富有同情心	兴趣时高时低
善于利用他人出色完成工作	不容易与上司交朋友

（2）好/恶调查表

一个人也应把个人好恶作为自我评价的一部分来考虑。好/恶调查表能帮助个人认识他们加在自己身上的约束。某些人不愿住在边远地区，这种感觉应视为一种约束；有些人不喜欢大量的商务旅行，这也会限制他的职业选择。因此，认识到这种自我强加的限制条件，可以减少将来的职业问题。在好/恶调查表中，应包括所有可能影响个人工作业绩的因素。表 8.3 是喜好与厌恶调查表的一个例子。

表 8.3　喜好与厌恶调查表

喜　欢	厌　恶
喜欢旅行 喜欢住在东部 喜欢自己做老板 喜欢住在中等城市 爱看足球和篮球 爱在闲暇时看书听音乐	不想为大公司工作 不愿在大城市工作 不喜欢整天待在办公桌旁工作 不喜欢一直穿套装 不喜欢整天加班，以致没有业余时间

（二）环境因素分析

1．组织环境分析

对组织环境的分析可以确保个体对于组织环境的了解。因为组织环境会对一个人的职业发展产生重要影响，所以组织环境分析的目的是为了抓住环境给职业发展带来的机会。

组织环境分析，主要包括组织性质分析，对组织发展目标的把握，对组织最需要人才类型的了解，以及对组织已经存在的竞争对手和可能存在的潜在竞争对手的掌握，此外，还要了解那些可能会影响到职业选择与职业发展的组织因素。

2．社会环境分析

环境因素分析还应该包括对宏观社会环境的分析，因为社会环境不但影响到我们的职业，还影响到我们生活的方方面面。对社会环境的分析可以从以下方面展开：了解所在地区的经济发展形势和这个地区所提供的发展机会；分析所处行业的发展势头如何，是朝阳还是夕阳行业以及这个行业所提供的发展机会；考虑其他地区、行业是否还有更好的发展机会；挖掘除了地区等因素以外，影响职业选择和职业发展的其他社会因素。

社会环境分析往往要与个人因素分析、组织环境分析结合起来进行，从而帮助我们把握外部环境中与职业选择和职业发展最相关的问题。

（三）职业认知

在自我认知及环境因素分析的基础上，还要了解职业分类、职业性质、组织情况。职业分类包括职系、职级和职务等。许多国家都有职业分类词典。职业性质需要人们深入了解，因为人们认识一个职业常常只看到表层的东西，如对演员只看到台上的风光，不了解台下的艰辛；对大学教师，只看到其能自由支配时间的好处，没体会到他们的压力与必须具备的甘于寂寞。

（四）职业选择

经过自我认知、环境因素分析以及职业认知以后，个人已经清楚地了解自身的特质，也已经掌握了外部环境中所存在的机会以及职业本身的特点，所以就可以进行职业选择决策了。

对于初次就业的人来说，可以采用以下三种基本策略：①探索性策略。采用这种策略，意味着职业选择并不要求一锤定音，而是要根据实际情况，适时调整，慎重地进行新的选择，从而实现自己的职业理想。②重点把握策略。这一策略主要包括以专业或以工作为重点两个维度。前者是指在选择职业时，充分考虑到在最大限度上发挥自己的专长，这样有利于个人全面发展，走上工作岗位后，才有可能胜任、热爱自己的工作。后者指在选择职业时，首先将职业对人的要求具体化，并在本人喜好的多种职业目标中进行比照，选择更符合自己特点和专业特长、经过努力可以胜任并更有发展前途的职业。③稳定性策略。这一策略指择业时选择稳定性相对强一些的工作岗位，比如国家公务员、教师等行政和事业部门的工作。

（五）确定职业生涯通道

一个人的职业生涯通道大体上有五种选择。

1．纵向职业通道

纵向职业通道是最为传统的，是指员工在变换工作的同时提升在组织中的层级，即在纵向上从低组织层级向高组织层级发展。通常情况下，前一份工作都是后一份工作的准备。纵向职业道路具体表现为职务的晋升，同时也伴随着待遇的提高。

2．横向职业通道

横向职业通道是跨职能边界的工作变换，例如由工程技术部门转到采购供应或销售部门。这种变化有助于扩大个人的知识技能面，积累阅历。由于工作内容变化较大，也往往具有较大的挑战性。

3．网状职业通道

网状职业通道是纵向与横向的结合。一般情况下，一个人很难完全走纵向的道路，因为这样其背景会比较简单，从而制约其纵向发展的潜力。上升到一定层次后在横向上做一些积累，将更可能胜任纵向的下一个目标。对于大部分人来说，可能是最为现实的选择。

4．双重职业通道

双重职业通道的基本思想是，技术专家不必成为管理者而同样可以为企业做出贡献。一个人完全可以选择只是做一个技术专家，他（她）既不必在纵向上提升，也不必在横向上调动。他（她）可以凭借自己能力的提高而为企业做出更大的贡献，同时也得到更好的待遇和应有的承认。

5．核心向的职业通道

核心向的职业通道类似于横向职业通道——没有组织层级的变化；又类似于双重职业道路——没有工作岗位的变化。这是一种进入组织内圈或者说组织核心的运动，是指随着员工个人了解情况的增多，逐渐受到组织中老成员特别是领导者的信任，虽然在组织层级上没有什么变化，却对组织具有更大的影响力。

（六）确立职业目标

在以上工作完成之后，接下来就要设定职业目标。职业目标是依据个人的最佳才能、最优性格、最大兴趣和最有利的环境等信息而做出的。职业目标可分为长期职业目标和短期职业目标两种。前者通常是个人在10年内的职业发展目标，需要个人经过长期艰苦努力、不懈奋斗才有可能实现，确立长远目标时要立足现实、慎重选择、全面考虑，使之既有现实性又有前瞻性。而后者则是1～3年内的职业发展目标，后者是前者的具体化，对人的影响也更直接。长期目标与短期目标构成了一个金字塔形的目标体系。塔尖是长期目标，底部是无数个短期具体目标。

（七）制订行动方案

在确定职业生涯目标后，行动便成了关键环节。这里的行动，是指落实目标的具体措施，主要包括工作、训练、教育轮岗等方面的措施。例如，为达成目标，在工作方面，采取什么措施提高工作效率；在业务素质方面，如何提高业务能力；在潜能开发方面，采取什么措施开发潜能等，都要有具体的规划与明确的措施，并且这些规划要特别具体，以便于定时检查。

（八）评估与回馈

俗话说："计划赶不上变化"，影响职业生涯规划的因素很多，有的变化因素是可以预测的，而有的变化因素则难以预测。在这种状况下，要使职业生涯规划行之有效，就需不断对其进行评估与修订。其修订的内容包括职业的重新选择；职业生涯通道的重新选择；人生目标的修正；实施措施与计划的变更等。

阅读材料

惠普公司的科罗拉多泉城分部有一种职业发展自我管理的课程，该课程主要包括两个环节：让参加者用各种测试工具及其他手段进行个人特点的自我评估；将评估结论结合员工工作环境，制订出每位员工的发展计划。该公司首先从哈佛MBA课程中采撷六种工具来掌握每位员工的特点并作出评估。这些工具具体如下。

（1）让员工撰写自传，以了解员工的个人背景。自传包括接触过的人、居住的地方和生活中发生的事、以往的工作转换及未来计划等。

（2）志趣考察。包括员工愿从事的职业、喜欢的课程、喜欢与哪种类型的人交往。

（3）价值观研究。了解员工在理论、经济、审美、社会、政治和宗教信仰方面的价值观。

（4）24小时日记。要求员工记录一个工作日和一个非工作日的活动，以进行侧面了解。

（5）与两个重要人物面谈。让员工与朋友、配偶、同事和亲属谈自己的想法，并电话录音。

（6）生活方式描述。员工用语言、照片等方式向他人描述自己的生活方式。

对于员工的自我评估，部门经理逐一进行进一步的了解，在此基础上再总结出员工目前的任职情况。当公司对未来需要的预测结果与某员工所定的职业发展目标相符时，部门经理可据此帮助该员工绘制出在公司内的发展升迁路径图，标明每一升迁前应接受的培训或应增加的经历。在实施过程中，部门经理负责监测员工在职业发展方面的进展，并对其提供尽可能的帮助与支持。

（人才市场报，2004）

第五节　组织职业生涯管理

组织职业生涯管理就是指从组织角度对员工从事的职业和职业发展过程所进行的一系列计划、组织、领导和控制活动，以实现组织目标和个人发展的有效结合。下面将从职业生涯早期、中期和晚期三个阶段来讲述组织职业生涯管理的主要内容。

一、组织职业生涯早期管理

职业生涯早期阶段是指一个人进入组织，在组织内逐步“组织化”，为组织所接纳，并逐步进行职业探索的过程，这一阶段一般是指在 20 岁至 30 岁之间。职业生涯早期，员工在个人特征、职业发展、生理及心理等方面都存在明显的特点。

从个人特征上看，一是进取心强，具有积极向上、争强好胜的心态；二是职业竞争力不断增强，具有做出一番轰轰烈烈事业的心理准备；三是开始组建家庭，逐步学习调适家庭关系的能力，承担家庭责任。

从职业发展方面看，员工在确定了职业生涯领域后，开始接触职业生涯领域的知识、技能，并逐步尝试在所确立的职业生涯领域积累经验，角色身份主要是新手、学徒，缺乏经验。如果进入组织，除了对工作岗位缺乏经验外，对组织的文化也比较陌生，对周围的工作环境也不熟悉，需要逐步地适应大环境（组织）、小环境（工作小组）、上司等的工作、交往方式。此外，职业探索也是这个时期的一个重要特点。尽管作出了初步的职业选择，但是否合适，还需要通过实际学习、工作予以验证，如果觉得不合适，就需要调整和变更。

从生理方面看，个人一般还没有成立家庭，或准备成立家庭，精力充沛，家庭负担比较轻，有足够的精力来应对可能出现的工作困难。

从心理方面看，存在依赖与独立的矛盾。刚开始参加工作，独立担当某种重要的岗位责任的机会比较少，常常会处于配合、支持其他有经验的人的地位，但是依赖是独立的前奏，当经过一段时间的学习和积累，工作经验和能力发展到一定程度，就应该逐步地寻求独立，如果不能及时地克服依赖，就难以发展独立性，对职业生涯发展造成消极影响。

在职业生涯早期，个人确立合适的职业、进入合适的组织、适应组织的文化是关键。俗话说得好：良好的开端是成功的一半。如果在职业进入前期，能够很好地把握自我，充分地认识自己，知道自己的喜好、价值观，知道自己的能力、知识经验，并选择好自己工作的单位，职业生涯之路就会相对比较平坦；否则，就可能走许多弯路，影响职业前程。大多数人在职业生涯早期都要解决好这样几个问题：一是选择自己喜欢的职业；二是确立职业生涯目标；三是适应组织文化，由自由人向组织人转化。

为了处理好职业生涯早期所面临的问题，除了要结合职业生涯早期的有关特点，做好自我职业生涯早期管理外，还要做好组织的职业生涯早期管理。组织的职业生涯早期管理主要包括以下几个方面的内容。

（一）主管需要尽快熟悉新员工

新来的员工，往往缺乏实践经验。为了让下属尽快熟悉工作，主管应该关心下属，了解其优点和不足，有针对性地进行引导，让下属获得成功体验。帮助下属取得好的工作成绩，既是领导者本身的职责，也融洽了上下级关系，为今后更好地合作共事奠定良好的基础。

（二）帮助员工确立职业生涯目标

主管可以通过绩效考核，帮助员工确立适宜的职业生涯目标。虽然能力可以测量，但组织更关心的是能力的发挥状况，即员工在岗位上的表现，特别是持久的表现。不论情境如何变化，有些员工始终能够有优异的绩效。绩效考核往往是对既定岗位的考核，如果指标体系过窄，针对性过强，反而可能不利于进行职业指导和进一步职业生涯发展目标的确立。因此，在给员工确立职业生涯目标时，一方面要结合员工的绩效表现；另一方面，还要适当地观察员工工作以外的其他特点。通过工作内外的全面认识，可以使对员工的职业生涯目标的指导更加科学合理。

（三）帮助员工制订职业生涯规划

对员工有了一定了解以后，主管要帮助员工制订职业生涯规划。这个规划必须是由上司和下属通过协商达成的共识，在规划中要帮助员工和组织明确努力方向，采取具体可行的方式保证目标的达成。

（四）促进员工的社会化

员工的社会化，是指组织中的新员工融入组织文化的过程。员工社会化一方面要靠员工自己的努力；另一方面，也需要组织提供相应的条件。培训是促进员工社会化的一种比较好的形式。此外，组织可以为员工安排正式的导师，这在国外已经被证明是成功的经验。导师对组织文化比较了解，可以将组织的价值观和行为准则有效地传递给徒弟。另外，表彰先进也是促进员工社会化的重要途径，通过这些举动给员工传递组织的经营理念、价值观，让员工的个人价值观与组织的观念一致起来。

（五）支持员工的职业探索

员工对自我的认识有一个探索过程。为了使工作岗位更适合员工，组织应该提供各种职位空缺的信息，并进行广泛传播，让感兴趣的员工都有机会参与职位的竞争，进而发现那些有潜力的员工。

二、组织职业生涯中期管理

职业生涯中期是指从立业（什么算“立业”？可以根据职业发展状况来确定，也可以根据年龄确定，二者可能一致，也可能不一致）到退休前若干年的一段时期。

职业生涯中期的主要特点有：一是职业发展逐步稳定；二是家庭方面的负担逐步减轻；三是身体健康状况开始下降。

职业生涯中期面临的主要问题有：一是职业生涯发展机会减少；二是出现技能老化；三是出现工作与家庭冲突。

为了处理好职业生涯中期所面临的问题，除了要结合职业生涯中期的有关特点，做好自我职业生涯中期管理外，还要做好组织的职业生涯中期管理。组织的职业生涯中期管理主要包括以下几个方面的内容。

（一）为员工提供更多的职业发展机会

组织需要为发展到一定阶段的员工创造发展机会，这一方面是解决处于职业生涯中期的员工职业生涯顶峰的问题，同时也是组织留住人才的关键。这一问题的解决方案有以下几种：一是开辟新的开发项目，以增加组织的新岗位；二是通过一定的形式，承认员工的业绩，给予一定的荣誉；三是进行岗位轮换，丰富员工的工作经验，使员工的成长需求得到满足。

（二）帮助员工实现技能更新

组织帮助处于职业生涯中期的员工实现技能更新的方案有以下一些：一是从主管的角度来说，需要鼓励员工掌握新技能，同时让员工承担具有挑战性的工作；从同事角度来说，要与员工共同探讨问题，提出想法，鼓励员工掌握新技能；从组织奖励体系来看，可以通过带薪休假、奖励创新、为员工支付开发活动费用等方法鼓励员工更新技能和知识。

（三）帮助员工形成新的职业自我概念

职业生涯中期，由于个人的职位、地位上升困难，许多员工经历过一些失败，使早期确立的职业理想产生动摇，因此需要重新检讨自己的理想和追求，建立新的自我。为此，个人需要获得相关的信息，比如关于职业发展机会的信息、自己的长处和不足的信息等。

（四）丰富员工的工作经验

工作经验的丰富本身就是职业生涯追求的目的。有意识地进行工作再设计，可以使员工产生对已有工作的再认识、再适应，产生积极的职业情感。

（五）协助员工解决工作家庭冲突

研究表明，来自家庭和来自工作场所的社会支持有助于减少工作家庭冲突。这些社会支持可以是情绪性的，也可以是工具性的。工作环境的支持主要体现在组织的一些政策和管理者的行为上。组织可以有意识地采取一些政策和措施以部分地减轻员工的家庭负担，帮助员工平衡工作与家庭责任。

阅读材料

3M公司的职业生涯体系

3M公司的管理层始终尽力满足员工职业生涯发展方面的需求。从20世纪80年代中期开始，公司的员工职业生涯咨询小组一直向个人提供职业生涯问题咨询、测试和评估，并举办个人职业生涯问题公开研讨班。通过人力资源分析过程，各级主管对自己的下属进行评估。公司采集有关职位稳定性和个人职业生涯潜力的数据，通过电脑进行处理，然后用于内部人选的提拔。

公司的人力资源部门可对员工职业生涯发展中的各种作用关系进行协调。公司以往的重点更多地放在评价和人力资源规划上，而不是员工职业生涯发展的具体内容。新的方法强调公司需求与员工需求之间的平衡，为此，3M公司设计了员工职业生涯管理的体系。

（1）职位信息系统。

（2）绩效评估与发展过程。

（3）个人职业生涯管理手册。

（4）主管公开研讨班。

（5）员工公开研讨班。

（6）一致性分析过程及人员接替规划。

（7）职业生涯咨询。

（8）职业生涯项目。

（9）学费补偿。

（10）调职。

3M公司的各项职业生涯管理是真正的需求，因此，它为个人和公司都带来了最大的利益。

（王惠忠，2004）

三、组织职业生涯晚期管理

职业生涯晚期一般指退休前 5～10 年左右的时间。

职业生涯晚期的主要特点有：一是经验丰富；二是个人的社会地位和影响力较高；三是观念和知识相对老化；四是对新生事物的敏感性下降。

职业生涯晚期面临的主要问题有：一是不安全感增加；二是疾病增多；三是不适应退休后的生活。

为了处理好职业生涯晚期所面临的问题，除了要结合职业生涯晚期的有关特点，做好自我职业生涯晚期管理外，还要做好组织的职业生涯晚期管理。组织的职业生涯晚期管理主要包括以下几个方面的内容。

（一）灵活管理

针对退休问题，组织应该根据实际情况制定相应的政策和措施。一般情况下，应该严格地按照组织规定的相关制度对待退休员工，但也要考虑实际，作一些适应市场变化和特殊情况的差别化处理。员工有各自的情况和不同的类型，多数员工的贡献能力不会随着正式退休而结束，组织如果需要相关的人员，可以采取兼职、顾问或其他方式优先考虑聘用他们。

（二）真诚关心

组织对于即将退休的员工需要真诚关心。很多老员工对工作单位有很深的感情，非常关心单位的发展。组织可以用退休员工座谈会、联谊会等形式，向退休者通报企业发展情况，征求他们对企业的意见和建议，加强员工之间的沟通、联系和友谊。

（三）提前准备

在退休前夕，组织应做好新老交替工作，其次还应该有计划地组织一些活动，帮助将退休的员工了解退休后的生活，尝试性地适应这种生活。

（四）发挥优势

处于职业生涯晚期的员工，有许多的经验和教训，这些经验和教训都是宝贵的财富。如果将这些传授给年轻的员工，让这些年轻的员工吸取成功的经验、避免失败的教训，无疑有利于员工的顺利成长，为组织培养优秀的员工创造了条件。

开篇案例简析

本章中我们详细分析了职业生涯管理的理论、方法与具体的工作。根据所学过的知识，结合案例中凯西的经历，我们可以发现作为一个只有 26 岁的年轻人，凯西是如何比较成功地进行自己的职业规划的。

首先，从职业生涯发展阶段看，凯西已经进入职业生涯的现实期或确立期，针对这样一个阶段，凯西能够客观地把自己的职业愿望或要求，同自己的主观条件、能力，以及社会现实的职业需要紧密联系和协调起来，寻找适合于自己的职业角色。

其次，从个人职业生涯管理角度，凯西在自我认知方面做的也比较好，能够根据自己的兴趣与社会的需要，发现自己能力的不足之处，并进一步去学习提高。

最终，凯西凭借自己能力以及实践经验，获得了比较好的工作岗位。

总体而言，凯西能够根据个人情况及社会实际，并遵循一定的个人职业管理规律，较好地实现了自己的职业目标。当然，凯西还年轻，在未来的日子里，凯西完全还有可能根据主客观情况的变化进一步调整自己的职业生涯道路。

本章小结

一般而言，职业是指人们在社会生活中为了获取报酬，满足社会联系和自我实现而进行的持续的活动方式。职业具有专业性、经济性、社会性、稳定性与连续性。社会分工是职业划分的基础和依据。

职业生涯就是指一个人一生中从事职业的全部历程，这个历程可以是间断的，也可以是连续的，它包含一个人所有的工作、职业、职位的外在变更和对工作态度、体验的内在变更。职业生涯具有独特性、发展性、阶段性、终生性、整合性与互动性。

职业生涯管理是组织或个人对职业生涯的设计、职业发展的促进等一系列活动的总和。职业生涯管理主要包括两种：一是自我职业生涯管理或个人职业生涯管理，二是组织职业生涯管理。

职业生涯管理理论很多，主要包括职业选择理论与职业生涯发展阶段理论。前者主要有帕森斯的职业-人匹配理论、霍兰德的职业性向理论、佛隆的择业动机理论、施恩的职业锚理论；后者主要有金斯伯格的职业生涯发展阶段理论、萨帕的职业生涯五阶段理论、格林豪斯的职业生涯发展阶段理论、施恩的职业生涯发展理论，以及廖泉文的职业生涯发展“三三三”理论。

个人职业生涯管理，也称自我职业生涯管理，是指个人在职业生涯的全部历程中，对自己所要从事的职业进行规划和设计，并为实现自己的职业目标而积累知识、开发技能的过程。个人职业生涯管理的具体步骤概括起来主要有以下几个方面：自我认知、环境因素分析、职业认知、职业选择、确定职业生涯通道、确立职业目标、制订行动方案、评估与回馈八个步骤。

组织职业生涯管理就是指从组织角度对员工从事的职业和职业发展过程所进行的一系列计划、组织、领导和控制活动，以实现组织目标和个人发展的有效结合。

组织职业生涯早期管理主要包括以下几个方面的内容：主管需要尽快熟悉新员工；帮助员工确立职业生涯目标；帮助员工制订职业生涯规划；促进员工的社会化；支持员工的职业探索。

组织的职业生涯中期管理主要包括以下几个方面的内容：为员工提供更多的职业发展机会；帮助员工实现技能更新；帮助员工形成新的职业自我概念；丰富员工的工作经验；协助员工解决工作家庭冲突。

组织的职业生涯晚期管理主要包括以下几个方面的内容：灵活管理；真诚关心；提前准备；发挥优势。

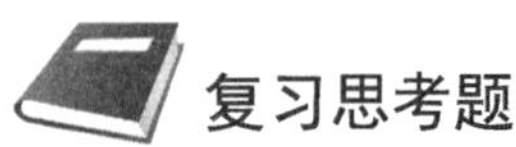

复习思考题

1. 简述职业生涯的基本含义及特征。
2. 简述职业性向理论的主要内容。
3. 简述施恩的职业锚理论的主要内容。
4. 简述主要的职业生涯发展阶段理论。
5. 请您结合自身情况谈谈你自己的职业生涯规划是如何做的。
6. 简述组织职业生涯早期管理、中期管理及晚期管理的主要措施。

案例分析

美国电话电报公司（AT&T）的员工职业生涯开发工作

美国电话电报公司（AT&T）成立了一个名为“公司员工职业生涯系统部”的部门。它由15人组成，专门负责员工职业生涯开发工作，是面向整个公司的内部咨询单位。这一部门发现了若干驱动美国电话电报公司员工职业生涯开发的因素：①管理层担心公司规模的缩小会影响员工的士气；②人们认为缺乏对员工职业生涯开发的机遇或关注；③重点人才和中层管理人员的流失；④新旧人员的接替规划过程，员工职业生涯开发在其中起着核心作用。

需求分析是在员工职业生涯开发顾问委员会的协助下进行，这一组织由来自各个业务单位的中层人力资源管理人员组成，该组织下设不同的专题小组，其中之一负责开发一套员工个人职业生涯参考指南。

由于公司的关心，越来越多的员工已经拟出自己的职业生涯发展计划。当员工制订出个人的职业生涯计划后，80%的人会参加员工与主管的对话，82%的人会按制订出的个人职业生涯计划行动。

员工职业生涯开发计划的设计原则是一只“三条腿的凳子”，员工、领导者和公司各担任一个基本角色。公司的原则非常明确，个人应该为自己的前途负责，领导者和公司需要给予这一过程以不懈的支持，要“言而有信”。在从原有的家长式统治向员工要对自己负责过渡的企业文化转型过程中，人们通过人力资源规划与开发运作程序的过程和主管培训的推广，大幅度地提高了公司和领导者的参与程度。员工们认识到了自己的责任，认识到这是对自己大有好处的事情。另外，人们也广泛意识到事业发展的重要性，承认传统的升职不再是衡量问题的尺度。

美国电话电报公司的员工职业生涯开发系统获得了极大的成功，人们对个人职业生涯计划的满意程度一直在稳定提高。美国电话电报公司员工的职业生涯开发系统多次帮助企业渡过难关，也帮助员工获得了自己职业的成功。

（廖泉文，2003）

分析讨论：

1. 美国电话电报公司的职业生涯开发工作是基于哪些因素的考虑？请结合你个人的经历，

谈谈职业生涯开发工作对企业的重要性。

2. 你认为职业生涯开发的“三条腿原则”有何优缺点？在员工、领导者和公司“三条腿”中，你认为哪一个角色起决定性的作用？

实训

职业倾向测评实训

（一）实训目的

通过实训，了解职业倾向测评的基本理论，掌握职业倾向测评的一般方法，能够独立完成职业倾向测评。

（二）实训条件

1. 实训时间

本实训大约需要3～4个学时。

2. 实训地点

计算机房。

3. 实训所需材料

职业倾向测评相关软件（至少两种）。

（三）实训内容与要求

1. 实训内容

上机运用几大主流测评软件（推荐霍兰德职业测评软件、职业锚测试），分别进行自我职业倾向测评。

2. 实训要求

（1）要求教师认真选择适合于大学生层次的职业测评软件。

（2）要求学生初步掌握各职业测评理论的基本内容，做好实训前的知识准备。

（3）测试必须限定在一定时间内完成，要求学生按时间要求进行答题。

（4）要求学生以自己的实际想法独立、认真作答，不要写入虚假信息，答题时要避免相互干扰、交头接耳，以免影响测评结果。

（5）要求教师在实训过程中做好组织工作，给予必要的、合理的指导和监督。

（6）测评结束后，要求学生针对不同软件的测评结果进行分析和比较，结合自身情况，得出个人的职业倾向。

（四）实训组织方法与步骤

第一步，准备工作。测试计算机房硬件环境，运行测试软件，调整至符合实训要求。

第二步，教师向学生介绍选定的几种职业倾向测评软件的情况和操作细节。

第三步，学生上机进行职业能力倾向测评，在规定时间内独立完成测评。

第四步，学生根据测评结果进行充分的分析和讨论，分析自己的职业倾向，列出自身适应的职业顺序。

第五步，每个学生根据自己测试的情况编写实训报告。

（五）实训考核方法

1. 成绩划分

实训成绩按优秀、良好、中等、及格和不及格五个等级评定。

2. 评定标准

（1）是否掌握了职业倾向测试的基本概念和理论。

（2）能否在规定时间内独立、真实地完成多种测试内容。

（3）能否分析出不同测试方法的优点和缺点。

（4）是否记录了完整的实训内容，文字是否简练、准确，叙述是否通畅、清晰。

第九章 劳动关系管理

学习目标：通过本章的学习，理解劳动关系的一般含义及特征；理解劳动法律关系的含义及其构成要素；理解劳动合同的含义及特征；掌握劳动合同的订立、履行、变更、解除与终止；理解劳动争议的含义及原则；掌握我国劳动争议的处理机制；理解工会的含义；掌握工会的职能；理解集体谈判的含义；掌握集体谈判的过程。

关键概念：劳动关系（Labor Relations） 劳动合同（Labor Contract） 劳动争议（Labor Disputes） 劳动安全卫生（Labor Safety and Health） 工会（Union） 集体谈判（Collective Bargaining） 仲裁（Arbitration）

开篇案例

从“开胸验肺”到通钢事件：劳资矛盾成和谐社会隐患

2009年6月22日，28岁的河南省新密市工人张海超，因企业拒绝为其提供相关资料，无法拿到法定诊断机构出具的职业病诊断结果，无奈之下只有“开胸验肺”，以近乎自残的方式进行极端维权。

2009年7月24日，吉林通化钢铁厂（下称“通钢”）部分工人因不满通钢被民营企业建龙集团重组，聚集抗议并引发冲突，导致受建龙集团委派劝工人复工的总经理陈国君被围殴致死，通钢停产11个小时。

2009年7月28日，浙江省温州市再次出现出租车罢运事件。而此前，重庆城区、海南三亚、甘肃永登、广东汕头等地已先后由于承包金过高、黑车横行等原因发生一连串出租车罢运事件。

这些引起社会舆论广泛关注的事件，共同之处是，都属于劳资矛盾未能得到妥善解决后的“极端产物”。据统计，2008年全国各类劳动争议调解组织共受理劳动争议44.6万件,各级劳动仲裁机构受理劳动争议案件96.4万件，各级法院审结劳动争议案件286 221件。劳动关系矛盾已成为制约我国和谐社会构建的重要因素。

（宜冰等，2010）

请思考：近几年，我国为什么出现这么多的劳资矛盾冲突事件？又该如何解决呢？

第一节 劳动关系概述

一、劳动关系的一般含义及特征

核心概念

一般而言，所谓劳动关系就是指劳动者与用人单位之间以实现劳动过程为目的，一方提供劳动力，另一方使用劳动力与其生产资料结合并提供报酬而形成的社会关系。

劳动关系包括劳动者与用人单位之间存在的方方面面的关系，如工作时间、休息时间、劳动报酬、劳动安全卫生、劳动纪律与奖惩、社会保险、职业培训等。从劳动关系本身分析，它具有如下基本特性。

其一，财产性与人身性兼有。劳动者向用人单位提供劳动力，实际上就是劳动者将其人身一定限度内交给用人单位，是一种人身关系；用人单位要向劳动者支付工资福利等待遇，是与劳动者提供劳动的等价交换，是一种财产关系。这个特性决定了劳动关系既是经济利益关系，又是社会关系。

其二，平等性与从属性兼有。劳动者与用人单位之间确立劳动关系，要通过相互选择，平等协商，是两个平等主体之间的关系。但是，一般而言，两个主体在劳动力市场上处于不平等地位，劳动者是弱者，用人单位处于强势地位，同时，劳动者进入用人单位后，用人单位是劳动力的支配者和管理者，劳动关系又成了隶属关系。

其三，对抗性和非对抗性兼有。劳动者要稳定就业，用人单位追求长期发展，两者利益具有一致性，我们所谓“根本利益一致”指的是这个特性。对抗性表明了劳资冲突的不可避免和政府调整的必要，非对抗性表明了劳资合作的可能性和必要性。

其四，稳定性与非稳定性兼有。劳动关系具有被称为“继续性”的特点，强调的是关系的稳定。稳定性是与劳资双方利益一致性相关的，或者说稳定性是利益一致性的体现，双方都有稳定性的追求。劳动关系也有其不稳定的一面，由于经济结构、社会环境以及用人单位、劳动者自身的变化，劳动关系经常发生变化以至于消灭。

重要提示

劳动关系作为最一般的社会关系，广泛存在于世界各国。但是，由于各国社会制度和文化传统等因素各不相同，对劳动关系的称谓也不同，比较常见的称谓有劳资关系、雇佣关系、劳工关系、劳使关系、产业关系等。

二、劳动法律关系及其构成要素

（一）劳动法律关系的含义

劳动关系既是一个人力资源管理领域的概念，也是一个法律概念，具有明确的法律内涵。劳动关系依据劳动法律法规确立和调整，形成劳动法律关系。

> **重要概念**
>
> 劳动法律关系是指劳动法律规范在调整劳动关系过程中所形成的劳动者与用人单位之间的权利义务关系。

在我国，调整劳动关系的根本法律是《中华人民共和国劳动法》(以下简称《劳动法》)。由于劳动关系涉及的内容非常广泛，除《劳动法》外，调整劳动关系的法律法规还有很多，如《中华人民共和国工会法》、《劳动保障监察条例》、《中华人民共和国劳动合同法》(以下简称《劳动合同法》)、《中华人民共和国安全生产法》、《中华人民共和国劳动争议调解仲裁法》(以下称《劳动争议调解仲裁法》)等。

(二)劳动法律关系与劳动关系的联系与区别

1. 两者的联系

劳动关系是劳动法律关系产生的前提和基础，劳动法律关系是劳动关系在法律上的表现形式，实际生活中不存在的劳动关系，也就不可能制定法律规范，最终也不可能形成劳动法律关系。

2. 两者的主要区别

劳动关系是生产关系的组成部分，属于经济基础的范畴，而劳动法律关系是根据国家意志形成的思想关系的组成部分，属于上层建筑范畴。劳动关系的形成是以劳动为前提的，而劳动法律关系的形成必须以调控劳动关系的劳动法规的存在为前提。劳动关系以劳动为内容，不具有法律上的权利义务关系，而劳动法律关系则以法定的权利和义务为内容，双方当事人依法享受权利和承担义务。

(三)劳动法律关系与劳务法律关系的联系与区别

1. 二者的共同点

(1)合同的一方都是劳动者，另一方都是用工者。

(2)劳动者一方履行合同的内容都是提供劳动，其目的都是为了取得相应的报酬。

(3)两者都是双务、有偿合同。

2. 二者的区别

(1)劳动法律关系的当事人一方是劳动者，另一方是用人单位，包括企业、个体经济组织等；而劳务法律关系则可以双方都是单位或者个体自然人。提供劳务的劳动者不限于提供劳动力，可以是劳动力与劳动者自有生产资料(生产工具)的结合。

(2)劳动法律关系是在实现劳动过程中发生的社会关系，即劳动者参加到用人单位中去劳动，与用人单位的生产资料相结合，而不是与自有的生产资料相结合。而劳务法律关系是劳动者并不参加到用人单位中，以劳务提供者的身份从事劳动，可以与自己的劳动工具相结合。

(3)劳动法律关系具有人身关系，从属关系，即劳动者向用人单位提供劳动力，就是将其人身在一定限度内交给用人单位支配，从属于用人单位一方，成为用人单位的职工，须听从用人单位的指挥和调度，遵守单位的内部劳动规则，双方形成管理与被管理，支配与被支配的关系。劳务法律关系中提供劳务的劳动者并不是用人单位的成员，他们不需要以用人单位职工的身份从事劳动，不受用人单位的管理和支配。

（4）相对来说，劳动法律关系当事人之间的关系较为稳定，反映的是一种持续性的生产要素结合关系；而劳务法律关系当事人之间体现的是一种即时清结的关系。

（5）劳动法律关系由劳动法调整，而劳务法律关系由民法调整。

案例思考

A公司主要从事床上用品的生产、销售，生产季节性较强，每年7～9月是生产旺季。朱某自2001年以来，每逢生产旺季，自带其本人的小货车至该公司从事运输等工作。双方约定A公司每月支付朱某报酬2 000元，油费、过路费、违章罚款等费用均由A公司支付。期间，朱某日常生活起居均在公司内。某日，朱某受A公司指派在购买发动机途中发生交通事故死亡。朱某之妻向当地劳动保障部门申请工伤认定。劳动部门审查后认为朱某自备劳动工具为A公司提供劳动服务，具有临时性、短期性的特点，且双方不存在管理与被管理的社会关系。遂作出工伤调查结论，认定朱某与A公司之间是劳务关系而非劳动关系，不属于该局管辖范围。朱某之妻不服，起诉至法院，请求依法撤销劳动部门作出的工伤调查结论。

法院会对本案作出怎样的判决呢？

（朱晓燕，2007）

（四）劳动法律关系的构成要素

劳动法律关系由以下三个要素构成。

1. 劳动法律关系的主体

劳动法律关系的主体是指依照劳动法享有权利与承担义务的劳动法律关系的参加者。具体而言，劳动法律关系的主体一方是劳动者，即企业、个体经济组织的劳动者，实行企业化管理的事业组织的工作人员，与国家机关、事业组织、社会团体建立劳动关系的劳动者（即工勤人员），以及其他通过劳动合同（包括聘用合同）与国家机关、事业单位、社会团体建立劳动关系的劳动者等；另一方是用人单位，包括企业、事业单位、机关、团体等单位及个体经营单位。

2. 劳动法律关系的内容

劳动法律关系的内容是指劳动法律关系双方依法享有的权利和承担的义务，它是劳动法律关系的基本要素与基础，是劳动法律关系的核心和实质。根据我国《劳动法》的规定，劳动者享受的劳动权利和承担的义务如下。

（1）劳动者的基本权利。①平等就业和选择职业的权利；②取得劳动报酬的权利；③休息休假的权利；④获得劳动安全卫生保护的权利；⑤接受职业技能培训的权利；⑥享受社会保险和福利的权利；⑦提请劳动争议处理的权利；⑧享有法律法规规定的其他权利，包括组织和参加工会的权利，参加职工民主管理的权利，参加劳动竞赛、提合理化建议的权利，对违反劳动法律、法规行为进行监督的权利等。

（2）劳动者应当履行的义务。①完成劳动任务；②提高职业技能；③执行劳动安全卫生规程；④遵守劳动纪律和职业道德；⑤履行法律、法规规定的其他义务。

对于用人单位的权利和义务，在《劳动法》中并没有系统明确地提出来，不过，根据劳动法律关系主体的权利和义务所具有的统一性和对应性，劳动者依法享有的权利，就是用人单位对劳动者应尽的义务；劳动者应当承担的义务，也就是用人单位享有的权利。

3. **劳动法律关系的客体**

劳动法律关系的客体，是指劳动法律关系双方的权利义务共同指向的对象。劳动法律关系的客体一般表现为一定的行为和财物。

行为包括劳动行为和其他行为。劳动法律关系主体的权利和义务要通过一定的行为来体现，即要求劳动者有完成用人单位交付的工作任务的行为，用人单位有对全部劳动过程实行管理的行为。

财物是指劳动法律关系中直接体现双方当事人物质利益的实物与货币，如劳动报酬、劳动保护、社会保险及福利待遇等。劳动法律关系主体的权利和义务要通过一定的财物来体现，即通过做出一定的行为，获得一定的物质回报来体现。

三、劳动关系的管理意义

劳动关系在企业管理中具有关键的作用，是人力资源管理的一项重要职能。管理者深刻地理解劳动关系并能够正确地处理这方面的问题，可以获得以下几个好处。

第一，企业只有处理好劳动关系，才能够实现其基本的使命、目标，完成其社会责任中必不可少的一部分。

第二，能提高企业的赢利能力。罢工、劳动生产率低、关键员工离职、员工破坏或拿走企业的财物等都是对企业赢利优势的明显破坏；而这些问题的避免有赖于良好地处理劳动关系。

第三，能够帮助避免纠纷。建立并保持良好的劳动关系，可以使员工在一个心情愉快的环境中工作，即使出现一些问题也能够较好地解决，避免事态扩大。

第四，有助于处理日常管理中的很多问题。在很多发达国家，法律要求企业对员工的工作成绩必须有客观的考察和记录；否则，在处理劳动纠纷时企业几乎一定处在不利的地位。了解了这一点，管理者就可以在日常工作中养成记录员工细节、客观标准等习惯。这样不仅促进了劳动关系的管理，也有助于绩效评价和反馈工作。

第二节　劳动合同管理

一、劳动合同的概念及特征

核心概念

劳动合同也称劳动契约或劳动协议。我国《劳动法》第十六条对劳动合同概念作了表述，即劳动合同是“用人单位与劳动者确定劳动关系，明确双方权利义务的协议”。

劳动合同是劳动关系建立、变更和终止的一种法律形式。劳动合同的特征主要体现在以下几个方面。

1. 劳动合同的主体是特定的

劳动合同是在特定的两个主体之间订立的，一方是劳动力的所有者、让渡者；另一方是劳动力的使用者。在我国《劳动法》中，前者称为“劳动者”，后者称为“用人单位”。而在民事合同中，只要是两个平等的民事主体均可成为合同的当事人。

2. 劳动合同主体之间的关系具有从属性

虽然在建立劳动关系时，劳动合同主体之间的关系是平等的，但当双方订立了劳动合同并建立劳动关系之后，劳动者成为用人单位成员，双方即形成隶属关系，主体之间的关系具有从属性的特点。

3. 劳动合同的目的在于劳动过程的完成，而不是劳动成果的实现

建立劳动合同，是为了确立劳动关系，实现一定的劳动过程，劳动过程相当复杂，并不是所有的劳动都能直接创造出劳动成果。劳动合同作为确立劳动关系的凭证，它只要求劳动过程的实现，只要求劳动者按照用人单位的要求从事劳动，即有权享有获得相应的权利。

4. 劳动合同具有双务、有偿、诺成合同的特性

双务性表现为：劳动合同主体双方都负有义务，即劳动者有完成工作任务，并遵守所在单位的内部劳动规则和其他规章制度的义务；用人单位有支付劳动报酬、提供安全卫生的劳动条件和社会保险、福利待遇及其他保护性条件等义务。

有偿性表现为：劳动合同主体双方履行义务都有特定的物质性回报，即劳动者以提供劳动为条件获得工资收入和其他待遇；用人单位则以支付工资报酬等为条件获取对劳动力资源的利用，从而获得相应的劳动成果。

诺成性表现为：劳动合同只需主体双方意思表示一致即可成立，除法律对某些劳动合同有特殊要求外，不需要有实际的行为要件。

5. 劳动合同往往涉及第三人的物质利益关系

由于劳动力本身再生产的特点，劳动者因享有社会保险和福利待遇的权利而附带产生了劳动者的直系亲属依法享有一定的物质帮助权。如若劳动者因生育、年老、患病、工伤、残废、死亡等原因，部分或全部、暂时或永久地丧失劳动能力时，用人单位不仅要对劳动者本人给予一定的物质帮助，而且对劳动者所供养的直系亲属也要给予一定的物质帮助。

二、劳动合同的种类

按照不同的标准，劳动合同可以进行不同的分类。在我国的《劳动法》与《劳动合同法》中，按照劳动合同期限的不同，将劳动合同分为固定期限劳动合同、无固定期限劳动合同和以完成一定工作任务为期限的劳动合同。

（一）固定期限的劳动合同

固定期限的劳动合同是指企业等用人单位与劳动者订立的有一定期限（双方约定了合同终止的时间）的劳动合同。合同期限届满，双方当事人的劳动法律关系即行终止。如果双方

同意，还可以续订合同，延长期限。

（二）无固定期限的劳动合同

无固定期限的劳动合同是指企业等用人单位与劳动者订立的没有期限规定（双方约定无确定终止时间）的劳动合同。为了充分保护劳动者的合法权益，无固定期限劳动合同的签订，一方面可以由双方当事人协商选择；另一方面，在一定条件下则成为用人单位的一项法定义务。我国《劳动合同法》规定，劳动者在该用人单位连续工作满 10 年的；用人单位初次实行劳动合同制度或者国有企业改制重新订立劳动合同时，劳动者在该用人单位连续工作满 10 年且距法定退休年龄不足 10 年的；连续订立二次固定期限劳动合同，且劳动者没有《劳动合同法》第三十九条和第四十条第一项、第二项规定的情形，续订劳动合同的；劳动者提出或者同意续订、订立劳动合同的，应当订立无固定期限劳动合同（除劳动者提出订立固定期限劳动合同外）。

另外，《劳动合同法》还规定，用人单位自用工之日起满一年不与劳动者订立书面劳动合同的，视为用人单位与劳动者已订立无固定期限劳动合同。

阅读材料

华为集体辞职事件

华为是国内 IT 行业最有实力的公司之一。2007 年 9 月 30 日，华为公司内部讨论通过一份题为《关于终止、解除劳动合同的补偿规定》的文件，要求包括任正非在内的所有工作满 8 年的员工（共计 7 000 多名）在 2008 年元旦之前逐步完成“先辞职再竞岗”工作；废除现行工号制度，所有工号重新排序。10 月下旬，各大媒体披露此事并引发社会各界热议。11 月 2 日，深圳市劳动和社会保障局对此事展开调查。11 月 5 日，华为发表声明，否认规避新《劳动合同法》“10 年大限”，此次属公司正常人力资源调整。11 月 7 日，华为表示集体辞职事件结束，绝大部分员工通过竞岗回到原来岗位，另有一百多人未能续约，同时全部辞职的老员工均可以获得华为公司支付的赔偿。

（三）以完成一定工作任务为期限的劳动合同

以一定工作任务为期限的劳动合同是指用人单位与劳动者约定以某项工作的完成为合同期限的劳动合同。当约定的工作或工程完成后，合同即自行终止。

三、劳动合同的内容

劳动合同的内容是指在合同中需要明确规定的当事人双方权利和义务及合同必须明确的其他问题。劳动合同的内容是劳动关系的实质，也是劳动合同成立和发生法律效力的核心问题。根据《劳动合同法》第十七条规定，劳动合同的内容分为必备条款和约定条款两部分。

（一）必备条款

劳动合同的必备条款是指法律规定的劳动合同必须具备的内容。在法律规定了必备条款的情况下，如果劳动合同缺少此类条款，劳动合同就不能成立。《劳动合同法》第十七条对必备条款做了如下规定。

（1）用人单位的名称、住所和法定代表人或者主要负责人。这是作为劳动关系主体之一的用人单位的基本情况，应当在劳动合同中明确。

（2）劳动者的姓名、住址和居民身份证或者其他有效身份证件号码。这是作为劳动关系主体之一的劳动者的基本情况，应当在劳动合同中明确。

（3）劳动合同期限。劳动合同期限是双方当事人相互享有权利、履行义务的时间界限，即劳动合同的有效期限。主要分为有固定期限、无固定期限和以完成一定工作任务为期限三种。

（4）工作内容和工作地点。工作内容是劳动法律关系所指向的对象，即劳动者具体从事什么种类或什么内容的劳动。劳动合同中的工作内容条款是劳动合同的核心条款之一。劳动合同的工作内容条款应明确、具体，便于遵照执行。

工作地点，即劳动合同的履行地。它是劳动者从事劳动合同中所规定的工作内容的地点，它关系到劳动者的工作环境、生活环境，以及劳动者的就业选择，劳动者有权在与用人单位建立劳动关系时知悉自己的工作地点，因此这也是劳动合同中必不可少的内容。

（5）工作时间和休息休假。工作时间又称劳动时间，是指劳动者在用人单位中，必须用来完成其所担负的工作任务的时间。工作时间一般包括工作时间的长短、工作时间方式的确定。

休息休假，是指劳动者按规定不需进行工作，而自行支配的时间。休息休假的权利是每个国家的公民都应享受的权利。我国相关法律法规对劳动者的休息休假都有明确的安排与规定。

（6）劳动报酬。依法或按约定向劳动者支付报酬，是用人单位的一项基本义务。劳动者的劳动报酬主要以货币的形式实现，其中工资是劳动报酬的基本形式，奖金与津贴也是劳动报酬的组成部分。在劳动合同中要求明确规定工资标准或工资的计算办法，工资的支付方式，奖金、津贴的获得条件及标准。在确定工资条款时要特别注意，工资的约定标准不得低于当地最低工资标准，也不得低于本单位集体合同中规定的最低工资标准。

（7）社会保险。社会保险包括养老保险、失业保险、医疗保险、工伤保险、生育保险五项。依法参加社会保险和缴纳社会保险费，是用人单位和劳动者的法定义务，无论用人单位与劳动者是否约定、如何约定，均应依法参加社会保险和缴纳社会保险费。

（8）劳动保护、劳动条件和职业危害防护。劳动保护是指用人单位为了防止劳动过程中的安全事故，采取各种措施来保障劳动者的生命安全和健康。劳动条件，主要是指用人单位为使劳动者顺利完成劳动合同约定的工作任务，为劳动者提供必要的物质和技术条件。职业危害是指用人单位的劳动者在职业活动中，因接触职业性有害因素如粉尘、放射性物质和其他有毒、有害物质等而对生命健康所引起的危害。

（9）法律、法规规定应当纳入劳动合同的其他事项。

《劳动合同法》除了规定上述劳动合同内容的几项必备条款外，还规定双方可以协商约定其他内容。在这里，协商约定的其他内容就是劳动合同的协定条款，协定条款只要不违反法律和行政法规，具有同法定条款同样的约束力。

（二）约定条款

1. 试用期条款

试用期是指劳动者与用人单位在订立劳动合同时，双方协商一致约定的考察期。《劳动合同法》规定，劳动合同期限三个月以上不满一年的，试用期不得超过一个月；劳动合同期限一年以上不满三年的，试用期不得超过两个月；三年以上固定期限和无固定期限的劳动合同，试用期不得超过六个月。同一用人单位与同一劳动者只能约定一次试用期。以完成一定工作任务为期限的劳动合同或者劳动合同期限不满三个月的，不得约定试用期。试用期包含在劳动合同期限内。劳动合同仅约定试用期的，试用期不成立，该期限为劳动合同期限。

2. 保守商业秘密条款

《劳动合同法》第二十三条规定，用人单位与劳动者可以在劳动合同中约定保守用人单位的商业秘密和与知识产权相关的保密事项。对负有保密义务的劳动者，用人单位可以在劳动合同或者保密协议中与劳动者约定竞业限制条款，并约定在解除或者终止劳动合同后，在竞业限制期限内按月给予劳动者经济补偿。劳动者违反竞业限制约定的，应当按照约定向用人单位支付违约金。

3. 培训条款

《劳动合同法》第二十二条规定，用人单位为劳动者提供专项培训费用，对其进行专业技术培训的，可以与该劳动者订立协议，约定服务期。劳动者违反服务期约定的，应当按照约定向用人单位支付违约金。违约金的数额不得超过用人单位提供的培训费用。用人单位要求劳动者支付的违约金不得超过服务期尚未履行部分所应分摊的培训费用。

此外，双方在签订合同中还可根据情况约定其他条款，如补充保险、福利待遇等。

小提示

关于劳动合同的内容，同学们可以找一份现成的劳动合同范本进行实际的了解与学习。

四、劳动合同的订立、履行与变更

（一）劳动合同的订立

1. 劳动合同订立的含义及原则

劳动合同的订立是指劳动者和用人单位之间依法就劳动合同条款进行协商，达成协议，从而确立劳动关系和明确相互权利义务的法律行为。《劳动合同法》第三条规定，订立劳动合同，应当遵循合法、公平、平等自愿、协商一致、诚实信用的原则。

2. 劳动合同订立的程序

劳动合同的订立程序，是指劳动者和用人单位订立劳动合同时所遵循的步骤或环节。我国法律目前还没有对劳动合同的订立程序作出明确规定，但是根据实践经验和客观需要，订立劳动合同应经过要约与承诺两个基本阶段。

要约是指劳动合同的一方当事人向另一方当事人提出的订立劳动合同的意思表示。它是一种法律行为，对要约人产生一定的法律约束力。要约人在要约有效期内不得随意变更或撤回要约，也不得拒绝受要约人的有效承诺。

承诺是指受要约人对劳动合同的要约内容表示同意和接受，即受要约人对要约人提出的劳动合同的全部内容表示赞同，而不是提出修改，或者部分同意，或者有条件地接受。承诺也是一种法律行为，一般情况下，要约一经承诺，书写成书面合同，经双方当事人签名盖章，合同即告成立。

此外，有些国家行政法规或地方性法规要求备案、鉴证的劳动合同，应当按规定向劳动行政主管部门备案或鉴证，然后劳动合同才发生法律效力。

3. 劳动合同订立的形式

劳动合同订立的形式分为书面形式和口头形式两种。许多国家的法律规定劳动合同必须采取书面形式订立。也有一些市场经济国家劳动立法对劳动合同订立的形式无严格要求，即既承认书面劳动合同，又承认口头劳动合同。我国《劳动法》第十九条对劳动合同订立的形式做了规定："劳动合同应当以书面形式订立。"它意味着我国现行《劳动法》只承认书面劳动合同而排除口头劳动合同。

（二）劳动合同的履行

劳动合同的履行是指劳动合同的双方当事人按照合同约定完成各自义务的行为。当事人在履行劳动合同过程中必须坚持以下三项原则。

1. 实际履行原则

劳动合同实际履行原则包括两层含义：一是双方当事人都必须亲自履行合同义务，而不能由第三人代替履行；二是要求劳动者按合同规定的工作岗位和工作任务完成劳动过程，从而使劳动力与生产资料的结合成为最佳状态。

2. 全面履行原则

劳动合同全面履行原则是指劳动合同的当事人按照合同规定和要求全面履行合同义务。这一原则要求劳动者一方按照法律与合同规定的时间、地点和方式，保质保量地完成劳动任务；要求用人单位全面按照法律和合同规定，向劳动者提供劳动保护条件、劳动条件及劳动报酬和福利待遇等。

3. 合作履行原则

劳动合同合作履行原则要求双方当事人在履行劳动合同过程中相互配合、友好合作，并在遇到困难时相互理解和帮助。集体劳动客观上要求劳动者遵守劳动纪律、服从管理和指挥；同时，用人单位的领导者、管理者也必须关心职工，考虑职工切身利益方面的要求。

（三）劳动合同的变更

劳动合同的变更是指劳动合同双方当事人就已经订立的合同条款进行修改或补充协议的法律行为。一般来讲，劳动合同签订以后，当事人均应信守合同，不得轻易更改，但由于一定的主客观情况的变化，使原合同继续履行有一定困难时，则允许依法变更劳动合同。引起劳动合同变更的主客观情况是多方面的：有用人单位方面的原因，如生产转产，生产、工作任务变动，劳动组合变动，劳动定额变动，生产设备及生产工艺更新，市场急剧变化引起严重亏损，或发生重大事故等，均可能引起劳动合同的变更。也有劳动者方面的原因，如因学习掌握了新技术、新技能或因病部分丧失劳动能力要求调整工作岗位或职务，因家庭困难要求变换工作地点等，也能引起劳动合同的变更。还有国家法律、法规修改方面的原因，如工时休假规定、劳动保护规定、最低工资标准规定、社会保险待遇标准规定等发生变化，也会引起劳动合同的变更。

劳动合同的变更同劳动合同的订立一样，是双方当事人的法律行为，提出变更要求的一方，应当提前通知对方，并须取得对方当事人的同意。根据《劳动法》第十七条的规定，当事人变更合同，必须遵循平等自愿、协商一致的原则，不得违反法律、行政法规的规定。

五、劳动合同的解除

劳动合同的解除是指劳动合同订立后，尚未全部履行以前，由于某种原因导致劳动合同一方或双方当事人提前中断劳动关系的法律行为。劳动合同的解除主要有以下几种情形。

（一）双方协商解除

我国《劳动合同法》第三十六条规定："用人单位与劳动者协商一致，可以解除劳动合同。"劳动合同是双方当事人在自愿的基础上订立的，当然也允许自愿协商解除。只要一方提出解除的要求，另一方表示同意即可。但用人单位应注意按法律、法规的规定，给劳动者办理劳动合同的解除手续、社会保险的转移手续及给予经济补偿。

（二）用人单位单方解除

用人单位单方解除劳动合同分为以下几种情况。

1. 过失性解除

根据《劳动合同法》第三十九条的规定，劳动者有下列情形之一的，用人单位可以解除劳动合同。

（1）在试用期间被证明不符合录用条件的；

（2）严重违反用人单位的规章制度的；

（3）严重失职，营私舞弊，给用人单位造成重大损害的；

（4）劳动者同时与其他用人单位建立劳动关系，对完成本单位的工作任务造成严重影响，或者经用人单位提出，拒不改正的；

（5）因本法第二十六条第一款第一项规定的情形致使劳动合同无效的；

（6）被依法追究刑事责任的。

以上六种情况是由于劳动者本身的原因造成的，劳动者主观上有严重过失，因而用人单位有权随时解除劳动合同。过失性解除不受提前通知期的限制，不受用人单位不得解除劳动合同的法律限制，且不给予经济补偿。

案例思考

用人单位不能解除无固定期限劳动合同吗？

李先生是一家合资公司的员工，其在该公司不间断履行劳动合同已达12年，已与该公司签定了无固定期限劳动合同。一天午休时，李先生与张先生因言语不合打架，导致双方互有损伤。根据该公司员工手册的规定，在工作场合打架斗殴的，将被视为严重违纪，公司有权处理。公司向李先生发出了解除劳动合同通知书，要求立即解除与李先生的劳动合同关系，并不支付任何经济补偿金。李先生不服，认为公司无权解除与其签订的无固定期限劳动合同。

那么，"只要签了无固定期限合同，用人单位就不得解除或终止与劳动者的劳动合同"是否正确？

（中华硕博网，2008）

2. 非过失性解除

根据《劳动合同法》第四十条的规定，有下列情形之一的，用人单位提前三十日以书面形式通知劳动者本人或者额外支付劳动者一个月工资后，可以解除劳动合同。

（1）劳动者患病或者非因工负伤，在规定的医疗期满后不能从事原工作，也不能从事由用人单位另行安排的工作的；

（2）劳动者不能胜任工作，经过培训或者调整工作岗位，仍不能胜任工作的；

（3）劳动合同订立时所依据的客观情况发生重大变化，致使劳动合同无法履行，经用人单位与劳动者协商，未能就变更劳动合同内容达成协议的。

以上三种情况，劳动者主观上并无重大过错，主要是客观情况发生重大变化，劳动者身体不好或能力较差，致使劳动合同无法履行。

3. 经济性裁员

根据《劳动合同法》第四十一条的规定，有下列情形之一，需要裁减人员二十人以上或者裁减不足二十人但占企业职工总数百分之十以上的，用人单位提前三十日向工会或者全体职工说明情况，听取工会或者职工的意见后，裁减人员方案经向劳动行政部门报告，可以裁减人员。

（1）依照企业破产法规定进行重整的；

（2）生产经营发生严重困难的；

（3）企业转产、重大技术革新或者经营方式调整，经变更劳动合同后，仍需裁减人员的；

（4）其他因劳动合同订立时所依据的客观经济情况发生重大变化，致使劳动合同无法履行的。

4. 用人单位不得解除劳动合同的情况

根据《劳动合同法》第四十二条的规定，劳动者有下列情形之一的，用人单位不得解除劳动合同。

（1）从事接触职业病危害作业的劳动者未进行离岗前职业健康检查，或者疑似职业病病人在诊断或者医学观察期间的；

（2）在本单位患职业病或者因工负伤并被确认丧失或者部分丧失劳动能力的；

（3）患病或者非因工负伤，在规定的医疗期内的；

（4）女职工在孕期、产期、哺乳期的；

（5）在本单位连续工作满十五年，且距法定退休年龄不足五年的；

（6）法律、行政法规规定的其他情形。

（三）劳动者单方解除

1. 劳动者提前通知解除

根据《劳动合同法》第三十七条的规定：“劳动者提前三十日以书面形式通知用人单位，可以解除劳动合同。劳动者在试用期内提前三日通知用人单位，可以解除劳动合同。”这里没有限定劳动者解除劳动合同的法定事由，也就是说劳动者可以以任何理由向单位提出要求解除劳动合同。这样的规定符合社会发展需要和国际惯例，其宗旨在于维护劳动者的择业自主权，有利于劳动者根据自己的能力、特长、志趣和爱好，选择适合的职业。但是，劳动者单方解除合同时，必须遵守“提前期”的规定，不能任意解除或不辞而别；否则，要承担一定的法律责任。

2. 劳动者随时通知解除

根据《劳动合同法》第三十八条的规定，用人单位有下列情形之一的，劳动者可以解除劳动合同：

（1）未按照劳动合同约定提供劳动保护或者劳动条件的；

（2）未及时足额支付劳动报酬的；

（3）未依法为劳动者缴纳社会保险费的；

（4）用人单位的规章制度违反法律、法规的规定，损害劳动者权益的；

（5）因本法第二十六条第一款规定的情形致使劳动合同无效的；

（6）法律、行政法规规定劳动者可以解除劳动合同的其他情形。

另外，用人单位以暴力、威胁或者非法限制人身自由的手段强迫劳动者劳动的，或者用人单位违章指挥、强令冒险作业危及劳动者人身安全的，劳动者可以立即解除劳动合同，不需事先告知用人单位。

六、劳动合同的终止

劳动合同的终止是指劳动合同期限届满或双方当事人约定的终止条件出现，合同规定的权利、义务即行消灭的制度。

根据《劳动合同法》第四十四条的规定，有下列情形之一的，劳动合同终止。

（1）劳动合同期满的；

（2）劳动者开始依法享受基本养老保险待遇的；

（3）劳动者死亡，或者被人民法院宣告死亡或者宣告失踪的；

（4）用人单位被依法宣告破产的；

（5）用人单位被吊销营业执照、责令关闭、撤销或者用人单位决定提前解散的；

（6）法律、行政法规规定的其他情形。

第三节　劳动争议处理

一、劳动争议的含义与特征

核心概念

劳动争议又称劳动纠纷，是指劳动关系双方当事人因实现劳动权利和履行劳动义务而发生的纠纷。

具体而言，在我国，劳动争议是指劳动者和用人单位之间，在劳动法调整范围内，因适应国家法律、法规和订立、履行、变更、终止和解除劳动合同以及其他与劳动关系直接相联系的问题而引起的纠纷。劳动争议的特征主要体现在以下几个方面。

第一，劳动争议主体是特定的，一方为用人单位，一方为劳动者。

第二，劳动争议主体之间必须存在劳动关系，而且劳动争议是在这种劳动关系存续期间发生的。

第三，劳动争议主体之间存在单向隶属关系，即用人单位和劳动者在劳动过程中存在管理与被管理的关系。

第四，劳动争议的内容必须是与劳动权利义务有关，即因劳动就业、劳动合同、劳动报酬、工作时间与休息休假、劳动安全卫生、社会保险与福利、职业培训等问题而引起的争议。

根据上述内容可知，用人单位之间，劳动者之间，用人单位与没有建立劳动关系的劳动者之间，用人单位与劳动者之间不是因劳动权利义务而产生的其他纠纷，都不属于劳动争议。

二、劳动争议的范围与种类

（一）劳动争议的范围

劳动争议的范围，在不同的国家有不同的规定。根据《劳动争议调解仲裁法》第二条的规定，劳动争议的范围主要包括以下几个方面。

（1）因确认劳动关系发生的争议；

（2）因订立、履行、变更、解除和终止劳动合同发生的争议；

（3）因除名、辞退和辞职、离职发生的争议；

（4）因工作时间、休息休假、社会保险、福利、培训以及劳动保护发生的争议；

（5）因劳动报酬、工伤医疗费、经济补偿或者赔偿金等发生的争议；

（6）法律、法规规定的其他劳动争议。

（二）劳动争议的种类

劳动争议按照不同的标准，可以有不同的分类。

1. 按照劳动争议涉及的人数划分

按照劳动争议涉及的人数划分，可分为个别争议和集体争议。

个别争议的主体通常是指劳动者个人与用人单位，争议的内容仅涉及个人的权利与义务，并由劳动者个人提请处理。

集体争议则发生于多个劳动者或工会与用人单位之间，争议的内容涉及多个劳动者或工会。集体争议一般包括两类：一类是多个劳动者因同样原因而引起的争议，如同一企业中的多名职工因工资问题与企业发生的纠纷。我国将这种集体争议的人数标准确定为三人以上。另一类是因签订或因履行集体合同发生的争议。第一类争议通常由劳动者推选代表参与处理，第二类争议则由工会出面解决，两类争议的解决程序、依据和影响都有所不同。

2. 按照劳动争议的性质划分

按照劳动争议的性质划分，可分为权利争议和利益争议。

权利争议是指当事人的权利义务已由劳动法律、法规，或劳动合同、集体合同予以确定，当事人就执行法律、法规，或履行劳动合同、集体合同而发生的争议。因此，权利争议也称实现既定权利争议，有的国家称之为法律争议。

利益争议则是指当事人主张的权利义务没有通过法律、法规，或劳动合同、集体合同事先确定，而是当事人（通常是劳动者一方）在协商谈判中，就新的权利提出要求却难以达成一致时而发生的争议。可见，利益争议也可称为因实现将来权利发生的争议，有的国家也称事实争议或经济争议。

3. 按劳动争议是否有涉外因素划分

按劳动争议是否有涉外因素划分，可分为国内劳动争议与涉外劳动争议。

国内劳动争议是具有中国国籍的劳动者与用人单位之间的劳动争议，其中包括我国在国（境）外设立的机构与我国派往该机构工作人员之间、外商投资企业与中国职工之间发生的劳动争议。

涉外劳动争议是指当事人一方或双方具有外国国籍或无国籍的劳动争议，它包括中国用人单位与外籍职工之间、外籍雇主与中国职工之间、在华外籍雇主与外籍员工之间的劳动争议。

三、劳动争议处理的原则与体制

（一）劳动争议处理的原则

根据《劳动法》、《劳动争议调解仲裁法》以及《中华人民共和国企业劳动争议处理条例》的相关规定，结合劳动争议处理实践，在处理劳动争议时应遵循下述原则。

1. 合法性原则

所谓合法性原则，是指劳动争议处理机构在处理劳动争议过程中坚持以事实为根据，以法律为准绳，依法处理劳动争议案件。需要注意的是，这里“合法”一词所指的“法”是一个广义的概念，既包括劳动实体法也包括处理劳动争议的程序法，还包括相关的行政法规和政府规章。

2. 公正性原则

所谓公正性原则，是指在处理劳动争议的过程中，劳动争议处理机构应坚持公平正义、不偏不倚，保证争议当事人处于平等的法律地位，具有平等的权利和义务，并对人们之间权利或利益关系进行合理的分配。由于劳动者相对于用人单位往往处于弱势地位，因此劳动争议处理机构一定要坚持公正原则，防止把这种不对等关系带到劳动争议处理程序中，确保劳动者和用人单位在劳动争议解决程序中处于平等地位。

3. 及时性原则

所谓及时性原则，是指处理劳动争议时，各方要遵循劳动争议处理法律法规规定的期限，尽可能快速、高效率地处理和解决劳动争议。劳动争议与其他争议的一个重要区别就是，劳动争议与劳动者的生活、企业生产密切相关，一旦发生争议，不仅影响生产、工作的正常进行，而且直接影响劳动者及其家人的生活，甚至影响社会的稳定。因此对劳动争议必须及时处理，及时保护权利受侵害一方的合法权益，以协调劳动关系，维护社会和生产的正常秩序。

4. 着重调解的原则

调解是指在第三人的主持下，依法劝说争议双方进行协商，在互谅互让的基础上达成协议，从而消除矛盾的一种方法。调解具有自愿、省时、省力、成本低、方式温和，易于被双方接受等优点，因此各国都重视采用调解方法，使之成为解决劳动争议的重要手段。着重调解原则包含两方面的内容：一是调解作为解决劳动争议的基本手段贯穿于劳动争议的全过程。即使进入仲裁和诉讼程序后，劳动争议仲裁委员会和人民法院在处理劳动争议时，仍必须先进行调解，调解不成的，才能作出裁决和判决。二是调解必须遵循自愿原则，在双方当事人自愿的基础上进行，不能勉强和强制，否则即使达成协议或者作出调解书也不能发生法律效力。

（二）劳动争议处理体制

2008 年 5 月 1 日《劳动争议调解仲裁法》实施前，我国处理劳动争议的体制主要体现在《劳动法》、《企业劳动争议处理条例》以及《最高人民法院关于审理劳动争议案件适用法律若干问题的解释》等法律、法规和司法解释中，概括起来就是“一协、一调、一裁、两审，先裁后审”，具体而言，即劳动争议发生后，当事人可以选择协商解决；不愿协商或者协商不成的，可以向本企业劳动争议调解委员会申请调解；不愿调解或调解不成的，可以向劳动争议仲裁委员会申请仲裁；对仲裁裁决不服的，可以向人民法院起诉。在这种体制下，形成的相关制度有劳动争议调解制度、劳动争议仲裁制度和劳动争议诉讼制度。

《劳动争议调解仲裁法》实施后，我国的劳动争议处理体制基本上遵循了原来的总体框架，但是也有一些重大突破，其中最主要的一点就是确立了“有限的一裁终局”。具体而言，根据《劳动争议调解仲裁法》第四十七条规定，对追索劳动报酬、工伤医疗费、经济补偿或者赔偿金，不超过当地月最低工资标准十二个月金额的争议以及因执行国家的劳动标准在工作时间、休息休假、社会保险等方面发生的争议，仲裁裁决为终局裁决，即一裁终局。但是，《劳动争议调解仲裁法》第四十八条又规定，劳动者对上述第四十七条规定的仲裁裁决不服的，可以自收到仲裁裁决书之日起十五日内向人民法院提起诉讼，也就是对劳动者而言，上述裁决并不是终局裁决。用人单位不服的，不能直接提起诉讼，必须先向法院申请撤销裁决，只有裁决撤销后，才能提起诉讼。另外，除了第四十七条规定的情况外，当事人不服裁决的，都可以向法院提起诉讼。

目前的“一裁终局”尽管是有限的，但这种制度安排可以让大量的劳动争议案件在仲裁阶段就得到解决，不用再拖延到诉讼阶段，能够有效地缩短劳动争议案件的处理时间，提高劳动争议仲裁效率，保护当事人双方的合法权益。

四、劳动争议调解

（一）劳动争议调解的含义

劳动争议调解有广义和狭义之分。广义的劳动争议调解，是指调解贯穿于劳动争议处理的全过程，包括企业劳动争议调解委员会的调解，依法设立的基层人民调解组织的调解，在乡镇、街道设立的具有劳动争议调解职能的组织的调解，劳动争议仲裁委员会的调解和人民法院的调解。狭义的劳动争议调解仅指上述前三类调解机构的调解。本部分所论述的是狭义的劳动争议调解。

重要概念

劳动争议调解是指在劳动争议调解机构的主持下，依照法律、法规、规章、政策和道德规范，在查明事实、明辨是非、分清责任的基础上，通过平等协商，劝说争议双方互谅互让，达成协议，从而解决劳动争议的一种方式。

（二）劳动争议调解机构

《劳动争议调解仲裁法》第十条第一款规定，发生劳动争议，当事人可以到企业劳动争议调解委员会、依法设立的基层人民调解组织或在乡镇、街道设立的具有劳动争议调解职能的组织申请调解。

企业劳动争议调解委员会是企业内部解决劳动争议的机构。《劳动争议调解仲裁法》第十条第二款规定，企业劳动争议调解委员会由职工代表和企业代表组成。职工代表由工会成员担任或者由全体职工推举产生，企业代表由企业负责人指定。企业劳动争议调解委员会主任由工会成员或者双方推举的人员担任。

基层人民调解组织是指基层人民调解委员会，它是我国解决民间纠纷的基层群众组织。将劳动争议纳入人民调解组织的职能范围，发挥人民调解组织在调解劳动争议中的作用，有利于解决劳资双方的矛盾。

在乡镇、街道设立劳动争议调解组织，是一些经济发达地区为了解决劳动争议的实际需要而设立的区域性的调解组织。区域性的劳动争议调解组织一般由地方政府部门或者地方工会参与，与企业调解委员会相比较，地位超脱，调解员与企业没有利害关系，调解更有权威性。从实践看，区域性、行业性劳动争议调解组织作用发挥较好，成效明显。

（三）劳动争议调解程序

劳动争议调解程序，是劳动争议调解组织调解处理劳动争议的步骤和程式。

1. 劳动争议调解的申请和受理

《劳动争议调解仲裁法》第十二条规定：“当事人申请劳动争议调解可以书面申请，也可以口头申请。口头申请的，调解组织应当当场记录申请人基本情况、申请调解的争议事项、理由和时间。”申请调解是启动调解程序的第一步。申请调解是自愿的。收到当事人的申请后，经过审查，决定接受申请，启动调解的行为。

2. 调解前的准备工作

为保障调解工作的顺利进行还要做一系列的准备工作，主要包括告知双方当事人在调解中的权利和义务以及调解委员会的组成人员，对争议案件进行调查分析。《劳动争议调解仲裁法》第十一条规定：“劳动争议调解组织的调解员应当由公道正派、联系群众、热心调解工作，并具有一定法律知识、政策水平和文化水平的成年公民担任。”

3. 实施调解

《劳动争议调解仲裁法》第十二条规定：“调解劳动争议，应当充分听取双方当事人对事实和理由的陈述，耐心疏导，帮助其达成协议。”调解工作实际上是一种说服教育工作，需要在事实基础上根据法律、法规和政策，摆事实，讲道理，耐心疏导，做到以理服人，而不能以势压人。实践中当事人不履行调解协议，多数原因是违反自愿原则，没有让当事人心服口服。

4. 调解结果

劳动争议调解组织调解劳动争议，无非有两种结果：一是达成调解协议。《劳动争议调解仲裁法》第十四条第一、二款规定："经调解达成协议的，应当制作调解协议书。调解协议书由双方当事人签名或者盖章，经调解员签名并加盖调解组织印章后生效，对双方当事人具有约束力，当事人应当履行。"二是未达成调解协议书。《劳动争议调解仲裁法》第十四条第三款规定："自劳动争议调解组织收到调解申请之日起十五日内未达成调解协议的，当事人可以依法申请仲裁。"

（四）劳动争议调解效力

劳动争议调解属于任意性调解，是建立在双方当事人自愿基础上的。《劳动争议调解仲裁法》第十五规定："达成调解协议后，一方当事人在协议约定期限内不履行调解协议的，另一方当事人可以依法申请仲裁。"尽管劳动争议调解书没有直接申请强制执行的效力，但根据《劳动争议调解仲裁法》第十六条规定："因支付拖欠劳动报酬、工伤医疗费、经济补偿或者赔偿金事项达成调解协议，用人单位在协议约定期限内不履行的，劳动者可以持调解协议书依法向人民法院申请支付令。人民法院应当依法发出支付令。"支付令是人民法院根据债权人的申请，督促债务人履行债务的程序，是民事诉讼法规定的一种法律制度。

重要提示

与劳动争议仲裁和劳动争议诉讼相比，劳动争议调解具有自愿、省时、省力、灵活、成本低、方式温和，易于被双方接受等优点。其主要的缺点是执行力不强，权威性不足。

五、劳动争议仲裁

（一）劳动争议仲裁的含义

发生劳动争议，当事人不愿调解、调解不成或者达成调解协议后不履行的，可以向劳动仲裁委员会申请仲裁。仲裁，也称作"公断"，是指争议双方在同一问题上无法取得一致时，由无利害关系的第三者居中作出裁决的活动。仲裁主要分为对经济纠纷的经济仲裁和对劳动争议的劳动仲裁。

重要概念

劳动仲裁是指劳动争议仲裁机构对劳动争议当事人争议的事项，根据劳动方面的法律、法规、规章和政策等的规定，依法作出裁决，从而解决劳动争议的一项劳动法律制度。

（二）劳动争议仲裁委员会

劳动争议仲裁委员会是指依法设立，由法律授权依法独立对劳动争议案件进行仲裁的专门机构。

1. 劳动争议仲裁委员会的设立

《劳动争议调解仲裁法》第十七条规定："劳动争议仲裁委员会按照统筹规划、合理布局和适应实际需要的原则设立。省、自治区人民政府可以决定在市、县设立；直辖市人民政府可以决定在区、县设立。直辖市、设区的市也可以设立一个或者若干个劳动争议仲裁委员会。劳动争议仲裁委员会不按行政区划层层设立。"

2. 劳动争议仲裁委员会的组成

《劳动争议调解仲裁法》第十九条第一款规定："劳动争议仲裁委员会由劳动行政部门代表、工会代表和企业方面代表组成。劳动争议仲裁委员会组成人员应当是单数。"《劳动争议调解仲裁法》第十九条第三款规定："劳动争议仲裁委员会下设办事机构，负责办理劳动争议仲裁委员会的日常工作。"

劳动争议仲裁委员会人员构成中最重要的就是仲裁员。仲裁员是指由劳动争议仲裁委员会依法聘任后，专门从事劳动争议裁决工作的人员，包括兼职仲裁员和专职仲裁员。兼职仲裁员和专职仲裁员在执行仲裁事务时享有同等的权利。兼职仲裁员在进行仲裁活动时，应征得其所在单位同意，所在单位应当给予支持。

3. 劳动争议仲裁委员会的职责

劳动争议仲裁委员会的基本职责就是处理本辖区内的劳动争议案件，其裁决劳动争议案件实行仲裁庭制，由仲裁员独立仲裁。《劳动争议调解仲裁法》第十九条第一款规定，劳动争议仲裁委员会依法履行下列职责：①聘任、解聘专职或者兼职仲裁员；②受理劳动争议案件；③讨论重大或者疑难的劳动争议案件；④对仲裁活动进行监督。

（三）劳动争议仲裁程序

根据相关的法律规定，劳动争议仲裁程序可按下列步骤进行。

1. 仲裁申请

仲裁申请，是指发生争议的一方当事人根据有关规定将所发生的争议提请仲裁机构解决的一种意思表示，是仲裁程序的第一个必需的步骤，也是劳动争议仲裁的启动程序，没有当事人的仲裁申请，劳动争议仲裁机构是无权干预和处理劳动争议的。根据《劳动争议调解仲裁法》第二十八条的规定，申请人申请仲裁应当提交书面仲裁申请，并按照被申请人人数提交副本。根据《劳动争议调解仲裁法》第二十七条第一款规定，"劳动争议申请仲裁的时效期间为一年。仲裁时效期间从当事人知道或者应当知道其权利被侵害之日起计算"。

2. 仲裁受理

根据《劳动争议调解仲裁法》第二十九条的规定，劳动争议仲裁委员会收到仲裁申请之日起 5 日内，认为符合受理条件的，应当受理，并通知申请人；认为不符合受理条件的，应当书面通知申请人不予受理，并说明理由。对劳动争议仲裁委员会不予受理或者逾期未作出决定的，申请人可以就该劳动争议事项向人民法院提起诉讼。仲裁申请是否符合受理条件，主要在于劳动仲裁委员会对一些重要事项的审查。

3. 开庭裁决前的准备

（1）劳动争议仲裁委员会受理仲裁申请后，应当在五日内将仲裁申请书副本送达被申请人。被申请人收到仲裁申请书副本后，应当在十日内向劳动争议仲裁委员会提交答辩书。劳动争议仲裁委员会收到答辩书后，应当在五日内将答辩书副本送达申请人。被申请人未提交答辩书的，不影响仲裁程序的进行。

（2）组成仲裁庭。劳动争议仲裁委员会裁决劳动争议案件实行仲裁庭制。仲裁庭由三名仲裁员组成，设首席仲裁员。简单劳动争议案件可以由一名仲裁员独任仲裁。

（3）劳动争议仲裁委员会应当在受理仲裁申请之日起五日内将仲裁庭的组成情况书面通知当事人。

（4）仲裁员需要回避的应当回避，当事人也有权以口头或者书面方式提出回避申请。

（5）开庭通知与延期开庭。仲裁庭应当在开庭五日前，将开庭日期、地点书面通知双方当事人。当事人有正当理由的，可以在开庭三日前请求延期开庭。

（6）仲裁庭对专门性问题认为需要鉴定的，可以交由当事人约定的鉴定机构鉴定；当事人没有约定或者无法达成约定的，由仲裁庭指定的鉴定机构鉴定。

（7）仲裁庭成员应认真审阅申诉、答辩材料，调查、收集证据，查明争议事实。

4. 先行调解

仲裁庭在作出裁决前，应当先行调解。调解达成协议的，仲裁庭应当制作调解书。调解书应当写明仲裁请求和当事人协议的结果。调解书由仲裁员签名，加盖劳动争议仲裁委员会印章，送达双方当事人。调解书经双方当事人签收后，发生法律效力。调解不成或者调解书送达前，一方当事人反悔的，仲裁庭应当及时作出裁决。

5. 开庭裁决

仲裁庭开庭裁决，可以根据案情适用以下程序。

（1）由书记员查明双方当事人、代理人及有关人员是否到庭，宣布仲裁庭纪律。

（2）首席仲裁员宣布开庭，宣布仲裁员、书记员名单，告知当事人的申诉、申辩权利和义务，询问当事人是否申请回避并宣布案由。

（3）听取申诉人的申诉及被诉人的答辩。

（4）仲裁员以询问方式，对需要进一步了解的问题进行当庭调查，并征询双方当事人的最后意见。

（5）当事人在仲裁过程中有权进行质证和辩论。质证和辩论终结时，首席仲裁员或者独任仲裁员应当征询当事人的最后意见。

（6）根据当事人的意见，当庭再行调解；不宜进行调解或调解达不成协议时，应及时休庭合议并作出裁决。

（7）仲裁庭复庭，宣布仲裁裁决。对仲裁庭难做结论或需提交仲裁委员会决定的疑难案件，仲裁庭可以宣布延期裁决。仲裁庭裁决劳动争议案件时，其中，一部分事实已经清楚，可以就该部分先行裁决。裁决应当按照多数仲裁员的意见作出，少数仲裁员的不同意见应当记入笔录。仲裁庭不能形成多数意见时，裁决应当按照首席仲裁员的意见作出。

6. 执行

《劳动争议调解仲裁法》第五十一条规定："当事人对发生法律效力的调解书、裁决书，应当依照规定的期限履行。一方当事人逾期不履行的，另一方当事人可以依照民事诉讼法的有关规定向人民法院申请执行。受理申请的人民法院应当依法执行。"

重要提示

劳动争议仲裁是一种准司法的仲裁制度。它具有快捷、专业性强、执行力及权威性比较高等优点。

六、劳动争议诉讼

（一）劳动争议诉讼的含义及作用

重要概念

劳动争议诉讼是指劳动争议当事人不服劳动争议仲裁委员会的裁决，在规定的期限内向人民法院起诉，人民法院依照民事诉讼程序，依法对劳动争议案件进行审理的活动。

劳动争议诉讼，是处理劳动争议的最终程序，它通过司法程序保证了劳动争议的最终彻底解决。由人民法院参与处理劳动争议，从根本上将劳动争议处理工作纳入了法制轨道，有利于保障当事人的诉讼权，有助于监督仲裁委员会的裁决，有利于生效的调解协议、仲裁裁决和法院判决的执行。《劳动争议调解仲裁法》中明确规定了几种可以提起诉讼的情况。

最高人民法院于2001年4月30日公布了《关于审理劳动争议案件适用法律若干问题的解释》(以下简称《解释》)，对劳动争议案件的受理、举证责任、仲裁效力等方面作出明确规定。《解释》主要体现了《劳动法》保护劳动关系中的弱势群体——劳动者的立法精神，同时也能有效地保障用人单位的正当权益。

（二）劳动争议诉讼的主要环节

人民法院对劳动争议案件，依照《民事诉讼法》规定的诉讼程序进行审理。首先，由一审人民法院审理、判决。当事人不服的，可以向上一级人民法院上诉，上一级法院的判决是终审判决，当事人不得再上诉。

1. 起诉和受理

起诉和受理即当事人向法院提出起诉和人民法院受理起诉。这一阶段的中心任务是审查起诉是否符合条件和能否立案审理。如果决定受理，诉讼便由此开始。

2. 案件审理前的准备

这一环节主要是人民法院为案件的正式审理做好各方面的准备，包括调查收集证据，准备有关材料。该环节是案件正式审理的基础。

3. 开庭审理

开庭审理即审判组织集合诉讼参加人和其他诉讼参与人正式开庭审理案件。这是全部诉讼的核心环节，是诉讼活动的集中体现和典型形态。

4. 裁判

裁判即对案件的事实作出认定，并依据所选择适用的法律，对案件的争议作出实体判决和程序上的裁定。

5. 上诉

上诉是指当事人一方或双方不服一审法院的裁判而向上级人民法院上诉，上级人民法院由此对该案进行审查的过程。上诉环节的任务在于通过对案件，尤其是对一审法院的裁判进行审查，保证案件最终处理的正确性。

6. 强制执行

这一环节的主要任务是对当事人不履行法院判决或其生效法律文书所确定的义务，而通过法定手段和形式强制义务人履行。

这六个环节是一个完整的劳动争议诉讼经历的全部阶段，而各阶段必须依次进行，不能逾越。需要说明的是，虽然上述六个阶段共同构成劳动争议诉讼的整体，但并不是每一具体的诉讼都要经历这六个阶段。有些案件在一审终结后，不再上诉，案件便由此而终结，不需再经过上诉环节；有些案件，当事人在起诉后，开庭审理前便撤诉，案件便不必再经历以下环节。

重要提示

劳动争议诉讼是一种完全的司法活动。它的主要优点是执行力强、权威性高；主要缺点是费时、费力。

第四节　工会与集体谈判

一、工会

（一）工会的概念

在现代各种社会组织中，工会是由劳动者组成的特殊的社会组织。工会运动涉及劳动者的经济生活及社会生活的各个方面，尤其在劳动关系的形成和变化之中有着重要的影响。

何谓工会？最经典且被经常引用的工会定义是西德尼·韦伯（Sidney Webb）和比阿特丽斯·韦伯（Beatrice Webb）夫妇在《英国工会史》一书中指出的："工会是由工人组成的旨在维护并改善其工作条件的连续性组织。"

重要概念

一般而言，工会是由雇员组成的，主要通过集体谈判方式维护雇员在工作场所及整个社会中的利益，因而与管理方及其社会势力形成抗衡的组织。

（二）工会的功能

1. 代表和维护功能

工会的功能很多，但代表和维护的功能是工会的最基本的职能。因为从根本上说，工会是由雇员组成，旨在维护雇员在工作场所和社会上的利益的组织。如果没有工会代表雇员说话，单个雇员在与雇主的关系中处于劣势。因为劳动力之间的替代十分容易，雇主的替代却不容易，只有实现雇员间的协商一致，即组建成工会，使雇主不能把雇员视为可以任意替换的商品，而需要把雇员看作一个不可分割的整体，才能在雇员与雇主相对平等的基础上维护雇员的权益。

2. 经济功能

经济功能是工会一项非常重要的功能，也是研究劳动关系的学者讨论最多的内容。劳动力作为一种生产要素，其价格即工资水平会对劳动力的供求产生重要影响。因此，工会代表雇员与雇主进行集体谈判实现的工资水平，会直接影响就业水平。由于工会的集体谈判行为会产生伴随失业效应，工会不会无限制地提高会员的工资水平，而是会优化组合工资水平与就业人数，实现效用最大化。否则，雇主可能会采用裁员或使用更多的设备替代雇员的方式来减少劳动力的用量。

3. 民主功能

与企业组织相比，工会组织的一个显著特点在于其职权的指向是自下而上而不是自上而下。工会领导层会受到来自工会中不同派系的压力。工会的民主功能要求它必须协调不同派系的相互竞争甚至冲突，不能只考虑个别群体的利益。此外，工会作为一个民主机构，有自己的章程、代表大会及领导选举制度，从而雇员享有各种民主权利。

4. 社会功能

工会的社会功能与工会在经济、社会领域发动的社会民主改革密切相关。工会不仅代表会员利益，还会自觉或不自觉地反映未参加工会的其他弱势群体的利益。

5. 整合功能

从个人自我实现的角度看，工会的功能还在于建立一个平台，使会员在日常工作之外，有机会发挥其才能。因为工会作为一个组织，它要在多方面让会员参与决策。

工会的整合功能还体现在它是实现高绩效管理的重要渠道。高绩效管理要求雇员与管理方减少或消除彼此的对立与不信任，增进理解与合作，工会是实现这一目标的重要媒介。

（三）我国的工会

在我国，工会是中国共产党领导的职工自愿结合的工人阶级群众组织，是党联系职工群众的桥梁和纽带，是国家政权的重要社会支柱，是会员和职工利益的代表。按照工会章程的规定，工会是具有阶级性、自愿性、群众性、政治性的社会政治团体。我国工会的组织体系由中华全国总工会、地方总工会、产业工会和基层工会所构成。我国工会有下述基本功能。

（1）维护功能。工会在维护全国人民总体利益的同时，维护职工的合法权益。作为工人群众组织，维护功能应该是工会的基本功能。维护功能反映的主要是工会的权利。

（2）参与功能。工会通过各种形式和途径，参与管理国家事务，管理经济和文化事业，管理社会事务，管理本企业有关事务，协助政府开展工作。

（3）组织功能。工会组织职工依法行使民主权利，参加本单位民主管理和民主监督。组织职工完成生产和工作任务，开展各种有益于提高劳动生产率、发展社会生产力的活动。

（4）教育功能。工会教育职工热爱劳动，学习科学文化和业务技术，提高职工自身素质。

阅读材料

数据显示，目前中国的产业工人已达3亿。而中国更有世界上最大规模的工会组织。随着长期以来对相关法律法规的不断修订，中国有关工会的法律完善程度足可以与西方发达国家相媲美。然而近来一系列停工事件的发生，却让人们不得不重新审视：中国工会组织究竟该如何扮演它的角色，是否在有效履行其职能？

2010年6月4日，中华全国总工会发出的《关于进一步加强企业工会建设充分发挥企业工会作用的紧急通知》（以下简称《紧急通知》）中，特别重申工会的职能问题。《紧急通知》要求“做到哪里有职工哪里就有工会组织，哪里有工会组织哪里就有工会作用的发挥”，“保证企业工会在党的领导下独立自主地开展工作”。正如2010年6月12日中共中央政治局委员、广东省委书记汪洋所说，企业和上级的工会组织应摆正位置，代表职工依法维权，真正成为工人利益诉求的“代表者”和“代言人”。

（中国新闻周刊，2010）

二、集体谈判

（一）集体谈判的含义及作用

重要概念

集体谈判是指劳动者团体（经常是工会）为维持和改善雇员的劳动条件、劳动待遇等而与雇主或其团体所进行的交涉活动。

集体谈判是为了签订集体协议，规范劳资双方的权利和义务关系，使工作场所的劳资冲突问题得以协商、合作解决，是在企业中调整劳动关系的基本手段和主要方法。集体谈判在协调劳动关系中有四个方面的特殊作用。

（1）集体谈判是一个很有弹性的决策机制，集体谈判的结果——集体合同的方式也是各种各样的，只要不违反法律，内容可以双方约定。

（2）集体谈判具有公平性，作为一种方法，将平等和社会公正引入到劳动力市场。

（3）集体谈判体现了工业民主的观念，提供了一个机会，使劳资双方能更好地了解对方的立场、目标和问题；也提供了一个程序，使得劳资双方有可能达成一个比较接近双方目标的共同协议。

（4）集体谈判还具有稳定性和有效性的特点。集体谈判的结果是双方在平等公正的基础上签订的集体协议，可以解决各自的问题，满足各自的需要。

（二）集体谈判的内容

集体谈判的内容多种多样，若就发生频率来看，集体谈判经常涉及以下内容。

（1）工时谈判。在西方国家，缩短工作时间是工会组织多年奋斗的目标之一。工时集体谈判须依据国家关于工作时间、特殊岗位和工种缩短工作时间等规定，经常就不同岗位、不同工种的工作时间问题，特殊情况下工作时间的计算问题，延长劳动时间的工时计算问题，计件工人工作时间的工时计算问题等展开讨论。

（2）工资谈判。工资问题历来是企业集体谈判关注的重点。一般来说，工资集体谈判主要内容为：工资标准和工资水平、工资制度（工资、奖金、津贴的形式，工资支付的方法、方式、时间、地点等内容）、工资差别关系（新老工人工资的差别和不同岗位、不同工种、不同职务、不同技术等级的工资差别等）等。

（3）保险福利谈判。保险福利的集体谈判主要涉及保险与福利的范围问题、保险与福利的标准问题、保险金的筹措问题，以及各种具体的保险和福利的特点及标准等内容。

（4）休息休假谈判。休息休假集体谈判主要涉及两方面的内容：①休息休假劳资双方需要在国家法规的基础上，具体协商工作日内的间歇时间、每周公休假日、每年节假日、探亲假以及婚丧假等问题，并与管理方达成符合法规规定的协议。②员工在休息休假时间工作的补偿问题。补偿的方式可以是金钱和时间。

（5）劳动安全卫生谈判。劳资双方在这类集体谈判中经常的主题有：工作场所的环保和劳动条件的改善问题，员工劳动安全卫生教育、培训、监督问题，劳动用品和健康检查问题，劳动事故的赔偿问题，女工和特殊防护问题等。

（6）工作生活质量谈判。工作生活质量的集体谈判经常涉及的内容有：保护和改善工作场所的环境，如工作环境污染问题、工业有害物质或有毒废料危及员工及其家庭生活环境等问题；员工尤其是女工的特殊利益要求，如卫生室、托儿所、食堂、体育娱乐设施、厂区园林绿化等问题。

（7）解雇、裁员等其他有关职工权益的谈判。

阅读材料

早在20世纪90年代初，中国沿海一些城市就开始借鉴国际经验，探索推广工资的集体协商制度，要求企业为工人建立合理的工资增长机制，使其工资收入与企业利润同步增长。然而，由于廉价劳动力供应充足，农民工缺乏话语权等原因，这一制度长期以来都属于“纸上谈兵”。

金融危机后中国经济明显好转，订单骤增，沿海地区劳动力市场发生了明显变化，正在席卷中国多个城市的“用工荒”，被农民工们视作一次难得的机会。

富士康的转变就是一个典型的例子。此前，对于员工提出的“涨工资”要求，富士康管理层一直认为“不可能”。该企业一位负责人说，富士康的国际客户在下订单之前，“已经把所有的成本都算得清清楚楚，他会参照当地最低工资标准测算成本”。制造业的利润只有4%左右，富士康70多万名员工即使每人增加100块钱，都将是一笔“难以承受”的数额。2008年9月，深圳市总工会就向富士康发出集体谈判的要约，但富士康对工资增长一直避而不谈。2009下半年，富士康订单上升，急需增加工人，却因薪酬过低出现招工难。

经过多次沟通，富士康终于在2009年12月签订了一个覆盖40余万深圳员工、惠及全国70万富士康员工的集体合同，其中对工资增长作出明确约定：一线员工工资平均增长幅度不低于3%，并将于每年12月定期进行集体谈判。

（车晓蕙　等，2010）

（三）集体谈判的过程

集体谈判是一个劳资双方相互交流、相互协商、讨价还价地解决双方利益和预期分歧的过程。集体谈判的实际过程可以分成接触、磋商、敲定和结尾四个阶段或步骤。

（1）接触是集体谈判过程的起始阶段，常常是双方相互接触，也可能开几次会表明己方的立场、要求、建议和态度。此阶段双方的观点和要求仅仅是一种“初始要价”，着重在自定双方共同认可的谈判项目和范围，随着谈判的深入可能对之进行各种调整。

（2）磋商是谈判双方正式坐在谈判桌前，认真仔细地讨论谈判项目，试图以让步、协作、威胁、利诱等各种策略和技巧说服对方，使对方重新调整预期，最终同意做出己方希望的让步，从而为己方获得有利条件协议而奠定基础的谈判阶段。这一阶段是集体谈判中时间最长、最费精力的“交火”阶段。

（3）敲定是在磋商的成果基础上，双方再就一些关键问题、磋商中暂时回避或有意推后的棘手问题、集体谈判的重点和难点等进行谈判协商，确定双方都能够接受的条件、办法或解决方案。

（4）顺利的结尾阶段是谈判各方代表将集体谈判协议要点汇报给本方决策主体，经双方决策主体按既定程序批准后，双方根据授权拟定和签署集体谈判的正式协议，并产生对劳资双方都有约束力的法律效力阶段。一个典型的集体谈判协议文本，可能包括一般的政策声明、对有关规则和程序的详细说明，以及谈判涉及的有关具体事项和内容。

当集体谈判的敲定或结尾阶段遇到障碍，无法顺利进行，谈判双方不能进一步达成解决方案时，就会发生僵持或僵局。僵持往往是由于一方的要价大大高于对方的出价造成的。僵局有时通过第三方以调停、调查和仲裁的方式介入和协调来打破；有时却仍然难以解决，于是便可能发生工会举行罢工，资方决定“闭厂”之类强硬措施来向对方施加压力，导致集体谈判的破裂和劳资矛盾的加剧。劳资双方的激烈对抗一般会持续到一方或双方自行（或政府等外力干预下）改变预期并愿意做出让步为止。

实践证明，集体谈判不仅有利于协调雇主与雇员之间的利益冲突，提高企业劳动生产率，而且有利于规范劳资双方行为，能够在相当程度上防止劳资矛盾的激化。因而西方国家视之为“民主社会的必要组成部分”和“处理公共部门中劳资关系的正常手段”。第二次世界大战结束以来，西方国家社会经济发展稳定，没有发生过较大的社会政治动荡，可以说，集体谈判功不可没。

我国自改革开放以来，进行集体谈判的企业逐渐增多，国家和一些地方也制定了若干法律、法规，但总体上还没有真正形成集体谈判的机制。我国的劳动争议在数量上呈上升趋势，这在客观上要求我们研究和借鉴国外有关经验，建立健全适合我国国情的集体谈判协商制度，改进和完善集体劳动关系调整机制。

开篇案例简析

和谐的劳动（劳资）关系是建设和谐社会的本质要求，但是，当前不断出现的诸如案例中描述的劳资纠纷事件已经成为构建和谐社会的隐患，对社会的发展造成很不利的影响。为什么会出现这种状况呢？究其原因可能在于：社会改革的大背景造成利益主体的多元化，并且当前劳资双方的地位极不平衡，强资本、弱劳工的现象比较明显，再加上维护劳工权益的机制不太健全，各方面处理劳动纠纷的手段不太有效，以及近些年国企改制、工人下岗、民工工资低、企业在面临金融危机时处理不当等因素造成劳资冲突高发的现象。

针对这个问题，整个社会都在思考解决的办法。首先，改革中出现的问题需要进一步改革去解决，也就是说，改革的脚步不能停。更重要的是，怎么尽快采取有效措施解决这个问题，这就涉及本章中讲到的劳动合同法的贯彻、劳动争议处理体制的改进、工会职能的转变以及完善集体谈判制度等工作。另外，政府也应该在调停劳资矛盾中发挥更积极和强有力的作用，只有这样才能很好地处理劳资双方的关系，并减少双方的冲突。

本章小结

劳动关系就是指劳动者与用人单位之间以实现劳动过程为目的，一方提供劳动力，另一方使用劳动力与其生产资料结合并提供报酬而形成的社会关系。劳动关系既是一个人力资源管理领域的概念，也是一个法律概念，具有明确的法律内涵。劳动关系依据劳动法律法规确立和调整，形成劳动法律关系。劳动法律关系是指劳动法律规范在调整劳动关系过程中所形成的劳动者与用人单位之间的权利义务关系。劳动法律关系由主体、内容与客体三个要素构成。

劳动合同也称劳动契约或劳动协议。我国《劳动法》第十六条对劳动合同概念作了表述，即劳动合同是“用人单位与劳动者确定劳动关系，明确双方权利义务的协议”。劳动合同是劳动关系建立、变更和终止的一种法律形式。根据《劳动合同法》的规定，劳动合同的内容分为必备条款和约定条款两部分。另外《劳动合同法》还对劳动合同的订立、履行、变更、解除与终止等内容作出了相关规定。

劳动争议是指劳动关系双方当事人因实现劳动权利和履行劳动义务而发生的纠纷。在我国具体指劳动者和用人单位之间，在劳动法调整范围内，因适应国家法律、法规和订立、履行、变更、终止和解除劳动合同以及其他与劳动关系直接相联系的问题而引起的纠纷。我国现行的劳动争议处理体制可以概括为“一协、一调、一裁、两审、先裁后审、有限的一裁终局”，在这一体制中，涉及处理劳动争议的四种形式或制度，它们分别是劳动争议协商、劳动争议调解、劳动争议仲裁与劳动争议诉讼。

一般而言，工会是由雇员组成的，主要通过集体谈判方式维护雇员在工作场所及整个社会中的利益，因而与管理方及其社会势力形成抗衡的组织。工会具有的功能是：代表和维护功能、经济功能、民主功能、社会功能与整合功能。在我国，工会是中国共产党领导的职工自愿结合的工人阶级群众组织，是党联系职工群众的桥梁和纽带，是国家政权的重要社会支柱，是会员和职工利益的代表。

集体谈判是指劳动者团体（经常是工会）为维持和改善雇员的劳动条件、劳动待遇等而与雇主或其团体所进行的交涉活动。集体谈判是为了签订集体协议，规范劳资双方的权利和义务关系，使工作场所的劳资冲突问题得以协商、合作解决，是在企业中调整劳动关系的基本手段和主要方法。集体谈判的内容主要涉及工时谈判、工资谈判、保险福利谈判等。集体谈判的实际过程可以分成接触、磋商、敲定和结尾四个阶段或步骤。

复习思考题

1. 劳动关系的含义及特征是什么？
2. 劳动法律关系的三个构成要素是什么？
3. 简述劳动法律关系与劳务法律关系的联系及区别。
4. 简述我国劳动争议的处理机制。
5. 简述劳动争议仲裁的程序。
6. 简述劳动合同的解除及终止的几种情况。
7. 工会的含义与基本职能是什么？
8. 什么是集体谈判？集体谈判的内容主要有哪些？

案例分析

变更和解除劳动合同的争议

由于当地经济文化的发展，地处某市繁华市区的桢隆制鞋厂决定到远离市区15千米的郊区另建新厂。该厂因此召开全厂大会，动员员工到新厂上班，并提前60天向员工发放了变更劳动合同通知书，分别与员工办理变更劳动合同的手续。

王平是一位在该厂工作了15年的工人，与企业有无固定期限劳动合同。在接到变更劳动合同的书面通知后，王平向人力资源部负责人提出，新厂离家太远，自己家里上有老人需要照顾，下有刚刚5岁的幼儿需要接送，确实有困难，因此要求到该厂在市区的销售部门工作。企业经过慎重研究，书面通知王平：销售部的编制已满，无法安排。王平是制造工人，文化水平仅为初中，没有任何销售经验；而且企业为解决员工的上下班问题，已经安排开通班车等，因此厂部无法满足王平的要求。

经几次协商，双方均不能达成变更劳动合同的协议。最后企业书面提出：再给王平1个月的时间考虑，如果还不能同意变更劳动合同，企业将解除劳动合同，支付王平10个月的工资作为经济补偿金。王平在接到通知后仍表示不能到新厂上班。

一个月后，鞋厂作出决定：因变更劳动合同达不成协议，王平不服从企业的工作安排，企业解除与王平的劳动合同，支付王平10个月的工资作为经济补偿金。王平对企业解除劳动合同的决定不服，申诉到当地劳动争议仲裁委员会，请求维持原劳动关系，并要求企业安排其到销售部门工作。

分析讨论：

1. 桢隆制鞋厂变更和解除劳动合同符合法定条件吗？
2. 桢隆制鞋厂如何支付王平的经济补偿金？

实训

劳动合同的订立实训

（一）实训目的

通过实训，了解劳动合同的内容、劳动合同订立的程序以及劳动合同订立过程中应注意的问题，学习在劳动合同订立过程中根据具体事实制定劳动合同条款，全面分析劳动合同内容，避免劳动纠纷的发生。

（二）实训条件

1. 实训时间

本实训周期为1周，课堂展示时间为2个学时。

2. 实训地点

一般教室。

3. 实训所需材料

（1）某企业背景资料，最好是当地中型或大型企业。

（2）教师或学生课前初步准备《劳动合同书》(可以分小组准备)。

（三）实训内容与要求

1. 实训内容

模拟某公司与新招聘员工签订劳动合同的过程，包括新招聘员工提出利益要求、公司提出对员工的要求，以及双方进行协商。

2. 实训要求

（1）学习《劳动法》以及《劳动合同法》，研究有关劳动合同订立的法律规定。

（2）学习当地的劳动法规，研究当地政府有关劳动合同订立的法律规定。

（3）了解劳动合同的主要内容并且能够制定《劳动合同书》。

（4）了解劳动合同订立的程序以及在此过程中应注意的事项，避免在劳动合同订立过程中产生可能导致劳动纠纷的因素。

（5）能够为企业制定有关劳动合同签订的管理制度，或者为已经制定的管理制度提供建设性的意见。

（四）实训组织方法与步骤

第一步，教师首先说明实训内容、要求以及评分标准。

第二步， 教师组织学生进行分组，以 5～6 名学生为一组，并设组长 1 名对组员进行组织管理。

第三步，教师以抽签或自愿选择的方式为每个小组分配角色，即企业方和新招聘员工方。

第四步，组织组员模拟企业与新招聘员工签订合同的过程。

第五步，模拟之后，各组对模拟过程中出现的问题进行讨论分析，集思广益，提出解决问题的办法以及避免类似问题再次发生的制度修改建议，并形成 PowerPoint 文件和文字报告，包括课前准备的《劳动合同书》、管理制度和修改之后的《劳动合同书》、管理制度。

第六步，教师组织各小组通过抽签按顺序在课堂上公示报告结果。每组 PowerPoint 文件的展示时间为 15 分钟。

第七步，教师讲评。

（五）实训考核方法

1. 成绩划分

实训成绩按优秀、良好、中等、及格和不及格五个等级评定。

2. 评定标准

（1）实训前的准备工作是否完善。

（2）模拟是否真实，是否突出主题。

（3）小组成员分工是否合理，合作是否融洽。

（4）小组是否开展了正式的讨论，是否得出了一致的方案。

（5）报告的结构是否完整，内容是否条理清晰。

（6）小组是否提出了建设性的观点。

（7）小组得出的结论与理论知识点的结合情况如何。

（8）PowerPoint 文件和报告的制作水平如何。

（9）小组在公开展示中的表现如何。

第十章 人力资源外包

学习目标：通过本章的学习，理解并掌握人力资源外包的含义；掌握人力资源外包的原因、人力资源外包的优缺点、人力资源外包的内容及形式；了解人力资源外包的理论基础；掌握人力资源外包的基本工作内容；掌握人力资源外包的风险来源及风险防范措施。

关键概念：人力资源外包（Human Resouce Outsourcing） 外包服务商（Outsourcing Service Provider） 人力资源外包风险（Human Resource Outsourcing Risk）

开篇案例

跨国机构“瞄准”中国人力资源外包服务市场

2009年经济危机，当外资及风投都不敢贸然行动时，一个行业却以良好的前景在各种“投资榜”位居榜首，成为2009年逆势扬帆的“潜力股”——中国人力资源外包服务行业。

在人力资源外包行业中，美国、欧洲、日本等发达国家的市场已趋于饱和。但随着越来越多的大型跨国企业“落户”中国，由于中国管理相对薄弱，人力资源丰富，中国市场的可开拓性逐渐被各种外资及同业跨国公司所看好。

2008年颁布的《劳动合同法》对中国人力资源和劳动保障的监管环境日趋完善，国内企业观念更新，对人力资源外包服务的需求不断增大。良好的“市场潜力”已被灵敏的投资商所嗅到。2009年3月2日，国际人力资源服务外包巨头美国ADP公司收购上海华业人力资源服务有限公司的大部分股权，宣告其雇主服务部门在中国市场成立实体公司安德普翰商务服务（上海）有限公司，加快进军中国本土市场的步伐。ADP中国地区总经理安穆远称，现在中国人力资源外包市场市值约有10亿美元，据国际数据调查机构IDC的报告显示，2010年中国的人力资源外包市场市值将达到15亿美元，而且将以每年20%的比例增长。“虽然现在全球处于金融危机的阴影下，但是我们公司对于这个市场的前景是非常有信心的。”

业内众多人士都非常看好该行业的发展潜力，易才集团总裁李浩曾对中国人力资源市场进行大胆预测，其认为，未来中国将会成为世界最大的人力资源市场之一。理由在于，国外的人力资源公司早于十几年前就进入中国市场，现在许多跨国人力资源集团都已经或陆续在中国开展业务和设立分支机构，境外跨国公司与境内企业分食蛋糕的局面不可避免。

（网易，2010）

请思考：中国的人力资源外包服务市场为什么潜力巨大？目前状况如何？

第一节　人力资源外包概述

一、人力资源外包的含义

核心概念

人力资源外包也称人事外包，作为管理外包的一种，其含义是：企业根据需要将一些重复的、事务性的、不涉及企业机密的人力资源管理工作，交由从事该项业务的专业机构进行管理并向对方支付相应服务报酬的一种活动。

人力资源外包这种管理方式是社会经济高速发展、专业分工细化的体现。“把不懂的业务全部包出去，我们只做我们熟悉的!”是 20 世纪八九十年代风靡一时的管理思潮。著名管理大师彼德 • 德鲁克曾指出：任何企业中仅做后台支持而不创造营业额的工作都应该外包出去，任何不提供向高级发展机会的活动与业务也应该采取外包形式。美国管理学家詹姆斯 • 奎因（James Ouinees）则认为：在过去，资源外取被认为是企业的一种劣势，但是现在，资源外取却可能是智慧型企业运作的关键。

阅读资料

“人力资源外包”（Human Resouce Outsourcing）这个概念，时下在国外已经非常普遍，人力资源外包业务正在全球范围内快速地发展，并成为业务流程外包（Business Process Outsourcing，BPO）的一个重要组成部分。

国际数据调查机构 IDC 研究成果显示，2009 年全球人力资源服务市场收入将达到 1134 亿美元，从 2004 年到 2009 年这段时间，该市场年复合增长率为 9.6%。

二、人力资源外包的原因

促使企业采取人力资源外包的原因很多，美国休伊特管理顾问公司曾对此做过一次调查，参见表 10.1。

表 10.1　影响企业人力资源外包决策的因素一览表

外包的原因	被调查企业的反馈（%）		
	是	不是	还不能断定
改进成本效益	82	5	13
降低管理成本	75	8	17
利用技术进步/专门知识	82	7	11
改进客户服务	70	19	11
调整人力资源职能方向，聚焦于战略/规划	66	15	19
使企业得以聚焦于核心业务	63	21	16
降低企业一般管理费用	82	9	9
提供周密的服务	47	38	15
职员不够	69	27	4

续表

外包的原因	被调查企业的反馈（%）		
	是	不是	还不能断定
提高参与者的满意度	54	27	19
缩短对参与者要求的响应时间	59	29	12
控制法律风险/改进遵守法规的情况	53	39	8
提高适应特殊需要的灵活度	51	38	11
提高准确性	49	41	10
使管理成本更加明确	45	44	11
执行全面质量管理	17	71	12

根据表10.1的内容及相关学者的研究，归纳起来，企业进行人力资源外包的主要原因有以下几个方面的内容。

（一）企业人力资源部门职能转变的需要

本来从传统的人事管理到如今的人力资源管理的转变，体现的是一种管理思想的变革，人力资源管理部门已不仅仅是做一些事物性的工作，更应该聚焦于为企业的发展战略服务。但事实上，目前很多企业的人力资源管理部门更多的时候还是作为一个职能部门，为企业提供必要的细微烦琐的事务性工作，如员工招聘、档案管理、工资福利、培训、绩效考评等人事管理工作，担当的是内部服务商、内部顾问的角色，并没有充分发挥其战略作用。因此，为了改变这种状况，必须彻底改造人力资源部门的结构、流程以及资源配置方式。重新定义的人力资源角色为：变革的推动者，业务部门的合作伙伴，员工关系的维护者。为企业战略变革实施提供行动方案并组织落实，深入到各个业务单位去提供人力资源咨询和支持，领导企业文化重建等，成为人力资源职能部门的核心职能。在这种情况下，许多企业力图通过外包的方式将人力资源部从繁杂的事务中解脱出来，帮助其担当起新的角色。

（二）降低企业成本的需要

成本与效益，是企业生存和发展过程中始终不能忽视的两个关注点。正常运营的企业要紧缩开支，高速成长的企业也要控制成本，而那些经营不景气的企业，更面对着难以置信的降低成本的压力。人力资源职能历来被视为重大的成本中心。虽然很多专家告诫说，不要为节省成本而进行人力资源外包，但是，实际上，来自成本的压力还是成为大多数企业将人力资源外包的第一原因。由于人力资源专业服务机构能够同时为多家客户提供相同的服务，所产生的规模效益能在一定程度上降低单个客户支付的成本。因此，人力资源活动外包成为正在努力寻求摆脱巨大成本压力的企业的必然选择。

（三）对专家服务的需求

专业服务机构（外包服务商）往往能够更广泛地整合专业人才资源，聚集富有专业经验的专业人员，而这在一般企业，尤其是中小型企业，几乎是无法做到的。因此专业服务机构通常能提供专业水平和工作效率更高的服务。

（四）人力资源信息技术的影响

随着信息技术的快速发展，人力资源信息技术也在不断创新，人力资源管理信息化浪潮正在席卷整个西方企业。许多人力资源服务商都安装了大型人力资源信息管理系统（HRIS）。这种系统能大大简化人力资源服务的事务性工作，提高人力资源活动效率，是重构人力资源工作岗位、工作流程以及整个人力资源部门的推动力量之一。但是对于单个企业来说，配置人力资源信息系统不仅有成本上的困难，而且在信息系统的管理和维护方面也面临着资源不足的问题。人力资源外包为企业提供了无须购置便能得到这种技术的途径。

（五）减少企业管理风险与增强系统稳定能力的需要

各国各地区都有着自己特定的法律环境，而企业必然受到有关法律法规的约束和限制。有关劳动关系的法令法规和行政命令十分繁复，它们规范和界定了劳动关系的性质以及人力资源管理活动的合法范围，从而迫使人力资源管理人员必须谨慎对待每一项管理内容。人力资源外包服务商无疑拥有更加专业的人事管理经验、技能和在其专业领域的社会资源。鉴于此，企业为了自身的发展，避免劳动纠纷和昂贵的法律诉讼，在人力资源管理方面都更愿意将人力资源使用风险转由专业化公司承担。需要特别指出企业人力资源的使用有其自身的不确定性，这种不确定性是影响企业经营的重要因素，通过外包，企业可进退自如，增强其应对不确定性的能力。这样一来，企业与服务商构成了一种利益共生体。利益共生体的建立无形中降低了企业运营中的系统和特殊风险，使得企业更具柔性和稳定性。

阅读资料

福禄（苏州）新型材料有限公司（下称福禄公司）位于苏州工业园区内，是美国福禄（Ferro）集团在中国的全资子公司。随着福禄集团在中国业务的重点发展，人力资源管理的业务压力越来越大，原有的表单手工处理方式已经无法满足其数据正确性、流程规范性、信息安全性的要求。

随着公司的日益发展，员工不断增加，人力资源管理的事务性工作激增，为了更好地专注于自身的核心业务，持续降低成本，提高人力资源运作的效率和效果，增加员工的满意度，福禄集团在中国一直期望能找到一个解决方案能将人力资源管理者从烦琐的事务性的行政性的工作中解脱出来，以从事更有价值的人力资源管理及战略性工作。

2005 年，福禄公司要求人力资源管理业务流程外包服务必须基于一个世界级人力资源管理系统平台，以便与福禄集团全球现在使用的 SAP ERP 系统进行集成。另外，身为纽约证交所上市公司，人力资源管理业务流程外包服务必须遵从美国 SOX 法案的要求。

CDP 集团中国公司和福禄公司签订为期 4 年的合同，根据合同的约定，CDP 为福禄公司提供包括薪酬、福利、时间管理等在内的全面的人力资源业务流程外包服务。

根据福禄公司的特殊现状和业务需求，CDP 设计的一站式服务除了建立和维护基于 SAP 的远程人力资源管理信息平台，实施相关的组织管理、人事管理、薪资管理等功能，设计和培训人力资源外包的信息交流和服务流程，还包括考勤机的软硬件实施和数据集成。

（中国人力资源外包网，2006）

三、人力资源外包的理论基础

（一）交易成本理论

交易成本理论是 1937 年由诺贝尔经济学奖获得者科斯提出的。科斯的交易成本理论指出：企业使用市场就必定会产生成本，当企业的内部交易费用低于外部交易费用时，企业就应该选择内部化；当市场交易成本小于企业内部管理费用时，企业就应该更多地使用市场。

威廉姆森在1975年对科斯的交易成本理论进行了更加深入、系统的研究。

按照交易成本的理论，企业中各种人力资源管理职能在企业当中实施的频率（交易的频率）是不一样的，而且不同职能对于企业的价值（专属性）也不一样，但组织能够在市场上寻找到费用更低、管理效率更高的服务机构时，组织就应当把这些管理职能交给外部的服务商来负责，这样可以降低企业的管理成本，提高企业的效率。按照交易的资产的专属性、交易的频率和不确定性等特征来判断，人力资源管理职能当中，那些使用频率不高的、通用性的管理职能外包对企业的成本控制更加有益。

（二）委托代理理论

委托代理理论是由简森和梅克林（Jenson and Meckling）于1976年提出的。该理论研究的是委托人和代理人之间的行为关系，其基本内容就是规定委托人聘用代理人完成某项工作时的委托代理关系的成立以及代理人为了委托人的目标实现应采取何种行动，委托人应向代理人支付何种报酬。

人力资源管理外包实际上就是企业以合同的形式将人力资源管理职能委托外包服务商来完成，企业为外包服务商支付相应的服务费用，外包服务商为企业提供相应的服务而选择行动方案。人力资源管理外包形成了企业和外包服务商之间的委托代理关系。人力资源管理外包这种合作是在互惠互利、相互信任的基础上形成的，它会促使外包服务商着眼于长期利益，不断提高服务能力和质量，降低成本，提高获利能力。企业为了激励供应商，会给予外包服务商相对优厚的价格，留给外包服务商一定的利润空间，最终达到双赢的目的。

（三）核心竞争力理论

核心竞争力理论认为，企业具有各种各样的能力，也有一定的专长。但不同的能力与专长的重要性是不一样的，那些能够给企业带来长期竞争优势的和超额利润的能力和专长，才是企业的核心能力。核心能力是企业增强竞争力、获得竞争优势的关键，也是成功企业的竞争优势得以长期保持的原因。

通过人力资源外包将非核心的活动外包给外部的服务商，通过与服务商的联盟与合作，从而可以集中企业有限的资源发展核心业务，以增强人力资源活动在提升企业核心竞争力方面的作用。

（四）专业分工理论

亚当·斯密的劳动分工与专业化理论从经济学的角度对外包进行解释。该理论认为劳动分工能够提高劳动者的熟练程度，节省工作转移时间，降低劳动的复杂性，继而提高企业的劳动生产率。根据这一理论，人力资源管理外包在本质上是劳动分工的延伸，如同在工业化社会中，几乎没有一个企业能够生产全部的零部件。企业将一部分业务包给承包商，不仅简化了管理，同时发挥了专业化高效生产的优势。通过部分职能外包，降低了管理复杂程度的同时，也有助于提高人力资源外包的专业化效率。

（五）价值链理论

根据价值链理论的观点，企业的价值链是由一系列相互联系、相互影响的经营环节组成的，企业不可能在每个环节上都具有优势。企业应将精力集中在价值链中具有竞争优势的经营活动上，而将价值链中处于薄弱环节的业务外包给外部企业承担，以最优的价值链赢得竞争优势。企业的人力资源管理外包活动符合价值链理论的思想。对大部分企业来讲，在整个经营活动中，人力资源管理工作不是企业的优势所在，与外部人力资源管理服务商相比，无论在经验、效率、能力还是在成本上都不具有竞争优势，人力资源管理往往是企业价值链中的弱势环节，将人力资源管理外包可以使企业的整个价值链得到强化，企业的竞争优势得到增强。

四、人力资源外包的优点和缺点

人力资源外包既有优点也有缺点。企业在考虑采用人力资源外包做法的时候应当进行综合权衡，全面考虑。表 10.2 列出了人力资源外包的优点和缺点。

表 10.2　人力资源职能外包的优点和缺点

优　点	缺　点
• 在某些情况下，人力资源服务商可以提供企业所需要的服务，而且成本低于目前企业付给其人力资源部门及工作人员的总成本。 • 很多企业没有资金或者不愿花很多钱去购买用于某些人力资源职能管理所需要的计算机硬件和软件，而将外包作为一种替代大量技术投资的积极方案。 • 为很多企业提供人力资源外包服务的服务商已经培养出能够为各种组织管理好各种人力资源职能的人员。而这类人员往往是劳动力市场上短缺的。 • 人力资源职能外包通常是企业精简和兼并的结果。这种精简和兼并活动还在继续。不少企业将外包作为企业重组后进行人力资源管理的首选方法。 • 能较快缩小职能人员预算，迅速影响利润。 • 在外包过程中，企业即使还必须对人力活动的合法性加以监控，但还是能减少人员、成本以及法律风险。	• 如果规划和分析不充分，合同条款不全，外包双方合作关系基础不好或维护不力，服务商能力不足，可能导致外包达不到预期目标，甚至给企业造成重大损失。 • 将人力资源职能外包出去后，企业可能失去对日常人力资源管理活动的控制，以及与员工沟通、互动的某些途径。 • 建立外包合作关系的最初阶段可能是成本高昂的。初期成本往往会高于目前由企业内部人力资源部开展同类活动的成本。 • 在将人力资源职能外包出去，尤其是长期外包的情况下，现有部分人力资源工作人员可能会被裁减，失去工作。 • 如果所选择的服务商不好的话，可能对内部员工的士气造成不良影响。 • 在将严格受法律、法规控制的人力资源职能外包的时候，如果不对服务商在开展人力资源活动过程中的守法状况进行严格控制，企业难以避免有关人力资源活动的诉讼甚至巨额赔偿风险。 • 企业必须聘请有经验的人，如法律人员等，作为外包顾问。这也会导致费用增加。 • 外包可能导致企业内部人力资源部丧失能力。

五、人力资源外包的内容

根据许多企业的实践，表明以下这些人力资源活动适合于外包。

（1）薪酬管理方面。如职位说明书编写，职位评价，薪资调查，薪资方案设计，对管理人员做薪资方案培训，薪资发放等。

（2）人力资源信息系统方面。如建立计算机系统和维护技术性人力资源信息系统等。

（3）国际外派人员管理方面。如制作委派成本预算、委派信和有关文件资料，外派人员的薪酬和福利管理，对外派人员及其家属进行岗前引导培训等。

（4）组织发展方面。如管理人员继任计划设计，向外安置人员，新员工岗前引导培训等。

（5）遵守劳动法规方面。如向政府有关部门提供各种与雇佣及社会保障相关的数据和报告等。

（6）人员配置方面。如寻找求职者信息，发布招聘广告，进行招聘面试、预筛选、测试、求职者背景审查及推荐人调查，开展雇员租赁等。

（7）培训方面。如技能训练、基层管理人员培训、管理人员培训、安全培训、团队建设训练、计算机培训等。

六、人力资源外包的方式

一般而言，人力资源外包的方式有以下几种。

（一）全面人力资源职能外包

全面外包是指将企业的绝大部分人力资源职能包给服务商去完成的外包方式。这种方式对于中型和大型企业来说，可能会有问题。因为它们的人力资源活动不仅规模大，而且复杂程度高，在全面外包的情况下，要求服务商有很全面的系统管理能力，同时企业内部员工的沟通、协调工作量会很大。虽然全面人力资源外包可能是一个发展方向，但鉴于服务商的能力和企业对外包活动的控制力还在发育中，因此，中型和大型企业实行全面人力资源外包还有待时日。而对于小型企业来说，全面外包人力资源职能则比较容易，因为它们的人力资源职能相对简单。事实上，目前实行全面人力资源外包的主要是小型企业。

（二）部分人力资源职能外包

这是目前最普遍采用的方式。企业根据自己的实际需要，将特定人力资源活动如人员配置、薪资发放、福利管理等外包出去，同时在企业内部保留一些人力资源职能。如果选择得当，能获得更好的成本效益。

（三）人力资源职能人员外包

人力资源职能人员外包是指企业保留所有人力资源职能，但让一个外部服务商来提供维持企业内部人力资源职能运作的人员。这基本上是一种员工租赁方法。采用这类方法的企业常常要求外部服务商雇用他们现有的人力资源工作人员。

（四）分时外包

有些企业分时间段利用外部服务商。这种情形下，在企业计划系统和设备的使用时间，由服务商提供技术人员，集中处理企业人力资源事务。这种做法看来比较经济，关键是要做好资源分配计划。

第二节　人力资源外包的主要工作

人力资源外包不是一个简单的“包出去”工程。为了保证人力资源外包的合理决策和正确实施，这其中涉及一系列具体工作的开展和进行，只有做好了每项工作，才能保证人力资源外包活动取得好的效果。一般来说，人力资源外包的工作主要有成立人力资源外包的决策机构、分析企业人力资源外包的基本条件、外包的成本—效益分析、人力资源外包内容的选择、外包方式的选择、外包服务商的选择、起草项目计划书要求、签订外包合同、企业内部进行充分的沟通、管理和维护外包合作关系、监控和评价服务商的工作绩效等内容。下面将分别对这些内容进行分析。

一、成立人力资源外包的决策机构

成功的人力资源外包方案始于清晰的短期和长期目标。为了保证决策的正确性，企业应当成立一个人力资源外包决策机构，负责审议所有的外包决定。人力资源外包决策机构可以由企业内部不同部门（如人力资源部门、财务部门等）的人员组成，人数不一，要看公司规模及外包业务大小，一般为4～5人。一般由高级人力资源经理来担任该机构的负责人，负责主持有关外包问题的研究，寻找有关信息，起草外包项目计划书等。其中需要研究的最主要问题包括：企业进行外包的基本条件、成本效益分析、外包内容的选择，外包方式的决策、外包服务商的选择、整个外包过程的管理和控制（包括外包风险的管理和控制）等。

二、分析企业人力资源外包的基本条件

企业进行人力资源外包应具备的外部条件：一种是来自技术方面的，因为只有信息技术的广泛应用，外包企业和外包服务商之间才能进行信息的充分沟通与交流，才能节省交易费用和代理成本，从而提高效率。比如通过网络，就可以建立专业网站来提供咨询服务，这远比传统的交易方式要高效的多。另一种是来自经济方面的，在从事某一专业生产或服务的领域内，只有当技术成熟或比较成熟，并形成行业规模，互相竞争时，才可能使生产或服务成本降低，也只有当交易成本降低到企业可接受的范围内时，交易才可能形成。对于要实行人力资源外包的企业，应该有充分的准备接受“变革”，这是企业进行人力资源外包应具备的内部条件。一方面从有形的角度来说，可能要涉及企业的流程重组或者是组织结构的重建，以适应新的生产或管理模式；另一方面，从无形的角度来说，可能要更新企业的理念，包括企业的宗旨、企业精神、员工的行为准则等，并与企业中未外包的部分整合成新的企业文化，从而适应时代发展的要求。

三、外包的成本—效益分析

在做人力资源职能外包决策的时候，企业会非常关注外包的成本以及可能的投资回报，期望有完整的成本—效益分析。因为企业最关心的总是利润，在人力资源外包问题上，最关心的总是提高人力资源效益，降低管理成本。在人力资源活动外包方面，比较常见的一种成本效益衡量方式是，核算现有工作人员完成某特定活动的成本（包括薪资、福利、办公空间、电话及计算机设备及其使用等），再将此成本与该活动外包的成本进行比较。但是，这种分析可能是很不准确的。例如，通过外包腾出了办公空间、设备和物品。但如果不能立即将它们卖掉或转租出去的话，企业就可能看不到即时的成本节省。而且，成本只是一个因素，还有很多需要考虑的问题。企业必须考虑员工和管理人员对以外包方式完成此项工作的满意度、现有职能人员的能力发展、企业技术现状等。人力资源外包决策者必须考虑，究竟什么会带来最高的回报率和最小的组织混乱。

四、人力资源外包内容的选择

前面已经提到，在实践中比较适合外包的人力资源活动与不适合外包的人力资源活动。根据美国印第安纳大学的管理系教授斯考特·莱沃1998年1～7月对位于美国北部的500家

企业外包人力资源管理模式进行的调查（调查对象是把一项以上人力资源管理职能外包的企业，其规模从员工不足 100 人到 1 200 人的大型企业不等），最后发现人力资源管理的不同职能对企业的意义不同，外包程度也不同，其中工资发放、福利、培训是三种常见的外包职能，而人力资源信息系统与薪酬则较少外包。同时调查中还发现，小企业中，把工资发放和福利职能外包的比例较高。虽然人力资源管理的一些业务越来越外包化，但也不是全无选择性的，还是有许多因素需要考虑。“正像人们的预料，外包成功的关键是决定哪些职能外包，以及外包到什么程度和哪些职能保持在组织内。”

五、外包方式的选择

前面已经提到了全面人力资源职能外包、部分人力资源职能外包、人力资源职能人员外包、分时外包等几种常见的外包方式。人力资源外包方式的选择，首先要考虑企业自身的实际，同时要考虑企业所面临的内外环境等因素及其变化趋势。

六、外包服务商的选择

因为外包服务商作为企业人力资源部的协作伙伴，对今后管理质量直接起着决定性的作用。如果是在作出了外包决定、选定了服务商、启动了项目之后，发现该项目的某方面不合适，那就得再花时间和金钱去弥补。那样，工作进展就会延缓，而且还要花时间去保证外包出去的职能活动正常进行，会导致更大的工作量和工作难度，所以企业必须高度重视“选择外包服务商”这一关键环节。

（一）外包服务商选择流程

外包服务商的选择流程如图 10.1 所示。

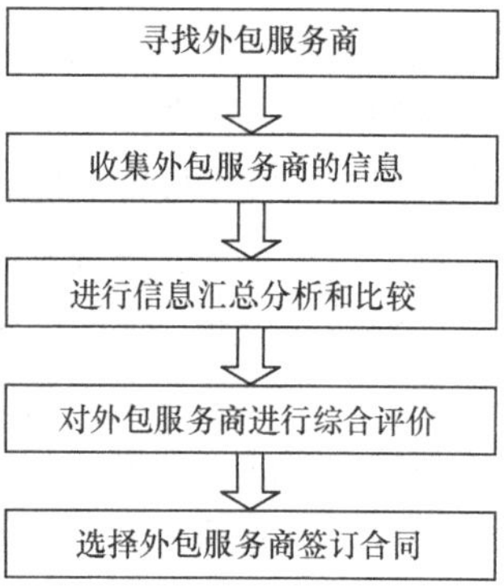

寻找外包服务商
↓
收集外包服务商的信息
↓
进行信息汇总分析和比较
↓
对外包服务商进行综合评价
↓
选择外包服务商签订合同

图 10.1　外包服务商的选择流程

（二）选择外包服务商需要考虑主要因素

1. 资质

服务商是否具备服务资质是人力资源外包成功与否的关键要素。企业要查看服务商的经营证照，包括政府行政部门批准的许可证和营业执照。

2. 行业知名度

要充分了解外包服务商的历史、信誉、行业知名度等。

3. 经验

服务商的经验包括：开展人力资源外包服务时间长短、客户的类型多少和行业分布、预防争议和突发事件的处理经验及能力、服务案例的收集和分析能力、典型事件处理经历。外包服务涉及人的服务，是一个非常复杂的服务领域，外包服务商一定要具有丰富的行业经验能为企业预防和处理可能出现的问题。

4. 水平

服务商的服务水平应该包括以下几方面。

（1）专业化水平。主要看服务商的理念新旧、意识强弱及胜任能力高低等。

（2）职业化程度。要看服务人员的敬业、协作、创新、规范及责任心等方面的表现。

（3）对客户提出问题的响应速度。服务人员要做到响应迅速、反应积极、反馈及时。

（4）技术手段先进。外包服务商要具备先进的技术手段，能为客户提供技术可靠、操作可行、结果可信的高效、优质服务。

5. 价格

外包服务商能否提供有竞争力的价格。

（三）外包服务商选择的途径

一般来说，企业寻求人力资源外包服务商的途径主要有以下三种。

1. 普通的中介咨询机构

这些机构的业务范围很广泛，人力资源管理外包仅仅是其诸多业务中的一项，企业可以把人力资源管理的某项工作（如员工档案管理、员工培训、福利制度、劳动关系等）完全交给他们去承担。

2. 专业的人才或人力资源服务机构

这些机构可以提供专业的外包服务，如国际盛行的“猎头”公司，就是一种专门为雇主“猎取”高级人才和尖端人才的职业中介机构。还有薪酬报告供应商，就是专门从事薪酬调查，为企业提供薪酬报告和人事咨询的专门人力资源服务机构。

3. 高等院校、科研院所的人力资源专家或研究机构

高校类人力资源机构往往是人力资源专家聚集的场所，他们有深厚的专业背景，娴熟的专业技巧，良好的职业道德。企业完全可以寻求高等院校、科研院所的人力资源专家或研究机构的帮助，由他们来为企业出谋划策，比如对员工的绩效考核、薪酬制度设计等。

上述三类外包的方式不是各自孤立、互不相容的，在企业具体的人力资源操作中，可以整合三方面力量，共同组成“智囊团”，合力完成外包工作。

七、起草项目计划书要求

项目计划书要求是企业提交给服务商的一种正式函件，内容主要包括所有需要服务商回答的问题和提交资料、证明的要求。项目计划书要求是企业让潜在的外包合作对象充分了解自己的需求的手段，它在很大程度上能够决定投标服务商的范围，以及进行服务商筛选和分析的工作量。起草项目计划书要求的过程很重要，也很难而且需要花很多时间。关键要素是要确定必须询问的最重要问题，以便获得必要的信息，对每个服务商的经验、可信度及其以往成就作出有充分根据的判断。在这方面如果作出草率决定可能会造成巨大的时间和金钱损失。因此，起草项目计划书要求的过程受到高度重视，并且形成了一些原则和技巧。一般而言，项目计划书要求应当由熟悉和理解人力资源外包过程以及打算外包的职能的人来起草。否则，难以准确表达真正的要求。所提出的问题和要求提供的信息应当是与所要外包的职能相关的，并且要求非常明确具体。

项目计划书要求应当包含的主要要点有：介绍本企业的背景、所在行业、雇员数量、地点等；说明打算外包的人力资源活动的类型；要提出对服务商的基本条件要求；要求服务商

提供被指定作为服务商代表的人员的信息（如指派他们的原因、他们本人的背景、证明材料以及服务绩效等）；要求服务商说明所具备的计算机、信息、网络技术能力；询问将提供什么类型的咨询建议以及计划或方案设计帮助；询问将提供什么定期报告；询问收费标准，索要一份服务商的服务合同样本；要求服务商提供至少三个可用于参考的客户企业的名称、电话号码及联系人；说明服务商提交项目计划书及回复项目计划书要求函的截止时间，与入选服务商面谈的时间，以及最终宣布选拔结果的时间。

八、签订外包合同

由于合作双方的非行政隶属关系，企业必须用具有法律效力的外包合同来约束承包商的行为，有效地降低外包的风险。外包合同是双方以后合作的基础，也是维持这种合作关系的可靠凭证，它直接关系到外包的成败。通过谈判所形成的详细周密的外包合同应该包括：外包的业务、外包的价格、双方的职责范围、合作的期限、工作的进度、各期所要达到的目标、评估指标、服务的级别、违规的处罚条款等。在协议中，最重要的内容之一就是费用的构成。必须仔细检查和审查合同的时间长短，在合同执行过程中，是否有什么费用增加，如果有，在何时增加、增加多少，最重要的是，将如何决定这些增加。而且，还要弄清楚隐含的费用。

九、企业内部进行充分的沟通

沟通是使外包项目取得成功的至关重要的因素之一。在开始设计外包方案的时候，内部人力资源职能人员知道企业在考虑将某些人力资源职能外包出去的问题，他们自然会为自己的工作而担心。从这时起就要开始沟通。因为如果只打算将某些职能外包出去，同时还要保留其他职能的话，企业还需要保留相当部分的现有人力资源职能人员。另一方面，由于人力资源活动往往会涉及企业全体员工，因此，外包的成功需要全体员工的理解和配合。尽早让员工了解有关外包信息，尤其是与他们切身利益紧密相关的服务方式、标准等的变化，非常重要。在外包工作时间表上应当明确各个必要的沟通时点，在这些时点上，企业有关负责人要与人力资源职能人员以及公司全体员工沟通。同时，还必须设计沟通的方法，如面对面的沟通、书面的沟通、全体大会等，都是有效的沟通方式。要根据沟通的对象特点、内容特点，确定沟通的方式、范围。在必要时，应要求服务商一起进行沟通。

案例思考

某电视台，由于某单项节目需要，会聘请一些相关临时工作人员，如编导、化装、灯光等。由于无法确定节目制作的收机时间，公司也无法和这些临时演员签订固定期限劳动合同，还由于电视台内部政策也限制了无法签订以完成一定任务为期限的劳动合同。人力资源经理便想到了人力资源派遣用工，经向上边汇报，想法得到了批准。人力资源经理在联系好人力资源外包服务机构后，一并通知了这些临时工作人员开会签约，但当人力资源经理讲解完之后，会场一片骂声，签约会变成了声讨人力资源经理的员工诉苦会议，一个好的解决方案便这样夭折。

（中国人力资源外包网，2006）

十、管理和维护外包合作关系

在与服务商建立关系的过程中，企业应当经常举行会议，与服务商代表共同讨论项目执行层面的问题，阐明外包工作的各种细节问题。通过这种沟通和讨论，外包双方应当完全明白各自应承担的具体职责。企业应当明确，在必须具有连续性的人力资源活动领域一定要与服务商发展长期关系，因为要对这种必须具有连续性的人力资源活动实行外包，要求服务商对客户企业的文化有深刻的了解和高度的尊重，否则外包可能带来严重的后果。当然，建立长期服务商关系并不是说不做新的选择。在人力资源活动外包方面，任何时候也不应当有无限期合同。企业应当选择以合理的价格提供合适的服务的服务商。即使对需要保持长期关系的人力资源活动，企业也应当考虑周期性，比如每隔几年，进行一次外包竞标活动。

十一、监控和评价服务商的工作绩效

企业应该在最初与外包服务机构签订合同时，就与之沟通双方期望达到的绩效水平并建立衡量标准，以此作为依据来评价外包服务机构所提供服务的质量，一旦发现问题及时解决，追求企业业绩的持续改进。监控服务的方式之一是建立一种双方同意的定期报告制度。此外，还可以确立对不合格绩效的处罚手段。企业出于得到更好服务的动机而实行人力资源职能外包，因此，要坚持对服务商的工作成果进行严格管理和评价，在评价时可利用内部客户调查来进行，充分重视员工的反馈。服务商只有在提供了合同所约定质量标准的服务之后才能得到报酬。

第三节　人力资源外包的风险及防范

人力资源外包可以给企业带来诸多好处，但是实践中也不乏失败的案例，这说明企业在实施人力资源外包的过程中也存在风险。企业在决定外包时，必然要考虑其可能产生的风险，并加强对风险的防范。

一、人力资源外包的风险

（一）企业自身能力的约束

企业自身的能力包括进行外包的决策能力、适应外包带来变化的能力、与外包服务商进行谈判的能力、关系管理能力、外包过程的监控能力等。由于企业自身能力的局限性，在企业的外包活动中往往会面临能力不足、监督失控的风险，因此造成一些外包项目的失败。

（二）外包成本的错误估计

降低成本是业务外包最原始的动机，利用服务商的专业化和规模化效应确实可以降低成本，但是签订合同之前应该对成本进行准确的预测。一般情况下，企业都能对显性的成本进行全面的分解和剖析，比如薪酬福利、办公设备、场地租赁等；但是对于一些隐性成本，比如维护与服务商的良好关系、企业员工对完成的外包工作的满意度等，很多企业却重视不够，因此造成企业在进行外包决策时做出错误的决定。

（三）外包服务商选择方面的风险

前面已经提到，“外包服务商的选择”是整个人力资源外包工作中的一个关键环节。外包服务商选择的正确与否直接关系着企业与之合作能否成功。由于行业进入门槛低，目前，国

内市场上人力资源外包服务商的数目众多，人力资源管理咨询公司、猎头公司等如雨后春笋般涌现。但是，这些机构的水平参差不齐，既有世界顶级服务提供商，也有一个人一台电脑的独立顾问。由于信息的不对称，有时企业无法真正了解外包商的真实技术实力、人员实力。同时在企业方面：一是由于人力资源部门相关负责人没有能力或没有严格遵照规程去了解服务商的实际运作情况、背景，也没有对服务商的财务状况、稳定性等进行认真核查及分析，从而无法把握来自服务商的风险；二是由于直接负责人存在个人倾向性，导致其虽然了解来自服务方的信息，但没有充分地向后台决策层反馈，后台决策层缺乏充分有效的信息来支持决策。这种信息不对称的决策使企业误选了不适合自身实际情况的服务商，导致企业发生损失。

（四）企业文化冲突的风险

企业文化是员工在企业的成长过程中所形成的共同价值观体系。每个企业都有自己认同的企业文化，都会用一定的价值观去衡量各项工作。每个企业的人力资源部门都在其独特的文化、价值观念等企业文化建设方面起着重要作用。企业将人力资源外包，使得企业失去了许多向员工传播企业文化的机会。另外，将某项与企业文化有关的人力资源活动外包，必然要求外包商了解企业的文化。但现实情况却是外包商对企业文化态度冷漠或认识不足，从而导致沟通障碍，严重的会导致外包的失败。而且，由于人力资源外包涉及外包企业与外包服务商双方的人力资源整合，会面临由于企业之间价值观的差异所带来的摩擦和冲突，即使合作双方在目的性方面一致，也可能存在“文化”障碍，从而弱化了企业文化的凝聚功能，给人力资源外包的顺利实施带来困难。

（五）信息安全及经营安全的风险

在人力资源外包中，企业通常会把招聘、绩效考核、薪酬管理等工作部分或全部外包，这些工作中诸如吸引人才的政策、薪酬的标准、薪酬的结构等，均属于企业的商业机密。企业在外包合作过程中必须向服务商披露大量信息，特别是在一些项目中，往往会涉及人力资源以外（如市场、技术等方面）的信息。如果这些信息泄露，企业会陷入非常危险的境地。造成外包企业信息泄露的原因有两类：一类是外包服务商有意识泄露企业的有关策略信息给企业的竞争对手；另一类是外包服务商无意识泄露了外包企业的策略信息，这主要是因为人力资源的特殊性。例如合作员工的保密意识太差，则可能造成企业相关信息的泄露，使企业蒙受重大损失。

虽然目前国内的服务机构在合作时都会与企业签订保密协议，提供了一定程度的信息安全保障，但是在我国，目前尚无完善的法律法规去规范外包行业的运作，一些运作不规范的外包商有可能泄露企业经营管理方面的信息，特别是如果外包商因经营不善而倒闭，那么企业的合法权益将得不到保障。这些都可能导致企业的竞争对手获得这些信息，从而积极地调整自己的人力资源政策，以高于外包企业的优先条件争夺到某些稀缺的人力资源，致使外包企业处于被动的状态。

（六）员工流失与抵制的风险

员工是企业的特殊资源，从某种意义上来讲，这种资源的不可再生性决定了员工的重要性，人力资源外包活动可能给员工带来某种心理的不稳定性，从而造成企业员工的外流，使得企业员工流失的风险加大。

此外，外包过程中沟通不良也会引起员工对变革的抵制。在企业决定将一个或多个人力资源职能外包时，若不加强沟通，流言的传播，将可能使全体员工和各级管理人员产生悲观的想法，外包项目会造成一种焦虑的环境。员工在无法清晰了解自身利益，或者是将外包决策看作组织奉行的仅仅是对其最终盈利结果有利的方针和政策时，他们将会对外包变革产生抵制，从而影响企业的稳定和发展。如果员工将企业的外包举措视为一种变相的裁员策略，有些员工就可能会面临失去工作的威胁，会引起员工的焦虑、猜疑和不满，导致工作热情下降，这些都会给企业有效实施人力资源外包带来不利影响。

（七）对外包服务商的服务过程缺乏有效监控

对外包服务商提供服务的项目进行有效的监控是保证外包项目成功实施的必然选择。为了在预定期限内达到合同中所规定的服务标准和工作效果，外包服务商应该按照既定的程序和时间安排完成相应的工作量。如果企业没有对外包服务商进行有效监控，很容易使得服务商的工作偏离正常的方向，从而影响外包项目的按时完成和取得的效果，甚至可能直接导致外包项目的完全失败。

阅读资料

人力资源外包——有待进一步规范

有人曾把人力资源外包比喻成“雇个钟点工打扫家庭卫生”，从一个角度说明这种做法的便利性。但人力资源外包并不像“雇个钟点工”那么简单，它本身包含着一些值得我们思考的问题。

“一个主要的挑战还是来自更多企业对这个概念的接受程度，他们可能会出于数据安全性的考虑，不信任外包，但这会逐渐被接受，就跟网上银行从当初推出受怀疑，到现在被很多人放心使用一样。”中国人民大学劳动关系研究所副所长彭光华教授说。

一家近年来发展迅速的某知名企业聘请当地一家人力资源外包公司，为其设计员工绩效考核体系。可令企业没想到的是，咨询人员在绩效考核的过程中，接触到了企业许多商业信息和个人业绩的数据，并利用这些信息和数据为自己赚取外快。而外包公司为该企业设计的绩效考核体系也因与企业原有制度和企业文化背离很大，致使一些骨干员工无法接受而离去。

人力资源外包服务商的能力和信誉，是影响人力资源外包成功与否的关键因素。如何充分利用人力资源外包服务，同时又避免这把“双刃剑”损害到企业的利益？彭光华教授给出了建议：“目前国内外包公司良莠不齐，企事业单位维护利益的最好办法就是与专业性强、信誉度高的外包公司合作。另外，与外包公司就企业制度、企业文化等进行沟通，也是很有必要的。”

（顾阳，2007）

二、人力资源外包的风险防范

尽管在人力资源管理外包中存在一些风险和问题，但是如果我们能够在事前或事中采取一些灵活而有针对性的风险管理措施，无疑会降低企业的外包风险，从而达到提高企业核心竞争优势的目的。具体而言，根据前面已经讲述的人力资源外包工作以及人力资源外包风险的来源，对人力资源风险进行防范的措施主要有以下几个方面的内容。

（一）明确外包的内容以及所要达到的目标

确定企业的哪些人力资源管理内容适合外包，这是进行成功外包的前提。对于一些属于企业商业机密或外包服务商难以提供有效支持的特殊职能，是不适合外包的；但是对于一些常规性的职能，比如员工招聘、员工培训、薪酬福利发放等工作可以考虑进行外包。在进行人力资源管理外包的工作之前，企业还应该明确考虑所要取得的短期及长期目标，不能只重视短期的利益，而忽视企业长期的发展，有了明确的目标，企业就有了清晰的发展方向。

（二）对外包进行系统的研究与规划

由于人力资源管理的各个职能领域都存在着不同的风险，在进行外包之前，应该对企业的内部能力、外包服务商的可获得性以及成本效益进行研究和分析。在外包之前，企业应仔细调查外包服务商所在的市场，因为在服务过程中，服务商的问题就是企业的问题。只有通过全面的分析和研究，企业和外包服务商才能发挥各自的优势，弥补相互的不足，最终把外包的任务完成好。

（三）审慎选择外包服务商

关于外包服务商的选择，前面已经述及。一般而言，企业在选择外包服务商的时候，要遵循一定的考察评估流程，不能仅仅着眼于成本，要根据本企业的规模、文化、外包项目的具体要求去选择。企业要对外包商实力、客户群体、专业背景、财务状况、专业水平、行业知名度、企业文化的兼容性、服务质量、管理成本等方面进行综合了解；还要进行对比，要与外包服务商进行充分、深入的交流，对外包服务商对于此业务是否有长期承诺，是否有实质性的投资投于软硬件的建设，是否具有丰富的操作经验，是否会严格恪守国家法律的规定等方面进行综合考虑。最好选择企业所熟悉的或者曾经合作过的服务商，若从未用过服务商，可以选择在行业中实力雄厚、信用记录好的公司，或者通过正在进行人力资源管理外包的企业了解相关服务商的信誉。通过比较，选择若干服务商，在服务商的能力具备的前提下，结合其外包的职能进行报价，选择出合适的外包服务商。

（四）在人力资源外包合同中设置保密条款或者与服务机构签订独立的保密合同

外包企业向人才服务专业机构提供的信息中有相当一部分属于本企业的商业机密，这部分信息可以为企业带来短期或长期的利益。一旦信息被第三方知晓，商业机密被泄露的可能性就会增加，即使人才服务专业机构不存在泄露企业商业机密的故意，由于人才服务专业机构经常会将自己所提供的人力资源服务当成一个案例输入自己的数据库，以便以后作为参考，这样当这个案例作为参考的时候，外包企业的商业机密就有可能被间接地泄露。因此，外包企业在实施人力资源外包策略时，既可以单独签订保密合同，也可以在人力资源外包合同中附加保密条款，通过在保密条款或保密合同中限制人才服务专业机构对外包企业商业机密信息的使用，并严格限制人才服务专业机构使用这个人力资源服务案例的范围，就可以在一定程度上降低人力资源外包时企业商业机密泄露的可能性。

（五）建立外包风险的预警机制

准备实施外包的企业需成立相应机构来对外包进行全面策划，管理者应着重分析外包的风险源，估测风险的发生概率，估测其可能产生的后果，界定责任的承担者等。通过这种预警机制来预测和分析外包实施中的风险，加强前馈控制工作，从而使可能出现的外包风险损失降到最低。

（六）建立外包风险的激励约束机制

企业和外包服务商在签订合作协议后，存在的风险主要是道德风险。道德风险主要指：

假设委托人和代理人在签订契约时各自拥有的信息基本上可视为对称，但达成契约后，委托人无法观察到代理人的某些行为，或者外部环境的变化仅为代理人所观察到。在这种情况下，代理人在有契约保障之后，可能采取不利于委托人的一些行动，进而损害委托人的利益。针对这种风险，企业可以采取的有效措施除了监督之外，为降低道德风险，企业可以在契约中提供适当诱因，给予外包商一定激励措施。当企业对外包服务商进行激励报酬设计时，要考虑该报酬必须与其承担风险的成本相平衡，由此建立起符合双方利益及风险共担的激励约束机制。

（七）与企业相关员工进行有效沟通

外包前做好与企业内部人员的沟通工作。企业的高层领导必须高度关注，积极沟通协调，赢得员工的支持，做好外包的思想准备。通过沟通获得企业执行层的全力支持，这是人力资源外包成功的基础。其中最重要的是做好人力资源部门员工的思想工作。在有效沟通的基础上，一方面，加快人力资源部门角色转变，明确外包后人力资源部门角色应定位于推动组织变革、规划员工职业生涯；另一方面，推动人力资源管理人员的角色转变，人力资源管理人员的角色应由某领域的专家转变为具有开阔视野的通才，逐渐充当企业战略决策伙伴、企业变革的推动力以及员工代言人等多重角色。

（八）对外包服务商实施有效的沟通与监控

在合同执行前，企业应该对服务商派来的服务人员进行验证，保证这些服务人员有足够的能力为企业提供服务，而且在外包服务的过程中，针对派来的服务人员的工作效果与服务商进行及时有效的沟通。与服务商建立一种积极的关系，这对于双方建立长期稳定的合作关系至关重要，避免企业的经营出现大波动。同时，企业在签订外包合同时应该在合同中对服务商提出明确的要求，规定服务标准和所应该取得的成果，建立相应的监控机制。在合同的执行过程中，必须加强对合同执行的监控，时刻关注外包过程中的变化，及时纠正出现的偏差。

第四节　人力资源外包的发展趋势

人力资源外包是一个进化中的过程。20 世纪 90 年代以来，人力资源外包呈现出以下发展趋势。

一、人力资源外包领域逐渐扩展

实行人力资源外包的企业，在开始时通常只外包一两项人力资源职能或某一职能中的一两个活动。但在与外部服务商合作的过程中，企业得到越来越好的成本效益，并且由于人员缩减、成本控制的压力，于是，愿意将更多的人力资源职能外包出去。同时，随着人力资源外包服务商的服务能力的提升，其所提供的服务项目和范围也在不断扩大。在两方面原因共同作用下，人力资源外包从最初的单项培训活动、福利管理活动外包，发展到今天的人员招聘、工资发放、薪酬方案设计、国际外派人员服务、人员重置、人才租赁、保险福利管理、员工培训与开发、继任计划、员工援助计划等更多方面的人力资源活动外包。

二、企业利用外包顾问进行外包工作

人力资源外包的市场需求看好，越来越多的服务商也应运而生，而且大多数服务商都能以合理的价格来提供相应的服务。面对广泛的选择，企业常常感到难以判断和抉择。很少企业内部有人力资源外包方面的专家，而这种专家对于有效处理外包项目又是必需的。企业再一次向外部寻求帮助，利用具有特定职能外包专业知识的外部专家来进行外包项目的分析、谈判和决策，以及部分外包过程的管理。这可谓外包之外包。于是，许多著名的人力资源外包服务商又有了新的人力资源外包业务方向。

三、外包服务商在结成联盟

人力资源外包领域最明显的趋势之一就是大型福利咨询公司和大型会计事务咨询公司不断联合。原因在于：人力资源外包服务长期被分割，成千上万的顾问和比较小的咨询服务公司都在提供一定范围的人力资源职能外包服务。过去，想将多个或全部人力资源职能外包出去的中型或大型企业得利用好几个服务商。这往往会使其整个人力资源职能外包过程变得复杂、低效。于是，某些大型咨询公司调整业务焦点，在人力资源服务技术上进行了巨大的投资，准备在人力资源外包这个具有广阔前景的业务领域大力发展。

阅读资料

在整个20世纪90年代，企业人力资源外包的领域集中在福利保险管理职能；到90年代末，企业对福利保险管理外包服务的需求迅速增加，给福利咨询领域带来了一场重大的并购。例如，美国ADP雇主服务集团1994年收购了应用软件集团，1995年又收购了威廉姆斯-撒切尔兰德-美国健康福利公司、威廉·默克公司的管理外包服务业务，以及欧洲最大的人力资源服务商GIS。这使ADP成为美国最大的外包服务公司。又如，1998年，库珀斯-利布兰德公司与普华公司这两个大力涉足人力资源外包服务业务的大型会计师事务公司合并为普华永道公司。这些购并对整个人力资源外包服务领域将具有重大影响。

（丁大建，2006）

四、人力资源外包成为企业的一种竞争战略

今天，竞争优势成为企业高层管理人员最关注的问题。为了获取竞争优势，企业不断进行战略创新，力图使有限的资源聚焦于核心优势的发挥。人力资源外包也是这种创新的产物之一，其目的同样是让企业内部的人力资源人员聚焦于直接创造价值的战略活动，提高人力资源服务的附加价值。

人力资源外包与内部人力资源职能人员担当业务合作伙伴角色的方向是一致的。人力资源是一种与业务管理人员以及全体员工共同完成的服务。企业高级人力资源管理人员和专业人员正在接受挑战，要重建核心能力，帮助制订和实施解决企业战略问题的人力资源解决方案。人力资源部也在接受挑战，要改变其官僚主义的文化，成为以客户为导向的部门，提供更有价值的服务。人力资源外包，特别是在企业与人力资源服务商形成良好合作伙伴关系的

情况下，成为企业内部人力资源工作适应这些挑战的核心能力。因此，它正在成为企业的一种竞争战略。

五、人力资源外包服务在向全球化方向发展

经过大规模购并重组而产生的大型人力资源服务商立志于开拓全球范围的全面人力资源职能外包市场，将其服务对象确定在国际型、全球型大企业，为此它们在全球范围广泛开设分支机构，密切关注国际型企业的战略规划与人力资源管理体制改革，积极开发全球人力资源解决方案。例如，重组后的普华永道公司已经正式推出了全球人力资源解决方案。专家认为，人力资源外包全球化是当前人力资源领域最大发展趋势，它将对企业人力资源职能活动产生巨大影响。(彭剑锋，2007)

开篇案例简析

“人力资源外包”这个概念，时下在国外已经非常普遍，人力资源外包业务正在全球范围内快速的发展，并成为业务流程外包（Business Process Outsourcing，BPO）的一个重要组成部分。IDC 研究成果显示，2009 年全球 HR 服务市场收入将达到 1134 亿美元，从 2004 年到 2009 年这段时间，该市场年复合增长率为 9.6%。目前中国人力资源外包市场市值约有 10 亿美元，2010 年中国的人力资源外包市场市值将达到 15 亿美元，而且将以每年 20%的比例增长。为什么中国的人力资源外包服务市场发展这么快并潜力巨大呢？正如案例提到的一样，主要原因在于：发达国家的人力资源外包市场已趋于饱和。但随着越来越多的大型跨国企业“落户”中国，又由于中国管理相对薄弱，国内企业观念更新，政府的监管也不断完善，从而对人力资源外包服务的需求不断增大。业内众多人士都非常看好该行业发展潜力，现在许多跨国人力资源集团都已经或陆续在中国开展业务和设立分支机构，国内人力资源管理企业也积极开拓这个市场。

本章小结

人力资源外包也称人事外包，作为管理外包的一种，其含义是：企业根据需要将一些重复的、事务性的、不涉及企业机密的人力资源管理工作，交由从事该项业务的专业机构进行管理并向对方支付相应服务报酬的一种活动。

企业进行人力资源外包的主要原因有：企业人力资源部门职能转变的需要；降低企业成本的需要；对专家服务的需求；人力资源信息技术的影响；减少企业管理风险与增强系统稳定能力的需要等。

人力资源外包的理论基础主要有：交易成本理论、托代理理论、核心竞争力理论、专业分工理论与价值链理论等。

人力资源外包的内容有：薪酬管理方面、人力资源信息系统方面、国际外派人员管理方面、组织发展方面、遵守劳动法规方面、人员配置方面及培训方面等。

一般来说，人力资源外包的工作主要有成立人力资源外包的决策机构、分析企业人力资源外包的基本条件、外包的成本-效益分析、人力资源外包内容的选择、外包方式的选择、外包服务商的选择、起草项目计划书要求、签订完善的外包合同、企业内部进行充分的沟通、管理和维护外包合作关系、监控和评价服务商的工作绩效等几项内容。

人力资源外包可以给企业带来诸多好处，但是实践中也不乏失败的案例，这说明企业在实施人力资源外包的过程中也存在风险。

人力资源外包的风险主要有：企业自身能力的约束；外包成本的错误估计；外包服务商选择方面的风险；企业文化冲突的风险；信息安全及经营安全的风险；员工流失与抵制的风险以及对外包服务商的服务过程缺乏有效监控等。

人力资源外包的风险防范措施主要有：明确外包的内容以及所要达到的目标；对外包进行系统的研究与规划；审慎选择外包服务商；在人力资源外包合同中设置保密条款或者与服务机构签订独立的保密合同；建立外包风险的激励约束机制；与企业相关员工进行有效沟通以及对外包服务商实施有效的沟通与监控等。

人力资源外包是一个进化中的过程。20 世纪 90 年代以来，人力资源外包呈现出以下发展趋势：人力资源外包领域逐渐扩展；企业利用外包顾问进行外包工作；外包服务商在结成联盟；人力资源外包成为企业的一种竞争战略以及人力资源外包服务在向全球化方向发展。

复习思考题

1. 什么是人力资源外包？人力资源外包的原因有哪些？
2. 简述人力资源外包的优点与缺点。
3. 简述人力资源外包的内容及形式。
4. 人力资源外包的主要工作有哪些？
5. 试述人力资源外包的风险及其防范措施。

案例分析

翰威特为索尼提供人力资源技术管理方案

索尼电子在美国拥有 14 000 名员工，但人力资源专员分布在 7 个地点，尽管投资开发了 PeopleSoft 软件，但索尼仍不断追求发挥最佳技术功效，索尼最需要的是更新其软件系统，来缩短其预期状态与现状之间的差距。

在索尼找到翰威特之前，索尼人力资源机构在软件应用和文本处理方面徘徊不前，所有人力资源应用软件中，各地统一化的比率仅达到 18%。索尼人力资源小组意识到，他们不仅仅需要通过技术方案来解决人力资源问题，还需要更有效地管理和降低人力资源服务成本，并以此提升人力资源职能的战略角色。

正是基于此，索尼电子决定与翰威特签订外包合同，转变人力资源职能。翰威特认为，这将意味着对索尼电子的人力资源机构进行重大改革，其内容不仅限于采用新技术，翰威特还可以借此契机帮助索尼提高人力资源数据的质量，简化管理规程，改善服务质量并改变人力资源部门的工作日程，进而提高企业绩效。

在这样的新型合作关系中，翰威特提供人力资源技术管理方案和主机，并对人力资源管理系统的门户进行内容管理，这样索尼可以为员工和经理查询所有的人力资源方案和服务内容提供方便。此外，翰威特提供综合性的客户服务中心、数据管理支持及后台软件服务。

索尼与翰威特合作小组对转变人力资源部门的工作模式寄予厚望。员工和部门经理期望更迅速、简便地完成工作，而业务经理们则期望降低成本和更加灵活地满足变动的经营需求。

此项目的最大节省点在于人力资源管理程序和政策的重新设计及标准化，并通过为员工和经理提供全天候的人力资源数据、决策支持和交易查询服务，使新系统大大提高效能。经理们将可以查询包括绩效评分和人员流动率在内的员工数据，并将之与先进的模式工具进行整合和分析。这些信息将有助于经理制定更加缜密、及时的人员管理决策，经理们可以借此契机提高人员及信息管理质量，进而对企业经营产生巨大的推进作用。

项目启动后，索尼电子与翰威特通力合作，通过广泛的调查和分析制订了经营方案，由此评估当前的环境并确定一致的、优质的人力资源服务方案对于索尼经营结果的影响。

索尼电子实施外包方案之后，一些结果已经初见端倪，除整合，改善人力资源政策之外，这一变革项目还转变了索尼 80%的工作内容，将各地的局域网，数据维护转换到人力资源门户网的系统上，数据接口数量减少了 2/3，新型的汇报和分析能力将取代原有的，数以千计的专项报告。

从未来看，到第二年，索尼电子的人力资源部门将节省 15%左右的年度成本，而到第五年时，节省幅度将高达 40%左右，平均而言，5 年期间的平均节资额度可达 25%左右。

索尼现在已经充分认识到通过外包方式来开展人力资源工作的重要性，因为可以由此形成规模经济效应并降低成本。此外，人力资源外包管理将人力资源视为索尼公司网络文化的起点，人力资源门户将是实施索尼员工门户方案的首要因素之一，索尼也非常高兴看到通过先行改造人力资源职能来进行电子化转变。

（中国服务外包网，2007）

分析讨论：

1. 索尼公司为什么要进行人力资源外包？这样的决定正确吗？
2. 翰威特为索尼公司提供的外包服务是什么？效果怎么样？为什么会有这样的效果？

实训

人力资源外包方案制订实训

（一）实训目的

通过实训，了解人力资源外包工作的主要内容，掌握人力资源外包方案制订的过程及一般方法。

（二）实训条件

1. 实训时间

本实训需要3～4个学时。

2. 实训地点

多媒体教室。

3. 实训所需材料

AWP公司是一个拥有将近3 000名员工的制药公司，总部设在休斯敦，并在亚利桑那和科罗拉多设有分公司。20多年来，AWP公司人力资源管理一直由总部统一管理。2006年，AWP收购了得克萨斯州的两家制药厂之后，员工对福利保险管理系统和薪酬管理模式有很多疑问，公司人力资源部的日常工作量陡增，人力资源工作人员也有怨言。在公司高级经理办公会上，公司首席行政执行官杰克逊对人力资源副总裁戴西说，购并后，我们要用创新思路来设计人力资源工作，包括人力资源部的工作重点和人员结构。目前的人力资源部人员还应当减少，而且还要提高工作效率。我听说有的公司委托顾问公司管理一些人力资源工作，效果不错。你要负责尽快提出解决方案。会后，戴西进行了一些调查和研究，提交了一份外包某些人力资源职能的建议报告，得到了首席执行官的认可。

（彭剑锋，2007）

（三）实训内容与要求

1. 实训内容

根据上述案例资料，了解人力资源外包工作的主要内容，掌握人力资源外包方案制订的过程及一般方法。

2. 实训要求

（1）要求学生做好实训前的知识准备，掌握人力资源外包工作的主要工作内容及制订人力资源外包方案的方法。

（2）要求学生运用所学知识分析AWP公司的人力资源外包方案应包含什么要点和内容。如果你是戴西，你会如何组织AWP公司的人力资源外包工作。

（3）要求教师在实训过程中做好组织工作，给予必要的、合理的指导，使学生加深对理论知识的理解，提高实际分析、操作的能力。

（四）实训组织方法与步骤

第一步，教师安排实训内容、要求及考核办法。

第二步，学生做好知识准备工作。重温相关的理论知识并熟悉上述的案例材料，有必要的话，要查找一些相关书籍作为参考。

第三步，学生分组讨论，充分发表每个人的意见，给出比较切合实际的人力资源外包方案。

第四步，每个小组讨论后，派一名代表在全班发言，发表本小组的看法。

第五步，学生根据测评结果进行充分的分析和讨论，分析自己的职业倾向，列出自身适应的职业顺序。

第六步，教师对各种观点进行分析、归纳和总结，提出指导意见，帮助学生完善自己的结论。

第七步，每个小组根据讨论的结果编写实训报告。

（五）实训考核方法

1. 成绩划分

实训成绩按优秀、良好、中等、及格和不及格五个等级评定。

2. 评定标准

（1）是否掌握人力资源外包的相关理论知识。

（2）是否查阅了相关的其他资料。

（3）讨论的是否充分、热烈。

（4）得出的讨论结果是否具有可行性及实际意义。

（5）是否记录了完整的实训内容，做到文字简练、准确，叙述通畅、清晰。

第十一章 跨国公司人力资源管理

学习目的：通过本章的学习，理解跨国公司人力资源管理的含义及特点；掌握跨国公司人力资源管理的四种基本模式；理解文化差异对跨国公司人力资源管理的影响；掌握跨国公司人力资源管理的各项职能。

关键概念：跨国公司（Multinational Corporation） 跨文化管理（Intercultural Management）

开篇案例

安母根公司的全球员工

安母根公司最初是一个总部设在加利福尼亚州的几百人的组织，现在已有3 900名员工遍布世界各地。该公司是一家生物技术组织，对基于先进的细胞生物学和分子生物学的各种药品进行研究、开发、生产和销售。

据公司的人力资源副总裁加尼特称，安母根公司已经树立了全球意识，正对他们的人力资源管理产生着重要影响。加尼特是这样描述的："如果你是个多国公司，你需要一个派遣计划，如果你是一个全球公司，你只需要提供单程票。"事实上，安母根公司的人力资源管理战略反映了这个前提。为了获得竞争优势，公司雇佣了全球最优秀的科学家、医务工作者和管理人员，这些人都是公司各个经营机构所在国的本地人，或者对当地较熟悉的人。在加利福尼亚，大约15%的员工是外国人。除了在亚洲有个别例外，所有的海外机构管理人员都是本地人或第三国人。据加尼特介绍说："他们聘用本地人来进行管理，但我们派驻人员以协助进行工序及特殊项目的集成。"公司在全世界只有6名外派人员，而且他们的任务是短期的，即建立起各地的机构。

安母根公司寻找的是哪一类员工？"全球性公司需要的是具有各种经营环境经验的人。"加尼特说道。这就不仅仅要求会说本国语言并且在本国长大，而且要求在任何国家都能够执行公司的指令。为鼓励其全球员工，公司正在加强其全球经理培养计划。尽管其培训课程尚处于起步阶段，但已经包括了许多不同国家的文化和商业实务方面的信息，还包括很多集中培训人际沟通、绩效管理、决策制订等领导技能的训练。

（赵曙明，2007）

请思考：你认为安母根公司的全球人事战略的特点是什么？

第一节　跨国公司人力资源管理概述

一、跨国公司人力资源管理的含义

阅读材料

2004年12月9日，联想集团宣布购买蓝色巨人IBM公司的PC业务。这一举措正式跨出了联想成为国际化公司的第一步，被媒体称为“蛇吞象”。同时宣布的几个消息是联想总部设在美国纽约，原联想总裁杨元庆升任董事长，而新联想首席执行官将由原来负责IBM公司PC业务的高级副总裁史迪芬·沃德担任。同时新联想的官方语言由中文改为英文。跨国经营是企业整合国际资源、壮大经济实力的必由之路。同时，跨国公司的人力资源管理问题就成为了国际化经营管理中的重要课题。企业跨国经营的成败，很大程度上取决于“跨文化管理”水平。

经济全球化和管理国际化，使众多管理学者将研究方向从国内和地区的人力资源管理研究转向国际人力资源管理研究。在国际环境下的人力资源管理，尤其是在跨国组织中的人力资源管理问题已经引起了研究人员越来越大的兴趣。

一般认为，跨国公司指的是在多个国家设立子公司，并在整个世界范围内获取和分配资金、原材料、技术和管理资源以实现企业整体目标的公司。跨国公司人力资源管理是跨国企业在国际经营环境下，有效利用和开发人力资源的管理活动或管理过程。

在过去的十年中，跨国公司人力资源管理的理论和实践研究主要集中在三个领域。

一是外派员工（由母公司派往国外的员工）、内派员工（国外员工到母公司工作的员工）以及他们的职业生涯问题。

二是国际人力资源管理的职能。对这个问题的研究主要是围绕着甄选、培训、评估以及外派人员薪酬等方面的问题而展开的（Napier，1995）。

三是国际人力资源管理流程的统一模式开发问题。舒勒和奈皮尔等人通过研究都曾经希望在跨国公司总体战略计划的范围内建立一个统一的国际人力资源管理流程。近年来，许多学者对该领域进行了较为丰富和深入的研究，做了大量的实证研究和案例研究，并通过这些实证研究积极探索建立一个较为全面的国际人力资源管理理论体系。

名人名言

管理是以文化为转移的，并且受其社会的价值观、传统与习俗的支配。

——德鲁克

二、跨国公司人力资源管理的特点

（一）在人力资源管理体制方面

跨国公司基于人尽其才的经营理念，围绕着人力资源的引进和开发等工作，建立各具特色的人力资源管理体制。其共同特点如下。

1. 把人力资源管理工作提升到战略的高度，纳入企业的中长期发展战略

许多跨国公司比较注重将雇员招聘、培训、使用与企业发展战略相结合。在招聘时注重质量，使所招聘的雇员符合企业发展战略的需要；在使用时积极鼓励雇员参与企业经营发展战略的拟定，激励员工工作的积极性、主动性、创造性。

2. 将人事管理发展成全方位的人力资源管理

在美国，企业的人事部门已转变为人力资源管理与开发的战略部门，企业的人事副总裁已成为决策班子中举足轻重的成员。

3. 人力资源部门的工作人员具有较高的综合素质

跨国公司人力资源管理部门的人员一般都经过了专门的培训，有较高的文化素养和人力资源管理的专门知识。

4. 拥有最先进的技术手段

一般情况下，跨国公司引入了最先进的人才测评技术、绩效考评技术。这既有助于科学地识别人才和对人才进行分类、能岗匹配，使之最大限度地发挥潜能，又有利于精确地计量员工的劳动贡献和劳动报酬，进行最有效的激励。

5. 注重人力资源管理与企业文化的有机结合

通过结合，使企业文化在一个企业中所具有的动力功能、导向功能、凝聚力功能、融合力功能、约束力功能被很好地挖掘出来。

（二）在引进机制方面

1. 面向全球招揽人才

跨国公司很注重人力资源的本地化策略，分支机构设到哪里，就从哪里雇用最优秀的人才。

2. 重视对人才的测评

跨国公司在选用人才时，一般要经过严格的审查和考评程序。如摩托罗拉、宝洁等在中国高校选用人才时，通常要严格审查被选择对象的简历，进行高难度的专业考试，进行面试以及一系列专业测评等。跨国公司一般都注重人才的品德、知识技能和创新能力，其中创新能力的重要性越来越突出。

3. 重视提前培养

许多跨国公司很重视对表现优异特别是有特殊潜质的在校生的“超前培养”，其途径包括人力资源管理部门与学校建立战略合作关系、给予学校或学生以教育捐款或资助等；对于某些专业中有特殊禀赋的学生给予生活及科研方面的费用支持。许多跨国公司非常重视人才的价值，不惜付高薪酬。

（三）在培育机制方面

1. 舍得资金投入

由于认识到人才对企业发展的战略性作用，跨国公司常常向其人才培训机构投入较多的培训开发费用。

2. 建立适合企业实际的培训基地

跨国公司从实际需要出发建立了培训基地，以满足企业经常性的频繁的人才培训需要。在培训基地，通常请高校或研究机构的专家到公司办不同的培训班；有时也请本公司经验丰富的经理对本公司的跨国经营人才及其候选人进行分层分级培训。

3. 选择适宜的培训方式和培训内容

美国通用电气公司克劳顿维尔管理发展研究所专门负责培训和开发各类经营人才，所培养的人员分为两大类型：一类主要以未担任领导职务的公司职员为培训对象的初级班，另一类是以包括董事在内担任经理以上职务的管理人员为培训对象的高级班。在初级班中，每年举行 16 次培训，培训时间一般为 1 周，学习的主要内容是经营战略的制订方法，怎样管理跨国公司，如何解决当前本公司面临的重大课题等。在高级班，每年举办一次培训，时间为 3 周，学习的主要内容是跨国经营领导者所应具备的政治、经济和社会知识，最新的形势与动态，有关公司的经验、发展前景等。

（四）在激励和约束机制方面

跨国公司在员工激励与约束机制方面具有动态性、多元性和灵活性的特点，具体体现在以下方面：一是工资福利待遇与劳动贡献、职位和工作岗位挂钩，并实行动态激励；二是采用多样化的激励办法，使雇员的利益与企业利益紧密结合。

跨国公司一般实行短期激励和长期激励相结合的办法，加大对有贡献的员工的奖励力度。短期贡献主要通过现金和福利；为留住和激励优秀的人才，长期激励主要采取年薪制和股票期权等办法。

三、跨国公司人力资源管理的基本模式

从实践来看，跨国公司实施国际人力资源管理的模式很多，其中最有代表性的是以下四种。

（一）民族中心主义模式

在这种管理模式中，跨国公司将在本国母公司中的政策与工作方法直接移植到海外的子公司，这些子公司由母公司派出的本国员工管理，同时母公司对子公司的政策实行严密的控制。在这种情况下，子公司的人力资源经理就需要在公司总部的规定与东道国当地的员工可以接受的政策之间进行协调，工作难度比较大。

民族中心模式一个重要的特征是：公司总部进行战略性的决策，国外的子公司很少有自治权，国内与国外公司中的主要职位都由总公司的管理人员担任。

民族中心主义模式对国际化早期阶段的公司来说很普遍，采取这种人事政策的原因是：跨国公司缺乏能够胜任在东道国有效管理的当地人员，而公司又需要与总部保持一致和良好的沟通、协调和控制等方面的联系。在这种情况下，跨国公司别无选择，只能将母国人员派往东道国承担经营管理子公司的重任。这种人事政策的优点是：子公司经理与母公司不存在文化差异，能在国外显示母国公司的存在；同时，有利于经营活动中技术诀窍的保密。其缺点是：这种政策会妨碍公司总部派出的经理人员的晋升，可能引起士气下降和人员的频繁流动；实行这种政策要付出高昂的代价，包括外派人员的额外津贴，以及家属和本人在国外工

作和生活能否适应等；母公司的管理风格和文化进入子公司后，可能会引起摩擦或冲突。

（二）多中心模式

这种管理方式的主要特征是：各子公司有一定的决策权，子公司由当地人进行管理，但这些管理人员不可能被提拔到总公司任职；总公司人员也很少被派往国外子公司。在这种政策下，母公司与子公司基本上是相互独立的，各个子公司实行适合当地特定环境的人力资源管理政策，人力资源管理人员也由当地员工担任。采用多中心模式的子公司的人力资源经理有很大的自主权，因此工作起来就比较简单。

多中心模式的优点是：聘用所在国人员可以消除语言、文化上的障碍，不必对雇佣人员进行语言、文化方面的培训；避免一些敏感的政治风险；可以利用东道国低工资的优点来吸引高质量的人才；当地雇员往往不会调剂到总公司或其他海外企业工作，从而在一定程度上保证了该子公司管理人员的相对稳定。其缺点是：雇佣的当地人员往往不了解整个公司的国际化经营战略；当地人员由于所处的教育、业务经验和文化环境不同，不善于沟通、协调该子公司与跨国公司其他部分的关系；当地人员的提升会受到限制，一旦当地人员在子公司被提升到最高职位时，他们就不能再提升了；人员的当地化，不利于总部、海外子公司的管理人员到母国之外的地方去工作，使他们难以获得国际经营的工作经验和知识，因而难以培养他们沟通、协调和有效地监督跨国公司业务的能力；语言障碍和一些文化差异，如个人价值观、管理态度等方面的差别等，都会使总部与子公司产生隔阂，可能导致总部难以控制子公司。

（三）地区中心模式

在这种模式中，子公司按照地区进行分类，如欧洲区、大中华区和北美区等。各个地区内部的人力资源管理政策尽可能地协调，子公司的管理人员由本地区任何国家的员工担任。地区内部的协调与沟通的程度很高,而在各个地区与公司总部之间的沟通与协调是很有限的。地区中心政策的主要特征是：人员可以到外国任职，但只能在一个特定的区域内。地区经理不可能被提拔到总公司任职，但是他在所辖范围内具有一定决策权。

这种模式的主要优点是：能促进从地区子公司调动到地区总部的高层管理人员与任命到地区总部的母国人员之间的互动；是跨国公司逐渐由民族中心模式或多中心模式转到全球中心模式的一条途径。其缺陷是：它在地区内可能形成“联邦主义”；人员可能晋升到地区总部但很少能升到母国总部。

（四）全球中心模式

在这种管理方式中，公司总部与各个子公司构成一个全球性的网络，该网络被看作一个经济实体而不是母公司与各个子公司的一个简单集合。全球中心模式下的人力资源管理政策服务于整体最优化的目标，因此既可以有在整个网络中普遍适用的政策，也可以有局部适用的政策。在地区中心原则和全球中心原则情况下，子公司的人力资源经理需要在整体的人力资源战略要求与当地具体的人力资源管理政策之间进行平衡。

全球中心人事模式的重要特征是：跨国公司从世界范围内配置其人力资源，只强调能力而不介意所聘用人员的国籍。在跨国公司任何地方的重要职位上，包括总公司的董事会、高级管理层中都可以找到三种不同的人员，即母国人员、所在国人员和其他国人员。

实施这种人力资源管理模式的基本假设是：无论总部还是子公司都会获得高素质员工；具有国际经验的经理，成为培养高层管理者的人选；有很强潜在能力和晋升愿望的经理可以随时从一个国家调到另一个国家；高素质和流动性的人才，具有开放的思维和很强的适应力；那些开始不具备开放和适应能力的人到国外工作后可以积累国际经验。

该模式的优点是：跨国公司能在全球范围内充分、合理利用人力资源，组建一支国际高级管理人员队伍；能减少和避免对整个公司系统内各单位经理国籍歧视的倾向，使各单位经理更好地挖掘其潜力，发挥其优势。其缺陷是：东道国往往要求外国子公司雇佣当地人作为管理人员，如印度政府就把部分雇佣当地人作为跨国公司入境办企业的条件之一；由于培训和重新安置成本的增加，全球中心模式的实施成本较高，完善此项模式需要的时间较长；在世界范围内分散招聘，须进行语言和文化的培训，加之家庭在不同的国家间流动，所需费用很大。

跨国公司四种人力资源管理模式的对比如表 11.1 所示。

表 11.1　国际人力资源管理的四种模式

企业的特征	民族中心模式	多中心模式	地区中心模式	全球中心模式
标准设定、评估与控制	由公司总部负责	由子公司当地的管理当局负责	在地区内部的各个国家之间协调	全球和当地的标准和控制并行
沟通与协调	从公司总部到各地的子公司	在各个子公司之间和子公司与总部之间都很少	在子公司与总部之间很少，在地区的各个子公司之间一般较多	在子公司之间和子公司与总部之间结成完全联系的网络
人员	本国员工担任管理人员	东道国员工担任管理人员	本地区各国员工担任管理人员	最好的员工被安排到最合适的地方

四、跨国公司人力资源管理的原则

跨国公司要做好人力资源管理，必须遵循以下五个原则。

（一）关注文化差异

关注文化差异是企业人力资源国际化管理系统中最重要的原则。文化影响面宽泛，同时文化差异又是企业国际业务中最难以掌控和处理的方面。研究文化差异能够帮助人力资源国际化管理者确定和理解其他文化中的工作态度和动机的不同点。

（二）倡导人本主义，鼓励尊重、理解与宽容

“以人为本”的核心是尊重人，尊重人的价值和需求的必然性，尊重人的“人权”。在跨文化环境中，实行“以人为本”的管理就必须充分尊重各文化所特有的价值观念及其行为方式，充分尊重人的多样性和差异性。换句话说，以尊重人的多样性和差异性为前提的人力资源管理，正是“以人为本”这种管理理念的最好的注解和体现。由此，跨文化人力资源管理的核心就是宽容并尊重“多元文化”和“多元价值”，以及“多元忠诚”和“多样化的人”。要使不同文化在同一企业中友好相处，各种文化之间需要充分地沟通、理解和宽容，这是搞好人力资源管理工作的前提。

（三）本土化

跨国公司发展到一定阶段，实行本土化就成了必然。这基于以下几点：第一，成本的核

算。跨国公司派出本国管理人员的方式引起的成本很高。第二，谋求在所在国的社会声誉。那些愿意使用当地员工担任管理职务的跨国公司，在东道国可以享有很好的口碑，这些有利于开展业务。第三，稳定员工。本国的外派员工担任管理人员，他们会理所当然地认为自己在外国工作是职业生涯的一个插曲，一个时期以后就要回国，在工作中就可能片面强调短期效果，而缺少应有的长期计划。另外，与本土化人才相比，外派存在着成本高、文化差异大等不足，因而大多数跨国公司倾向聘用本土人才。

（四）灵活的薪酬

薪酬管理是人力资源国际化管理系统中最复杂的领域之一，不同的国家有不同的员工薪酬标准。企业应当仔细考虑怎样使用激励与奖励。对于美国人，尽管非物质性激励，如威信、独立自主以及影响力等可能是有效的手段，金钱却可能是最终的驱动力；在其他文化环境中，则更可能强调尊重、家庭、工作安全、满意的个人生活、社会承认、提升或权力等因素。既然存在着许多金钱的替代品，则应当遵循薪酬政策与文化价值相匹配的原则。总的来说，薪酬制度的设计指导原则应当是“全球化的构思和地区化的操作”。也就是说，经理们制订出的薪酬方案应当既能满足企业总体战略需要，又能保持足够的灵活性，以修正一些特别的政策，满足特殊地区员工的需要。

（五）利益一致

母公司和东道国公司之间可能经常产生冲突。民族主义的自利性可能会给通过合作而得到的收益打折。社会文化的差异也可以导致沟通失败，进而产生误解。此外，一家大型跨国公司可能在一个小国具有巨大的经济影响，以至于东道国有完全被压倒或控制之感。有些跨国公司会因攫取超额利润、从当地企业中挖走最优秀的人才，以及与社会公众利益相对立等原因而受到指责。跨国公司必须培养管理人员的社交技能，以防止类似冲突的发生，并对那些不可避免要发生的问题及时妥善地加以解决。当母公司向东道国子公司提供技术和管理技能并与之共享，帮助东道国子公司开发人力资源时，就产生了利益一致的效果。另外，母公司和东道国子公司会发现，将双方置于一个全球性的组织结构中统一考虑，对双方都是有益的。不管相互关系如何，必须制定有关政策来保证公平，使双方都获益，以此保持期望的长久的合作关系。

第二节　跨国公司人力资源管理中的跨文化问题

企业开展国际经营，意味着从一种文化的经营跨越到另一种文化的经营。不同的文化背景决定了公司不同的经营战略，也决定了子公司不同的业务往来方式，所以跨国公司也称跨文化公司。一般来说，一个跨文化公司尤其是其管理人员，应了解文化及其对人力资源管理的影响作用。

一、文化的含义

> 阅读材料
>
> 美国外交史上有一个最大的笑话，就是尼克松在第一次访问巴西时所犯的错误。如果了解尼克松的人都知道他最喜欢的手势，也是他的代表手势，就是高举双手做ok状，这一手势在美国文化里是代表胜利和友好，然而，在巴西就不然了，在巴西文化这是最下流的手势，等于美国文化里竖起中指的手势。大家可以想象一下这么一幕，尼克松在巴西首都机场走出机门时，面对全巴西人民和世界媒体，高举他那双手，打着ok手势，还不断前后摇摆，就像他赢得竞选胜利一般。第二天，巴西所有的媒体的头条都是尼克松这一手势的相片，尼克松这一错误所造成的影响，不言而喻。
>
> （陈晓萍，2009）

文化可以被定义为“由人类创造的，经过历史检验沉淀下来的物质和精神财富”。它应该具有以下几个特点：①文化是一个群体共享的东西；②这些东西可以是客观显性的，也可以是主观隐性的；③客观显性的文化和主观隐性的文化同时对生活在该群体中的人产生各方面的影响；④文化代代相传，虽然会随着时代改变，但速度极其缓慢。

在讨论文化时，常常用两个比喻来使文化的抽象定义形象化。一个比喻是将文化比成洋葱，有层次之分。另一个比喻则是文化冰山说，指出文化的显性隐性双重特征。

二、文化差异的度量维度

所谓“文化差异”，简要地说，是指不同国家、民族间文化的差别。各个民族间的语言、传统、性格和生活方式不尽相同，每个国家都有着与自己政体相适应的物质文化、精神文化和社会文化。不少学者对不同民族、国家的文化差异维度进行了研究，比如美国著名文化学者克鲁克霍尔姆（Kluckholm）认为，文化差异体现在七个方面：一个文化圈成员的自我认识；与自身所处环境的关系；价值结构；与他人关系；个人贡献定义；时间指向；空间指向。这些差异直接影响了海外子公司内部管理的方法与方式。对宏观的文化差异进行系统实证研究的是美国学者霍夫施泰德，他把文化差异概括为四个方面或维度，即“权力距离”、“个人主义与集体主义”、“男性与女性”以及“回避不确定性”。

（一）权力距离

权力距离的大小反映出不同国家在对待人与人不平等这一基本问题上的不同态度。权力距离标准高的国家是拉丁语国家（拉丁语系的欧洲国家，如法国、西班牙和拉丁美洲）、亚洲和非洲国家；权力距离标准低的是美国、英国及其前自治领地，以及其余的欧洲非拉丁语系国家。

权力距离指数得分情况显示一个国家中的人际依赖关系情况。权力距离小的国家里，下属对上司的依赖是有限的，并且偏好商量，即下属和上司是相互依赖的。他们之间的感情差距也相对较小，下属很容易接近并敢于反驳他们的上司。权力距离大的国家里，下属对上司的依赖很大。他们要么偏好这种依赖性，要么完全反对，心理上称为反依赖，这也是一种依赖，却是一种消极的方式。因此，权力距离大的国家显示出依赖与反依赖的两极分化。这种情况下，下属和上司的感情差距很大，下属一般不会直接去找上司并和上司发生冲突。权力距离指数的大小也反映管理中的上下级关系。在权力距离大的情况下，上下级认为彼此之间天生就不平等，等级制度就是以这种天生不平等为基础的。美国发明的目标管理在其他国家或地区不一定起作用，因为这种领导方式的先决条件是上下级之间要进行某种形式的协商。

（二）个人主义与集体主义

按照霍夫施泰德的观点，个人主义社会是指人与人之间的关系较为淡薄的社会，人们只顾及他自己及其直系家属。而集体主义社会则相反，人们一出生就结合在强大而紧密的集团之中。这种集团为他们提供终生的保护，而他们反过来也毫无疑问地忠诚于自己的集团。

个人主义和集体主义倾向可以用来解释管理活动中人的不同行为方式和行为目标。处于个人主义文化中的员工往往希望按照自己的兴趣行事。工作应该按照员工意愿与雇主利益相一致的方式加以组织。在集体主义文化中，员工将会按照这个集团的利益行事，而这一集团的利益也许不会总是与个人利益相一致。在这种社会中，通常都期望人们在集团的利益中能够忘却自我。

（三）男性维度与女性维度

霍夫施泰德认为男性或男子气概所代表的文化维度是指社会中两性的社会性别角色差别清楚，男人应表现得自信、坚强，注重物质成就；女人应表现得谦逊、温柔、关注生活质量。女性或女性气质所代表的文化维度是指社会中两性的社会性别角色互相重叠，男人与女人都表现得谦逊、恭顺、关注生活质量。

不少文化中，男人要学习和接受恃强的价值观，女人则是恭顺的价值观。不同的国家中，男女两性之间的差距是不同的，越是女性气质的国家，这种差距越小；反之亦然。

男性与女性文化间的差异可以用来解释一些管理活动中的现象。在女性气质的国家中，人们一般乐于采取和解的、谈判的方式解决组织中的冲突问题。在男子气概的国家中，人们则崇尚用一决雌雄的方式解决冲突。女性文化中的经理应该依靠直觉并力求大家意见一致。男性文化中的经理应当果断、自信。女性文化强调平等、团结、注重生活质量，男性文化则强调公平、竞争、注重工作绩效。女性文化对工作的看法是“工作是为了生活”，男性文化对工作的看法是“活着是为了工作”。

（四）回避不确定性

回避不确定性可定义为具有某种文化的人们对不确定和未知情境感到威胁的程度。这种感觉是由紧张而生的，人们需要对未知的情境作出可靠的预测，需要成文或不成文的规则。

比较而言，回避不确定性强的国家的人民更忙碌，常常坐立不安、喜怒形于色、积极、活泼；而回避不确定性弱的国家的人们则沉静些，更矜持、随遇而安、怠惰、喜静而不喜动、懒散一些。强回避不确定性文化对法律、规章的需要是以情感为基础的，这将导致一些规章或由规章约束的行为发生变异，有些是过于刻板的，彼此矛盾的或是病态的。在弱回避不确定性文化中，人们对于成文法规在感情上是接受不了的，除非绝对需要，社会是不会轻易立法的。强回避不确定性文化对规章的情感需要可以培养人们精细、守时的特质，尤其当该文化同时具有权力距离小的特征时，更是这样。在这种文化中，下级行为并不受上级在场与否的影响。

名人名言

"在德国，除非获得允许，否则什么事情都不准做；在英国，除非受到禁止，否则什么事都准做；在法国，即使受到禁止，什么事也准做。"

——霍夫斯泰德

三、文化差异对人力资源管理的影响

民族文化对于管理人的方式有着重要的影响。文化会对一国的教育、人力资本、政治、法律制度以及经济制度产生强烈的影响。正如霍夫斯蒂德所发现的，文化还可以通过推广某种促进或抑制经济增长的价值观而对一国的经济健康水平带来深刻的影响。

然而，对于我们这里的讨论更为重要的是，文化特征会影响管理人员在与下属打交道时所采取的方式，以及人们对各种人力资源管理实践的妥当性所持有的看法。首先，以下这类事情上，不同的文化之间存在很大差异：下属期望上级如何领导自己；决策如何在层级内部加以贯彻；（最为重要的是）什么东西会对个人产生激励。比如，在德国，管理人员是通过证明自己的技术实力而得到现在的位置的，因此，雇员们等待着他们来给大家分派工作任务同时解决各种技术难题。而另一方面，在荷兰，管理者需要尽量寻求不同派别之间的意见一致，因此他们必须能够做好广泛的意见交流和利益平衡工作。很显然，这些管理方法对于在不同国家中挑选和培训管理者的工作来说具有不同的含义。

其次，文化还会强烈地影响到人力资源管理实践的妥当性。比如，正如我们在前面讨论过的，一种文化推崇个人主义倾向或集体主义倾向的程度会影响到以个人为导向的人力资源管理制度的有效性。在美国，企业常常把甄选制度的重点放在对求职者的个人技术技能进行判断方面，而对个人社会技能的重视程度则比较低。而另一方面，在一种集体主义文化中，企业往往更多地注意评价一个人作为一个工作小组的成员将会如何来履行工作任务。

类似地，文化还可以影响企业的报酬制度。个人主义文化——像美国的那种文化——常常表现出这样一种现象，即在同一组织内部的最高收入者和最低收入者之间具有较大的收入差距，收入最高者所得到的薪水常常是收入最低者的200倍。而集体主义文化则在总体上具有一种较为扁平的薪资结构，收入最高者的薪水一般只有收入最低者的20倍左右。

文化差异还会影响到一个组织的沟通与协调过程。与个人主义文化相比，集体主义文化以及那些专制倾向不是太强的文化对于集体决策以及参与性管理实践通常有着更高的评价。当一个在个人主义文化中成长起来的人必须与那些在集体主义文化中成长起来的人紧密配合从事工作的时候，沟通问题和冲突就会出现。在许多组织中都出现了诸多强调"文化多样性"的计划，这些计划的核心目的在于促使大家理解其他人的文化，从而能够更好地与他们进行沟通。

四、跨文化管理的策略

在多元文化共存的背景下，解决文化差异及其引起的文化冲突对跨国公司人力资源管理的影响，必须要实施人力资源的跨文化管理，具体可采取以下跨文化管理的策略。

（一）文化环境适应策略

国际企业在东道国进行经营活动，是应该适应当地的文化，还是应当改变当地的文化，以及适应和改变到何种程度，必须从实际出发，而不能简单地采取某一取向。国际企业对文化的适应与变革必须考虑以下因素。

（1）国际企业和东道国都不要强行要求对方适应自己的文化规范，而应互相留有变通的余地。

（2）国际企业要充分估计东道国对变革的态度，对东道国的某些文化成分，国际企业必须予以适应和回避，待有机会时再逐步改变。

（3）国际企业不仅要了解当前东道国的重要的文化成分，还要觉察其变化。

在一种文化进入另一种文化中去之前，国际企业最好接受对方的文化方式，并注意文化环境的适应性调整。在文化环境的适应性调整中，产品、个人、机构的适应性调整尤为重要。产品调整是指根据当地的社会、文化特点，增加或减少产品的功能或者采取符合当地人心理的促销手段，使当地人认同或购买产品。个人调节是指一个居住海外的经理，为了更好地激励当地员工而调整自己。例如学习当地的语言，适应当地的生活方式，改变人际关系策略等。机构调节是指改变组织机构和组织政策，以适应文化差异。

在许多情况下，国际企业不能只是被动地适应当地的文化，而是应该在某些方面引起文化的变革，其策略是发现引导接受变革的方法和导体。变革应该具有合理性，不要与传统观念和消费者行为有明显抵触。为了减少某些人因误解而对变革进行抵抗，改革者必须详细说明变革的目的和作用。同时可以利用某些有影响力的人物来帮助变革，并对在变革中受到损失的人予以补偿。一旦决定进行变革，就应该坚持到底。

国际企业进行文化变革应当预知文化变革的结果，承担文化变革的责任，并设计合理的变革方法，变消极因素为积极因素。国际企业的某些文化变革会对东道国的文化作出贡献，例如技术和管理技能转让、员工的培训等。

（二）国际企业经营管理的本土化策略

阅读材料

“麦当劳”打入日本市场之谜

在“麦当劳”进入日本之前，有人曾在日本设立“谢夫汉堡店”和“A&W 汉堡店”，但不久即纷纷关门。因为日本人有2000多年的食米习惯，让日本人接受牛肉和面包，的确困难重重。

“麦当劳”接受前人教训，他们规定：在日本的“麦当劳店”，禁止装饰美国国旗和地图，店名也用日文书写。此外，“麦当劳”还对面包的厚度、烘烤时间和温度，以及柜台的高度等，都进行了科学研究。他们发现，“麦当劳”汉堡包的厚度为17厘米，气孔以5毫米大小为宜。牛肉为45克，放在厚度为X厘米的铁板上，表面温度为Y度，烘烤Z分钟（X、Y、Z等未知数为“麦当劳”的技术秘密），味道最美。随汉堡包一起出售的可口可乐，其温度在4℃时口感最好。柜台的高度以92厘米为宜。尽管人们身材有高有低，但研究表明，这一柜台高度最便于顾客掏钱付账。因此，“麦当劳”在日本深深地站住了脚。

（尤建新，2006）

要本着“思维全球化和行动本土化”的原则来进行跨文化管理。

1. 经营管理本土化的含义

所谓经营管理本土化，就是指国际企业在生产经营过程中，利用东道国的物质、人力等资源，在当地进行生产销售活动；同时尊重东道国的社会文化习俗，遵守东道国的政策法规，承担东道国的社会责任，并为东道国的发展作出贡献。

2. 经营管理本土化的优点

跨国公司实行经营管理的本土化主要有以下优点。

（1）有利于克服跨国经营中经常遇到的人才、观念、法律、社会关系等方面的障碍。

（2）有利于国际企业进入当地社会和打入商业网络。例如，国际企业由于大胆任用当地人才，往往会被东道国认为是“自己人”。

（3）可以减少经营的中间环节。例如，国际企业在当地获取原材料进行生产，便减少了许多周转费用。

（4）可以享受东道国的有关优惠政策，得到各种有形的和无形的保护。例如，雇佣当地劳动力，帮助解决当地的就业问题，东道国往往会给以税收方面的优惠。

（5）可以获得许多难以觅到的商业信息。

3. 经营管理本土化的原则

第一，符合东道国国民经济发展的需要。各国政府制定政策时需要规定一些主要的目标，如经济增长、充分就业、稳定物价、国际收支平衡、合理分配国民收入、引进技术、控制经济发展等。除此以外，还有在某些部门使所有权民族化的目标，以及其他的国家政治目标和国家安全目标等。故此，国际企业在本土化过程中，必须充分考虑、尊重以上目标，使自己的生产经营不与当地发生矛盾、冲突，即国际企业的行为不只考虑本身的利益，还要兼顾东道国的利益。

第二，要成为东道国的“好公民”。国际企业，从本质上说应该是东道国的客人。作为客人，他们被期望遵守东道国的各项法规、道德规范和标准，承担社会责任，成为东道国的“好公民”。所以，国际企业本土化就必须在东道国遵纪守法，尊重东道国的习俗，并且向包括用户、雇员、股东、公众、政府、供应商、一般民众在内的社会负责，努力对东道国的经济和文化发展作出贡献，如支持环保，资助那些值得花钱的公用项目等。

第三，大胆任用和积极培训当地人。诺基亚（中国）拥有 4 000 多名中国员工，本地员工占 90%，摩托罗拉（天津）本地经理人员比例在 80%以上，这些著名跨国企业的成功之道之一就是人才本地化。

（三）文化创新策略

文化创新策略即母公司的企业文化与国外分公司当地的文化进行有效的整合，通过各种渠道促进不同的文化相互了解、适应、融合，从而在母公司和当地文化基础之上构建一种新型的国外分公司企业文化，以这种新型文化作为国外分公司的管理基础。这种新型文化既保留着强烈的母公司企业文化特点，又与当地的文化环境相适应，既不同于母公司企业文化，又不同于当地企业文化，是两种文化的有机整合。因为要从全世界角度来衡量一国或一地区文化的优劣是根本不可能的，这中间存在一个价值标准的问题，只有将两种文化有机地融合在一起，才能既含有母公司的企业文化内涵，又能适应国外文化环境，从而体现跨国企业的竞争优势。

（四）文化规避策略

这是当母国的文化与东道国的文化之间存在着巨大的不同，母国的文化虽然在整个子公司的运作中占了主体，可又无法忽视或冷落东道国文化存在的时候，由母公司派到子公司的管理人员，就必须特别注意在双方文化的重大不同之处进行规避，不要在这些“敏感地带”造成彼此文化的冲突。特别在宗教势力强大的国家更要特别注意尊重当地的信仰。

（五）文化渗透策略

文化渗透是个需要长时间观察和培育的过程。跨国公司派往东道国工作的管理人员，基于其母国文化和东道国文化的巨大不同，并不试图在短时间内迫使当地员工服从母国的管理模式。而是凭借母国强大的经济实力所形成的文化优势，对于公司的当地员工进行逐步的文化渗透，使母国文化在不知不觉中深入人心，东道国员工逐渐适应了这种母国文化并慢慢地成为该文化的执行者和维护者。

（六）借助第三方文化策略

跨国公司在其他的国家和地区进行全球经营时，由于母国文化和东道国文化之间存在着巨大的不同，而跨国公司又无法在短时间内完全适应由这种巨大的“文化差异”而形成的完全不同于母国的东道国的经营环境。这时跨国公司所采用的管理策略通常是借助比较中性的，与母国的文化已达成一定程度共识的第三方文化对设在东道国的子公司进行控制管理。用这种策略可以避免母国文化与东道国文化发生直接的冲突。如欧洲的跨国公司想要在加拿大等美洲地区设立子公司，就可以先把子公司的海外总部设在思想和管理比较国际化的美国，然后通过在美国的总部对在美洲的所有子公司实行统一的管理。而美国的跨国公司想在南美洲设立子公司，就可以先把子公司的海外总部设在与国际思想和经济模式较为接近的巴西，然后通过巴西的子公司总部对南美洲其他的子公司实行统一的管理。这种借助第三国文化对母国管理人员所不了解的东道国子公司进行管理可以避免资金和时间的无谓浪费，使子公司在东道国的经营活动可以迅速有效地取得成果。

（七）占领式策略

占领式策略是一种比较偏激的跨文化管理策略，是全球企业在进行国外直接投资时，直接将母公司的企业文化强行注入国外的分公司，对国外分公司的当地文化进行消灭，国外分公司只保留母公司的企业文化。这种方式一般适用于强弱文化对比悬殊，并且当地消费者能对母公司的文化完全接受的情况下采用，但从实际情况来看，这种模式采用得非常少。

第三节　跨国公司人力资源管理的内容

一、跨国公司人力资源的招聘与配置

（一）跨国公司人力资源的招聘

1. 跨国公司人力资源的来源

跨国公司人力资源的来源包括三个部分：母国来源、东道国来源和第三国来源。

（1）母国来源。母国来源是跨国公司人力资源的一个非常重要的来源。它具有以下的优势：在跨国公司创建的早期阶段，任用母国人员更有利于传播技术和保守技术秘密，有利于和总部保持良好的沟通、配合与交流，熟悉总部的目标、政策和管理；有助于母国人员的管理开发、在公司形成具有国际经验的经理人员人才库。母公司来源也有不足之处：外派员工很难适应外国语言和东道国社会、经济、政治文化和法律环境，失败率高；选拔、招聘和维持外派人员成本太高，面临严重的家庭调整问题，特别是外派人员配偶的就业问题；外派人员的高福利会给东道国人员带来不公平感，可能引起东道国的民族情绪；东道国坚持经营本土化，要求提拔本地人员到高层位置。

（2）东道国来源。东道国来源是跨国公司人力资源中比重最大的来源，东道国的选任人员有很多本土的优势：熟悉当地的环境，没有文化上的隔阂，管理费用较低，有利于子公司组织内部的沟通；能够为东道国的员工提供更多的职业发展机会，激发员工的责任感和工作积极性；由于人员的稳定性较好，可以保持管理政策的连续性，东道国政府鼓励本土化等。当然，东道国的员工也有不足之处，无法使得母国人员获得国际任职经验和跨文化管理经验，限制了公司员工的国际化发展需求，不利于和总部的沟通和交流。管理人员过分本土化的最大问题在于形成当地管理人员狭隘的战略思维模式，漠视公司的全球利益，并同时造成公司总部在控制方面的困难。

（3）第三国来源。第三国人员也是跨国公司人力资源的重要来源之一，相对于母国人员和东道国人员，第三国员工有其自身的优势，可能具备出色的技术、专业特长或者丰富的国际管理经验，具有更大的文化适应性，同时，其管理成本比外派人员要低。第三国人员也有不足，东道国对来自特定国家的人员具有敏感性，可能和东道国的员工合作上会有一些被排斥的情况发生，他们的任职可能受制于东道国就业政策的限制。

2. 选聘外派人员的标准

外派人员可以分为四类：①分公司高层领导人。他们的职责是监督和指挥整个海外业务。如中国区总裁、欧洲区副总裁等。②重要职能部门经理。他们的职责是在子公司中建立职能部门，并对某项具体职能负责，如营销部经理、财务部经理等。③解决难题的能手。他们的职责是分析和解决某项特殊业务问题，如一项新建流水线技术专家等。④职工。

由于每一类人员工作与当地文化接触程度不同，在某个国家停留时间也不尽相同。所以，对于某类人员的选拔标准是会有区别的。

一些著名的人力资源管理顾问公司的调查表明，外派失败极少是由于技术因素引起的，大部分不适应现象是因为驻外人员缺乏相应的文化技巧。对于国际经营人员来说，具备一些特殊的个性、技能、知识以及适应环境的自我定位能力非常重要。跨国公司外派人员时应加以考虑以下几方面的要求和标准。

（1）适应能力。个人对环境变化的适应能力是针对本国外派人员和第三国人员的首要的、一致的要求，在国外为本国公司工作的外派人员必须对当地的文化特别敏感，而在本国为外国公司工作的当地人员则必须尽快适应子公司的要求和工作方式。

适应能力强的外派人员一般具有下面两个重要因素：发展关系（指与东道国国民发展长期友谊的能力）和交际愿望（指使用东道国语言的愿望），如果他们具有上述两种能力，则他们和东道国国民的接触会非常有效，工作成功的可能性也就变大。

在确定个人对环境的适应能力时，应从多方面考虑。包括：在异国文化中工作的经验，有经验的外派人员可以通过仔细研究东道国的风俗习惯直至了解该国文化的方方面面而迅速地发展文化移情能力，和当地环境融为一体；以往的海外旅行经历，对与工作有关或无关的许多方面有所了解；外语水平，会讲一门或几门外语；在不同的工作环境中、从不同的角度解决问题的能力；对环境的总体敏感程度。

外派经理都将生活在与本土文化不同的环境中，常常招人耳目，时刻代表公司的形象，一方面他们必须敏锐地意识到不同国家的行事差异，并进行必要的行为调整，而又不能过于敏感，使自身行为受到不利影响或者产生压抑和紧张；在个人生活方面，也最好有一种或几种业余爱好；对饮食、体育和文化艺术等的兴趣都相当广泛或容易进行调适。

（2）独立工作能力。一般而言，与国内同事相比，在国外工作的管理人员要能独当一面，有更强的独立工作能力，因为他们往往需要面对复杂多变的外部环境，在不请示国内总部的情况下于现场独立自主地作出决策和应对。

如何确定个人的独立工作能力？有些经历往往可以培养独立工作能力，如国外工作经历，完成特殊工作项目或任务的经历等。一些需要有高度个人独立性的业余爱好也被当作一个参考因素。

（3）年龄、经验和教育。跨国公司往往发现，年轻的管理者更乐于到海外任职，也愿意更多地了解外国文化。但是，年长的管理者则更有经验、更加成熟，这也是海外任职所需要的。为同时利用这两种人的优势，很多公司将年轻人和年长者同时派往海外的同一机构，以便他们取长补短、互相学习、相得益彰。

（4）健康及家庭状况。海外管理人员必须拥有良好的身体和精神状态，他们应该精力充沛并喜欢旅行。许多国际管理人员一半以上的时间是在世界各地的酒店中度过的，可能在走下越洋飞机后直接参加某个会议，这些都要求除技术能力和心理素质之外的体能特征。因此，就像驻外任职对那些不易经受住文化冲击的人员不予考虑一样，对那些存在健康问题以至活动受到限制的人员也不予考虑。

对跨国公司任职人员的选择还要考虑外派人员的家庭状况。海外任职既会影响雇员，同样也会影响到其配偶和子女，有利于海外任职的家庭状况是外派人员成功的关键。需要考虑的一些关键因素包括：配偶愿意到国外生活的程度、可能派遣的地区对配偶的职业生涯和子女教育的影响以及配偶的交际能力。随着双职工家庭的增多，跨国公司可能需要提供两个工作职位，以保证外派的成功。

（5）动机。其选择标准是个人驻外工作的意愿和对新工作的潜在责任心。有些人是出于对国内工作的不满而考虑外派工作的，这不能算作好的动机。外派人员应该喜爱海外工作，不喜欢自己的工作或工作地点的人，干好工作的可能性小。接受外派任务的合理动机因素包括冒险精神、领先精神、被提升的愿望以及改善经济条件的需求。公司管理层在劝说员工到海外工作时，不宜过分渲染有利之处而对不利之处按下不提。只有选择了真正从心理上接受海外工作的人员才能降低外派失败率。

当然，海外派遣的成功除了一些个人因素，还包括诸如东道国环境与母国环境的差异性、跨国公司对海外派遣的认识及支持程度等。

（二）跨国公司人员配置

影响跨国公司人员配置的决定性因素是企业的国际化阶段，国外学者就这一问题做了大量的研究。美国学者安德烈和格达（Adler & Ghadar，1990）提出了企业国际化经营的阶段划分，即国内生产阶段、国际化阶段、多国经营阶段和全球经营阶段。

一般来说，跨国公司会根据其发展的不同阶段采取不同的人员配置方式。在国际化阶段，一般采取母国化的模式；多国经营阶段，一般采取当地化模式；而全球经营阶段则多采取全球化模式。跨国公司人员配置的母国化和全球化，都属于母国人员外派的范畴；人员本土化则是更多地开发利用东道国的人力资源。

目前绝大多数的跨国企业都处于多国经营阶段，人员本土化势在必行。事实上，近年来跨国公司人员配置本土化趋势已日趋明显。这不仅是由于需要，也与东道国的市场环境及政治氛围有关。

从本土化程度看，来自不同国家、不同行业的跨国公司以及不同的东道国在人员配置方面表现出不同的特征。从母国看，美国跨国公司国外分支机构人员本土化程度最高，日本跨国公司国外分支机构依然倾向于使用外派人员，欧洲不同国家的跨国公司国外分支机构本土化程度差别明显，但基本上居于美日两个极端之间。从东道国角度看，设在发达国家的跨国公司分部人员本土化程度普遍高于设在发展中国家和地区的分部。从发展阶段角度看，处于多国阶段的跨国公司倾向于使用本土人才，而处于全球阶段的公司更倾向于忽略国籍差别。从人员配置的层次上看，跨国公司在高级管理职位上总是大量地使用母国外派人员，在中级管理职位上更多地使用东道国人员，而在低级管理职位上则主要是启用东道国人员，基本上不使用或仅使用少量外派人员。同一级别的职位表现出来的本土化程度也不相同，人事职能是本土化程度最高的职能，而财务总监的本土化程度最低。

（三）跨国公司的培训

培训是跨国公司人力资源管理的重要工作职能，主要是针对不同对象，制订不同培训计划和内容，使外派人员或是在东道国招聘的人员尽快适应工作环境，提高工作技能。

1. 培训对象

在跨国公司中需要培训的对象是不同的。就雇员来说，雇员的种类不同，培训的方式也不同，在设计培训内容时一般是为了满足企业的特定要求。

（1）非技术工和半技术工的培训计划。这类培训计划一般包括对跨国公司新雇员的引导性培训，并常常是基础性的，如安全培训、上岗培训、文化培训等。为半技术工和非技术工所开设的课程常常有更多人参加。通常在这个层次上的员工从东道国选配，尤其在劳动力资源比较丰富且价格低廉的发展中国家。许多政府对跨国公司的子公司课征一种工资税，大体占工资额的 1%～2.5%。如果这些子公司能够通过精心制订培训计划不仅可以改善雇员的技巧和能力，常常还可以使这些税金得以返回。在一些发展中国家，子公司可能要介入雇员最基本的扫盲培训计划。

发展中国家经理和专业人才比较短缺，跨国公司特别关注高级经理人员和技术人员的培训计划。而且这类培训，往往被视为一种“本土化”战略的实施形式，能够在东道国树立良好的公司形象并获得政府的好感和支持。

（2）对专业技术工人的培训计划。这类培训在财务上通常占跨国公司培训预算中的很大部分，但就参加者的人数来说，并不一定构成培训业务量的最大部分。技术工人的培训计划通常是由设在特定地点的培训班进行的。

（3）为高级技术工人制订的培训计划。高级技术工人包括从事质量控制、工作研究和程序编制、维修、电子和新技术应用的工人。这种课程大部分是内部的，因为它们与跨国公司的特定技术和方法相关，常涉及商业机密。对这一类员工必须做出特殊安排。

（4）经理培训计划。管理人员的素质是决定海外企业取得成功的关键。海外子公司经理常常扮演多重角色，不但要与政府、股东、上级、同事、下级、顾客、供应商和广大公众接触，而且还必须同具有不同国籍和文化背景的组织和个人交往。因此，其工作要比一般国内企业的经理复杂得多，也更具有挑战性。

海外子公司经理除了解决一般国内企业所面临的问题外，还必须从事更复杂的组织和协调工作，必须不依靠企业总部的指导，而根据当地的具体情况，独立地分析和决策问题。所有这些都要求海外子公司的经理人员，必须具备在多元文化的经营环境中工作必需的某些特质。

经理培训计划包括经营管理、电子数据处理、人事和税务，会计和销售等专业知识的培训。为了达到培训的目的常常把子公司的经理人员指派到母公司。在中层经理和技术人员层面上，企业的培训活动最紧张。此类人员常被派到母公司参加高级培训课程，而且经常接受反复培训，包括属于“连续培训”过程中的旅行学习，以便跟上新产品和新技术的最新发展。

2. 培训目标

跨国公司员工的培训是为了让他们获得国际经营管理的知识、经验，以及提高他们对不同文化的敏感性，使他们具有文化差异意识，能了解影响人们行为的文化因素（如价值观与行为规范、精神活动与思维方式、人际关系与语言、信仰与态度、工作习惯等），对不同文化背景的人员拥有强烈的敏感性和精确的观察力，能推动不同文化背景的人员趋向协调合作。在任务分析和工作绩效分析基础上，确定培训需求，建立具体的、可量度的、能实现的培训目标。以跨国公司普遍进行的跨文化的培训教育为例，其培训目标如下。

（1）全面提高企业员工的技能和文化素质。

（2）提高派往国外的雇员的跨文化技能。

（3）通过对员工行为，尤其在文化差异管理方面的培训，来提高员工的工作效率。

（4）提高员工在不同文化背景下的人际交往能力，改善顾客与雇员之间的关系。

（5）在开展海外业务时减少文化冲突，并为员工提供更多的跨文化的经历。

3. 培训方式

培训的方式一般可以分为内部培训、外部培训和岗位培训。

（1）内部培训。内部培训是根据企业跨国经营的具体需要而举办的培训班，如摩托罗拉大学在全世界有14个培训中心，各业务单位另有培训部门。企业领导可以邀请有关专家学者一起分析和研究本企业的战略目标和人力资源情况，然后制订出切实可行的培训方案。企业将准备派往国外的管理人员或国外子公司的管理人员送到企业总部（母公司）国内的事业部和分公司里进行培训，使他们了解公司的文化与管理方式。例如，百事可乐公司常将国外的管理人员送到美国公司学习6个月到一年，进行企业内部培训。

（2）外部培训。外部培训则是指将准备外派或调动的管理人员或国外子公司的管理人员送到某个国家的区域培训中心，进行集中培训。这种区域培训中心可以根据地理、经济环境类似的国家而设立。例如东南亚中心、欧洲中心等，一些具有类似的经济、社会与文化特点的国家的管理人员定期到该中心接受培训。这些管理人员由于在生产经营活动以及文化上有许多共同之处，可以很好地交流与磋商管理经验，在不改变企业总部文化特点的基础上发挥地区的特点。美国 IBM 等一些大公司就是根据不同地区的业务，设立若干区域培训中心培养自己的管理人员。外部培训也可把管理人员送到高等院校进修有关课程。发达国家的一些名牌大学经常举办各种类型和层次的跨国经营管理培训班。在高校或外部培训班所学习的内容往往不针对某一特定的企业，具有一定的通用性。

（3）岗位培训。岗位培训是指在工作岗位上培训管理人员跨国经营能力的方法。对于有培养前途的中、基层管理人员，可以直接派往国外子公司担任子公司总经理的助手或其他职务，在一位更有经验的管理人员（如子公司总经理）的指导和监督下工作。

以跨文化培训为例，企业内部跨文化培训方式很多，包括研讨会、课程、语言培训、讨论和模拟演练、外地旅行、职前国外训练。人力资源部门通过录像、书籍和企业内部网提供文化培训。一位花旗银行的国际银行家相信，处理跨文化沟通问题的最佳方法，是让人们在不同国家与不同国籍的学员一起上课。通过在课堂中的彼此合作，人们最终会讨论文化差异、事情的现状和应该怎么样做。

4. 培训的内容

外派人员的培训可以根据工作岗位的不同选择不同的内容，一般可以分为四个层次。第一层次的培训要让培训对象了解文化差异，并强调文化差异对经济结果带来的影响；第二层次的培训要让对象了解人们的态度形成模式，并知晓态度是如何影响员工行为的；第三层次的培训是为培训对象提供他们未来工作所在国家的具体情况；第四层次的培训是为培训对象提供语言技能的学习，以及自身调整和适应环境的技巧培训，内容包括跨文化的沟通与变化，认识文化及其对行为的影响，异国文化的冲击，如何改善组织的内部关系和提高多文化背景下的经营效果，学习跨国性责任管理、多文化业绩评估，适应跨国企业经理的角色变化，树立多文化背景下对生产管理、冲突管理的领导行为的不同观念。

二、跨国公司绩效管理

在跨国公司绩效考核中要十分注重考核对象和考核方法，注重文化等因素对考核的影响。

（一）海外子公司员工的绩效考核

对海外子公司员工的绩效考核，注意区分其文化的个人主义和集体主义维度，因为文化会影响某种评价方法的有效性、评价结果的可接受性。要想使与某种文化差别较大的考核制度为员工接受，需采用循序渐进的策略。下面分别对个人主义文化和集体主义文化下的绩效考核作一分析。

1. 个人主义文化下的绩效评价

个人主义文化的业绩考核体系为人力资源管理中的许多问题提供了合理的和公平的解决办法。以美国为例，美国业绩考核体系是典型的信奉个人的权利、义务与报酬紧密联系的文化价值观，同时强调法律和机会上的平等。其业绩考核体系包括四个要素：业绩标准、业绩衡量、业绩反馈以及与报酬、晋升、终止等有关的人力资源决策。业绩标准反映了管理上可以接受的工作产出的质量或数量目标。业绩衡量是按业绩标准对员工进行客观的比较性评价，通常采用的是评分法。业绩反馈是一种上下级之间的沟通。据调查，在美国 74.9％的企业将业绩考核用于决定报酬，其次是运用于改进业绩、反馈信息以及作为晋升的参考。

2. 集体主义文化中的绩效评价

在集体主义文化中，年龄和群体内成员身份（如社会地位）是考核中重要的因素，也就是说，在人力资源决策中，更多地考虑个人背景特征而不是个人成就。当然也不否定业绩信息的重要，由于重要的是为群体利益工作，所以一般在奖惩方面都是比较间接或含蓄的。经理们更注重群体内的和谐。如韩国，其业绩考核系统的核心是评价和开发符合公司长远利益的“整体人”，在评价工作业绩的同时，也评价诚实、忠诚和态度，只有对少量的高级职位，考核时才关注真实业绩和对公司的贡献。

（二）海外经理人员的绩效评价

对海外经理人员的考核，常常是以海外经理人员业务开展情况作为基本标准的。一般企业是以子公司的利润等投资收益率指标作为评价的依据。这种评价标准有很大的局限性，因而跨国公司要综合多种因素，采用多个指标对海外经理人员进行绩效管理。

一般而言，对海外经理人员的绩效评价需要注意：①开展业务的起点不同。在发达国家之间开办企业，由于经济结构、消费水平都十分接近，公司业务会很快见到成效；而在发展中国家开展业务，在短期内经理的业绩平平，也许是政策、经济结构差异导致的。②国际商业活动的不确定性。与在母国国内从事商业活动比较，海外子公司面临更大的风险和不确定性，而对子公司的评估应将长期表现与突发事件的影响一并加以考虑，才能客观公正。③跨国公司内部的政策。跨国公司出于某些特殊考虑，经常会采取一些不利于子公司的内部政策，如转移价格制度，会使子公司的税前利润人为减少。④在评价中要以东道国当地的评价意见为主，以公司总部的评价意义为辅。⑤如果公司总部负责确定最终的正式评价结果，最好征求一下曾经在被评价对象正在工作的国家和地区工作过的员工的意见,这样会减少评价偏差。⑥根据外派员工工作地点的文化特征，对公司的考核标准进行适当的修改，以增强考核体系的适应性。这些都要求母公司在考核子公司业绩时仔细地审慎对待。尤其是对子公司的考核结果涉及海外经理人员的晋升问题，母公司应当慎之又慎。

三、跨国公司薪酬管理

要成功地管理薪酬和福利，跨国公司在各国子公司的薪酬政策制定中必须考虑到当地劳动力市场的工资水平、有关的劳动报酬方面的法规和当地的文化倾向，同时还要与母公司的整体经营战略保持一致。各子公司的人力资源经理要为东道国的员工、母公司派出的员工和第三国的员工分别制定不同的薪酬制度。

这里主要对跨国公司的薪酬目的、多元报酬体系和外派人员薪酬支付内容等方面的问题进行介绍。

（一）制定国际薪酬政策的目的

制定国际薪酬政策的目标包括:①该政策要与跨国公司的总体战略以及企业的需求一致。②该政策必需能将人才吸引到跨国公司最需要的地方并能留住他们。因此，该政策要有竞争性，而且要认识到诸如出国服务的激励、税收平等以及合理费用的报销等因素的作用。③该政策要有利于公司以最经济的方式调动驻外人员。④该政策还要适当考虑行政管理的公平和方便。

与此同时，驻外人员的一些个人目标也需要通过公司的薪酬政策的实施得以实现：第一，驻外人员期望从该政策中得到在国外的福利、社会保险和生活费等；第二，驻外人员期望出国能够增加收入和存款；第三，驻外人员期望对如住房、子女的教育以及娱乐等问题作出政策规定。员工也会在职业生涯发展和回国安排等方面有所期望。

（二）跨国公司的多元报酬体系

在多个国家经营的跨国公司需要多种不同的报酬体系，各个子公司的人力资源经理也要为东道国的员工、母公司派出的员工和第三国的员工分别开发出不同的薪酬制度。在这个问题上，一个常见的现象是即使东道国当地的员工与母公司派来的员工承担责任、复杂程式和重要性相同的工作，母公司派来的员工也会经常得到比较高的报酬，这就易使东道国当地的员工产生一种没有被公平对待的感觉。

对于在海外投资的国际跨国公司中的员工，薪酬的外部公平性和薪酬激励面临着一些新的问题。由于员工在不同的国家工作，不同国家的物价水平有差别，因此跨国公司派到海外工作的员工为了维持在本国时的生活标准所需要支付的生活费用也就不同。跨国公司解决这种难题的主要方法是在整个公司范围内执行统一的与工作性质相适应的基本工资，然后根据员工所在国家和地区的具体情况，用各种专项补贴来实现薪酬的公平性。与在本国国内的公司相比，跨国公司派到海外的员工的薪酬公平性在实现上会涉及特殊的国别差异问题。解决这一问题的方法是国际经济中的购买力平等化方法，即派出员工的薪酬水平至少应该能够使他们在东道国保持与在本国时相同的住房条件、商品和服务消费水平以及储蓄水平，如果出现缺口则由公司来弥补。而且，多数跨国公司对外派员工还实行海外服务奖金或津贴制度。

（三）外派人员薪酬的主要组成部分

外派人员薪酬主要包括基本工资、税务补偿、奖金、出国服务奖励、艰苦补贴、津贴和福利等。

1. 工资

确定外派人员基本工资有两种方式：一种是采用本国标准，即与雇员来源国同类职务的薪金水平相联系，依他们的国籍不同而完全不一致，这容易产生不公平的问题。另一种是在本公司系统内各级职务的薪金水平相联系，同级同酬。这种做法较好地实现了公正，但当跨国公司活动的国度经济发展水平差距较大时，又带来了与当地工资水平相当悬殊的矛盾，因此需要靠奖金和津贴等补充形式作适当的调整。

2. 税务补偿

外派人员会面临双重纳税的问题：一方面，在外国的收入首先要在收入发生地缴纳个人所得税；另一方面，是雇员还要承担本国的纳税义务。比如，美国要求其公民对在其他国家所得收入进行纳税，即使他在该国已经纳税。雇主负责向本国或东道国支付个人所得税，数额从雇员税前收入中扣除。对双重纳税的问题，雇主可以通过税务补贴来解决。

3. 奖金

海外任职人员获得的奖金通常有两类：一是与业绩相关的奖金；另一类是不与业绩联系，只与底薪联系的奖金。奖金包括以下几项：海外工作奖金、满期工作奖金等。

4. 出国服务奖励/艰苦补贴

母国人员通常会收到一份奖金作为接受出国派遣的奖励，或作为对在派遣过程中所遇到的艰苦条件的补偿。出国服务奖励一般为基本工资的 5%～40%，并根据任职、实际艰苦情况以及派遣时间的长短而不同。

5. 津贴

津贴是对员工在海外工作支付的补助，通常包括以下项目：住房津贴、生活费用津贴、探亲补贴、子女教育津贴、搬家费、特权享受津贴和配偶补助等。

6. 福利

与金钱形式的薪酬相比，国际福利更复杂。由于各国的福利管理实务之间存在很大的差异，因此很难应对从一国到另一国的养老金计划。养老金计划、医药费和社会保险费的可转移性也使实际操作十分困难。

跨国公司在考虑福利时需要确定很多问题：①是否让驻外人员继续享受母国的福利计划，尤其是公司不能从中获得税收减免的情况下；②公司是否应该有选择地让驻外人员在工作所在国享受福利计划并补足差项部分；③驻外人员是在母国还是在工作所在国获得社会保险福利。

当然，跨国公司还提供休假和特殊假期。作为驻外人员定期休假的一部分，每年的探亲福利中通常包括家庭成员回国的机票费，也包括为驻外人员的家属提供免费的机票去工作所在国附近的疗养地疗养。除疗养福利外，公司还要制定应急条款以处理家庭成员的死亡或生病等突发事件。此外，在艰苦地区工作的驻外人员应获得额外的休假费用和疗养假期。

开篇案例简析

安母根公司的全球人力资源管理战略的主要特点是全球化视野下的人力资源管理本土化战略。正如公司的人力资源副总裁加尼特所说，安母根公司已经树立了全球意识，为了获得竞争优势，公司雇佣了全球最优秀的科学家、医务工作者和管理人员，这些人都是公司各个经营机构所在国的本地人，或者对当地较熟悉的人。在加利福尼亚，大约15%的员工是外国人。除了在亚洲有个别例外，所有的海外机构管理人员都是本地人或第三国人。同时该公司在人才选择方面非常重视员工的跨文化管理素质和能力。

本章小结

跨国公司指的是在多个国家设立子公司，并在整个世界范围内获取和分配资金、原材料、技术和管理资源以实现企业整体目标的公司。跨国公司人力资源管理是跨国企业在国际经营环境下，有效利用和开发人力资源的管理活动或管理过程。

跨国公司人力资源管理的基本模式有民族中心主义模式、多中心模式、地区中心模式和全球中心模式。跨国公司选择何种人力资源管理方式取决于多种因素。

文化是由人类创造的，经过历史检验沉淀下来的物质和精神财富。霍夫施泰德把文化差异概括为四个方面，即“权力距离”、“个人主义与集体主义”、“男性与女性”以及“回避不确定性”。跨文化管理策略有文化适应策略、本土化策略、文化创新策略、文化渗透策略、文化规避策略等。

跨国公司人力资源管理的各项职能都具有一般公司人力资源管理不同的独特做法。

复习思考题

1. 跨国公司的人力资源管理有哪几种主要模式？各有什么特点？
2. 跨国公司的人力资源管理的特点是什么？
3. 如何有效地招聘并培训跨国公司的管理人员？
4. 跨国公司的绩效管理有哪些特殊的问题？
5. 如何才能做好跨国公司薪酬管理？

案例分析

华为如何管理海外员工

随着思科把华为列为世界级的竞争对手，随着华为在海外各地市场的纷纷告捷，在刹那间，华为走向世界。此时，人们才开始注意到，华为把商业触角扩散到全球市场的决心与努力。

其实，华为一直在默默拓展海外市场，现海外共设有30多个分机构，除了中国员工外，还招纳了大量当地员工，包括技术、销售、财务等人才。本文介绍了华为外派墨西哥和印度的员工，根据他们的亲身体会，对华为海外机构的管理与运作进行了深入了解。

1．中方员工：津贴、培训双管齐下

对于外派员工，华为有两种方式：一是自愿，二是工作需要。

小张是华为的一名技术研发人员，在华为任职已有几年。尽管考虑到环境、饮食等各方面因素的不适，他仍自愿外派到印度工作。小张对《IT 时代周刊》记者透露：“华为公司有规定，在基本待遇一样的情况下，公司会付给海外工作的员工额外补贴，不同国家的补贴标准不一样，但基本上是在每天10～70美元，像印度就是30多美元一天。”因此，小张临去印度时，朋友们都笑说你回来就可以在深圳买别墅了。

对外派员工提供特殊津贴，是跨国公司所经常采取的方法之一。因为伴随着战线拉长、跨国作战，随之而来的是管理难度大大增加，而出于对国际市场的重视，通常跨国公司对海外部门会实行特别待遇。华为也不例外。

另一名驻墨西哥外派员工对记者透露：“华为还会租用当地最安全、最好的公寓以供员工住宿。另外，针对海外生活的苦闷和无聊，公司还特地买了乒乓球台，并拨专款从国内购买电影光碟。同时，对于已婚员工，公司还会为员工家属报销来回探亲机票，比如，到墨西哥来回就是12 000元人民币，这些华为都会给予报销。”

然而，对于华为外派员工来说，真正富有魅力的并不是公司提供的丰厚待遇，而是通过在海外的历练和经验积累，使个人业务能力得到提升。因为，华为海外机构不仅仅是软件开发的一个分点，同时也是中国华为员工的培训基地，利用海外资源对国内软件开发人员进行技术培训。在华为，人们称为“以项目带动技术骨干轮流赴海外工作”制度。

以印度为例，印度拥有世界上最先进的软件开发技术，华为印度研究所的所在地班加罗尔市，可说是世界有名的硅谷，众多著名 IT 企业把实验室设立此地。在这里，华为员工能接触到在国内无法真正接触的先进技术。

同时，中方员工通过与印度员工的合作，也更能促进双方的技术交流。印度人擅长软件开发和项目管理，而中国员工则擅长系统设计和体系结构。所以，华为的许多项目，都是由华为中方的软件开发人员和印度软件开发人员共同承担。一般来说，华为员工外派到印度的时间为半年或一年。回国后，这些技术人员往往能成为华为技术公司软件开发和管理的骨干。这对于华为而言，是一种快速培训软件技术开发人员的有效途径。

就是通过这种方式，华为一批又一批地培训自己的软件开发和管理队伍，从而使员工的全面素质不断得到提升，从一群饥饿的“土狼”蜕变为骁勇善战的“狮子”。

2. 当地员工：本土化重在引导

但凡跨国公司在海外设立办事机构，实行本土化战略是它们入乡随俗的必经之路。不过，本土化固然有其地利人和的优势，但是也存在着固有的弱点。因此，华为在海外机构本土化过程中，与其他公司不同，并非一味迎合，它更注重的是对当地文化“包容性”和“引导性”。

在墨西哥，华为的本土化战略相对而言比较彻底。华为完全按照本地的节假日作息，按照本地的风俗给员工过生日，按照本地员工的习惯上下班。由于墨西哥城塞车很严重，因此，华为允许员工上班时间可以稍微迟些。

即使如此，华为强势的企业文化还是发挥了有效的引导作用。据介绍，拉美人的生活风格比较懒散，即使是加盟了华为的当地员工也不例外。最初，拉美员工上班迟到是家常便饭，上班时间闲聊更是见惯不怪。华为的军事化管理方式毕竟名不虚传，尤其在中方员工没有加班费却也常常深夜加班的拼命精神影响下，拉美员工终于也接受了华为文化，工作卖力起来。

而在印度，华为的引导性战略做得尤为卓有成效。例如，华为的企业文化是鼓励员工在评审中尽可能全面地表达出自己的意见，但是印度员工的个性特点却是尽管考虑全面，但却不一定会提出很多意见。为此，华为印度研究所里每月选定一天为“公开日”。在公开日里，所有员工都可以直接对领导和各级项目主管人员提意见。最初，印度员工出于生性谨慎而很少愿意主动表态。但是，随着受到中国员工的感染，印度员工也开始大胆表达自己的意见了。比如，将平时上班服装改为休闲类服装的建议就是由印度员工所提议。

在本土化过程中，中国传统文化中所特有的包容性也起着很大作用。在华为的海外机构，大家都在努力创造这样一种氛围：在公司内部不论国籍，不分种族，大家都是华为的员工。随着中外两种不同文化的不断碰撞，然后又在华为文化的熏陶下互相融合，华为公司也逐渐呈现其多元化、国际化的特征。最简单的例子是，本刊记者有次拨通小张的电话，他正在开会。而在会议上，中、英、印 3 国的语言此起彼伏，颇像是一场争论激烈的多国元首会议。

随着“本土化”经营策略的逐步实施，华为海外机构的中外员工比例不断发生变化。在华为印度分部，已由最初的中方技术骨干挑大梁变为印方技术人员居大多数，同时，华为每年都要从当地应届大学毕业生中，选拔一批软件专业人才，而他们所创造的效益也颇引人注目。华为印度公司所开发的软件，几乎涉及华为技术公司的所有最新产品。

3. 鞭长能及：统一的管理平台

为增加海外机构的经济效益，跨国公司对海外机构的员工都是激励为主，同时由于“山高皇帝远”，很多海外机构往往容易出现财务控制过松、成本上升和滋生腐败等问题。那么，华为如何避免这种现象的产生呢？

据了解，华为实行全球化一致的管理和工作流程，对海外30多个分机构的管理都是基于公司统一的管理平台。就此而言，华为对全球各地员工的管理是一种公开而一视同仁的。华为与IBM公司合作，建立集成产品开发流程（IPD）和优化集成供应链（ISC）。同时，华为公司财务的IT建设全面展开。IT系统已覆盖到公司主要业务运作以及整个公司的办公自动化操作。华为Intranet网络专线连接了国内所有机构及拉美、独联体、南部非洲及海外研究所等海外机构。可以说，华为总部的触角可以很方便地到达每一个海外的分机构。

小张说：“除了工作地点的环境不同外，华为任何地方的工作流程和工作制度基本上都是一致的。”

除了在办公条件上对海外机构加以规范和管理外，华为的企业文化更是在一种无形的意识形态上约束着每一个员工的行为。即使是远在海外，来自华为总部的军事化管理风格仍然没有丝毫消减。无论是在印度，还是在墨西哥，华为员工绝对不能在公司网上发私人邮件，据墨西哥员工透露：“公司网由信息安全部监控，收发邮件都可以看到。同时，电脑软驱被封，关于技术资料，每个人只能接触自己的部分。”

除此之外，华为对员工的有效管理还体现在双方所订的契约上。华为与每一位员工签订一份内容详尽的工作合同，使每个人对自己的责任、义务和权益有透彻的了解，同时也作为华为处理各项事务的制度依据。正因如此，其他跨国公司海外机构所存在的“山高皇帝远”的弊端，在华为不会存在。

（佚名）

分析讨论：

1. 华为在管理驻外人员上有什么好的方法？
2. 华为对于海外的本土员工的管理又有什么好的方法？

实训

角色模拟——跨文化人力资源管理技能训练

（一）实训目的

通过角色模拟，加深学生对跨文化管理的认识与理解；培养跨文化管理的能力。

（二）实训条件

1. 实训时间

实训周期为1～2周，课堂用时为2个学时，其余时间供资料收集、角色排练、报告撰写之用。

2. 实训地点

案例讨论室。

3. 实训材料

教师提前给出目标企业的背景材料。

跨国公司的管理难题

随着大量跨国企业涌进来，不少国内企业走出去，人力资源的跨文化因素越来越受到重视。面对以下管理情景，假定你是张琳，你该怎么办？

张琳从国内某知名民营企业调到印度分公司任人力资源部经理。工作不久，她开始迷惑起来，情况是这样的：由于印度分公司的业务量不断扩大，母公司从国内派出了一批精英来印度工作，加上原有印度籍员工共300多人。她一开始认为两国员工都是经过严格招聘、精心培训的高科技人才，会和睦相处，顺利协作。但事与愿违，她发现在工作过程中，一些看似平常的事情，两国员工意见相左，有时甚至怒目相对。渐渐地，两国员工沟通减少，互不信任，士气低落，业绩下降。

（佚名）

（三）实训内容与要求

1. 实训内容

学生自愿组成小组，每组6～8人，扮演不同的角色，处理当前面临的问题。

2. 实训要求

（1）要求学生掌握跨文化人力资源管理的知识，做好实训前的知识准备，如搜集理论依据、阅读相关的书籍、真实案例等。

（2）要求学生运用所学知识分析该印度分公司的管理困境，并总结出该公司应采用的对策。

（3）要求教师在实训过程中做好组织工作，给予必要的、合理的指导，使学生加深对理论知识的理解，提高实际分析、操作的能力。

（四）实训组织方法与步骤

第一步，每组学生根据课前准备的背景资料和相关的理论书籍，从理论上了解跨国公司人力资源管理的解决方法。结合该公司的人力资源管理现状，列出该公司人力资源工作的具体做法及特点。有可能的话，可深入到相关企业进行访问调查。

第二步，每组学生根据分析的结果，确定解决人力资源管理困境的方案。

第三步，学生分别扮演不同的角色，进行情景模拟。

第四步，教师对整个过程进行分析、归纳和总结，提出指导意见，帮助学生完善自己的对策。

第五步，每个小组编写实训报告。

（五）实训考核方法

1. 成绩划分

实训成绩按优秀、良好、中等、及格和不及格五个等级评定。

2. 评定标准

（1）是否了解跨国公司人力资源管理的知识。

（2）是否掌握跨国公司人力资源管理的办法和对策。

（3）能否结合企业的实际情况，提出自己的观点，找出解决该问题的措施和办法。

（4）是否记录了完整的实训内容，做到文字简练、准确，叙述通畅、清晰。

第十二章　人力资源风险管理

学习目标： 通过本章的学习，主要了解人力资源风险的含义、特点及成因；掌握人力资源风险的识别和评价以及管理策略；能够针对企业人力资源的相关风险采取合理的风险策略。

关键概念： 人力资源风险（Human Resource Risk）风险识别（Risk Identification）风险评估（Risk Assessment）风险策略（Risk Strategy）

开篇案例

新员工培训风险

丁某是一家民营医药企业的总经理，最近由于新产品上市，在全国各地“招兵买马”，一举招聘了60名刚毕业的大学生。为了使这些新员工尽快地适应新工作，丁某要求人力资源部对这些新员工进行了一天的新员工培训，主要是“任务与要求”、“权利与义务”等，培训结束后还发给每人一本员工手册。本想靠这些“初生牛犊”来打开新产品的市场，令人意想不到的是，不到一个月，60名新员工就有48名流失了。原因是公司没有人情味，将他们作为赚钱的机器，有的还认为薪酬虽高，但是压力太大，对新的销售心中没底，又没有老员工带，什么都靠自己摸索，太难了……丁某没想到的是，“无关紧要”的新员工培训反而给公司埋下了“风险的种子”。

（陈方，2005）

请思考：如果你是该公司人力资源部的经理，你会采取什么方法来防范因培训带来的风险？

第一节　人力资源风险管理概述

人力资源是现代企业中最重要的资源，是企业的兴盛之本，对人力资源进行有效管理受到企业的重视。然而，由于人的复杂性以及企业内外部环境的影响，尤其是经济全球化的冲击、科技进步节奏的加快和人的自我意识的增强，企业在进行人力资源管理的过程中，遇到了前所未有的挑战，也面临着各种各样的风险。面对新的企业内外部环境的挑战，防范和化解人力资源管理的各种风险，是企业在人力资源管理工作中必须深入思考并加以解决的重要问题。

一、人力资源风险的含义及特点

（一）人力资源风险的含义

“风险”是指在特定客观情况下，在特定期间内，某一事件其预期结果与实际结果间的变动程度。风险通常包含了事件、概率以及所引起的后果三个部分。人力资源管理风险中的事件就是指在人力资源管理活动中发生错误或意外收益的具体活动。事件的确定需要建立在对本企业的人力资源管理活动有充分的了解和熟悉的基础上。人力资源管理风险的概率是指所确定的事件在实际运作中发生的可能性。人力资源管理风险的后果是指如果所确定事件在实际中发生，所造成影响的大小。

核心概念

人力资源风险就是由于人力资源的特殊性和对人力资源管理不善而造成用人不当，或人的作用未能有效发挥，或人员流失给组织造成有形和无形损失的可能性危险。

人力资源风险存在于人力资源管理的整个过程中：人力资源规划、工作分析、招聘、培训、绩效考核、薪酬管理、劳动关系管理等各个环节都可能存在着风险。

（二）人力资源风险的特点

无论人力资源的风险有多少种，一般均具有以下几个特点。

一是客观性。人力资源管理中的每一个环节都蕴藏着风险。人力资源管理的风险是客观存在的，人们只能设法防范和化解风险，但不能使其绝对消失。漠视风险的客观存在必将招致损失。

二是动态性。风险在人力资源管理各个环节中发生的频率、影响其他活动的强度、范围都不尽相同，并具有动态变化的特征。风险动态变化的特征增加了风险管理的难度，要求管理方法注重灵活性，避免僵化和一成不变。

三是破坏性。人力资源是企业的核心资源，在其管理过程中一旦发生风险，给企业造成的损失将是巨大的，它不仅危及企业物质资源的安全，甚至还可能导致企业发展战略的彻底失败。著名的网络 IT 企业“赢海威”公司就因总经理的辞职直接导致了公司发展战略的全面调整。

二、企业人力资源风险管理的含义及工作流程

（一）企业人力资源风险管理的含义

核心概念

企业人力资源风险管理是一种特殊的管理功能，管理的对象是企业人力资源管理的全过程和作为企业核心资源的人，通过对风险的认识、衡量、预测和分析，考虑到种种不确定性和限制性，提出供决策者决策的方案，力求以较少的成本获得较多的安全保障，或者说以相同的成本或代价获得更多的安全保障或更少的损失。

这里表明：第一，企业的人力资源风险管理是一个过程，其本身并不是一个结果，而是实现结果的一种方式；第二，人力资源风险管理是一种系统分析，通过对现实和潜在风险的认识以及分析，供领导作出风险决策；第三，人力资源风险管理的目标在于控制和减少损失，提高有关单位和个人的经济利益或社会效果。

人力资源风险管理的对象是企业人力资源管理的整个过程，作为一种管理活动，风险管理是由一系列行为构成，一般包括风险识别、风险评价、风险防范、风险管理效果评价等。

1. 风险识别

风险识别是指风险管理人员通过大量的来源可靠的信息资源进行系统了解和分析，认清组织存在的各种风险因素，进而确定组织所面临的风险及其性质，并把握其发展趋势。风险识别是整个风险管理工作的基础，不经过识别并用语言表述，风险是无法衡量、无法进行科学管理的。

2. 风险评价

风险评价是对某种特定的风险测定其风险事件发生的概率及其损失程度。风险评价是在风险识别的基础上进行的。通过风险识别，发现了组织面临的风险，弄清了存在的风险因素，确认了风险的性质，并获得了有关数据。风险评价主要是通过对这些资料和数据的处理，得到关于损失发生概率及其程度的有关信息，为选择风险防范方法、进行正确的风险管理决策提供依据。

3. 风险防范

风险防范是指对经过风险识别和风险评价之后的风险问题，根据自身的情况采取对应的策略，将风险降到最低。它是风险控制过程的一个关键性阶段，是根据风险识别及风险评价的结果来制订合理的措施对风险进行控制，并对控制机制本身进行监督的以保证其成功的管理体系。

4. 风险管理效果评价

风险管理效果评价是指对风险处理手段的适用性和效益性进行分析、检查、修正和评估。在前一阶段，选定并执行了最佳风险防范手段之后，风险管理者还应对执行效果进行检查和评价，并不断修正和调整计划。因为随着时间的推移，组织所面临的社会经济环境及自身业务活动的条件都会发生变化，这会导致原有风险因素的变化，也会产生新的风险因素，同时也可能采用新的管理技术和手段。因此，必须定期评价风险处理效果，修正风险处理方案，以适应新的情况并努力达到最佳的管理效果。

（二）企业人力资源风险管理的工作流程

企业人力资源管理中的风险受内因和外因的制约和影响，其管理过程比较复杂，对此必须建立一套行之有效的规范程序。一般而言，对人力资源进行风险管理，可采用以下流程进行（如图 12.1 所示）。

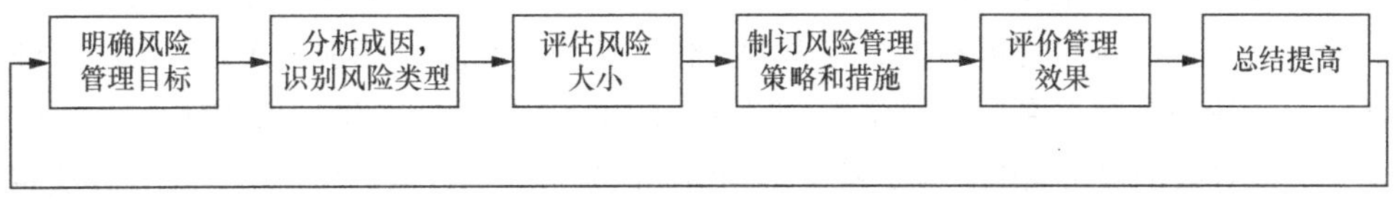

图 12.1　企业人力资源风险管理的工作流程

（1）明确风险管理目标。人力资源管理者要从人力资源管理过程中可能出现的问题出发，根据任务要求建立人力资源风险管理的总目标。同时，还必须根据实际进行调整，建立一套完善的风险管理目标体系。

（2）分析风险成因，识别风险类型。要分析人力资源管理的内、外环境，找出风险形成的根本原因，并据此划分风险的种类，为制订防范风险对策提供依据。

（3）评估风险大小。该环节主要是根据企业对待风险的态度、风险的效用，判断风险概率及风险强度，这两个指标可以通过一定的定量方法计算，以便做出相应的风险管理对策。

（4）制订风险管理策略，实施风险管理措施。企业经过人力资源风险评估之后，更为重要的是拿出具体的策略与措施应对风险，根据自身的实际情况采取不同的策略组合，防控结合，将风险造成的损失降到最小。

（5）运用效益原则，评估风险管理效果。可以采用效益与成本的比值来判断风险管理的效果。实施风险管理所带来的效益与所发生的实际支出的比值越大，说明风险管理的效果越好。

（6）总结提高。在风险管理的过程中，人力资源管理者要随时跟进并总结经验，以提高进一步防范和化解风险的能力和水平。

三、人力资源风险的成因

从人力资源管理过程的角度分析，我们认为人力资源管理的风险一方面是来自人力资源本身的特性，另一方面是来自对人力资源过程的不善管理。

（一）由于人力本身的特性而产生的风险

人力资源这一概念最初由美国管理学家德鲁克提出的，他指出人力资源“和其他所有资源相比较而言,唯一的区别就是他是人”,也正是由于人的特殊性决定了人力资源本身的风险。

1. 人的心理及生理的复杂性

迄今为止，关于人的相关研究并没有详细准确地揭示人的全部心理结构及运行机制。一方面，人力资源中的个体在决定自己行为时表现出过程上的不确定性，主要表现在个体信息获取、处理、输出及反馈与主观、客观的依赖性；另一方面表现在西蒙所指出的人的有限理性特征。有限理性的假设认为，人们在进行任何有目的的行为决策时，并不一定能搜寻到所有可能的方案。这种有限理性就使人们的生产经营活动存在风险。

2. 人力资源的能动性

人力资源是生产力诸要素中最为活跃并唯一具有主观能动性的因素。人力即劳动力，附着于劳动者这一活的人体之中，而人受其大脑和高级神经系统的控制，独具思维、情感、意志和个性，具有物资要素所不具备的能动性。人力资源的使用会受人的主观意愿和行为的影响，当人的主观意愿与组织的目标不一致时，就有可能造成组织目标难以实现，并给组织带来损失。同其他有形资源不一样的是，人力资源是一种主动资源。人力资源潜在能量的发挥，取决于其载体——人的主观能动性的发挥程度，除体力、体质等生理状态外，与人的经济、政治、社会、信仰等满足程度有关，与企业文化、环境、制度，特别是人力资源的管理、开发、激励等手段有直接关系。这种资源可以通过激励实现资源价值的不断增长，也可能由于激励不当，而导致消极价值的产生，甚至影响组织的发展。另外人力资源的能动性还决定了知识与行为不一致的可能性。人的大脑尽管如现今的计算机一样储存了大量的知识，然而并不像计算机那样以逻辑思维为唯一的思维形式，直感形象思维也是人的一大思维形式。而究竟采取何种思维形式（拟或两种并用），以及在思维过程中使用何种知识却是环境、问题表现形式以及人的主观知识结构（即所谓背景或意境，Back-ground 或 Context)的函数，这样就可能会出现实际的行为与人的大脑中某些知识不一致的现象，如系统学习掌握了现代化管理知识的人有可能在实践中做一些与此知识相违背的事，这种不一致性会给组织造成很大的人力资源风险。

3. 人力资源的动态性

人力资源本身也是一个动态发展的过程。这种动态性表现在两个方面：一是人力资源素质的动态性，另一种是人力资源行为的动态性。人力资源的一个独特性是他的自适应，或向同行学习，或通过具体的工作在“干中学”，使得人力资源的素质在时间上呈现动态特征。当员工素质与组织目标一致时，有利于组织目标的实现；当员工素质的发展与组织目标不一致时，则会阻碍组织目标的实现。由于人的特殊性和复杂性的特点，使得人并不能像机器设备资源那样严格按照所规定的指令一丝不苟地执行动作，人们的行为会由于各种各样的原因而可能导致行为的结果与预期有一定程度差异。因此即使是程序化的工作，由于有了人的参与，也隐藏了实际目标与预期目标的不一致性，尽管此类风险级别较低。而对于非程序化的工作，人的这种行为动态性便肯定会形成更大的人力资源风险。

4. 人力资源的流动性

人力资源的能动性和动态性又决定了人力资源的流动性，具体表现在不可“压榨性”。人力资源作为天然的个人私产，或者如巴泽尔所说的“主动资产”，它的所有者——个人完全控制着人力资源的开发和利用。在个人产权、个人利益得不到承认和保护的时候，个人可以凭借其事实上的控制权“关闭”有效利用其人力资源的通道。当今社会，企业很难拥有终身雇员，而雇员也很难“从一而终”。重新选择企业、重新选择职业的现象在西方发达国家尤为突出。这说明企业人力资源是一种流动性资源，而且，在市场经济愈发达的国家，这种流动性愈强。

5. 人力资源的时效性和不均衡性

人力资源是一种在开发、使用和配置都受到个体生命周期所限制的资源。如果不能及时加以利用，或者不适时适当利用，就会随着其自然载体的衰老和消亡而降低和失去作用。因此，只有对人力资源进行及时和适时的开发利用，才能充分有效发挥人力资源的作用；否则，就会造成浪费。同时，由于智力、体力、技能和知识的差异，每个人的效用是不同的，这种资源价值的分布在不同的个体中呈现出不均衡性。正是这种人力资源的时效性和不均衡性，往往容易导致用人不当、开发错误的风险。

（二）由于人力资源过程的不善管理而产生的风险

1. 人力资源管理的复杂性

人力资源管理复杂性的原因是，人力资源系统是自生秩序与创生秩序的综合集成体以及人力资源管理系统兼有自组织系统特性与人造系统的全部特性。一方面，我们为严格劳动纪律维持企业生产秩序，需要相对固定的规章制度和量化的考核指标，从而对人力资源进行直观的、简单的管理；另一方面，由于人的复杂性，我们又必须辅以其他的模糊的、复杂的方法来调动人们劳动的积极性和创造性；企业竞争环境的变化使得企业的人力资源管理工作变得更加复杂。复杂多变的经济全球化环境，使得管理的不确定性大大增加，这些都加大了人力资源管理中的风险。

2. 人力资源管理的系统性

人力资源管理的系统性首先表现在系统的整体性，它是由相互依赖的若干部分组成的，但各个部分不是简单的组合，而是具有统一性和整体性的，在实际运行中只有充分注意各组成部分或各层次的协调和连接，才能提高其有序性和整体的运行效果。其次，人力资源管理的系统性还表现在目标的系统性，即组织目标和员工个人目标的有机结合。现代人力资源管理最突出的特点在于，它并不仅仅关注如何根据组织目标来使用人，而是把组织的整体目标与组织员工的个人目标结合起来，实现组织整体和组织员工的共同发展。它强调相互依赖和开发利用两个原则。此外，组织的人力资源管理的系统性还表现在对外部环境的适应性和自身的动态性。人力资源管理外界环境的变化会引起人力资源管理系统特性的改变，相应地引起系统内各部分相互关系和功能的变化。为了保持和恢复系统原有特性及不断发展的潜力，系统必须具有对环境的适应能力。

3. 信息不对称性

通俗地理解，信息不对称与我们常说的“买家没有卖家精”这句话意思非常相符，这句话就是说在市场交易或管理活动中，参与交易或管理活动的当事人往往对自己掌握的东西所拥有的信息比对方多。这样在信息不对称的情况下，掌握信息多的一方在利己动机或投机动机情况下就有可能去欺骗另一方，从而出现“道德风险”。在人力资源管理活动中，管理者与被管理者同样存在这种信息不对称性，比较典型的是管理者很难真正了解被管理者的全部信息，如他的能力、诚信、性格、经历，这样就会造成很难准确测度员工的行为，员工就有可能在利己动机或投机动机的情况下做出不利于组织的行为，从而就有可能出现各种人力资源管理风险。

阅读资料

某食品加工企业向社会招聘一名销售主管，李先生前往应聘，双方协商洽谈中，李先生向企业提交了以往在多个企业从事过销售主管的书面说明。企业求贤若渴，于是双方当即协商签订了劳动合同。合同约定：企业聘用李先生为销售主管，试用期 3 个月；李先生全权负责企业销售业务。劳动合同签定后，企业即要求李先生上班工作。2 个月后，企业发现李先生的销售业绩平平，即要求李先生制订销售计划，加大销售力度。又 2 个月后，企业发现李先生的销售业绩仍无起色，对李先生的工作经历产生怀疑。于是，企业派人对李先生提供的以往经历进行调查发现，李先生所说的在多个企业从事过销售主管纯属虚构。该实例就是因为信息不对称带来的。

（刘田，2007）

第二节　人力资源风险的识别和评估

一、人力资源风险的识别

（一）企业人力资源风险分类

人力资源风险是由于人力资源在企业生产经营中的重要性而成为企业中始终存在的重要风险之一，因此要有效地进行人力资源风险的管理，首先要进行人力资源风险的识别，给人力资源风险分类。企业中人力资源风险可以按不同的标准划分为不同的类别。

1. 从人力资源管理全过程的角度划分

若把企业作为一个系统，那么人力资源的使用全过程包括人力资源流入系统、在系统中培养与使用以及人力资源流出系统，由此可以将人力资源风险划分为以下几种。

（1）招聘风险，这是指在人力资源招聘录用过程中由于录用标准及招聘者能力等原因有可能使不合格的人员录用而形成的风险。

（2）人力资源使用风险，这是指在培养与使用过程中或由于培养与使用不当或由于人力资源本身的各种原因产生对企业目标造成损害的可能性。

（3）人力资源流失风险，这是指由于人力资源流出而可能给企业造成损失的可能性，如企业中关键人物的流出很可能泄漏企业秘密导致企业竞争力下降。

阅读资料

世界著名的英特尔公司在创业初期，天才设计师费根设计的第一代微处理器 8080 一炮打响，该产品给公司开创了巨大的市场。意想不到的是，费根在关键时刻离开了公司，并带走了另两名重要的技术人才，在外面重组了一个新公司，推出了比 8080 还要先进的新产品，很快将英特尔的市场抢去。这个沉重的打击，使英特尔几乎一败涂地。若干年后，英特尔才重新崛起。

人力资源录用、使用以及流失风险也是相关性很强的风险。如一般情况下很高的录用风险便会导致很高的使用风险，而很高的使用风险往往伴随着很大的流失风险。

2. 按风险损失中人身伤害与否划分

由于人力资源人身受到伤害而对企业造成损失，如生病、突然死亡、伤残等，这类风险称作人身伤害风险；而其他风险损失不涉及对人力资源人身的伤害，称为非人身伤害风险，如人才的流失风险。

人身风险包括人的死亡、身体伤残、年老退休和失业等几种。正是这几种客观存在的人身风险造成了人们的经济损失。这种经济损失，既有人的服务价值损失即收入损失，又有因风险产生的额外支出，包括有劳动生产能力的人的死亡、伤残或失业而产生的额外费用支出等。死亡、伤残、年老退休和失业等人身风险的发生频率、损失程度和可预测度都各不相同。

（1）死亡风险。对企业而言，职工的死亡意味着死者才能和贡献的损失，或其能为公司提供更多劳动力的损失，以致迫使企业增加训练可用职工的费用和成本。产生死亡的风险因素很多，如年龄、性别、个人嗜好、个人病史与家族病史等。

（2）伤残风险。伤残是人身的主要风险，它对企业或家庭产生下列两个不利影响：一是减少甚至丧失收入：二是增加照顾伤残者的额外费用。伤残的频率比意外死亡频率大得多。伤残风险较之人身死亡风险最大不同之处在于，伤残会产生数额相当大的医疗费用支出。

（3）疾病风险。与其他损失形态相比，通常员工疾病损失的可能可以避免，而且因为个体差异较大，因此医疗费用差异很大，可能会消耗巨额的医疗费用。

（4）年老风险。年老这一人身风险的重要特点是，它对每一个人来说总会发生，但值得注意的是，其中某些因素仍然难以确知。寿命长短、退休后的生活费用变化以及退休后的健康状况均具有不确定性。随着人们寿命的延长，人口老龄化和老年人退休养老等问题令人担忧且在社会保障能力有限的情况下矛盾更为尖锐。

（5）失业风险。失业是因环境或自身的变化而发生的人身风险。不能找到工作或失去已有的工作，无疑对个人和家庭都是一个损失，对企业也存在一个对新职工进行技术培训和重新招收职工须增加开支的风险。

3. 按造成风险损失时人力资源的动机划分

同样的风险损失可能是由于不同的动机而导致的，那些以损害组织目标而实现自己目标的利己动机形成的风险称作道德风险或有意风险。还有另一种风险损失并非由涉及其中的人故意造成，而是因为其能力或工作疏忽造成，如对一些素质要求高的职位聘任了不合格的人员便隐藏了风险，这类风险称作能力风险或无意风险。当然若招聘者已获知这些人的不合格信息而为了某种个人企图（如任人唯亲）而聘用，则对于招聘者而言属道德风险或有意风险。

4. 按企业中的职能划分

可以依企业的职能将人力资源风险划分为管理系统中人力资源风险、技术系统中人力资源风险、财务系统中人力资源风险、生产系统中人力资源风险、营销系统中人力资源风险等，这样就可以结合这些职能特点分析这些部门人力资源风险的独特性以便制订相应的对策。

5. 从影响人力资源管理风险不确定性因素的可预测程度划分

可把风险分为可预测风险、部分可预测风险和不可预测风险三类。可预测风险包括企业产品或服务的市场需求、人力资源总量和教育水平、人力资本市场价格等因素所带来的风险。这些风险一般在目前都可以预测，但预测的准确性大小将直接影响防范对策的有效性和管理成本。部分可预测风险主要是因为信息收集不完全、数据样本缺乏，企业只能根据自身所掌握的部分信息，趋势外推或用其他方法进行预测。例如，企业新产品开发的周期与科技进步的速度直接关联，科技进步的速度越快，产品的生命周期越短，新产品开发的速度必须越快，企业对开发人才的需求越旺。所以，企业对开发人才的需求预测必须以相关的科技进步速度为依据。但由于企业只能根据有限的信息对科技进步带来的冲击进行预测和分析，在开发人才的招聘方面则不可避免地存在着风险：过高估计科技进步的速度，会使开发人才的招聘出现盲目性，造成储备人才过多，人力成本增加；但过低估计，又将使企业在用人之际无人可用，致使企业新产品开发战略无法有效地实施。必须指出的是，部分可预测风险的概率一般可确定。不可预测的风险包括自然灾难、委托培训机构倒闭等，这些是企业无法控制、预测的。其中，可预测风险和部分可预测风险是企业人力资源风险管理的重点。

以上虽然根据不同的标准对人力资源风险进行了分类，但事实上企业人力资源管理系统中的各类风险都是相互影响、相互妨碍和助长的，在现实中很少独立存在。

（二）企业人力资源风险识别方法

企业人力资源风险识别通常是建立在企业历史资料和专家系统的基础上的。企业可以通过相关的历史记录对人力资源风险发生的情况、概率以及后果有一个粗略的认识。这些认识是以后风险估计以及评价的基础。资料只能够代表企业以往历史，而风险管理是以未来为决策对象的，所以，风险的识别还需要专家系统的支持。这里说的专家并不是具有高级职称的就是专家，而是指具有相当扎实的风险管理及相关专业领域理论知识，并通过长期的风险管理实践积累了丰富经验和智慧的人员。整个人力资源风险识别的过程分为以下几个步骤。

（1）收集历史资料。企业的历史资料或多或少地反映出未来企业将面临的人力资源风险情况。在广泛推行风险管理的国家（如美国），保险公司、出版商以及行业学会（如美国风险和保险管理学会）都会向企业提供潜在损失一览表。而国内从目前来看，还没有谁提供这一服务，因此国内企业就只能靠自己来完成这一项工作。

例如，企业可以根据去年一年经营管理的各项指标，编制人力资源潜在风险分析表（如表 12.1 所示）。

表 12.1　某企业人力资源潜在风险分析表

	指 标 项 目	历 史 数 据	潜在人力资源风险
1	销售额指标	连续下降 20%	冗员风险，员工收益降低，工作热情降低
2	利润指标	连续下滑，低于行业正常利润率	
3	人均劳动生产率指标	连续降低，低于行业正常标准	
4	人均成本指标	总成本增高比大于利润增长比；人工成本占费用比超过正常水平	
5	工资增长比率	增长 16%	薪酬调整风险
6	人员流失率	大于 25%	人才短缺风险
7	出勤率	迟到/早退率上升	离职风险
8	员工满意度	低于 75 分	
9	中老年员工所占比率	超过 50%	人才结构合理性风险
10	中高级人员招聘到岗率	三个月低于 80%	中高级人员激励机制改善风险
11	工作责任心	工作推诿、寻找理由	绩效考评/激励机制风险

（2）实地调查。根据历史资料分析的潜在人力资源风险还要作实地的调查，调查的方式有多种，主要有面谈法、观察法、风险分析问询法、过去的损失记录法等。

（3）整理资料。按照人力资源管理活动的不同，将人力资源管理风险进行分类整理，以便风险管理的后续步骤使用。

（4）专家评议。组织专家对企业人力资源风险发生的事件、发生的概率以及产生的影响进行判断，确认收集到的资料的全面和清晰。在风险识别报告中应指出无法收集完全的资料，以便在风险估计和评价中估算这些缺失的资料。

（5）出具报告。报告除包括风险的三要素以外还应该有调查所采用的方法、缺失信息的描述等内容。出具的报告应尽量客观，避免主观的猜测和评判。

总而言之，人力资源风险识别是企业人力资源风险管理的基础和起点。它的任务是辨认本企业所面临的人力资源风险的种类、性质，分析发生的各种可能结果。人力资源风险识别的意义在于如果不能准确地辨明所面临的各种风险，就会失去切实处理这些风险的机会，从而使得控制风险的职能得不到正常发挥，自然也就不能有效地把企业的人力资源风险维持在一个合理的范围。企业还应清楚辨认风险是一个反复的过程，不可能一蹴而就，但在每次识别和衡量风险时，必须从零开始，不宜仅回顾过去。

（三）人力资源管理各环节风险的识别

1. 招聘——风险的始发地带

人员的流入是整个企业人力资源管理的起点。与此同时，应聘者面试技巧的提高加大了企业选人的风险；招聘结束后缺乏对招聘效果的全面反馈以致为下一次招聘问题的出现埋下隐患。

阅读资料

有调查数据表明，92%的人力资源主管或经理认为招聘中存在风险；58.3%的主管认为招聘中存在“新员工学历与能力不符”；50%的主管认为存在“新员工效率不高”，42.7%的主管认为“招聘来的员工离职率高”。其中“新员工学历与能力不符”和“工作效率不高”较为突出。

2. 培训中不易察觉的风险

培训中存在的风险大部分为隐性风险，企业常常意识不到。有调查资料表明，企业培训中的风险主要有：①在确定培训项目、制订培训计划之前，缺乏细致全面的员工需求调查分析，致使培训针对性不强，培训效果难以保证。②在员工培训上不计成本。这种做法固然反映了企业对员工培训的重视，但易造成培训费用的浪费，加大企业的培训成本。③培训后缺乏有效、动态的效果评估。培训后一段时间内不进行培训效果跟踪评估，无法准确了解培训是否达到预期目标。

3. 绩效考核——风险的多发地带

绩效考核是企业人力资源管理的中心环节。有调查数据表明，大多数员工认为目前的绩效考核能充分调动其积极性，但仍有相当部分的员工认为企业的绩效考核没有起到应有的作用，甚至存在反作用。在企业出现考核不公平时，轻则使员工将情绪带入工作中，影响工作效率，或者散布不利于公司的流言，影响其他员工情绪；重则突然离职，导致公司业务出现断层，影响公司正常运转。

4. 薪酬——风险的催化剂

薪酬是企业吸引人才、留住人才的重要手段之一。薪酬缺乏外部公平性和内部公平性，往往促使潜在的隐性风险（如企业不满、怠工）转化为外在的显性风险（如离职等）。在有关调查中发现，主动辞职的员工中，有近一半是因为对薪酬的不满而离职的。这些员工的突然离职给企业以措手不及，企业因暂时无法找到替代者使经营业务受到影响，业务骨干的流失则更是极大地削弱了企业的竞争力。

5. 其他环节中的风险状况

其他环节中的风险主要表现在：①如果企业没有工作分析这一基础性环节，导致招聘录用员工标准不明确，出现新员工无法胜任工作的情况，为高离职率埋下隐患。②人力资源配置不合理限制了员工才能的发挥。据有关调查数据表明，有 42.7%的员工因配置不合理在企业内难以很好地发挥作用，这使企业在很大程度上存在隐性风险。③人力资源规划不到位，使企业在市场急剧扩张时，面临巨大的人才需求压力，难以解决企业对人才需求的“饥渴”。这在处于快速发展阶段的企业表现得尤为明显。

二、人力资源风险的评估

风险评估，主要是对已识别的风险进行综合分析、评估、度量风险发生的概率、对系统目标的影响和程度，并依据风险对项目目标的影响程度进行项目风险分级排序的过程。风险评估是成功实施人力资源管理系统的重要前提，它为进一步制订风险控制措施提供了重要依据。

人力资源风险评估的目的是理解人力资源风险管理决策中的风险成分。有的时候，人力资源风险管理的失败并非由于未能正确识别风险，也非未能落实处理策略，而是由于处理风险的方法不当，而处理方法的选择往往与风险估计的结果密切相关，可见，风险评估是整个人力资源风险管理过程中关键的一环。

人力资源风险评估是一项极其复杂和困难的工作，必须用详细充分的损失资料加以衡量，评估人力资源损失发生的频率和强度，其重要性在于它不仅使人力资源风险管理建立在科学的基础上，而且还为选择最佳管理技术提供了科学依据。斯坦・卡普兰（Stan Kaplan）认为风险包括事件、概率、后果三个部分。

$$R=(S,\ L,\ X)$$

式中：R——风险；

S——什么地方会出错（What can happen?），也即事件；

L——事件发生的概率（How likely is it?），也即概率；

X——引起什么样的后果（What are the consequences?），也即后果。

通过进行风险成因分析就可以确定出风险事件（S），而进行风险评估就是对风险概率（L）和风险后果（X）的确定。

由于评估人力资源风险时，企业往往会因为环境变化太快或没有足够的历史资料，因此有必要运用定性和定量两种方法来对企业人力资源风险评估。所谓定性的方法就是从定性概念来判断经营过程中未来发展的性质。定量的方法就是利用企业的一些人力资源指标来揭示企业的人力资源风险。总体而言，目前人力资源风险评估的方法主要有三种，分别是专家评价法、模糊综合评价法与马尔可夫评价模型。专家评价法主要是一种定性方法，相对比较简单实用；另两种主要是定量分析，虽比较精巧，但相对比较复杂，且应用条件比较严格。下面我们主要介绍专家评价法的做法，另外两种不再阐述。专家评价法分为绝对评价法和相对评价法。

小提示

专家评价法中的专家并不是具有高级职称的就是专家，尽管专家与职称、权力可能有某些联系。这里的专家是指具有相当扎实的风险管理及相关专业领域理论知识，并通过长期的风险管理实践积累了丰富经验和智慧的人员。

（一）绝对评价法

首先细分企业所存在的各种不同类型的人力资源风险，以及可能发生风险的部门，然后请风险管理专家给每个部门每类风险的大小进行打分，如：0 表示无风险，9 表示风险最大，然后将各个分值按风险或部门加起来，再除以风险评价最大值之和，便得出某风险或部门风险的大小。

例如：某企业共有四个部门，有六类主要人力资源风险，假定风险管理专家的打分值如表 12.2 所示。根据表中企业最大风险一项可知，企业最大风险数值之和为 Max$R$=4×6×9=216，则实际风险值 R=128，则实际风险水平 r=R/Max$R$=128/216=0.598。

表 12.2　人力资源风险评分表

风 险 类 别	部门 1	部门 2	部门 3	部门 4	各部门风险分值
招聘风险	4	2	5	3	14
人员离职风险	7	8	6	5	26
冗员风险	5	6	4	8	23
薪酬调整风险	5	7	9	4	25
人身健康风险	3	7	6	2	18
管理者道德风险	6	4	7	5	22
各类风险分值	30	34	37	27	128

如果根据历史及专家经验可以得出一个企业人力资源风险的最低水平，如 r_{min}=0.5，由于 $r > r_{min}$，所以可以知道该企业的人力资源风险水平较高。同时还可以计算出各部门和各类风险的实际水平，具体见表 12.3 和表 12.4。

表 12.3　部门综合评价评分表

部　　门	最大可能评分值	实际评分值	实际/最大
部门 1	6 × 9 = 54	30	0.556
部门 2	6 × 9 = 54	34	0.629
部门 3	6 × 9 = 54	37	0.685
部门 4	6 × 9 = 54	27	0.500

表 12.4　风险综合评价评分表

风 险 类 别	最大可能评分值	实际评分值	实际/最大
招聘风险	4 × 9 = 36	14	0.389
人员离职风险	4 × 9 = 36	26	0.722
冗员风险	4 × 9 = 36	23	0.639
薪酬调整风险	4 × 9 = 36	25	0.694
人身健康风险	4 × 9 = 36	18	0.500
管理者道德风险	4 × 9 = 36	22	0.611

（二）相对评价法

在进行风险管理时，往往要确定各种不同类型风险的相对大小，即进行风险排序，但是由于绝对评价法不能很好地表达风险两两之间的相对关系，便可利用专家相对评价法。

这种方法也需要细分风险类型，所不同的是专家打分表与上不同。专家打分表见表 12.5。专家采用风险两两相互比较重要性的方法打分，表中第 i 行第 j 列的值 a_{ij} 为

a_{ij}=0，风险 i 没有风险 j 重要；

a_{ij}=1，风险 i 与风险 j 同样重要；

a_{ij}=2，风险 i 比风险 j 更重要。

那么横行相加求和结果大小就明示了风险的排序。由表 12.5 可以看出，企业人力资源风

险中最重要的是管理者道德风险。各类风险的排序依次为：管理者道德风险、冗员风险、人员离职风险、薪酬调整风险或招聘风险、人身健康风险。

表 12.5 专家相对评价法

风险类别	招聘风险	人员离职风险	冗员风险	薪酬调整风险	人身健康风险	管理者道德风险	得分加总
招聘风险	1	2	0	1	0	0	4
人员离职风险	0	1	0	2	2	0	5
冗员风险	2	2	1	2	2	0	9
薪酬调整风险	1	0	0	1	2	0	4
人身健康风险	2	0	0	0	1	0	3
管理者道德风险	2	2	2	2	2	1	11

企业人力资源风险专家评价法主要考虑了企业人力资源风险的特点和专家具有丰富的风险管理理论知识与经验，更重要的是考虑并利用了专家在处理复杂、模糊信息方面的优势，而且使用起来非常方便。但专家评价法也有它的适用条件：首先是专家的选择，其次是专家的人数。人数不能过少，否则不能反映不同情况或者说不能从不同的角度评价风险。人数过多，专家意见难以综合，也加大了量化处理的工作量及费用。

第三节　人力资源风险管理的策略

一、风险回避策略

风险回避策略就是以放弃或拒绝承担风险作为控制方法，来回避损失发生的可能性。它的常用形态有两种：第一，将特定的风险单位予以根本免除；第二，中途放弃某些即存的风险单位。这是风险策略中最为简单亦较为消极的一种。例如企业在进行招聘时，某应聘者的能力、素质等条件都符合企业要求，但在背景调查中发现其曾经有过严重的做假行为，因此企业决定不录用此人就是这种策略的应用。当然，并不是所有人力资源风险可以采取回避的策略，这种策略的采取与否与风险损失的大小及发生的可能性大小有关。一般损失和发生可能性大的风险可以采取回避策略。另外回避这种人力资源风险会引入其他风险，例如将某个经常会有人为差错的岗位工作由计算机（或机器人）代替，尽管人力资源风险回避了，但引入了与计算机或机器人相关的风险，因为计算机、机器人可能会发生故障等。通过这种策略企业虽然可以完全消除风险，但需要管理者对风险的威胁和后果有足够的认识，要注意避免因为主观的判断而丧失发展机会。

二、风险保护策略

风险的大小可以用损失的严重程度和损失发生的可能性大小来衡量。风险保护就是降低损害发生的可能性。例如，公司进行职工技能培训就可以减少员工工作上的障碍；合理安排车间布局以及进行职工安全教育就可以减少员工工伤事故发生的可能性；科学合理地采取激励约束机制进行人力资源管理，提高员工对企业的忠诚度，就会减少人力资源流失的可能性；

利用合同约束也可以减小人员非正常流失的可能性，等等。

三、风险减轻策略

风险减轻策略是指降低损失的严重程度。例如，对企业组织中的关键人物（广义上讲业务流程上每一个岗位的人都是企业必要的，狭义讲是对企业命运有重大影响的人，而一时难于从人才市场获得的如总经理、总工程师或一些业务骨干等）配备随时可以接替他们的“接班人”或二号、三号“种子”选手，一旦关键人物发生意外，企业可以在短期内很快复原，从而减小了损失程度。又比如，对于人力资源流失风险，有些企业在合同中规定人员流出后在若干时间内不得从事与本企业竞争的业务活动等，用以减少风险损失。

四、风险自担策略

风险自担意味着可能遭受损失的企业自己承担风险发生后的损失后果。在没有意识到人力资源风险的企业中往往是自己被动承担了人力资源风险损失的后果。在充分认识到人力资源风险及大小的企业中，对于员工一般的常见病或轻微工伤往往是采取风险自担策略，而对于员工重大疾病的风险往往采取疾病保险或其他策略。又如，对于人力资源流失风险，一般企业往往对一般员工（素质要求低而且极易从人力市场获取）的流失风险采取风险自担策略，而对关键人物的流失风险采取减轻、保护等策略。一般对风险损失小而且发生可能性小的人力资源风险可以采取风险自担策略。

五、风险转移策略

风险转移是指企业将可能遭受的人力资源风险后果转移给其他组织或个人。这种转移又可细分为非保险转移和保险转移。最典型的人力资源风险非保险转移的例子是企业通过人力资源外包将自己的某一业务转移给另一组织完成，那么这一业务中的人力资源风险便转移给了承包组织。还有比如近期我国对公派出国留学人员违约风险通过保证金的形式进行管理，也属于非保险风险转移的例子。保险转移是指企业通过购买保险，将风险转移给保险公司，以财务上确定的小额支出减少经营管理中巨大的不确定性，从而有助于企业及时恢复正常的生产经营活动。例如大部分公司为员工购买工伤保险等。

一般而言，经过风险分析之后得到的有关损失发生频率和严重程度的概率结果是人力资源风险管理对策选择的基本依据。图 12.2 就描绘了一种基于这一依据，相对简单的决策过程。这种图可以被称为人力资源风险管理矩阵。其中横轴列出损失发生的相对频率，竖轴列出了损失结果的相对严重程度。这种矩阵最简单的形式就是如图 12.2 所示，此时只有四种组合。在实际运用中，人力资源风险管理矩阵的复杂程度取决于对风险的认识水平。这是因为风险分析越精确，那么对损失发生频率和严重程度的划分等级就可以越多。

图 12.2　人力资源风险管理决策矩阵

实际上，人力资源风险管理矩阵法只能为人力资源风险管理对策的选择提供一个基本方向。在进行决策之前，管理者应当充分考虑各种管理对策的成本-效益情况。也就是说，如果要实施某种对策，它需要多少人力、物力的支持，同时也包括间接成本（如是否会产生新的风险、货币的时间价值等）；另一方面，这种对策实施后能把损失发生的频率和严重程度降低到何种水平。人力资源风险的特性是选择风险管理对策时要考虑的另一个因素，它限定了可供选择对策的范围，以及运用的有效性。最后必须牢记一点，预先设定的企业人力资源风险管理目标贯穿于风险管理全过程，尤其在选择方案时要求得到充分体现。

六、保险策略

这是众所周知的一种风险管理策略。从风险管理角度讲它是以一种合同的形式来进行风险转移，属于风险转移策略的一种。保险策略主要针对的是企业员工的人身风险，包括疾病、年老、伤残等，企业通过为员工投保社会保险或商业保险，使人身风险能够用固定的保险费来代替。这种保险费作为风险的代价，可以计入生产经营成本。企业通过支付保险费，将员工人身存在的巨大风险转移给保险公司，并具有了依照保险合同向保险公司索赔的权利，从而减轻企业负担。

总之，对于某一企业来讲并不一定只使用以上所讲的一种策略，而是要在人力资源风险识别分析的基础上对风险进行评价，针对风险的种类、风险损失的大小及发生的可能性选择一组风险管理策略，也称策略组合，不仅要考虑人力资源风险管理策略组合的系统优化，而且要考虑其他风险的管理策略，如技术风险管理策略等，使企业整体风险管理达到最优化。

开篇案例简析

目前对于企业新员工培训，一个常见的误解是，“不就是报到上班嘛！慢慢来，员工自然会熟悉一切、适应一切的。何必大事声张？”据统计，国内的近80%企业没有对新进员工进行有效培训，就安排他们上岗工作了。有的企业即便进行了新员工培训，也不太重视，仅把它当作简单的“行政步骤”，草草而过，不细致，欠规范。殊不知，这样做可能会埋下导致人才流失的“风险种子”。初入新环境，新员工一下子面对很多不同以往的“新鲜事”。有的和工作职责直接相关，比如，不同的业务流程，不同的行业、客户群；有的是管理风格和企业环境方面的，比如，财务审批制度比其以前任职企业的更为复杂严格，部门间沟通途径不一样，甚至电邮传发的权限性规定也不同……很多老员工们已经习以为常、看似不值一提的细节，对新员工而言都是需要了解和适应的“新鲜事”，而且在陌生的环境下容易冒出不知所措、失望、沮丧等负面情绪的苗头，人才流失的风险同时提高了。要规避风险，就应在短时间内让新员工快速进入角色，融入企业，从“局外人”转变成为“企业人”。这就需要通过规范系统的方法使其感到受尊重、被关注，形成员工的归属感，对个人在企业中的职业发展充满信心。所以，及时、规范、全面的新员工培训是人力资源管理中不可忽视的一个重要环节。它既是选才招聘的后续步骤，也是企业做好留才工作的第一步。

本章小结

“风险”是指在特定客观情况下，在特定期间内，某一事件其预期结果与实际结果间的变动程度。人力资源风险就是由于人力资源的特殊性和对人力资源管理不善而造成用人不当，或人的作用未能有效发挥，或人员流失给组织造成有形和无形损失的可能性危险。人力资源风险存在于人力资源管理的整个过程中：人力资源规划、工作分析、招聘、培训、绩效考核、薪酬管理、劳动关系管理等各个环节都可能存在着风险。

无论人力资源的风险有多少种，一般均具有以下几个特点：客观性、动态性、破坏性。

人力资源风险管理的对象是企业人力资源管理的整个过程，作为一种管理活动，风险管理是由一系列行为构成，一般包括风险识别、风险评价、风险防范、风险管理效果评价等。

从人力资源管理过程的角度分析，我们认为人力资源管理的风险一方面来自人力资源本身的特性（如人的心理及生理的复杂性），人力资源的能动性，人力资源的动态性，人力资源的流动性及人力资源的时效性和不均衡性；一方面来自对人力资源过程的不善管理，如人力资源管理的复杂性，人力资源管理的系统性及信息不对称性。

企业人力资源风险识别通常是建立在企业历史资料和专家系统的基础上的。企业可以通过相关的历史记录对人力资源风险发生的情况、概率以及后果有一个粗略的认识。这些认识是以后风险估计以及评价的基础。资料只能够代表企业以往历史，而风险管理是以未来为决策对象的，所以，风险的识别还需要专家系统的支持。人力资源风险识别的过程分为以下几个步骤：收集历史资料；实地调查；整理资料；专家评议及出具报告。

目前人力资源风险评估的方法主要有三种，分别是专家评价法、模糊综合评价法与马尔可夫评价模型。专家评价法主要是一种定性方法，相对比较简单实用；另两种主要是定量分析，虽比较精巧，但相对比较复杂，且应用条件比较严格。专家评价法分为绝对评价法和相对评价法。

人力资源风险管理的主要策略有风险回避策略、风险保护策略、风险减轻策略、风险自担策略、风险转移策略、保险策略等。而对于某一企业来讲并不一定只使用以上所讲的一种策略，而是要在人力资源风险识别分析的基础上对风险进行评价，针对风险的种类、风险损失的大小及发生的可能性选择一组风险管理策略，也称策略组合，不仅要考虑人力资源风险管理策略组合的系统优化，而且要考虑其他风险的管理策略，如技术风险管理策略等，使企业整体风险管理达到最优化。

复习思考题

1. 什么是人力资源风险？人力资源风险的特点及成因是什么？
2. 如何进行人力资源风险识别和评估活动？
3. 人力资源风险管理的策略主要有哪些？

案例分析

巴林银行的破产：用人不慎，满盘皆输

1995 年 2 月 26 日，英国中央银行英格兰银行宣布了一条震惊世界的消息：巴林银行不

得继续从事交易活动并将申请资产清理。10天后，这家拥有233年历史的银行以1英镑的象征性价格被荷兰国际集团收购。这意味着巴林银行的彻底倒闭。然而，这一具有233年历史、在全球范围内掌控270多亿英镑资产的巴林银行，竟毁于一个年龄只有28岁的毛头小子尼克•里森之手。

1989年，里森在伦敦受雇于巴林银行，成为一名从事清算工作的内勤人员，其职责是确保每笔交易的入账和付款。当时巴林越来越多地从事金融衍生业务，里森也参与进来。1992年他被调职，专事疑难问题的处理，一会儿飞往印尼去建立分公司，一会儿前往东京协助调查内部欺诈的投诉。当新加坡国际货币交易所意图成为亚洲新兴金融业务的中心时，巴林也想在此获取一席之地，而里森则受命组织一个班子去实现这一目标。

里森于1992年在新加坡任期货交易员时，巴林银行原本有一个"99905"的"错误账号"，专门处理交易过程中因疏忽造成的错误。这原是金融体系运作过程中正常的错误账户。1992年夏天，伦敦总部要求里森另设立一个"错误账户"，记录较小的错误，并自行在新加坡处理，以免麻烦伦敦的工作。于是，里森又建立了一个在中国文化看来非常吉利的"88888"错误账户。几周后，伦敦总部又要求用原来的99905的账户来与伦敦总部联系，但这个已经建立的88888错误账户，却没有被销掉。就是这个被忽略的"88888"账户，日后改写了巴林银行的历史。

1992年7月17日，里森手下一名交易员金姆• 王误将客户买进日经指数期货合约的指令当作了卖出，损失是2万英镑，当晚清算时被里森发现。但里森决定利用"88888"账户掩盖失误。几天后，由于日经指数上升，损失升到了6万英镑，里森决定继续隐瞒这笔损失。另一个与此如出一辙的错误是里森的好友及委托执行人乔治犯的。与妻子离婚后的乔治整日沉浸在痛苦之中，并开始自暴自弃。作为自己最好的朋友，也是最棒的交易员之一，里森很喜欢他。但很快乔治开始出错了：里森示意他卖出的100份九月的期货全被他买进，价值高达800万英镑，而且好几份交易的凭证根本没有填写。为了掩盖失误、隐瞒损失，里森将其记入"88888"账户。此后，类似的失误都被记入"88888"账户。里森不想将这些失误泄露，因为那样他就只能离开巴林银行。但账户里的损失数额像滚雪球一样越来越大。如何弥补这些错误并躲过伦敦总部月底的内部审计以及应付新加坡证券期货交易所要求追加保证金等问题，里森开始了向总部撒谎的历程，一而再再而三的隐瞒最终导致了巴林银行的倒闭。

（汪中求，2004）

分析讨论：

1. 为什么一个银行的区级职员就能将一个世界级银行毁灭？
2. 该案例对企业应对用人风险有什么启示？

实训

知识型员工流失风险管理实训

（一）实训目的

通过实训，使学生了解人力资源风险包含的主要内容，掌握知识型员工流失风险管理的方法。

（二）实训条件

1. 实训时间

本实训大约需要 2～3 个学时。

2. 实训地点

多媒体教室。

（三）实训内容与要求

1. 实训内容

根据下述阅读材料提供的背景，制订知识型员工流失风险管理对策。

背景资料：根据中国人力资源调研网的访谈和调查数十家大、中、小型企业，以及各种管理体制的企业后，得出了一个共同的问题：优秀的员工留不住，大量人才都流向其他企业。72.3%的企业都拥有这样的问题，显然，在国内知识型人员的流失已经成为现在多数企业的一种通病。知识型人才现在处于一种供小于求的阶段，在国内，企业管理者往往也都没有相关的有效措施来改变现在这种局面。目前知识型人员的流失还存在着以下 3 个特点。

（1）人才流失成为一种常态，从有关权威人事的调查来看，随着经济全球化和技术革命的进一步拓展，市场竞争日益激烈。大量跨国公司在涌入中国市场的同时，改变以往的战略而起用了人才本土化的战略措施，他们登陆中国的第一步便是挖知识型人才；同时国内崛起的民营高科技公司发展迅猛，对人才的渴求也非常迫切。这两股力量直接发起了这场人才争夺大战。在未来相当长的一段时间内，人才相对于资本等其他资源的稀缺性将使高素质的人才在各个企业之间流动成为一种常态。

“人往高处走，水往低处流”。如果说，在世界经济一体化过程中，发展中国家在人才竞争方面天生就要吃一点亏，不值得大惊小怪，那么，当外企接送员工的班车已经径自开到我航天系统国防高科技公司的大门口，我们还能再保持轻松平和的心态吗？

而现阶段知识型人才的流失也越来越严重，中国中、高阶层的知识型人才库受到考验。在局部地区由于知识型人才的大量流失不禁让人想到未来我国发展的趋势。

（2）人才流失频率越来越快。在国内拥有卓越管理经验、掌握市场资源或是技术资源的优秀人才，因其在整个人力资源市场上的高度稀缺性，永远是各个企业争夺的对象；另一方面，他们为追求自身最大价值也不断变换服务对象。供求的失衡和市场竞争所导致的各企业势力对比的迅速改变使得优秀人才不断流向名牌企业，其频率也越来越快。

根据我在学校的调查得知，作为具有高能力的人才在市场急需的同时其跳槽的频率也越来越快，人员由于各种原因一般在企业都呆不长。我所知道有一例，该人在 3 年内大概换了 5 家企业。对企业的损失那是不言而喻，对个人的发展更是弊大于利。

（3）人才流失呈现“集体”意识。企业人才流失的最大特点莫过于核心员工的“集体跳槽”。往往是由核心人员的带动而牵走了大量的知识型人才，造成严重的流失现象。

如北大方正助理总裁周险峰率 30 多位 PC 技术骨干集体跳槽加盟海信数码，健力宝销售公司总经理蒋兴洲与 20 多位销售经理集体离职。这些事件均在业界引起了轩然大波，而且有着愈演愈烈的苗头。随着这种现象的增多，其背后的原因也值得我们认真思考。

2. 实训要求

（1）要求学生做好实训前的知识准备，熟悉人力资源风险管理的主要内容。

（2）深入分析背景资料，分小组讨论针对知识型员工流失的风险管理对策。

（3）要求教师在实训过程中做好组织工作，给予必要的、合理的指导，使学生加深对理论知识的理解，提高实际分析、操作的能力。

（四）实训组织方法与步骤

第一步，实训老师说明实训目的、要求、内容，分小组完成实训任务。

第二步，每个小组认真阅读背景资料，充分地分析和讨论，并在小组内部形成统一的结论，提出针对知识型员工流失的风险管理对策来。由小组的代表在全班发表看法。

第三步，教师对各种观点进行分析、归纳和总结，提出指导意见，帮助学生完善自己的结论。

第四步，每个小组根据讨论的结果编写实训报告。

（五）实训考核方法

1．成绩划分

实训成绩按优秀、良好、中等、及格和不及格五个等级评定。

2．评定标准

（1）能否较好地掌握相关的理论知识。

（2）能否认真准备、积极参与小组讨论。

（3）能否制订出比较合理的知识型员工流失风险管理对策。

（4）是否记录了完整的实训内容，做到文字简练、准确，叙述通畅、清晰。

主要参考文献

艾瑞咨询. 2010. 2009-2010年中国网络招聘行业发展报告. 艾瑞咨询网[2010-7-5].

保罗·托马斯，大卫·伯恩. 2003. 执行力. 白山译. 北京：中国长安出版社.

蔡昉. 2000-07-12. “雷尼尔效应”与西部开发. 经济参考报.

陈静. 2009. 善用人的短处. 价值中国网[2010-6-5].

车晓蕙，吴俊. 2010. 富士康30万员工通过集体谈判获加薪. 网易[2010-7-11].

陈方. 2005. 如何避免在新员工培训中产生人力资源风险. 博锐管理在线[2010-7-11].

陈翰. 2006. 优秀企业解秘. 北京：中国电影出版社.

陈江敏. 2008. 民营企业人力资源风险管理研究. 贵阳：贵州大学.

陈晓萍. 2009. 跨文化管理. 北京：清华大学出版社.

陈维政. 2004. 人力资源管理与开发高级教程. 北京：高等教育出版社.

陈维政. 2006. 人力资源管理. 2版. 北京：高等教育出版社.

陈远敦，陈全明. 2001. 人力资源开发与管理. 北京：中国统计出版社.

程延园. 2002. 劳动关系. 北京：中国人民大学出版社.

董克用，叶向峰. 2003. 人力资源管理概论. 北京：中国人民大学出版社.

董克用，叶向峰，李超平. 2007. 人力资源管理. 北京：中国人民大学出版社.

丁大建，李洪坚. 2006. 国外人力资源中介发展与作用分析. 中国卫生人才，(5).

杜映梅. 2003. 绩效管理. 北京：对外经济贸易大学出版社.

方振邦. 2003. 绩效管理. 北京：中国人民大学出版社.

付亚和，许玉林. 2008. 绩效管理. 2版. 北京：中国人民大学出版社.

葛正鹏. 2007. 人力资源管理. 北京：科学出版社.

顾阳，黄小希. 2007-8-8. “人力资源外包”渐成发展新趋势. 经济日报.

桂昭明. 2008. 人力资源管理. 武汉：华中科技大学出版社.

郭庆松. 2002. 企业劳动关系管理. 天津：南开大学出版社.

胡小勇. 2002. 劳动合同与员工保障管理. 广州：广东经济出版社.

黄维德，董临萍. 2000. 人力资源管理. 北京：高等教育出版社.

黄维德. 2006. 人力资源管理. 上海：上海财经大学出版社.

廖泉文. 2003. 人力资源管理. 北京：高等教育出版社.

加里·德斯勒，曾湘泉. 2007. 人力资源管理. 10版. 北京：中国人民大学出版社.

加里·德斯勒，吴雯芳. 2005. 人力资源管理. 9版. 刘昕译. 北京：人民大学出版社.

君辰，郑绍濂．2005．人力资源开发与管理．上海：复旦大学出版社．

雷蒙德·A·诺伊．2006．人力资源管理．5 版．刘昕译．北京：中国人民大学出版社．

雷蒙德·A·诺伊．2001．雇员培训与开发．刘芳译．北京：中国人民大学出版社．

李严锋，麦凯．2002．薪酬管理．大连：东北财经大学出版社．

李永杰，李强．2005．工作分析理论与应用．北京：中国劳动社会保障出版社．

林忠，金延平．2006．人力资源管理．大连：东北财经大学出版社．

刘田．2007．制度第一 总裁第二．世界经理人[2010-6-2].

卢福财．2006．人力资源管理．北京：高等教育出版社．

罗宾斯．2005．组织行为学．10 版．孙健敏等译．北京：人民大学出版社．

马新建．2003．人力资源管理与开发．北京：石油工业出版社．

摩托罗拉(中国)电子有限公司. 2000. 优秀员工是这样锻造的—摩托罗拉的员工培训. 中国人力资源开发，（11）.

彭剑峰．2003．人力资源管理概论．上海：复旦大学出版社．

仇雨临．2007．员工福利概论．北京：中国人民大学出版社．

王惠忠．2004．企业人力资源管理．上海：上海财经大学出版社．

网易．2010．跨国机构“瞄准”中国人力资源外包服务市场．网易[2010-6-2].

韦蔡红．2010-11-12．年校园招聘提前打响 跨国 IT 公司网上抢人．新闻晨报．

汪中求．2004．细节决定成败．北京：新华出版社．

魏融．2005．企业人力资源风险管理研究．北京：华北电力大学．

杨建云．2005．企业核心竞争能力的源泉．新浪网[2010-6-5].

宜冰，乐水．2010 年 3 月 17 日．集体谈判：中国劳资矛盾化解之道．第一财经日报．

尤建新．2006．企业管理概论．北京：高等教育出版社．

张德．2007．人力资源开发与管理．2 版．北京：清华大学出版社．

张一驰．2004．人力资源管理教程．北京：北京大学出版社．

赵曼．2004．人力资源开发与管理．北京：中国劳动保障出版社．

赵曙明．1998．人力资源管理与开发．北京：中国人事出版社．

赵曙明．2001．跨国公司人力资源管理．北京：中国人民大学出版社．

赵曙明．2006．人力资源管理与开发．北京：北京师范大学出版社．

中国人力资源外包网．2006．科学导入 HR 外包的参考流程．http://www.hros.cn/article/1148.htm [2010-6-3].

中国服务外包网．2007．翰威特为索尼提供人力资源技术管理方案．中国服务外包网[2010-6-3].

中国服务外包网．2010．福禄人力资源管理/薪酬外包案例分析．中国服务外包网[2010-6-3].

中国新闻周刊. 2010. 工会的新机会. 中国新闻周刊，2010（23）.
中华硕博网. 2008. 无固定期限劳动合同是员工的保护伞吗. 中华硕博网[2010-7-10].
周保平. 2005. 沃尔玛的用人之道. 人力资源开发. 2005（8）.
朱晓燕. 2007. 在个案中如何辨析劳动关系与劳务关系. 中国法院网[2010-7-10].

配套资料索取示意图

说明：本书配套资料可在 http://www.ryjiaoyu.com/下载，其中配套学习资料注册后可直接下载；**教学用资料**仅供采用本书授课的教师下载，**教师身份、用书教师身份**需网站后台审批（咨询邮箱 13051901888@163.com）。

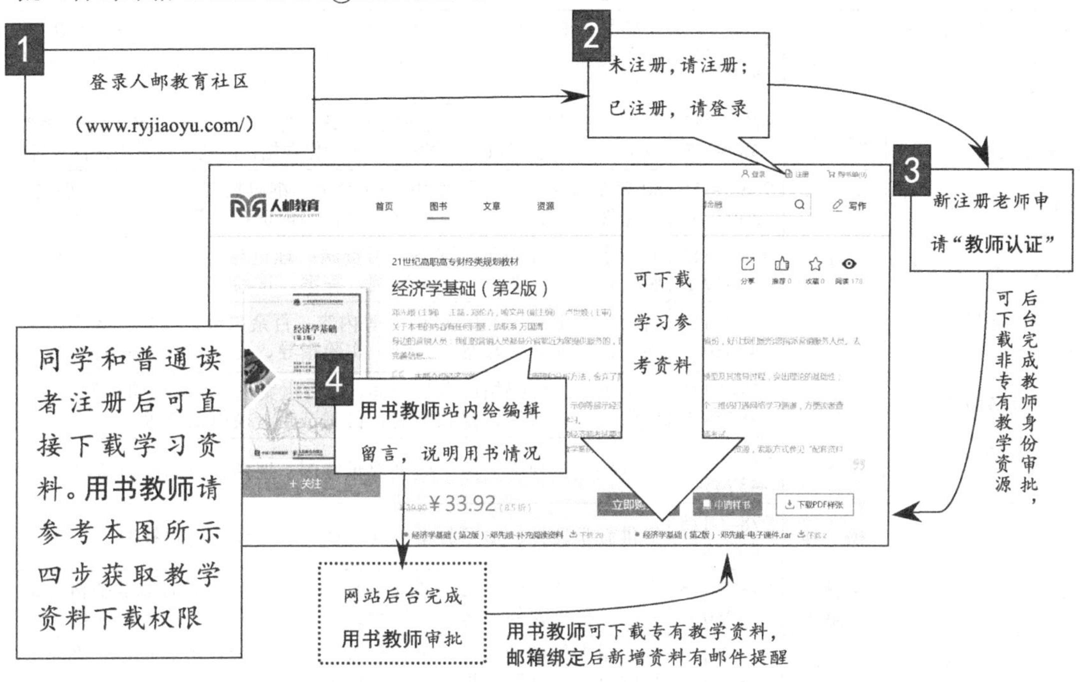

部分 21 世纪高等院校经济管理类规划教材推荐

书　　名	主　编	书　号	编辑推荐
管理学——原理与实务（第 3 版）	李海峰	978-7-115-47611-1	2013 年陕西普通高校优秀教材二等奖；提供课件、教案、实训说明、教学体会、文字与视频案例、习题集及参考答案等
管理学	方振邦	978-7-115-44334-2	提供教学课件、扩充阅读、模拟试卷
企业战略管理（第 2 版）	舒　辉	978-7-115-43139-4	二维码打造立体化阅读环境；案例、习题等营造多方位学习环境；提供课件、补充案例、模拟试卷等素材
企业文化	杨　坤	978-7-115-44012-9	提供教学课件、电子教案、案例视频、模拟试卷等资料
客户关系管理理论与应用	栾　港	978-7-115-39343-2	60 组案例助力理论联系实际，33 个二维码打通网络学习通道，在线 Xtools 软件方便实践训练；提供课件、教案、教学日历、免费教学账号、习题库、试卷等
生产运作管理（第 2 版）	程国平	978-7-115-46477-4	视频更直观，扫二维码可观看；案例更新颖，多为近几年实例；提供课件、教案、习题答案、模拟试卷和补充教学案例等
社会心理学	陈志霞	978-7-115-40977-5	40 余二维码拓展读者视野；兼顾基础与应用社会心理学；数百实例助力理论与实践相结合；提供课件、案例、答案、试卷等
经济学基础	邓先娥	978-7-115-39039-4	近 300 个实例连接理论与生活，130 余个二维码打通网络学习通道，70 余项扩展阅读指南指引学习方向；提供课件、教案、答案、文字和视频案例、试卷等

续表

书　　名	主　编	书　号	编辑推荐
政治经济学（第 2 版）	张　莹 李海峰	978-7-115-42571-3	着重于分析社会经济问题；利用二维码拓展读者阅读空间；提供课件、大纲、视频案例、习题集、试卷等
财务管理	王积田	978-7-115-28482-2	吸收相关学科的最新成果，与企业财务管理实践接轨；提供课件、习题答案、试卷等
中级财务会计（第 3 版）	吴学斌	978-7-115-43464-7	四川省“十二五”本科规划教材；二维码链接网络学习资源；章后习题+电子版习题集；提供课件、教案、案例库、试卷等
财务会计实训教程（上、下册）（第 2 版）	裴永浩	978-7-115-40690-3	原始凭证和记账凭证单独成册；按营改增调整相关业务；利用二维码提供相关网络资源；融基本功训练、岗位技能训练和综合技能训练为一体；提供答案、课件、习题集、阅读资料等
应用统计学（第 2 版）	潘　鸿	978-7-115-38994-7	以 Excel 为实验软件，适应职场需求；提供全套实验资料，提升读者应用能力；提供课件、教案、上机操作数据、函数实现常用统计表等
国际市场营销	李　爽	978-7-115-39077-6	80 余个实例追求学以致用，80 余个二维码拓展读者学习空间；提供课件、教案、文字与视频案例、实训资料、答案、试卷等
报关实务（第 2 版）	朱占峰	978-7-115-42629-1	五十余个二维码链接网络学习资源；理论与实务并重，操作与案例同行；提供课件、视频案例、答案、试卷等
电子商务概论（第 3 版）	白东蕊	978-7-115-42630-7	新增跨境电商、“互联网+”等内容；百余二维码拓展读者学习空间；提供课件、教案、大纲、实验指导、文字与视频案例等
电子商务概论	仝新顺	978-7-115-38748-6	七十余个二维码拓展学习空间，近百组案例、实训促进学练结合；提供大纲、课件、视频案例、自测试题、模拟试卷等
网络营销——基础、策划与工具	何晓兵	978-7-115-43745-7	二维码链接网络资源；提供视频案例、课件、习题助力学习
商法学	杨　坤	978-7-115-43248-3	提供教学课件、电子教案、模拟试卷、习题和习题答案
金融法	李良雄 王琳雯	978-7-115-30980-8	吸收截至 2012 年 12 月的最新法律法规，高度融合职业资格考试要求，提供课件、教案、视频案例、习题答案、补充练习题
保险学（第 2 版）	刘永刚	978-7-115-43687-0	以大量案例解读相关内容；保险理论与保险业务并重；二维码链接网络学习资源；提供课件、答案、案例、试卷等
证券投资学（第 2 版）	杨兆廷 刘　颖	978-7-115-34302-4	省级精品课程配套教材；根据 2013 年证券业变化调整相应内容，集合证券业从业资格考试重点，提供课件、教案、视频案例、答案等
外汇交易原理与实务（第 2 版）	刘金波	978-7-115-38372-3	着重突出外汇实际业务，二维码打造立体化阅读环境，有外汇交易模拟操作指导手册；提供课件、教案、答案、试卷、习题册、实训指导
期货交易实务（第 2 版）	曾啸波	2018 年 10 月出版	内嵌视频、高清彩图等；数十项目式作业方便实践；有配套课程网站，登录方式见前言；提供教学计划、教案、大纲、课时安排、教学要点、补充习题库、视频案例和模拟试卷等
国际金融理论与实务（第 3 版）	孟　昊	978-7-115-46037-0	以二维码展现了大量视频短片、高清图片等；提供教案、大纲、课件、视频及文字教学案例、参考答案、习题库、试卷等
金融专业英语	刘铁敏	978-7-115-39042-4	旁注、尾注和大量练习提升学习效率，以二维码指出丰富的网络学习资源；提供课件、部分译文、答案和试卷等
财政学（第 2 版）	唐祥来	978-7-115-46103-2	借助二维码链接网络学习资源；用“课堂金话筒”“练习与思考”等催生读者问题意识；提供课件、教案、习题答案、视频案例和试卷等
财政与金融	袁晓梅 陈　宁	978-7-115-40465-7	集中阐述基础知识、理论和实务；数百案例理论联系实际；百余二维码链接网络资源；提供课件、教案、视频和文字案例、答案、试卷等
物流工程导论	朱占峰	978-7-115-42535-5	课件嵌入大量教学视频案例；物流新闻拉近理论与现实距离；提供课件、答案、视频案例、试卷等
商务礼仪（第 2 版）	王玉苓	978-7-115-45505-5	图文并茂，内嵌大量视频，追求学以致用；提供教案、课件、答案、文字与视频案例、课外阅读资料等
商务沟通与谈判（第 2 版）	张守刚	978-7-115-43065-6	二维码打造立体化阅读环境；强调实践教学，提供模拟商务谈判素材；提供教案、课件、案例、视频库等资料